KB250474

How To JPT 실전공략 600

지은이 송수영
펴낸이 안용백
펴낸곳 (주)넥서스

초판 1쇄 인쇄 2011년 6월 25일
초판 1쇄 발행 2011년 6월 30일

출판신고 1992년 4월 3일 제311-2002-2호
121-840 서울시 마포구 서교동 394-2
Tel (02)330-5500 Fax (02)330-5555

ISBN 978-89-5797-682-1 18730
       978-89-5797-693-7 (세트)

www.nexusbook.com
넥서스Japanese는 (주)넥서스의 일본어 전문 브랜드입니다.

600점 대비 완벽 가이드

How To JPT
실전공략

송수영 지음

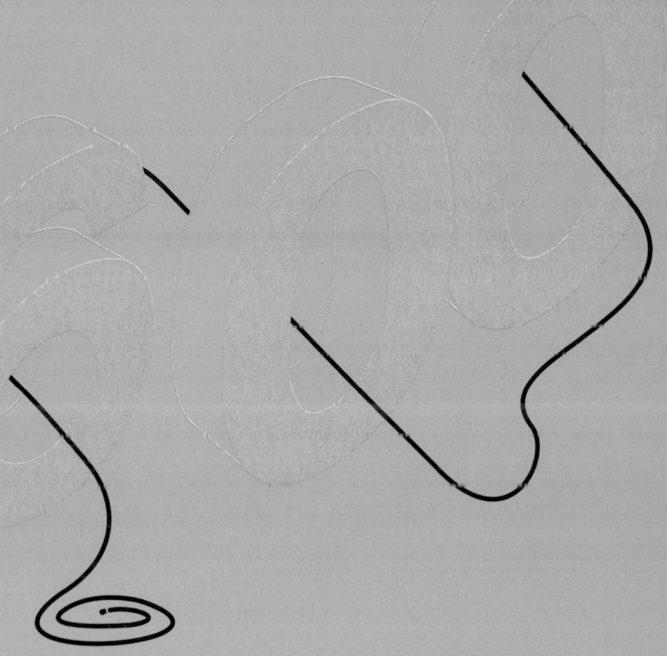

넥서스 JAPANESE

JPT 시험을 보고 좌절한 적 있으세요?

일본어를 공부한 경험은 있는데, 막상 시험을 보면 생각만큼 점수가 안 나오는 분들이 꽤 있으실 거예요. 언어의 말하기·듣기·읽기·쓰기를 골고루 잘하기가 쉽지 않은데, JPT는 이 모든 능력을 요구하는 욕심 많은 시험이기 때문이죠. 하지만 이렇게 콧대 높은 JPT 점수가 취업, 진학, 승진 등에 유리하게 작용하는 경우가 많아 취업 준비생뿐만 아니라, 고등학생, 직장인들도 한 번쯤은 도전해 보는 시험입니다.

JPT는 고도의 집중력, 어휘력, 정확한 문법 지식, 게다가 판단력까지 요구하는 시험입니다. 언어 영역이 원래 취약한 사람, 문법은 공부했지만 듣기 능력이 거의 없는 사람, 일본 드라마나 애니메이션에 익숙해서 청해는 되지만 문법을 모르는 사람, 나이 때문에 순발력이 떨어지는 사람, 일본 거주 경험은 있지만 제대로 공부한 적은 없어서 정확한 표현을 모르는 사람 등 개인에 따라 점수가 안 나오는 이유는 다양합니다.

저는 언어 능력을 평가하는 시험은 단순히 언어만 잘해서 되는 것은 아니라고 생각합니다. 기본적인 수학 능력이 있어야 하며, 시험에 대한 훈련이 필요합니다. 시험에 대비하여 훈련하느냐 하지 않느냐에 따라 자신의 언어 능력보다 훨씬 높은 점수를 얻기도 하고, 자신의 능력에 맞는 점수를 얻지 못하기도 합니다. 여러분은 당연히 자신의 언어 능력보다 훨씬 높은 점수를 얻는 데에 목표를 두어야겠죠. 그런데 공부를 하려고 하면 의외로 본인의 레벨에 맞는 책을 찾기 힘듭니다.

이 책은 학원 수강자를 기준으로 중급 레벨의 학습자에게 학습 범위를 맞추었습니다. 우선 시험에 주로 나오는 기본 문법과 자주 출제되는 어휘·표현을 학습합니다. 예상 문제를 통해 앞서 공부한 내용을 확인하고 실전 감각을 키웁니다. 마지막으로 출제 경향에 맞춰 제시한 Actual Test 2회분으로 자신의 실력을 최종적으로 점검합니다.

원래 시험은 레벨이 아주 낮은 문제부터 시작하지만, 이 책으로 공부도 하고 실전 대비 연습도 할 수 있도록 실전 문제는 초반부터 600점 레벨에 맞춰 출제했습니다. 실제 시험에 출제되는 핵심 어휘를 이용한 문제이기 때문에 200% 도움이 된다고 믿어 의심치 않습니다.
고득점으로 가는 첫걸음을 이 책으로 준비해 보세요!
자, 그럼 시작해 볼까요?

2011년 6월

송수영

차례

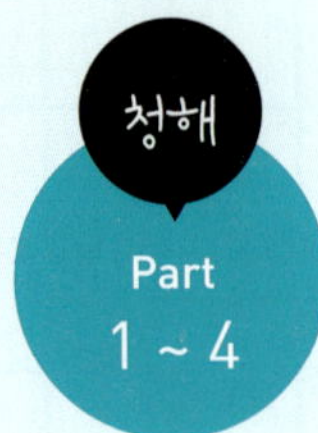

Part 1	사진 묘사

Part 2	질의 응답

이 책의 구성 및 특징

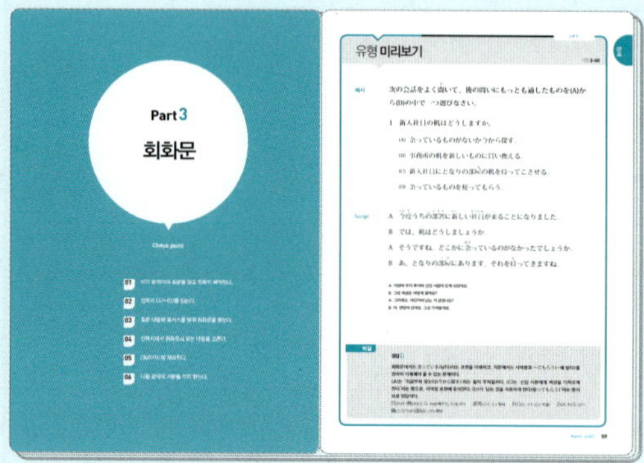

유형 미리보기

문제의 유형을 파악하는 것은 기본 중의 기본! 유형을 한눈에 이해할 수 있도록 예시 문제를 제시하였다.

실전에서 문제 푸는 방법을 순서대로 정리한 Check Point도 놓치지 말자.

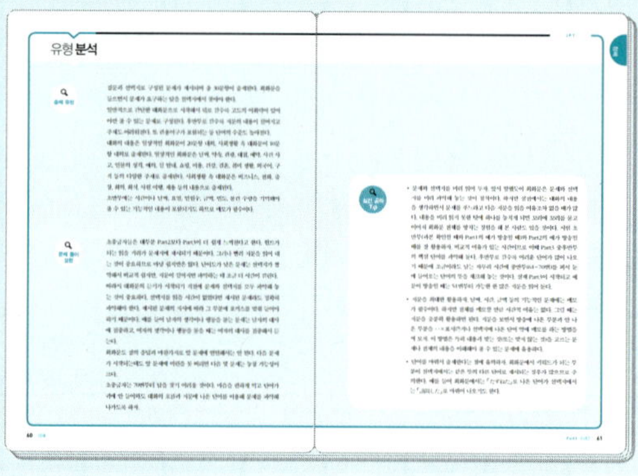

유형 분석

출제 유형을 깊이 있게 분석하고, 실전에서 문제 푸는 요령을 꼼꼼하게 짚어 설명하였다.
실전 공략 Tip은 다년간 JPT 강의에 몸담아 온 저자의 생생한 노하우를 정리해 놓았다. 절대 놓치지 말자.

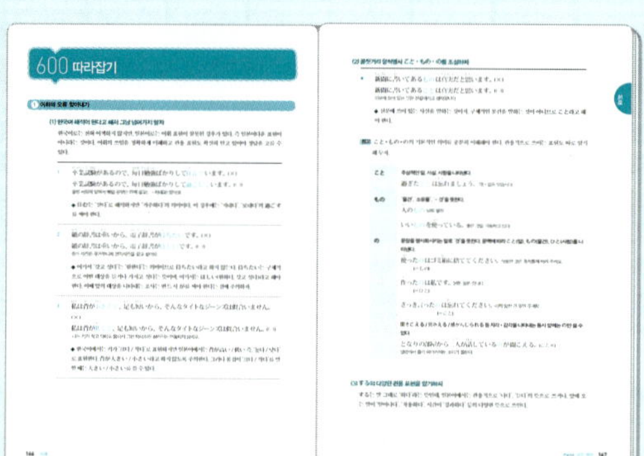

600 따라잡기

유형마다 자주 나오는 어휘, 표현, 문법은 따로 있다. 문제를 풀기 전에 알아 두어야 할 학습 내용을 꼼꼼히 정리하였다. 확실히 내 것이 되도록 반복해서 공부하면 600점은 문제없다!

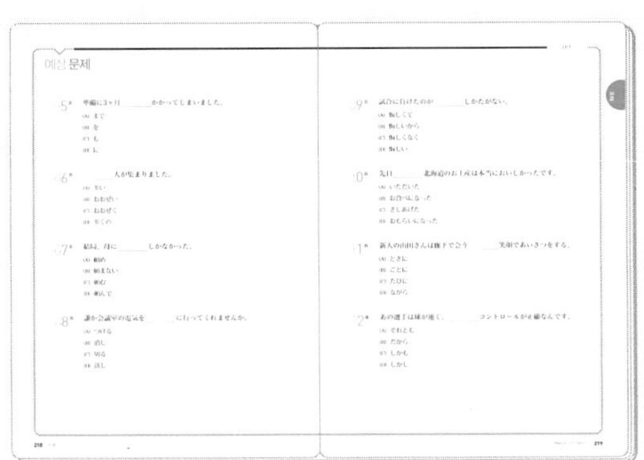

예상 문제

앞서 공부한 내용을 확인해 볼 수 있도록 예상 문제를 제시하였다. 문제를 풀며 600따라잡기 내용을 충분히 이해했는지 확인하고, 부족한 부분이 있다면 다시 꼼꼼히 되짚어보자.

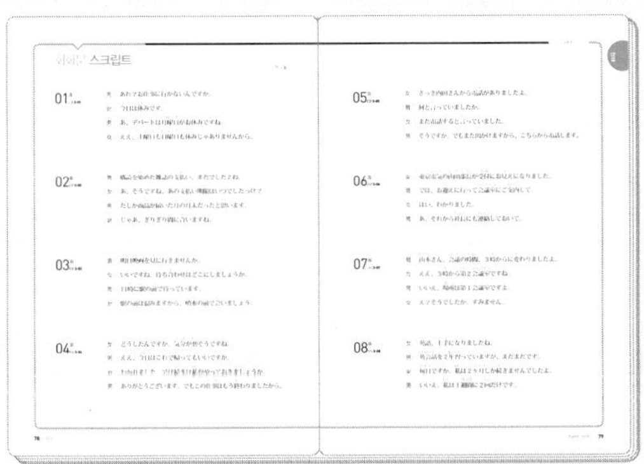

청해 스크립트

청해 파트에서는 예상 문제 뒤에 청해 스크립트를 제시하여 문제를 풀고 바로 확인해 볼 수 있도록 하였다.

Actual Test

이제는 실전이다! 실제 시험과 같은 형식의 모의고사 1회, 2회를 수록하였다. 실제 시험을 본다고 생각하고 실전처럼 풀어보자.

JPT시험이란?

JPT는 언어 본래의 기능인 커뮤니케이션 능력을 평가하는 대표적인 일본어 능력 시험 중 하나로, JLPT와 같이 급수별 시험 문제에 합격과 불합격을 판정하지는 않습니다. 시험은 990점 만점 제도로 운영하며, 평가 결과는 청해, 독해 점수와 총점, Percentile Rank(백분위, 응시자 중 본인보다 낮은 수험자의 비율)로 표시하여 자신의 어학 능력의 정도를 자세히 파악할 수 있습니다. TOEIC을 주관하고 있는 회사에서 시행 관리하고 있어서, 기본적으로 TOEIC시험과 비슷한 형식으로 출제됩니다.

시험 일정

시행 : 연간 12회에서 14회

날짜 : 토요일 또는 일요일

구체적인 일정 : http://exam.ybmsisa.com/jpt 참고

시험 운영

구분	유형	시간	문항수	배점
청해	Part 1: 사진 묘사	45분	20문항	495점
	Part 2: 질의 응답		30문항	
	Part 3: 회화문		30문항	
	Part 4: 설명문		20문항	
독해	Part 5: 정답 찾기	50분	20문항	495점
	Part 6: 오문 정정		20문항	
	Part 7: 공란 메우기		30문항	
	Part 8: 독해		30문항	
		95분	200문항	990점

Part1 사진 묘사 20문항

사진을 보고 음성을 들으면서 정답을 찾아내는 형식으로, 청취력과 순간적인 판단 능력을 평가합니다.

Part2 질의 응답 30문항

간단한 회화 문장을 듣고 알맞은 대응 방식을 찾아내는 문제로, 음성으로만 문제와 보기를 듣고 풀어야 하므로 순간적인 판단 능력이 중요합니다.

Part3 회화문 30문항

4문장으로 구성된 남녀의 대화를 들려 주고, 문제지에 질문과 보기를 제시하는 형식입니다. 내용과 정보를 정확하게 파악하고 결론을 추론해 내는 능력을 평가합니다.

Part4 설명문 20문항

8~9문장 길이로 구성된 설명문을 음성으로 들려 주고, 문제지에 3~4개의 질문과 보기를 제시하는 형식입니다. 종합적인 일본어 능력을 평가합니다.

Part5 정답 찾기 20문항

한자 음과 훈의 올바른 이해, 짧은 문장의 의미 파악, 유사어 고르기 등을 통해 일본어 어휘 전반에 대한 지식을 평가합니다.

Part6 오문 정정 20문항

부적절한 표현을 찾아내는 문제로, 문법과 간접적인 작문 능력을 평가합니다.

Part7 공란 메우기 30문항

공란에 알맞은 단어나 어구를 써넣는 문제입니다. 품사별로 다양하게 출제되며 일본어 전반의 지식, 정확한 어휘, 문법, 기능어를 이해하고 있는지 평가합니다.

Part8 독해 30문항

8개의 장문 각각에 대해 3~4개의 문제를 제시하고, 판단력, 분석력, 이해력 등 종합적인 독해 능력을 평가합니다.

JPT 득점 UP 전략

JPT는 일본어 능력을 측정하는 시험이지만, 일본어 지식이 많다고 해서 꼭 고득점을 할 수 있는 시험은 아니다. 물론 자신이 학습한 정도에 비례해서 점수가 나오는 것은 당연하지만, 그 이상의 실력을 발휘하여 더 많은 점수를 얻어야 하지 않겠는가? 그러려면 시험 유형에 익숙해져야 하고 어느 정도 요령도 필요하다. 600점이 목표인 학습자에게 JPT는 참으로 난관이 많을 것이다. 각 파트가 뒤로 갈수록 난이도가 높아지고, 그런 문제들에 충격을 받으면 다른 파트의 쉬운 부분까지 망치게 될 우려가 있기 때문이다. 일단 각 파트에서 후반부의 문제는 조금 냉정한 시선으로 보고 너무 시간을 끌지 않도록 한다. 10초 정도 생각해 보고 정답을 모르겠으면, 일단 마음 가는 선택지에 빨리 체크하고 넘어간다.

먼저, 시험 문제를 받았을 때 사진에 글씨가 있으면 내용을 빨리 파악해 둔다. 그러고 나서 Part1의 예제 방송이 끝날 때까지 지문이 있는 곳, 즉 Part3, Part4의 중간 부분을 읽는다. 65~75번과 87~94번 문제에 어떤 단어가 나오는지 읽어 두는 것이다. 청해 시험이지만 Part3, Part4처럼 지문이 있는 문제는 빠른 독해 능력을 요구한다. 아무리 잘 알아들어도 문장 파악 능력이 떨어지면 문제가 요구하는 해답을 찾을 수 없다. 그러나 중급 레벨의 학습자는 속독에 한계가 있다. 한 문제가 걸리기 시작하면 그 파트가 끝날 때까지 타이밍을 놓쳐, 듣기와 지문 읽기를 동시에 하다가 정답을 틀릴 때가 많다. 그래서 지문이 없는 Part1, Part2의 예제가 나오는 시간이나, 자투리 시간을 이용해서 지문을 읽어 두면 많은 도움이 된다. 다만 Part3, Part4의 문제 후반부는 중급 학습자의 수준으로는 듣기 어려운 부분이라서 지문을 읽어 놓아도 소용없을 때가 있다. 따라서 그 앞쪽의 65~75번과 87~94번의 단어나 내용을 읽어 두는 것이 좋다.

청해에서 가장 중요한 포인트는 들으면서 즉시 답안 용지에 마킹 하는 것이다. 다 듣고 몰아서 마킹 하면 밀려 쓸 가능성이 높아지는데다, 상대적으로 독해를 풀 시간을 빼앗기게 된다.

Part1 〈사진 묘사〉는 별로 어렵지 않다. 이 책에서 제시한 단어들을 제대로 학습하면 어려움 없이 17개 이상을 득점할 수 있을 것이다. (A)~(D)까지 듣고 나서도 정답을 고를 수 없는 상황을 대비해 문제지에 간단한 단어 등을 메모하면서 풀면 좋다. 메모가 불가능하다면 ○×표시라도 하면서 듣자.

Part2 〈질의 응답〉은 간단한 말에 적당한 대응 방식을 고르는 문제이다. 지문의 힌트 없이 전적으로 본인의 청취력에 의지해서 답을 찾은 문제이므로 고도의 집중력이 필요하다. 예제가 나오는 동안에는 Part3, Part4의 지문을 미리 조금씩 읽어 둔다. Part2 역시 문제지 빈 공간을 이용하여 ○×표시와 간단한 메모를 하면서 풀면 좋다. 40번대에 들어가면 난이도가 높아서 거의 들리지 않을 수도 있는데, 그럴 때는 내용이 아니라 대화의 느낌을 생각하면서 푼다. JPT는 은근히 엉뚱한 대화 방식을 틀린 예로 많이 넣기 때문에 생각 외로 이런 방식이 통한다.

Part3 〈회화문〉은 질문과 선택지가 문제지에 쓰여 있는 형태이다. 지문에서 힌트를 얻을 수 있기 때문에 이 파트가 질의 응답보다 쉽다는 학습자는 있다. 문제의 지문을 최대한 활용해서 안 들리는 부분까지 들어 내도록 하자. 하지만 문제 내용이 길어지면 이것도 쉽지가 않다. 그래서 문제에 나오는 단어를 자투리 시간에 읽어 두라는 것이다. 앞 부분은 대개 문제가 짧고 내용도 쉬워서 답이 쉽게 보이지만, 중반쯤부터는 어려워지기 때문에 지문을 읽어 두면 도움이 된다. 그러나 70번대 후반의 문제부터는 회화 내용이 복잡해지기 때문에 중급 레벨인 사람은 문제를 미리 읽어도 별로 도움이 안 될 수도 있다. 75번부터는 정답을 꼭 맞춰야겠다는 생각을 버리고 침착한 마음으로 답을 고르자.

Part4 〈설명문〉은 많은 요령이 필요하다. 장문의 내용을 듣기 시작할 때 3~4개 문제 지문을 미리 읽어 두어야 한다. 문제는 스크립트 내용 순서대로 나오므로 들으면서 문제지에 체크해 나간다. '문제 ○○번에 답하시오'라는 멘트는 무시하자. 문제에 답하라는 방송이 나올 때는 다음 문제의 지문을 읽고 있어야 한다. 이것만 제대로 되면 고득점도 가능하다. 역시 중급 레벨에서는 문제 95번부터 거의 안 들릴 가능성이 많다. 그러나 100번까지 어렵지 않게 나올 때도 있으므로 포기하지는 말자. 문제를 푸는 동시에 마킹 하는 것이 가장 좋지만, 시간이 부족하다면 90번대의 문제는 몰아서 마킹 해도 시간을 그리 많이 빼앗기지 않을 것이다.

청해가 끝나면 잠시도 틈을 주지 않고 바로 독해 50분이 시작된다. 청해 90번대 문제를 빨리 마킹 하고 독해 문제로 넘어간다. 그렇다면 남는 시간은 47분! 하지만 "시험 종료 10분 남았습니다."라는 방송 멘트가 나오면 마음이 급해져서, 침착하게 제대로 풀 수 있는 시간은 40분 정도 밖에 안 된다. 남은 시간을 알리는 방송에 흔들리지 않는 냉정함이 필요하다.

독해 파트의 101~170번은 단문 형태이다. 여기서 최대한 시간을 단축해야 한다. 두 번 읽어 봐도 답이 안 나올 때는 마음 가는 것에 마킹 하고 넘어간다. 밀려 쓸 가능성이 있으므로 답안 용지에 절대 빈 공간을 남겨서는 안 된다. 정답 여부가 정 마음에 걸린다면 일단 마킹을 하고 문제지에 표시를 해 둔 다음, 전체 문제를 대략 끝낸 다음 다시 보도록 한다. 언제든지 정답은 정정이 가능하므로 한 문제에 오래 매달리는 것보다는 훨씬 효율적으로 시간을 쓸 수 있다. 70문제를 20분, 늦어도 25분 안에 풀어야 Part8을 풀어낼 수 있다. 그러자면 1문제를 평균 20초 안에 풀어야 한다는 뜻인데, 문제에 따라 5초 내에 풀리기도 하고, Part6은 좀 더 시간이 걸리기도 하므로 모든 문제를 신속하게 풀어내는 데 집중한다. 독해는 문제를 하나씩 마킹 하다 보면 집중도가 떨어질 수도 있기 때문에 한 페이지의 문제를 다 푼 다음에 마킹 하도록 한다.

Part5 〈정답 찾기〉에서는 앞쪽의 한자 문제를 가능한 한 빨리 풀도록 한다. 이어서 나오는 111~120번은 시간이 좀 더 걸리기 때문이다.

Part6 〈오문 정정〉은 단문 중에서는 가장 까다로운 부분이다. 꼼꼼히 두 번 읽었는데도 모르겠으면 느낌이 가는 곳에 마킹하고 넘어간다.

Part7 〈공란 메우기〉는 앞쪽 문제를 정확히 푸는 데 집중한다. 165~170번의 고난이도 문제에 시간을 너무 빼앗기지 않도록 주의한다.

Part8 〈독해〉는 시간이 부족해서 제대로 읽기 힘든 부분이다. 내용의 절반을 읽고 2문제, 나머지 절반을 읽고 2문제 푸는 것이 가장 이상적이다. 시간이 없으면 문제의 밑줄 친 부분의 앞뒤를 읽고 고르도록 한다. 하지만 이것은 시간이 촉박할 때 쓰는 마지막 수단이다. 적어도 내용의 반 정도는 꼼꼼히 읽고 글의 내용을 파악해야 한다. 다만 국어 시험과 마찬가지로 행간을 읽어 내야 하는 문제도 있는데, 못 풀겠다 싶으면 빨리 다음 문제로 넘어간다. 흔히 마지막 독해문이 가장 어렵다고 생각하고 포기하는 경우가 있다. 하지만 마지막에서 두 번째가 가장 어렵고, 오히려 마지막 독해문은 토픽이 재미있는 경우도 많다. 마지막 독해문을 무조건 포기하지는 말자.

전반적으로 시험에 임하는 방법을 설명했다. 실제 시험에서 가장 중요한 것은 침착함과 집중력임을 명심하고 95분을 일사불란하게 활용해 보자.

How To **JPT** 실전공략

청해

Part 1

사진 묘사

Check point

01   미리 그림을 파악해 둔다.

02   들으면서 문제지에 O X 표시를 하고, 필요하면 메모한다.

03   보기 4개 중 그림과 일치하는 정답을 찾는다.

04   OMR카드에 체크한다.

유형 **미리보기**

예시 次の写真を見て、その内容に合っている表現を(A)から(D)の中で一つ選びなさい。

Script

(A) 両手に花を持っています。

(B) こちらを向いて立っています。

(C) 腰をかがめて作業をしています。

(D) 芝生に座って休んでいます。

(A) 양손에 꽃을 들고 있습니다.

(B) 이쪽을 향해 서 있습니다.

(C) 허리를 굽히고 작업하고 있습니다.

(D) 잔디에 앉아서 쉬고 있습니다.

해설

정답 B

동작의 정확한 표현을 묻는 문제이다. 남자는 한손에 연장을 들고 이쪽을 보며 서 있다.

両手(りょうて) 양손   向(む)く 향하다   腰(こし)をかがめる 허리를 굽히다   作業(さぎょう) 작업
芝生(しばふ) 잔디

유형 **분석**

사진을 보고 알맞은 묘사를 찾는 문제로, 총 20문항이 출제된다. 청해 파트 전체를 놓고 봤을 때 Part1은 그렇게 난이도가 높지 않으나, 후반부에 어려운 어휘로 설명하는 문제가 2~3개 나오기도 한다.

문제를 유형별로 나누면 다음과 같다.

1. 사람의 동작, 자세, 상태를 설명하는 문제

이 유형이 출제 빈도가 가장 높다. 적게는 7~8문제, 많게는 10문제가 출제된다. 클로즈업된 전신의 모습이나 신체 일부분의 동작을 설명하는 문제가 대부분이다. 후반부로 가면 복수(2, 3명 이상)의 행동을 설명하는 문제, 풍경이나 배경 안에 있는 사람의 행동을 설명하는 문제가 나온다.

동작 묘사는 사람뿐 아니라 동상이나 동물의 동작이 나오기도 하는데, 사람을 설명하는 어휘와 크게 다르지 않다.

2. 사물의 상태를 설명하는 문제

역시 한 가지 사물이 클로즈업되어, 용도나 상태를 설명하는 문제가 가장 많이 나온다.

자연이나 배경 속에 나타나는 상황·상태를 묻는 문제도 나온다. 일상생활 도구, 가구, 식물, 수조 속의 물고기 등 다양한 사물이 등장한다.

3. 도로의 모습이나 풍경을 설명하는 문제

도로, 교통수단 안팎의 모습이나 풍경을 설명하는 문제이다. 주로 후반부에 등장하며 어려운 어휘로 설명할 때가 많아서 풍부한 어휘 지식이 필요하다.

4. 글씨의 내용을 묻는 문제

표지, 간판, 지도, 안내, 그래프, 노트나 책의 활자와 관련된 사진이 제시된다. 이 유형은 출제되지 않을 때도 있다.

문제 풀이 요령

처음에 문제지를 받았을 때, 사진을 한번 훑어서 글씨가 나온 사진이 있으면 일단 그 내용을 파악해 둔다. 글씨 문제는 들으면서 살펴보려고 하면 듣기를 놓칠 수 있기 때문이다.

문제지에 ○×표시를 하면서 풀어나가는 방법도 좋다. (A)(B)(C)(D)를 다 들었는데 답도 모르겠고, 앞서 들었던 선택 예문까지 기억이 안 날 때가 있다. 이럴 때를 대비해 한국어로라도 단어를 간단히 메모해 두도록 하자.

또, 다음 문제가 시작되면 앞 문제를 못 풀었어도 미련을 버리고 다음 문제에 집중해야 한다. 문제를 못 풀었다고 해서 OMR카드를 비워 놓으면 자칫 밀려 쓸 수 있으므로 일단 적당히 마킹을 해 놓자. 20문제가 다 끝났을 때 다시 생각하더라도 ○×표시와 메모가 있다면 답을 찾을 수도 있다. 수정은 그때 해도 늦지 않는다.

실전 공략 Tip

- Part1은 고득점을 바라보기에는 아직 실력이 부족하거나 듣기가 약한 수험자들에게도 점수 따기 좋은 파트이다. 가끔씩 어려운 문제가 출제될 때도 있지만, 대부분은 난이도가 높지 않다. 다만 19, 20번은 어려운 어휘가 나올 수 있으므로 틀릴 각오를 하고 풀도록 한다.

- Part1은 출제되는 사진 유형이 거의 정해져 있고 어휘도 비교적 한정적이라서, 자주 나오는 어휘를 공부하면 90% 득점도 가능하다. 조금만 공부를 해도 점수를 많이 올릴 수 있는 파트라고 할 수 있다.

600 따라잡기

(1) ～ところです

앞에 오는 시제에 따라 의미가 달라진다. (동사의 현재형) + ところ는 '(이제부터) ~할 참', ～ているところ는 지금 진행 중이라는 의미로 '~하고 있는 참', ～たところ는 '(방금) ~한 참'이라는 뜻이다. 특히 (현재형) + ところ는 아직 그 동작이 이루어지지 않았다는 표현임에 유의한다.

1 예를 들어 문제에 '건물을 부수고 있는 사진'이 나올 때, 아래에서 정답 문장을 골라 보자.

- 建物を壊すところです。 건물을 부술 참입니다.

- 建物を壊しているところです。 건물을 부수고 있는 참입니다.

  ☞ 진행 중인 상황을 묘사하는 사진이므로 두 번째 문장이 정답이다. 첫 번째 문장은 아직 건물을 부수지 않은 상태를 나타내므로 맞지 않다.

2 '건물을 지을 토대만 만들어진 상태의 사진'이 나올 때는 어떨까?

- 建物を建てるところです。 건물을 지을 참입니다.

- 建物を建てているところです。 건물을 짓고 있는 참입니다.

  ☞ 건물을 아직 짓기 전이므로 첫 번째 문장이 정답이다. 두 번째 문장은 진행 상황을 나타내므로 맞지 않다.

(2) 상태와 진행을 나타내는 표현

상태를 나타내는 표현인지 진행을 나타내는 표현인지 정확히 구별한다.

■ **상태의 표현**

사진 묘사에서 다음 세 가지 표현의 의미를 구별하는 것은 중요하지 않다. 이 표현들이 모두 상태를 나타낸다는 점을 숙지하고 진행 표현과 구별할 수 있으면 된다.

> 자연의 상태를 표현할 때 → 자동사 +ている
>
> 결과의 상태를 표현할 때 → 타동사 +てある
>
> 행위자를 의식한 상태를 표현할 때 → ～(ら)れて(수동형)いる

並んでいる	並べてある	並べられている	늘어서 있다, 늘어세워 있다
開いている	開けてある	開けられている	열려 있다
かかっている	かけてある	かけられている	걸려 있다
閉まっている	閉めてある	閉められている	닫혀 있다
書いてある	書かれている		쓰여 있다
置いてある	置かれている		놓여 있다
貼ってある	貼られている		붙어 있다

■ 진행의 표현

타동사 +ている는 진행의 뜻이다. 상태의 표현과 잘 구별해 놓자. 사진 묘사에서 가장 많이 나오는 표현이기도 하다.

並べている　늘어세우고 있다	開けている　열고 있다
書いている　쓰고 있다	置いている　놓고 있다
貼っている　붙이고 있다	飾っている　장식하고 있다

2 사람의 동작 · 자세의 표현

듣기의 표현이므로 눈으로만 읽지 말고 소리 내어 읽어 보도록 한다.

立っている　서 있다	突っ立っている　우뚝 서 있다
立ち止まっている　멈춰 서 있다	座っている　앉아 있다
かけている　걸터앉아 있다	腰かけている　걸터앉아 있다
あぐらをかいている　양반다리를 하고 있다	正座している　정좌를 하고 있다
寝ている　자고 있다, 누워 있다	眠っている　잠들어 있다
居眠りをしている　졸고 있다	横になっている　누워 있다

寝転んでいる 뒹굴고 있다

しゃがんでいる 쭈그리고 앉아 있다

うずくまっている 웅크리고 있다

腰をかがめている 허리를 구부리고 있다

腰を曲げている 허리를 굽히고 있다

持っている 들고 있다

提げている 들고 있다

肩にかけている 어깨에 메고 있다

走っている 뛰고[달리고] 있다

駆けている 달리고 있다

ボールを投げている 공을 던지고 있다

打っている 치고 있다

蹴っている 차고 있다

泳いでいる 헤엄치고 있다

見上げている 올려다보고 있다

見下ろしている 내려다보고 있다

片付けている 치우고 있다

手入れをしている 손질하고 있다

貼っている 붙이고 있다

破っている 찢고 있다

切っている 자르고 있다

切り抜いている 오리고 있다

渡している 건네주고 있다

受け取っている 받고 있다

お金を払っている 돈을 내고 있다

抱いている 안고 있다

抱き合っている 서로 껴안고 있다

抱えている (사물을) 끌어안고 있다, 끼고 있다

足を組んでいる 다리를 꼬고 있다

肩を組んでいる 어깨동무를 하고 있다

腕を組んでいる 팔짱을 끼고 있다

手をつないでいる 손을 잡고 있다

手を放している 손을 놓고 있다

手を合わせている 손을 맞대고 있다

両手でつかんでいる 양손으로 붙잡고 있다

握手をしている 악수를 하고 있다

握っている 쥐고 있다

ひねっている 비틀고 있다

足を伸ばしている 다리를 펴고 있다

足を広げている 다리를 벌리고 있다

乗っている 타고 있다	乗せている 태우고 있다, 싣고 있다
干している 말리고[볕에 널고] 있다	乾かしている 말리고[건조하고] 있다
操作をしている 조작을 하고 있다	触れている 만지고 있다
笑っている 웃고 있다	微笑んでいる 미소 짓고 있다
見入っている 주시하고 있다	見つめている 바라보고 있다
洗っている 씻고 있다	磨いている 닦고 있다
掃いている 쓸고 있다	拭いている 닦고 있다
運んでいる 운반하고 있다	押している 밀고 있다
引っ張っている 잡아당기고 있다	引きずっている 질질 끌고 있다
カメラを覗き込んでいる 카메라를 들여다보고 있다	カメラを構えている 카메라를 들고 있다
肘をついている 팔꿈치를 대고 있다	膝をついている 무릎을 대고 있다
片膝を立てている 한쪽 무릎을 세우고 있다	並んでいる 늘어서 있다, 줄 서 있다
列を作っている 열을 만들고 있다, 줄 서 있다	渡っている 건너고 있다
信号を待っている 신호를 기다리고 있다	傘をさしている 우산을 쓰고 있다
傘をたたんでいる 우산을 접고 있다	こちらを向いている 이쪽을 향하고 있다
正面を向いている 정면을 바라보고 있다	横を向いている 옆을 향하고 있다
歌っている 노래하고 있다	演奏している 연주하고 있다
〜を挟んで ~을 끼고	〜を囲んで ~를 둘러싸고

混んでいる 혼잡하다　　　　混み合っている 붐비고 있다

混雑している 혼잡하다　　　　賑わっている 번화하다

空いている 비어 있다　　　　がらがらだ | 空っぽだ 텅텅 빈 상태이다

落ちている 떨어져 있다　　　　散っている (꽃잎 등이) 떨어져 있다, 흩어져 있다

散らかっている 어질러져 있다　　　　片付いている 치워져 있다

傾いている 기울어져 있다　　　　載っている 얹혀 있다

載せてある 올려져 있다　　　　積まれている(＝積んである) 쌓여 있다

重なっている 겹쳐 있다　　　　畳まれている(＝畳んである) 개켜져 있다

同じ向きに 같은 방향으로　　　　高層ビルが立ち並んでいる
고층 빌딩이 늘어서 있다

飛んでいる 날고 있다　　　　流れている 흐르고 있다

折れている 부러져 있다　　　　割れている 깨져 있다

～の向こうに ~ 너머, ~ 건너　　　　囲まれている 둘러싸여 있다

顔 얼굴　　　　目 눈　　　　鼻 코

唇 입술　　　　首 목　　　　腕 팔

肩 어깨　　　　背中 등　　　　胸 가슴

頭 머리　　　　髪 머리, 머리카락　　　　両手 양손

片手 한손　　　　手のひら 손바닥　　　　両足 양다리

片足 한쪽 다리　　　　肘 팔꿈치　　　　膝 무릎

上半身 상반신　　　　下半身 하반신

■ 생활 도구

コーヒーカップ 커피 잔	ちゃわん 茶碗 밥그릇, 그릇	ゆ の 湯飲み 찻잔
グラス 유리잔	さら お皿 접시	しょっ き 食器 식기
よう き 容器 용기	うつわ 器 그릇	な べ 鍋 냄비
やかん 주전자	ほうちょう 包丁 부엌칼	いた まな板 도마
ふた 蓋 뚜껑	かん 缶 캔	あ かん 空き缶 빈 캔
べんとう 弁当 도시락	かんづめ 缶詰 통조림	びん 瓶 병
ふくろ 袋 봉지	はこ 箱 상자	か ご 籠 바구니
せんめんだい 洗面台 세면대	かがみ 鏡 거울	は 歯ブラシ 칫솔
まくら 枕 베개	ふ とん 布団 이불	ざ ぶ とん 座布団 방석

■ 가구, 문구용품

ほんばこ 本箱 책장	ほんだな 本棚 책장, 서가	たな 棚 선반
ロッカー 로커	ひ だ 引き出し 서랍	つくえ 机 책상
い す 椅子 의자	はさみ 가위	て ちょう 手帳 수첩
セロテープ 셀로판테이프	ひも 紐 끈	きって 切手 우표
ふうとう 封筒 봉투	のり 풀	ぶんぼう ぐ 文房具 문구

■ 표시, 안내

ち ず 地図 지도	けい じ ばん 掲示板 게시판	ひょう じ 表示 표시
かんばん 看板 간판	はた 旗 깃발	かべ 壁 벽
はしら 柱 기둥	でんしんばしら でんちゅう 電信柱 ∣ 電柱 전신주	しるし 印 표시

■ 놀이 도구

ブランコ 그네	すべ だい 滑り台 미끄럼틀	てつぼう 鉄棒 철봉
ジャングルジム 정글짐		

■ **탈것**

じてんしゃ 自転車 자동차	きゅうきゅうしゃ 救急車 구급차	しょうぼうしゃ 消防車 소방차
トラック 트럭	パトカー 경찰차	バイク 오토바이

■ **집안**

げんかん 玄関 현관	ちゃ ま 茶の間 거실	せんめんじょ 洗面所 세면대
て あら お手洗い 화장실	おうせつ ま 応接間 응접실	だいどころ 台所 부엌

6 장소, 풍경의 어휘

■ **장소**

えき 駅 역	(プラット)ホーム 플랫폼	かいさつぐち 改札口 개찰구
くうこう 空港 공항	ふね 船 배	みなと 港 항구
みせさき てんとう 店先｜店頭 가게 앞	う ば 売り場 매장	ばいてん 売店 매점
や たい 屋台 포장마차	ふんすい 噴水 분수	はくぶつかん 博物館 박물관
び ようしつ 美容室 미용실	とこ や 床屋 이발소	こうてい 校庭 교정
グラウンド 운동장	ろう か 廊下 복도	しば ふ 芝生 잔디
ちゅうしゃじょう 駐車場 주차장	てい バス停 버스 정류장	ていりゅうじょ 停留所 정류장

■ **도로**

トンネル 터널	れっしゃ 列車 열차	しゃどう 車道 차도
ほ どう 歩道 보도	てつどう 鉄道 철도	おうだん ほ どう 横断歩道 횡단보도
こう さ てん 交差点 교차로	おおどお 大通り 대로, 큰길	せん ろ 線路 선로
こうそくどう ろ 高速道路 고속도로	ふ き 踏み切り 철도 건널목	しゃない 車内 차내
つう ろ 通路 통로	ほ どうきょう 歩道橋 보도교, 육교	ゆ ど 行き止まり 막다른 곳

■ **풍경**

じんじゃ 神社 신사	あ ち 空き地 공터	やまみち 山道 산길

坂道 비탈길	丘 언덕	湖 호수
池 연못	砂浜 모래사장	田舎 시골
田んぼ 논	畑 밭	森 숲
林 숲(같은 종류의 나무로 이루어진 숲)	海岸 해안	両側 양쪽
片側 한쪽	屋上 옥상	屋根 지붕
路上 노상	道ばた 길바닥, 노상	高層ビル 고층 빌딩
登山道 등산로	商店街 상점가	繁華街 번화가

⑦ 의복 착용 어휘

着物｜浴衣｜Tシャツ｜セーター｜スーツ｜上着｜コート｜ワンピース 기모노｜유카타｜티셔츠｜스웨터｜정장｜겉옷｜코트｜원피스	〜を着ている ~을 입고 있다
ズボン｜ジーンズ｜ジーパン｜スカート｜靴｜靴下｜サンダル｜ブーツ 바지｜진｜청바지｜스커트｜구두｜양말｜샌들｜부츠	〜をはいている ~을 입고[신고] 있다
時計｜指輪 시계｜반지	〜をはめている[している] ~을 끼고[하고] 있다
帽子 모자	〜をかぶっている ~을 쓰고 있다
眼鏡 안경	〜をかけている ~을 쓰고 있다
半袖｜長袖 반소매｜긴소매	

さかな 魚 물고기	きんぎょ 金魚 금붕어	どうぶつ 動物 동물
いぬ 犬 개	ねこ 猫 고양이	とり 鳥 새
うし 牛 소	うま 馬 말	しょくぶつ 植物 식물
くさ 草 풀	き ぎ 木々 나무들, 많은 나무	うえき 植木 정원수
うえ き ばち 植木鉢 화분	はち う 鉢植え 화분	は は 葉/葉っぱ 잎
えだ 枝 가지	みき 幹 줄기	ね 根っこ 뿌리

まる 丸い 둥글다	まる ○ 동그라미	ばつ ✕ 엑스, 가위표
えん 円 원	えんけい 円形 원형	
せん 線 선	ちょくせん 直線 직선	きょくせん 曲線 곡선
さんかく 三角 삼각	し かく 四角 사각	し かく 四角い 네모나다
かっこ 괄호	やじるし 화살표	む じ 無地 무지, 무늬 없음

예상 문제

次の写真を見て、その内容に合っている表現を(A)から(D)の中で一つ選び
なさい。

01番
CD 1-01

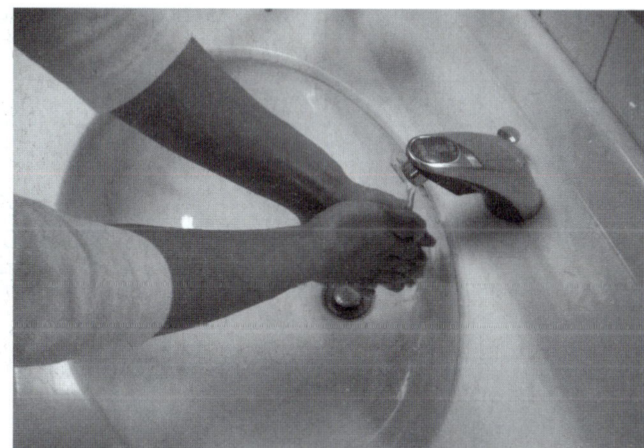

(A) (B) (C) (D)

02番
CD 1-02

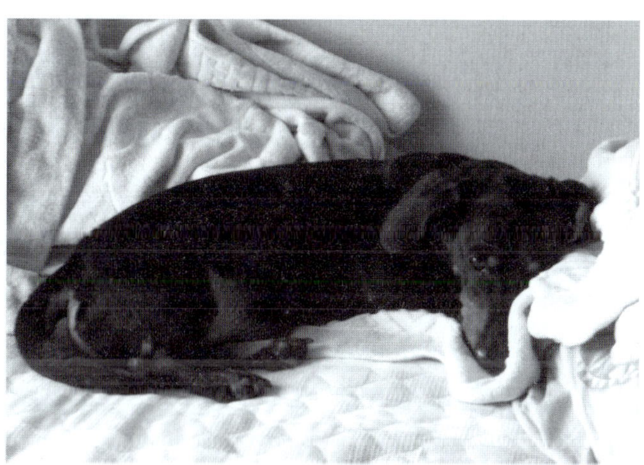

(A) (B) (C) (D)

memo

03番 CD 1-03

(A) (B) (C) (D)

04番 CD 1-04

(A) (B) (C) (D)

memo

05 番
CD 1-05

(A) (B) (C) (D)

06 番
CD 1-06

(A) (B) (C) (D)

07番 CD 1-07

(A) (B) (C) (D)

08番 CD 1-08

(A) (B) (C) (D)

memo

09番
CD 1-09

(A) (B) (C) (D)

10番
CD 1-10

(A) (B) (C) (D)

01番 CD 1-01

(A) 手を拭いています。

(B) 洗面台で手を洗っています。

(C) 手に何か塗っています。

(D) 石鹸で泡をたてています。

02番 CD 1-02

(A) 犬と散歩をしています。

(B) 庭で犬が寝ています。

(C) ベッドの上に犬がいます。

(D) たくさんの犬が遊んでいます。

03番 CD 1-03

(A) コーヒーカップが逆さに置かれています。

(B) 湯飲みが重ねて置いてあります。

(C) ロッカーがずらりと並んでいます。

(D) 空っぽのグラスが並べてあります。

04番 CD 1-04

(A) 二人は傘をさして話しています。

(B) 二人とも閉じた傘を手に持っています。

(C) 日傘をさしてこちらを向いています。

(D) 雨の日に歩いています。

05番 CD 1-05

(A) 手に茶碗を持って食べています。

(B) 食べ終わって片付けるところです。

(C) 箸でラーメンを食べています。

(D) 片手で食べさせています。

06番 CD 1-06

(A) 包丁で切っています。

(B) ケーキを作っています。

(C) 魚を焼いています。

(D) 野菜を炒めています。

07番 CD 1-07

(A) 停留所で待っている人がいます。

(B) バス停にバスが止まっています。

(C) 線路に列車が止まっています。

(D) 列車のドアが開いています。

08番 CD 1-08

(A) 横断歩道を渡っています。

(B) 踏み切りの前に立っています。

(C) 廊下で挨拶をしています。

(D) 駅の改札口を通っています。

09番 CD 1-09

(A) ここは歯が痛くなったときに行くところです。

(B) ここは体がかゆい時に行くところです。

(C) ここは子供が病気のときに行くところです。

(D) これは事務所の位置を示す案内板です。

10番 CD 1-10

(A) のどかな田舎の風景です。

(B) 都会にある賑やかな商店街です。

(C) 昔風のお店が並んでいます。

(D) 坂道にある住宅街です。

Part 2

질의 응답

Check point

01	제시된 질문을 끝까지 기억한다.
02	질문 내용을 대입하면서 보기 (A)~(D)를 듣는다.
03	보기를 들으면서 문제지에 O X 표시를 하고 메모한다.
04	4개 중 질문에 대한 적절한 대답을 고른다.
05	OMR카드에 체크한다.

유형 미리보기

예시 次の言葉の返事として、もっとも適したものを(A)から(D)の中で一つ選びなさい。

1　答えを答案用紙に書き入れなさい。

Script 明日の出張は何時に出発しますか。

(A) 今週の木曜日には帰ります。

(B) 会議の開始は10時半からになっています。

(C) 4時の新幹線に乗るつもりです。

(D) 韓国を経由して北京に行きます。

내일 출장은 몇 시에 출발합니까?

(A) 이번 주 목요일에는 돌아갑니다.

(B) 회의는 10시 반부터 시작됩니다.

(C) 4시에 출발하는 신칸센을 탈 생각입니다.

(D) 한국을 경유해서 베이징으로 갑니다.

해설

정답 C

정확한 날짜와 시간을 파악했는지, 出発라는 단어를 이해했는지 묻는 문제이다.

(A)는 돌아오는 날, (B)는 회의 시작 시간, (D)는 행선지를 말하고 있으므로 옳지 않다.

出張(しゅっちょう) 출장　　出発(しゅっぱつ) 출발　　開始(かいし) 개시　　経由(けいゆ)する 경유하다

北京(ペキン) 베이징

유형 **분석**

질문에 대한 적절한 응답을 찾는 문제로, 총 30문항이 출제된다. 문제지에 문제가 써 있지 않으므로, 오로지 듣기로만 대답을 찾아내야 하기 때문에 상당한 집중력이 필요하다.

간단한 질문으로 시작해서, 뒤로 갈수록 고난이도의 어휘력이 있어야 풀 수 있는 문제로 구성된다.

형태는 의문문이 가장 많다. 초반부에는 의문사를 파악하는 문제, 의문문에 대해 적절히 대답하고 있는지 묻는 문제, 시제가 적절히 쓰였는지 묻는 문제가 대부분이고, 후반부에는 어휘를 모르면 풀 수 없는 문제들이 출제된다.

내용은 정보 전달 및 확인, 생활 속 대화문, 회사에서 주고받는 대화문이 대부분이다. 후반부(45번 이후)로 가면 관용어구 문제, 시사·경제·문화 전반의 문제, 정치 관련 문제도 가끔 한 문제 정도 출제된다.

초중급자들이 어려워하는 파트 중 하나이다. 문제지에 힌트가 되는 읽을 거리가 전혀 없기 때문이다.

철저히 자신의 기억에 의존해서 문제를 풀어야 하므로, 제시된 문장은 반드시 기억하고 있어야 한다. (A)(B)(C)(D)가 전부 그럴듯하게 들리므로 질문을 잊어버리면 정답을 맞출 수 없다.

시간이 부족해서 힘들더라도 간단히 메모하는 습관을 들이자. 문제와 보기를 다 듣고도 답이 알쏭달쏭할 때 이 메모가 도움이 된다.

또, 절대 앞 문제에 연연하지 말자. 앞 문제를 생각하느라 다음 문제에 집중을 못하면, 이어지는 몇 문제를 계속해서 놓치기 쉽다.

초중급자는 전반부의 쉬운 문제를 정확히 풀어내는 데 집중하자. 문제의 전반부에서는 의문사가 뭐였는지, 시제가 맞는지, 예/아니요가 필요한지 여부를 잘 파악해야 한다.

문제의 후반부에는 어려운 어휘가 많이 나오므로 대화의 느낌으로 내용을 파악한다. 이때 질문할 때와 같은 단어나 같은 질문 형식의 말이 나오면 오답일 가능성이 크므로 주의하자.

- 초중급자는 후반부로 갈수록 답을 찾아내기 어려워질 것이다. 그러나 침착하게 풀면 뒤쪽 5, 6문제 외에는 대부분 풀어낼 수 있으니 좌절하지 말자.

- 정확한 의문사의 의미를 파악해자. 문제의 전반부에서는 의문사가 포인트라 할 수 있다.

- 시제를 조심하자. 시제를 나타내는 어휘는 따로 정리해 두도록 한다.

- 의문문의 경우 예/아니요가 필요한지 여부를 파악하자. 평소 일본 방송을 보면서 회화 감각을 익혀 두면 도움이 된다.

- 나머지는 어휘가 관건이다. 사회 생활에서 쓰는 어휘, 전화 예절, 비즈니스 표현 등을 기본으로 알아 두고, 그 다음에 존경어, 겸양어, 중급 수준의 의성어·의태어, 관용 표현도 공부하자.

1 지시어와 위치를 나타내는 표현

■ 지시어

この〜 이	その〜 그	あの〜 저	どの〜 어느
これ 이것	それ 그것	あれ 저것	どれ 어느 것
こちら(こっち) 이쪽	そちら(そっち) 그쪽	あちら(あっち) 저쪽	どちら(どっち) 어느 쪽
ここ 여기	そこ 거기	あそこ 저기	どこ 어디
こう 이렇게	そう 그렇게	ああ 저렇게	どう 어떻게
こんな (こういう) 이런	そんな (そういう) 그런	あんな (ああいう) 저런	どんな (どういう) 어떤
こいつ 이 녀석	そいつ 그 녀석	あいつ 저 녀석	どいつ 어느 녀석
どの人 어느 사람	だれ 누구		
どの方 어느 분	どなた 누구		
いつ 언제			

■ 위치를 나타내는 표현

上 위	中 속, 안	下 아래
前 앞	後ろ 뒤	手前 바로 앞
内側 안쪽	外側 바깥쪽	
左 왼쪽	右 오른쪽	
左手 왼손, 왼쪽	右手 오른손, 오른쪽	
間 사이	中央 중앙	すみ 구석
となり 옆, 이웃	そば 옆, 근처	よこ 옆, 곁

向^むかい 맞은편	向^むこう 건너편
同^{おな}じ向^むき 같은 방향	〜ごし 〜너머

---

2 시제, 때, 계절을 나타내는 표현

■ 시간, 때를 나타내는 표현

おととし 재작년	去年^{きょねん}・昨年^{さくねん} 작년	今年^{ことし} 올해	来年^{らいねん} 내년	再来年^{さらいねん} 내후년
先々月^{せんせんげつ} 지지난달, 전전달	先月^{せんげつ} 지난달	今月^{こんげつ} 이번 달	来月^{らいげつ} 다음 달	再来月^{さらいげつ} 다다음달
先々週^{せんせんしゅう} 지지난주, 전전주	先週^{せんしゅう} 지난주	今週^{こんしゅう} 이번 주	来週^{らいしゅう} 다음 주	再来週^{さらいしゅう} 다다음주
おととい 그저께	昨日^{きのう・さくじつ} 어제	今日^{きょう} 오늘	明日^{あした} 내일	あさって 모레
朝^{あさ} 아침	昼^{ひる} 점심	夜^{よる} 밤	朝晩^{あさばん} 아침저녁	
明^あけ方^{がた} 새벽	早朝^{そうちょう} 이른 아침			
昼間^{ひるま} 낮	日中^{にっちゅう} 주간, 낮			
夕方^{ゆうがた} 저녁	夜中^{よなか} 밤중	真夜中^{まよなか} 한밤중		
今夜^{こんや} 오늘 밤	昨夜^{さくや} 어젯밤	夕^{ゆう}べ 어제지녁		
朝^{あさ}ご飯^{はん} 아침밥	昼^{ひる}ご飯^{はん} 점심밥	夕^{ゆう}ご飯^{はん}|晩^{ばん}ご飯^{はん} 저녁밥		
朝食^{ちょうしょく} 조식	昼食^{ちゅうしょく} 중식	夕食^{ゆうしょく} 석식		
先日^{せんじつ} 지난번, 일전	当日^{とうじつ} 당일	翌日^{よくじつ} 다음 날		

■ 계절을 나타내는 표현

春^{はる} 봄	夏^{なつ} 여름	秋^{あき} 가을	冬^{ふゆ} 겨울
初夏^{しょか} 초여름	真夏^{まなつ} 한여름	晩秋^{ばんしゅう} 만추(늦은 가을)	真冬^{まふゆ} 한겨울

■ 절기, 명절을 나타내는 표현

さいじつ		しゅくじつ	
祭日 국경일		祝日 경축일	

しょうがつ		せつぶん	
正月 설날		節分 입춘 전날	

		ぼん	
ゴールデンウィーク 골든 위크		お盆 백중	

おお みそか		せい ぼ	
大晦日 섣달그믐		お歳暮 세밑(연말 선물)	

ちゅうげん	
お中元 중원(7월경 신세 진 분들께 선물함)	

3 인사말과 응답어

- A 行ってきます。다녀오겠습니다.

  B 行ってらっしゃい。다녀오세요.

- A ありがとうございました。감사합니다.

  B いいえ、どういたしまして。아니, 천만에요.

- A お元気ですか。건강하세요?

  B おかげさまでなんとか。덕분에 그럭저럭.

- A おいくつですか。몇 살이에요?

  B 今年二十歳になりました。올해로 스무 살이 되었어요.

- A よろしくお願いします。잘 부탁합니다.

  B こちらこそ。저야말로.

- A ご無沙汰しております。소식을 못 전했네요(오랜만이에요).

  B ほんとうに久しぶりですね。정말 오래간만이네요.

- A 今朝から頭が痛いんです。오늘 아침부터 머리가 아파요.

  B それはいけませんね。薬は飲みましたか。그거 안됐네요. 약은 먹었어요?

- A 昨日退院したばかりです。어제 막 퇴원했어요.

  B そうでしたか。お大事に。그래요? 몸조리 잘하세요.

• A ごめんください。실례합니다.(아무도 안 계세요?)

B どちらさまですか。누구세요?

• A どうぞお上がりください。어서 들어오세요.

B それじゃお邪魔します。그럼 실례하겠습니다.

• A これ、つまらないものですが、どうぞ。이거 변변찮은 건데 받으세요.

B そんなに気を使わないでください。그렇게 신경 안 쓰셔도 되는데.

• A コーヒーはいかがですか。커피는 어때요?

B どうぞ、おかまいなく。부디 신경 쓰지 마세요.(아무것도 필요 없어요)

• A どうぞ、召し上がってください。자, 드세요.

B それじゃ、遠慮なくいただきます。그럼 사양하지 않고 먹겠습니다.

• A ごちそうさまでした。잘 먹었습니다.

B いいえ、お粗末さまでした。아니요, 변변치 않은 음식이었어요.

• A そろそろ失礼しなくちゃ。슬슬 실례해야겠네요.

B まだいいじゃありませんか。아직 괜찮지 않아요?

• A もしもし、山田と申しますが、吉田課長はいらっしゃいますか。
여보세요. 야마다라고 합니다만, 요시다 과장님 계세요?

B いつも主人がお世話になっています。항상 남편이 신세 지고 있어요.

• A もしもし、東京商事の伊藤ですが、斉藤さんいらっしゃいますか。
여보세요, 도쿄상사의 이토라고 하는데, 사이토 씨 계십니까?

B 斉藤はただ今席を外しております。
사이토는 지금 자리를 비웠습니다.

■ 회사 생활, 비즈니스

일본어	한국어	일본어	한국어
係長(かかりちょう)	계장	課長(かちょう)	과장
部長(ぶちょう)	부장	社長(しゃちょう)	사장
当社(とうしゃ)	당사(우리 회사)	貴社(きしゃ)	귀사(댁의 회사)
会議(かいぎ)	회의	打ち合わせ(うちあわせ)	사전 협의, 미팅
報告書(ほうこくしょ)	보고서	交渉(こうしょう)	교섭, 흥정
プレゼン(テーション)	프레젠테이션	取引先(とりひきさき)	거래처
外回り(そとまわり)	외근	出張(しゅっちょう)	출장
出先(でさき)	출장지	正社員(せいしゃいん)	정사원
契約社員(けいやくしゃいん)	계약 사원	派遣社員(はけんしゃいん)	파견 사원
中小企業(ちゅうしょうきぎょう)	중소기업	大企業(だいきぎょう)	대기업
大手企業(おおてきぎょう)	대기업	親会社(おやがいしゃ)	모회사
子会社(こがいしゃ)	자회사	輸出(ゆしゅつ)	수출
輸入(ゆにゅう)	수입	赤字(あかじ)	적자
黒字(くろじ)	흑자	貿易(ぼうえき)	무역
実績(じっせき)	실적	業績不振(ぎょうせきふしん)	업적 부진
売り上げ(うりあげ)	매상, 매출	売れ行き(うれゆき)	팔리는 모양, 매상
ドル安(やす)	달러 약세	不景気(ふけいき)	불경기
不況(ふきょう)	불황	株価があがる(かぶか)	주가가 오르다
円高(えんだか)	엔고	円安(えんやす)	엔저
社員旅行(しゃいんりょこう)	사원 여행	研修(けんしゅう)	연수
新入り(しんいり)	신참	見習い(みならい)	수습
出社｜出勤(しゅっしゃ｜しゅっきん)	출근	退社｜退勤(たいしゃ｜たいきん)	퇴근
退職(たいしょく)	퇴직	解雇になる(かいこ)	해고되다

リストラ 구조 조정, 정리 해고

(リストラクチャリング 의 준말)

■ 안내, 광고

へんしんようふうとう
返信用封筒 반신용 봉투

は がき
葉書 엽서

う つ
受け付ける 접수하다

うけつけ
受付 접수(처)

し はら
支払う 지불하다

さきばら
先払い 선불

あとばら
後払い 후불

ちゃくばら
着払い 착불

もう こ
申し込む 신청하다

もうしこみしょ
申込書 신청서

きゅうじんこうこく
求人広告 구인 광고

り れきしょ じ さん
履歴書持参 이력서 지참

そつぎょうしょうめいしょ
卒業証明書 졸업 증명서

み ぶんしょうめいしょ
身分証明書 신분증명서

ねんれい と
年齢を問わず 연령 불문

けいけん と
経験を問わず 경혈 불문

フリーター 프리터 (フリーアルバイター의 준말)

しゅ ふ
主婦 주부

じ きゅう
時給 시급

きゅうりょう
給料 월급

と あ
問い合わせる 문의하다

と あ さき
問い合わせ先 문의처

ぜい こ
税込み 세금 포함

ぜい ぬ
税抜き 세금 뺀 가격

そうぎょう き ねん
創業記念パーティー 창업 기념 파티

そうりつ き ねん び
創立記念日 창립 기념일

で むか
お出迎え 마중

み おく
お見送り 전송, 배웅

そうりょう
送料 송료

て すうりょう
手数料 수수료

ふなびん
船便 배편

こうくうびん
航空便 항공편

てん ぷ
添付ファイル 첨부 파일

つ さま
お連れ様 동행[일행]분

かいそうこう じ
改装工事 개장 공사

リニューアルオープン 리뉴얼 오픈

わ び
割り引き 할인

ね び
値引き 가격 할인

抽選を行う 추첨을 하다

詳しいことは〜 자세한 것은 ~

感謝の気持ちを表す 감사의 마음을 표시하다

お気軽にお越しください。 부담 없이 오세요.

お手数ですが… 수고스럽지만…….

奮ってご応募ください。 열심히 응모해 주세요.

くれぐれもお大事に。 아무쪼록 몸을 소중히 하세요.

いつもお世話になっております。 항상 신세 지고 있어요.

心よりお礼申し上げます。 진심으로 감사의 말씀드립니다.

深くお詫び申し上げます。 깊이 사과의 말씀드립니다.

ご協力ありがとうございます。 협력 감사드립니다.

またのお越しをお待ちしております。 또 오시길 기다리고 있겠습니다.

ご心配をおかけしました。 걱정을 끼쳤습니다.

お受け取りください。 받아 주세요.

楽しみにしております。 기대하고 있겠습니다.

■ **사회 문화, 자연재해**

少子化 저출산 현상

高齢化 고령화

平均寿命 평균 수명

シルバー産業 실버산업

渋滞 정체

ラッシュアワー 러시아워

いじめ問題 집단 따돌림 문제

校内暴力 교내 폭력

学級崩壊 학급 붕괴

文化祭 문화제

学園祭 학교 축제

国民年金 국민연금

政治家 정치가

総理大臣 총리대신

政党 정당

支持率 지지율

与党 여당

野党 야당

コンビニ 편의점

百円ショップ 백엔 숍

強盗事件 강도 사건

不審者 수상한 사람

万引き 손님을 가장하고 물건을 훔치는 일

警察に通報する 경찰에 신고하다

就職活動 취직 활동

結婚活動 결혼 활동

大雨 큰비

大雪 대설

台風 태풍

地震 | 震災 지진

被害 피해

津波 해일

原発 원자력발전소, 원전

次の言葉の返事として、もっとも適したものを(A)から(D)の中で一つ選び
なさい。

01 番 CD 2-01 　答えを答案用紙に書き入れなさい。 (A) (B) (C) (D)

02 番 CD 2-02 　答えを答案用紙に書き入れなさい。 (A) (B) (C) (D)

03 番 CD 2-03 　答えを答案用紙に書き入れなさい。 (A) (B) (C) (D)

04 番 CD 2-04 　答えを答案用紙に書き入れなさい。 (A) (B) (C) (D)

05 番 CD 2-05 　答えを答案用紙に書き入れなさい。 (A) (B) (C) (D)

06 番 CD 2-06 　答えを答案用紙に書き入れなさい。 (A) (B) (C) (D)

07 番 CD 2-07 　答えを答案用紙に書き入れなさい。 (A) (B) (C) (D)

memo

08^番
CD 2-08　　答えを答案用紙に書き入れなさい。　　(A) (B) (C) (D)

09^番
CD 2-09　　答えを答案用紙に書き入れなさい。　　(A) (B) (C) (D)

10^番
CD 2-10　　答えを答案用紙に書き入れなさい。　　(A) (B) (C) (D)

11^番
CD 2-11　　答えを答案用紙に書き入れなさい。　　(A) (B) (C) (D)

12^番
CD 2-12　　答えを答案用紙に書き入れなさい。　　(A) (B) (C) (D)

13^番
CD 2-13　　答えを答案用紙に書き入れなさい。　　(A) (B) (C) (D)

14^番
CD 2-14　　答えを答案用紙に書き入れなさい。　　(A) (B) (C) (D)

15^番
CD 2-15　　答えを答案用紙に書き入れなさい。　　(A) (B) (C) (D)

01番 CD 2-01
辞書はどこですか。
(A) 本棚にありますよ。
(B) 図書館の隣です。
(C) 電車の方が便利ですよ。
(D) 学校の前です。

02番 CD 2-02
今日は何時に起きましたか。
(A) 11時に会社へ行きました。
(B) 8時にここへ来ました。
(C) 7時ごろ起きます。
(D) 6時半に起きて散歩しました。

03番 CD 2-03
あの村の人口はどのくらいですか。
(A) 30キロメートルぐらいですね。
(B) 港から船で行けますよ。
(C) 500人ぐらいの人が住んでいます。
(D) 1500年の歴史があります。

04番 CD 2-04
いつ日本に来ましたか。
(A) 来年の秋ごろです。
(B) あさって行きます。
(C) 25000円でした。
(D) 去年の9月です。

05番 CD 2-05

今日吉田さんに会いましたか。

(A) ええ、すぐ見たいですね。

(B) いいえ、まだ帰っていません。

(C) いいえ、昨日から風邪で休んでいます。

(D) はい、一緒に会いましょう。

06番 CD 2-06

うちの近くに図書館がありますか。

(A) はい、家族と住んでいます。

(B) いいえ、まだ返していません。

(C) ええ、歩いて5分ぐらいです。

(D) それではあした帰ります。

07番 CD 2-07

駅に近い駐車場は空いていますか。

(A) 席を予約しないと無理ですね。

(B) あそこはもう満車で入れませんよ。

(C) もう売り切れてしまいましたよ。

(D) 道路はもう混んでいますよ。

08番 CD 2-09

涼しくなりましたね。

(A) ええ、今日も暑いですね。

(B) だから薄着で来ました。

(C) ええ、もう夏も終りですね。

(D) そうですね、もう冬ですね。

09番 CD 2-09
今夜はとても冷えますね。

(A) やっと暖かくなってきましたね。

(B) 夏の夜は気持ちがいいですね。

(C) 暖房が必要な季節になりましたね。

(D) やっぱり冷たいビールはおいしいですね。

10番 CD 2-10
元気になって退院できてよかったですね。

(A) ええ、そうですね、お大事に。

(B) ええ、ご心配をおかけしました。

(C) お見舞いには行きましたか。

(D) はじめての入院で心配です。

11番 CD 2-11
もしもし、佐藤ですが、田中さんをお願いします。

(A) いいえ、田中さんではありません。

(B) はい、私です。こんにちは。

(C) 田中さんを知っています。

(D) 佐藤はすぐ来ると思いますが。

12番 CD 2-12
嫌いな食べ物は何ですか。

(A) 海産物が好きです。

(B) タバコは吸いません。

(C) 鶏肉は好きじゃありません。

(D) さっき食べました。

13番 CD 2-13

大晦日は何をしていましたか。

(A) 秋の紅葉を楽しんできましたよ。

(B) 年末から新年にかけて入院していました。

(C) 今年は忙しくて夏休みがとれませんでした。

(D) お盆休みは実家に帰りました。

14番 CD 2-14

河田さん、来週名古屋に出張してくれますか。

(A) はい、名古屋から来ますか。

(B) あのう、来週は休みをとっているんですが。

(C) 明日から行けば今週中には終わりますね。

(D) はい、明日の午前中なら大丈夫です。

15番 CD 2-15

本日入社いたしました木村と申します。

(A) 長い間ご苦労様でした。

(B) 活躍を期待していますよ。

(C) ようこそ、ゆっくり休んでください。

(D) ここを離れても頑張ってください。

Part 3

회화문

Check point

예시 次の会話をよく聞いて、後の問いにもっとも適したものを(A)から(D)の中で一つ選びなさい。

1 新入社員の机はどうしますか。

(A) 余っているものがないか今から探す。

(B) 事務所の机を新しいものに買い換える。

(C) 新入社員にとなりの部屋の机を持ってこさせる。

(D) 余っているものを使ってもらう。

Script A 今度うちの部署に新しい社員が来ることになりました。

B では、机はどうしましょうか。

A そうですね。どこかに余っているのがなかったでしょうか。

B あ、となりの部屋にあります。それを持ってきますね。

A: 이번에 우리 부서에 신입 사원이 오게 되었어요.
B: 그럼 책상은 어떻게 할까요?
A: 그러게요. 어딘가에 남는 거 없었나요?
B: 아, 옆방에 있어요. 그걸 가져올게요.

해설

정답 D

회화문에서는 余っている(남다)라는 표현을 이해하고, 지문에서는 사역형과 ~てもらう(~해 받다)를 정확히 이해해야 풀 수 있는 문제이다.
(A)는 '지금부터 찾는다(今から探す)'라는 말이 부적절하다. (C)는 '신입 사원에게 책상을 가져오게 한다'라는 뜻으로, 사역형 표현에 유의한다. (D)가 '남는 것을 사용하게 한다(使ってもらう)'라는 뜻이므로 정답이다.
買(か)い換(か)える 사서 바꾸다, 다시 사다　部署(ぶしょ) 부서　社員(しゃいん) 사원　余(あま)る 남다
隣(となり)の部屋(へや) 옆방

유형 **분석**

질문과 선택지로 구성된 문제가 제시되며 총 30문항이 출제된다. 회화문을 들으면서 문제가 요구하는 답을 선택지에서 찾아야 한다.

일반적으로 간단한 대화문으로 시작해서 뒤로 갈수록 고도의 어휘력이 있어야만 풀 수 있는 문제로 구성된다. 후반부로 갈수록 지문의 내용이 길어지고 주제도 어려워진다. 또 관용어구가 포함되는 등 단어의 수준도 높아진다.

대화의 내용은 일상적인 회화문이 20문항 내외, 사회생활 속 대화문이 10문항 내외로 출제된다. 일상적인 회화문은 날씨, 약속, 관광, 대접, 예약, 사건 사고, 인물의 성격, 예의, 길 안내, 쇼핑, 미용, 건강, 결혼, 취미 생활, 외국어, 구직 등의 다양한 주제로 출제된다. 사회생활 속 대화문은 비즈니스, 전화, 출장, 회의, 회식, 사원 여행, 채용 등의 내용으로 출제된다.

초반부에는 시간이나 날짜, 요일, 인원수, 금액, 빈도, 물건 수량을 기억해야 풀 수 있는 기능적인 내용이 포함되기도 하므로 메모가 필수이다.

초중급자들은 대부분 Part2보다 Part3이 더 쉽게 느껴진다고 한다. 힌트가 되는 읽을 거리가 문제지에 제시되기 때문이다. 그러나 빨리 지문을 읽어 내는 것이 중요하므로 마냥 쉽지만은 않다. 난이도가 낮은 문제는 선택지가 짤막해서 비교적 쉽지만, 지문이 길어지면 파악하는 데 조금 더 시간이 걸린다. 따라서 대화문의 듣기가 시작되기 직전에 문제와 선택지를 모두 파악해 놓는 것이 중요하다. 선택지를 읽을 시간이 없었다면 제시된 문제라도 정확히 파악해야 한다. 제시된 문제의 지시에 따라 그 부분에 포커스를 맞춰 들어야 하기 때문이다. 예를 들어 남자의 생각이나 행동을 묻는 문제는 남자의 대사에 집중하고, 여자의 생각이나 행동을 물을 때는 여자의 대사를 집중해서 듣는다.

회화문도 질의 응답과 마찬가지로 앞 문제에 연연해서는 안 된다. 다음 문제가 시작되는데도 앞 문제에 미련을 못 버리면 다음 몇 문제는 놓칠 가능성이 크다.

초중급자는 70번부터 답을 찾기 어려울 것이다. 마음을 편하게 먹고 단어가 귀에 안 들어와도 대화의 흐름과 지문에 나온 단어를 이용해 문제를 파악해 나가도록 하자.

- 문제와 선택지를 미리 읽어 두자. 앞서 말했듯이 회화문은 문제와 선택지를 미리 파악해 놓는 것이 철칙이다. 하지만 실전에서는 대화의 내용을 생각하면서 문제를 푸느라고 다음 지문을 읽을 여유소차 없을 때가 많다. 내용을 미리 읽지 못한 탓에 하나를 놓치게 되면 꼬리에 꼬리를 물고 이어져 회화문 전체를 망치는 경험을 해 본 사람도 있을 것이다. 시험 초반부(파본 확인할 때와 Part1의 예가 방송될 때)와 Part2의 예가 방송될 때를 잘 활용하자. 비교적 여유가 있는 시간이므로 이때 Part3 중후반부의 핵심 단어를 파악해 둔다. 후반부로 갈수록 어려운 단어가 많이 나오기 때문에 조금이라도 남는 자투리 시간에 중반부(61~70번)를 펴서 눈에 들어오는 단어의 뜻을 체크해 놓는 것이다. 실제 Part3이 시작되고 예문이 방송될 때는 51번부터 가능한 한 많은 지문을 읽어 둔다.

- 지문을 최대한 활용하자. 날짜, 시간, 금액 등의 기능적인 문제에는 메모가 필수이다. 하지만 전체를 메모할 만큼 시간적 여유는 없다. 그럴 때는 지문을 충분히 활용하면 된다. 지문을 보면서 방송에 나온 부분과 안 나온 부분을 ○×표시하거나 선택지에 나온 단어 옆에 메모를 하는 방법을 써 보자. 이 방법은 특히 내용과 맞는 것(또는 맞지 않는 것)을 고르는 문제나 전체의 내용을 이해해야 풀 수 있는 문제에 유용하다.

- 단어를 바꿔서 출제한다는 점에 유의하자. 회화문에서 키워드가 되는 부분이 선택지에서는 같은 뜻의 다른 단어로 제시되는 경우가 많으므로 주의한다. 예를 들어 회화문에서는「たずねた」로 나온 단어가 선택지에서는「訪問した」로 바뀌어 나오기도 한다.

600 따라잡기

(1) 월, 일, 시, 요일, 주일, 개월

아주 기본적인 표현이지만 시험에 자주 출제되는 내용이므로 다시 한번 확인하고 지나가자.

■ ~월

いちがつ	にがつ	さんがつ	しがつ
1月 1월	2月 2월	3月 3월	4月 4월

ごがつ	ろくがつ	しちがつ	はちがつ
5月 5월	6月 6월	7月 7월	8月 8월

くがつ	じゅうがつ	じゅういちがつ	じゅうにがつ
9月 9월	10月 10월	11月 11월	12月 12월

☞ 특히 4月しがつ와 7月しちがつ를 구별하는 문제가 자주 출제된다.

■ ~일

ついたち	ふつか	みっか	よっか
1日 1일	2日 2일	3日 3일	4日 4일

いつか	むいか	なのか	ようか
5日 5일	6日 6일	7日 7일	8日 8일

ここのか	とおか	じゅういちにち	じゅうににち
9日 9일	10日 10일	11日 11일	12日 12일

じゅうさんにち	じゅうよっか	じゅうごにち	じゅうろくにち
13日 13일	14日 14일	15日 15일	16日 16일

じゅうしちにち	じゅうはちにち	じゅうくにち	はつか
17日 17일	18日 18일	19日 19일	20日 20일

にじゅうよっか			
24日 24일			

☞ 특히 4日よっか와 8日ようか, 2日ふつか와 20日はつか, 3日みっか와 6日むいか를 구별하는 문제가
자주 출제된다.

■ ~시

いち じ	に じ	さん じ	よ じ
1時 1시	2時 2시	3時 3시	4時 4시

ご じ	ろく じ	しち じ	はち じ
5時 5시	6時 6시	7時 7시	8時 8시

く じ	じゅう じ	じゅういち じ	じゅうに じ
9時 9시	10時 10시	11時 11시	12時 12시

何時 몇 시
なん じ

■ ~요일

月曜日 월요일
げつようび

火曜日 화요일
か ようび

水曜日 수요일
すいようび

木曜日 목요일
もくようび

金曜日 금요일
きんようび

土曜日 토요일
ど ようび

日曜日 일요일
にちようび

■ ~주일

一週間 일주일
いっしゅうかん

~週目 ~주째
しゅう め

毎週 매주
まいしゅう

隔週 격주
かくしゅう

■ ~개월

一ケ月 | 一月 한 달
いっ か げつ　ひとつき

二ケ月 | 二月 두 달
に か げつ　ふたつき

六ケ月 | 半年 6개월, 반년
ろっ か げつ　はんとし

15日 | 半月 15일, 보름
にち　　はんつき

(2) 내/외 가족 관계

	내 쪽 (겸양 표현)	상대 쪽
가족	家族	ご家族
형제	兄弟	ご兄弟
부모	両親 | 親	ご両親 | 親御さん
아이	子 | 子供	お子さん | 子供さん
어머니	母	お母さん
아버지	父	お父さん
형 / 오빠	兄	お兄さん
누나 / 언니	姉	お姉さん
남동생	弟	弟さん
여동생	妹	妹さん
남편	夫 | 主人 | 旦那	ご主人 | 旦那さん

아내, 처	妻 ｜ 家内	奥さん
아들	息子	息子さん ｜ ぼっちゃん
딸	娘	娘さん ｜ お嬢さん
할아버지	祖父	おじいさん
할머니	祖母	おばあさん
숙부 / 백부 / 삼촌	おじ(叔父 ｜ 伯父)	おじさん
숙모 / 백모 / 이모	おば(叔母 ｜ 伯母)	おばさん
남자 조카	おい	おいごさん
여자 조카	めい	めいごさん
사촌	いとこ	
손자	孫	お孫さん

② 일상생활 관련 어휘

■ 날씨

花粉症 꽃가루 알레르기

梅雨が明ける 장마가 끝나다

湿っぽい 눅눅하다, 습기가 많다

じめじめしている 눅눅하다

台風 태풍

集中豪雨 집중호우

猛暑 혹서

残暑 늦더위

蒸し暑い 후덥지근하다

例年に比べて 예년에 비해서

肌寒い 쌀쌀하다

冷える (날이) 차다

冷房 냉방

暖房 난방

■ 약속

待ち合わせ (시간, 장소를 정한) 만날 약속

ビヤホール 비어홀, 호프집

喫茶店 찻집 ｜ カフェ 카페

映画館 영화관

演劇｜お芝居 연극

お相撲 스모

スポーツ観戦 스포츠 관전

展覧会 전람회

遊園地 유원지

開演の時間 공연 시작 시간

ネットカフェ PC방

噴水の前 분수 앞

■ 관광

観光案内所 관광 안내소

通訳を頼む 통역을 부탁하다

両替をする 환전을 하다

小銭 잔돈

細かいのに崩す 잔돈으로 바꾸다

おつり 거스름돈

■ 예약

禁煙 금연

喫煙 흡연

和食 일식

洋食 양식

一部屋 방 하나

二部屋 방 두 개

一人部屋 1인실

二人部屋 2인실

■ 대접

ご馳走する 대접하다

ご馳走になる 대접받다

おごる 한턱내다

おごってもらう 대접받다, 얻어먹다

割り勘にする 더치페이 하다

持ち寄りパーティー
음식 등을 제각기 가지고 모이는 파티

■ 사건 사고

渋滞する 정체되다

道が込んでいる 길이 혼잡하다[막히다]

事故に遭う 사고를 당하다

スピードの出しすぎ 과속

交通事故 교통사고

追突 추돌

衝突 충돌

強盗事件 강도 사건

誘拐事件 유괴 사건

■ **예의**

若者 젊은이

お年より | 老人 노인

マナーが悪い 매너가 나쁘다

お行儀がいい 행실이 바르다

礼儀正しい 예의 바르다

敬語の使い方 경어 사용법

■ **인물의 모습, 성격**

陽気だ 명랑하다

朗らかだ 명랑하다

さっぱりしている 소탈하다

気さくだ 싹싹하다, 서글서글하다

けちだ 쩨쩨하다

節約家 절약가

かっこいい 멋지다

おしゃれ 멋쟁이

頭が切れる 머리가 좋다, 똑똑하다

優秀だ 우수하다

■ **길 안내**

交差点 교차로

つきあたり 막다른 곳

ビル 빌딩

建物 건물

商店街 상점가

住宅街 주택가

オフィス街 오피스 거리

まっすぐ行く 곧장 가다

向かい 맞은편

～階建て ~층짜리 (건물)

(左に | 右に | 角を)曲がる
(왼쪽으로 | 오른쪽으로 | 모퉁이를) 돌다

(橋 | 信号 | 横断歩道)を渡る
(다리 | 신호 | 횡단보도)를 건너다

■ **백화점, 쇼핑센터**

食料品売り場 식료품 매장

化粧品売り場 화장품 매장

婦人服売り場 부인복 매장

紳士服売り場 신사복 매장

玩具売り場 완구 매장

雑貨売り場 잡화 매장

家庭用品売り場 가정용품 매장

家電製品売り場 가전제품 매장

デパ地下 백화점 지하 식품 매장

バーゲン 바겐세일

割引 할인

売り場移動 매장 이동

■ **물건 구입**

持ち歩きできる 휴대할 수 있다

コンパクトだ
콤팩트(compact)하다, 작고 내용이 알차다

似合っている 어울리다

履きやすい 신기 편하다

きつい 꼭 끼다

折り畳み 접이식

手頃な値段 적당한 가격

斬新なデザイン 참신한 디자인

使い捨て 일회용

最新型 최신형

流行する | 流行っている 유행하다

流行りのデザイン 유행하는 디자인

壊れやすい 고장 나기 쉽다, 망가지기 쉽다

買い替える 새로 구입하다

■ **미용실**

美容院 | 美容室 미용실

床屋 이발소

髪がのびる 머리가 자라다

髪型を変える 헤어스타일을 바꾸다

切る 자르다

揃える 가지런히 하다, 다듬다

染める 염색하다

イメチェン(イメージチェンジ)
이미지 체인지, 분위기를 바꿈

■ **우체국**

手紙を出す 편지를 보내다

葉書 엽서 | 絵葉書 그림엽서

切手 우표

船便 배편, 선편

航空便 항공편

宅配便 택배편

スピード郵便 스피드 우편

書留 등기

速達 속달

送料 송료

郵送 우송

手数料 수수료

■ **대중교통**

バス停 버스 정류장

停留所 정류장

駅員 역무원

改札口 개찰구

切符売り場 매표소

快速 쾌속

急行 급행

各駅停車 각 역 정차(각 역마다 정차하는 전철)

(プラット)ホーム 플랫폼

乗り遅れる 차를 놓치다

乗り越す 하차할 역을 지나치다

〜を経由する ~를 경유하다

値上がりする 가격이 오르다

値上げする 가격을 올리다

値下がりする 가격이 내리다

値下げする 가격을 내리다

■ 건강

健康を維持する 건강을 유지하다

栄養失調 영양실조

サプリメント 건강 보조 식품

ダイエット 다이어트

太る 살찌다

痩せる 마르다

減量する 감량하다

長生きする 장수하다

■ 몸 상태

体調が悪い 몸 상태가 안 좋다

具合い[調子]が悪い 상태가 안 좋다

気分が悪い 몸이 안 좋다. 아프다

体がすぐれない 몸이 안 좋다

食欲がない 식욕이 없다

熱がある 열이 있다 | 熱を出す 열이 나다

せきが出る 기침이 나다

風邪を引く 감기 걸리다

お腹を壊す 배탈 나다

食あたり 식중독

骨折 골절

怪我をする 부상을 입다

■ 약 복용

薬を飲む 약을 먹다

食前 | 食後に飲む 식전 | 식후에 먹다

塗り薬 바르는 약

湿布薬 습포제

風邪薬 감기약

痛み止 진통제

胃薬 위약

ばんそうこう 반창고

■ 병원

小児科 소아과

外科 외과

皮膚科 피부과

内科 내과

歯医者 치과

診療を受ける 진료를 받다

入院する 입원하다

退院する 퇴원하다

休診日 휴진일

お大事に 부디 몸조심하세요
(아픈 사람에게 하는 인사말)

初診 초진

傷の手当 상처의 처치, 치료

■ 취미 생활

スポーツジム 스포츠 센터, 헬스클럽

カルチャーセンター 문화센터

料理教室 요리 교실

運転教室 운전 교습소

受り付り 섭수(처)

手続き 수속

受講を申し込む 수강을 신청하다

受講料の支払い 수강료 지불

銀行振込 은행 입금

分割払い 할부

取り消す 취소하다

会員制 회원제

■ 결혼

式場 식장

招待状 초대장

披露宴 피로연

日時 일시

お祝い 숙하 선물

新婚旅行 신혼여행

祝儀 축의금

結納 예물, 함

■ 외국어

英会話 영어 회화

得意だ 자신 있다

会話力 회화 능력

留学経験 유학 경험

身につける 익히다, 습득하다, 지니다

■ **가사**

共働き 맞벌이

家事を手伝う 가사를 돕다

育児 | 子育て 육아

子供の世話をする 아이를 돌보다

自炊する 스스로 요리를 하다

子供の送り迎え 아이를 보내고 마중함

掃除機をかける 청소기를 돌리다

汚れを落とす 때를 제거하다

専業主婦 전업주부

後片付け 뒷정리 | 皿洗い 설거지

■ **환경**

環境にやさしい 환경에 순하다

ゴミの分別 쓰레기 분리수거

再利用 | リサイクル 재활용

生ゴミ 음식물 쓰레기

燃えるゴミ 가연성 쓰레기

燃えないゴミ 불연성 쓰레기

粗大ゴミ 대형 쓰레기

水不足 물 부족

エコ 환경, 자연

ハイブリッドカー 하이브리드 자동차

地球温暖化 지구 온난화

■ **구직**

フリーター 프리터

時給いくら? 시급 얼마야?

仕事につく 직업을 갖다

就職する 취직하다

転職する 전직하다

職を探す 직업을 찾다

求人広告 구인 광고

給料がいい 월급이 괜찮다

社員募集 사원 모집

面接を受ける 면접을 받다

定職につく 정식 직업을 갖다

■ 전화

留守 부재중

留守番電話 부재중 전화, 자동 응답 전화

伝言を伝える 전언을 전하다

席を外している 자리를 비웠다

休みを取っている 휴가를 냈다

折り返し電話する 이쪽(그쪽)에서 다시 전화하다

■ 업무

営業部 영업부

総務部 총무부

海外事業部 해외영업부

企画部 기획부

残業する 야근하다

出張する 출장하다

接待する 접대하다

手当てをもらう 수당을 받다

書類 서류

報告書 보고서

翻訳 번역

プレゼン 프레젠테이션

参考資料 참고 자료

研究発表会 연구 발표회

■ 회의

会議 회의

打ち合わせ 사전 협의, 미팅

第1会議室 제1회의실

第2会議室 제2회의실

場所が変更になる 장소가 변경되다

会議が長引く 회의가 길어지다

企画案 기획안

資料の準備 자료 준비

■ 술자리, 회식

送別会 송별회

歓迎会 환영회

1次会 1차 모임

2次会 2차 모임

宴会 연회, 술자리

飲み会 술자리, 회식

二日酔い 숙취

忘年会 송년회

<ruby>新入社員<rt>しんにゅうしゃいん</rt></ruby> 신입 사원

<ruby>募集<rt>ぼしゅう</rt></ruby> 모집

<ruby>当社<rt>とうしゃ</rt></ruby>ホームページ 당사 홈페이지

<ruby>申<rt>もう</rt></ruby>し<ruby>込<rt>こ</rt></ruby>む 신청하다

<ruby>最終面接<rt>さいしゅうめんせつ</rt></ruby> 최종 면접

<ruby>採用<rt>さいよう</rt></ruby> 채용

<ruby>支店<rt>してん</rt></ruby> 지점

<ruby>問<rt>と</rt></ruby>い<ruby>合<rt>あ</rt></ruby>わせる 문의하다

<ruby>締<rt>し</rt></ruby>め<ruby>切<rt>き</rt></ruby>り 마감

예상 **문제**

Script 78p

次の会話をよく聞いて、後の問いにもっとも適したものを(A)から(D)の中で一つ選びなさい。

01 番 CD **3-01** 女の人の休みはいつですか。

(A) 月曜日

(B) 土曜日

(C) 日曜日

(D) 休みがない

02 番 CD **3-02** 雑誌の支払いはいつまでですか。

(A) 購読を始めた日から15日目

(B) 購読を始めた日から1ヵ月目

(C) 雑誌を受け取った月の末

(D) 雑誌を受け取った日から1週間目

03 番 CD **3-03** 待ち合わせの場所はどこですか。

(A) 駅の前

(B) 映画館の前

(C) 噴水の前

(D) 11時

memo

04^番 CD 3-04 男の人はこれからどうしますか。

    (A)　女の人を手伝う。

    (B)　自分の仕事を終えて家へ帰る。

    (C)　体調が悪いので病院へ行く。

    (D)　女の人に仕事を手伝ってもらう。

05^番 CD 3-05 男の人はどうしますか。

    (A)　内田さんからの電話を待つ。

    (B)　自分から電話をする。

    (C)　女の人に伝言を伝える。

    (D)　女の人に伝えてもらう。

06^番 CD 3-06 女の人はこれからどうしますか。

    (A)　社長を迎えに行く。

    (B)　客を社長に案内する。

    (C)　山田部長を社長室に通す。

    (D)　客を受付に迎えに行く。

memo

07番 CD 3-07

女の人はどうしましたか。

(A) 会議の時間を間違えて覚えた。

(B) 会議の場所を間違えて覚えた。

(C) 第1会議室の位置がわからなかった。

(D) 時間が変更になったことを知らせた。

08番 CD 3-08

男の人は英語をどのぐらい勉強しましたか。

(A) 2ヶ月しか習ってない。

(B) 2年間毎日勉強してきた。

(C) 2ヶ月間1週間に1回勉強してきた。

(D) 2年間1週間に2回勉強してきた。

09番 CD 3-09

女の人は何をしていますか。

(A) 交差点の前に立っている。

(B) 事務室で訪問のアポを取っている。

(C) 駅から会社への行き方を聞いている。

(D) 事務室で駅の行き方を聞いている。

10^番 CD 3-10 男の人は何をしていますか。

(A) 飛行機を予約している。

(B) 病院で診療の予約をしている。

(C) 公演の時間を聞いている。

(D) 受付で受講可能の時間を聞いている。

11^番 CD 3-11 仕事はどんな状況ですか。

(A) 仕事がハードですぐ辞める。

(B) 最近若い人に人気を集めている。

(C) 給料がよくてやりがいのある仕事だ。

(D) おもしろいし、勉強にもなる。

12^番 CD 3-12 どんなカメラがほしいですか。

(A) 使い方が簡単なカメラ

(B) きれいに取れるカメラ

(C) 携帯に容易なカメラ

(D) 最新型の小さいカメラ

memo

13番 CD 3-13　男の人のめいについて合っているのはどれですか。

(A) 東京に住んでいる。

(B) はじめて遊びに来る。

(C) 女の人に会ったことがある。

(D) ガイドなしでも観光ができる。

14番 CD 3-14　女の人は電話で何について話していますか。

(A) 書類の催促

(B) 追加注文の依頼

(C) 注文の取り消し

(D) 出張の報告書

15番 CD 3-15　男の人はこれからどうしますか。

(A) 傘を持って出かける。

(B) 傘を持たないで出かける。

(C) 奥さんの言うことを聞く。

(D) 荷物の中に傘を入れる。

01番 CD 3-01

男　あれ？お仕事に行かないんですか。

女　今日は休みです。

男　あ、デパートは月曜日がお休みですね。

女　ええ、土曜日も日曜日も休みじゃありませんから。

02番 CD 3-02

男　購読を始めた雑誌の支払い、まだでしたよね。

女　あ、そうですね、あの支払い期限はいつでしたっけ？

男　たしか商品が届いた月の月末だったと思います。

女　じゃあ、ぎりぎり間に合いますね。

03番 CD 3-03

男　明日映画を見に行きませんか。

女　いいですね。待ち合わせはどこにしましょうか。

男　11時に駅の前で待っています。

女　駅の前は混みますから、噴水の前で会いましょう。

04番 CD 3-04

女　どうしたんですか。気分が悪そうですね。

男　ええ、今日はこれで帰ってもいいですか。

女　わかりました。では続きは私がやっておきましょうか。

男　ありがとうございます。でもこの仕事はもう終わりましたから。

05番 CD 3-05

女　さっき内田さんから電話がありましたよ。

男　何と言っていましたか。

女　また電話すると言っていました。

男　そうですか。でもまた出かけますから、こちらから電話します。

06番 CD 3-06

女　東京電気の山田部長が受付にお見えになりました。

男　では、お迎えに行って会議室にご案内して。

女　はい、わかりました。

男　あ、それから社長にも連絡しておいて。

07番 CD 3-07

男　山本さん、会議の時間、3時からに変わりましたよ。

女　ええ、3時から第2会議室ですね。

男　いいえ、場所は第1会議室ですよ。

女　え？そうでしたか。すみません。

08番 CD 3-08

女　英語、上手になりましたね。

男　英会話を2年習っていますが、まだまだです。

女　毎日ですか。私は2ヶ月しか続きませんでしたよ。

男　いいえ、私は1週間に2回だけです。

09番 CD 3-09

女　もしもし、今駅に着きましたが、そちらまでどう行ったらいいですか。

男　駅前の交差点を右に曲がるとすぐ会社が見えますので。

女　分かりました、では今から伺います。

男　はい、お待ちしています。

10番 CD 3-10

男　次回の診察はいつお願いできますか？

女　水曜以降なら空いていますよ。

男　じゃあ、水曜日の同じ時間にまた来ます。

女　わかりました。では、お大事に。

11番 CD 3-11

男　きのう面接を受けた人で期待できそうな人いましたか。

女　ええ、やる気が感じられる人が何人かいました。

男　でも、実際仕事を始めると長く続きませんよね。

女　思ったよりきつい仕事ですからね。

12番 CD 3-12

女　すみません、カメラを買いたいんですが。

男　こちらは最新型で、きれいに撮れます。使い方も簡単ですよ。

女　持ち歩くのに便利なものがいいんですけど。

男　では、こちらはいかがですか。小さくて軽いですよ。

13番 CD 3-13

男　めいが週末に東京に遊びにくるんだけど。

女　あ、前にお会いした方ですね。

男　うん、どこへ連れていっていいかわからなくて。

女　じゃあ、私が案内しましょうか。

14番 CD 3-14

女　もしもし、あのう、先日お願いした資料のことですが。

男　申し訳ありません、まだまとまっていないんです。

女　お手数ですが、急に必要になりまして。

男　わかりました。なんとか今日中にお送りいたします。

15番 CD 3-15

女　午後から雨だそうです。傘持って行ってくださいね。

男　傘は荷物になるし、忘れそうだし。

女　それはそうですけど。

男　今の季節少しぐらいの雨なら降られても大丈夫だよ。

Part 4

설명문

Check point

01 미리 3~4개의 질문과 선택지를 읽고 파악해 둔다.

02 설명문의 내용을 들으면서 지문의 문제를 풀어 나간다.

03 'OO문제에 답하시오'라는 방송 지시가 나올 때 신속히 OMR카드에 체크한다.

04 위의 방송 지시가 나올 때 다음 문제의 지문까지 읽어 둔다.

유형 미리보기

예시　次の文章をよく聞いて、後の問いにもっとも適したものを(A)から(D)の中で一つ選びなさい。

1　この人はどんなところを旅行しますか。

 (A)　遺跡が多い有名なところ

 (B)　都会の賑やかな街

 (C)　食べ物がおいしいところ

 (D)　田舎の小さな街

2　旅行先ではどんなことをしますか。

 (A)　有名な美術館などを観光する

 (B)　街の人と話したりおいしいものを食べたりする

 (C)　温泉に入ってのんびりと過ごす

 (D)　友達と地元のおいしい食べ物を楽しむ

Script　私は旅行が好きで、アジアとヨーロッパのいろいろな国へ行ったことがあります。でもゆったりと旅行を楽しみたいので、有名な大きい街にはあまり行きません。田舎の静かなところに行くことが多いです。そこでおいしいものを食べてその街に住んでいる人と話をします。旅行している人と友達になることもありますから、いつも一人で旅行していますが楽しいです。

니는 여행을 좋아해서 아시아외 유럽의 여러 나라에 간 적이 있습니다. 그렇지만 느긋하게 여행을 즐기고 싶어서 유명하고 큰 도시에는 별로 가지 않습니다. 한적한 시골로 갈 때가 많습니다. 거기서 맛있는 음식을 먹고 그 동네 주민과 이야기를 나눕니다. 여행하는 사람과 친구가 되는 일도 있으니까, 항상 혼자 여행하고 있지만 즐겁습니다.

해설

1. 정답 **D**　어떤 곳을 여행하는지 묻고 있다. 조용한 시골로 자주 간다고 했으므로 (D)가 정답이다.

2. 정답 **B**　여행지에서 무엇을 하냐고 묻고 있다. '맛있는 음식을 먹고 그 동네 주민과 이야기를 나눈다'고 했다.

유형 **분석**

Part4는 장문의 내용을 듣고 문제를 풀어야 한다. 하나의 설명문에 3~4개의 질문이 제시된다. 두 번째 설명문까지는 질문이 4개씩 나오고, 나머지 4개의 설명문에는 각 3문제씩 나오는 형식으로(4-4-3-3-3-3), 총 설명문 6개에 20문항으로 구성된다. 설명문은 8문장 내외의 길이로, 지나치게 길거나 짧은 문장은 출제되지 않는다. 유형별로 보면 다음과 같다.

1. 개인의 일상사를 소개하는 내용
'나'를 주어로 해서 일상에서 일어난 일이나 가족, 가정, 직장, 취미 생활 등을 소재로 한다. 설명문 1~2개가 나온다.

2. 인물, 애완동물, 사물을 소개하는 내용
역시 '나'의 관점에서 주위 사물이나 인물을 소개하는 내용으로, 설명문 1~2개가 나온다.

3. 안내, 광고, 공지문
반드시 출제되는 문제 유형으로, 설명문 1개~3개가 출제된다.
세부적으로는 각종 관공서의 안내, 쇼핑센터, 동물원, 레스토랑, 호텔, 도서관, 학원 등의 안내문, 구인 광고, 상품 광고, 사내 공지문, 소비자를 대상으로 하는 대외 공지문 등의 형태로 나온다.

4. 일본 문화, 관습, 처세 등을 소개하는 내용
설명문 1개 정도 나오며, 출제되지 않을 때도 있다. 후반부의 난이도 높은 문제로 나올 가능성이 크다.

5. 사건, 사고, 뉴스의 내용
설명문 1개 정도 나오며, 출제되지 않을 때도 있다. 출제될 때는 거의 90번대 후반부의 난이도 높은 문제로 나온다.

(단어 수준은 Part2, Part3과 같으므로 빈출 어휘는 생략한다.)

Part4는 청해에서 가장 부담스러운 부분이다. 또, 가장 지쳐 있을 때 풀어야 하기 때문에 끝까지 긴장의 끈을 놓지 말아야 한다.

듣기 전에 제시된 질문과 선택지를 미리 읽어 두는 것이 가장 중요하다. 청해 파트가 시작되는 순간부터 시간이 날 때마다 Part4의 지문을 뒤쪽부터 읽어 둔다. 95번 이후의 지문은 중급자에게 어려울 수 있으므로 95번 이전의 문제를 뒤쪽부터 읽는다. 81~84번은 Part4 예문이 나올 때 읽어도 충분하다.

물론 지문을 미리 읽는다고 해서 머리에 다 남는 것은 아니다. 결국 초를 다투는 시간 안에 다시 읽어야 하지만, 미리 읽어 두면 상당히 도움이 된다.

메모할 여유가 없을 때는 각 문제의 선택지를 이용해서 내용에 나온 부분을 표시하거나 옆에 살짝 보충 메모를 해 둔다.

또 지문 내용이 방송 내용과 다를 수 있다는 점에 유의해야 한다. 선택지에는 내용을 풀어서 말하거나 십약해서 표현할 수 있다. 또 같은 뜻의 다른 어휘를 넣어 말하기도 하므로 특히 주의가 필요하다.

- 問題00番に答えなさい라는 방송 지시는 무시한다. 이 방송에 따라 체크하다가 Part4를 다 망칠 수 있다. 이 방송이 나올 때는 다음 문제의 지문을 읽고 있어야 문제를 수월하게 풀 수 있다.

- 대부분 내용이 나오는 순서로 질문의 내용이 제시된다. 내용을 들으면서 선택지에 체크를 해 나가야 다음 문제의 지문을 읽을 여유가 생긴다.

- 세 문장 이상 지나갔는데 다음 질문의 내용이 나오지 않을 때는 내용을 놓쳤을 가능성이 높다. 마냥 기다리지 말고 빨리 다음 질문으로 넘어가자.

- 간혹 첫 문장에 첫 질문의 내용이 나올 때가 있다. 이 부분을 놓치면 첫 질문의 내용을 기다리다가 모든 질문의 내용을 놓칠 수 있으므로 주의한다.

次の文章をよく聞いて、後の問いにもっとも適したものを(A)から(D)の中で一つ選びなさい。

01番 CD 4-01　この人の休みはいつですか。

(A) 土曜日と日曜日

(B) 月曜日と火曜日

(C) 月曜日と木曜日

(D) 木曜日と金曜日

02番　どうして友達に会えないのですか。

(A) この人の休みには友達が仕事をするから

(B) 友達の休みは平日だから

(C) 土曜日と日曜日は友達が忙しいから

(D) この人は仕事を始めたばかりだから

03番　木曜日にはどんなことをしますか。

(A) 掃除や洗濯をする。

(B) 仕事をする。

(C) 公園を散歩する。

(D) 買い物に行く。

memo

04番 CD 4-02　ひろしさんとリエさんはこの人とどんな関係ですか。

(A) 同じ会社の同僚
(B) 高校時代の同級生
(C) 高校時代の先輩
(D) 同じクラスの教え子

05番　二人はどこで再会しましたか。

(A) 高校の同窓会で
(B) 同級生の結婚式で
(C) ドライブに出かけて
(D) 家に帰る電車の中で

06番　この人は何を楽しみにしていますか。

(A) ひろしさんとの結婚式
(B) ドライブに出かけること
(C) 車で新婚旅行に行くこと
(D) 久しぶりに先生と旧友に会えること

07番　いつ新婚旅行に行く予定ですか。

(A) 式が終わったあとすぐ
(B) その日の夜
(C) 結婚式の翌日の夕方
(D) 結婚式の次の日の朝

08 番 CD 4-03

職員たちは工事の間どうしますか。

(A) 店に来なくてもいい。

(B) 2週間ぐらい仕事を休む。

(C) 別の仕事をやらなければならない。

(D) 工事を手伝わなければならない。

09 番

工事で変わることで、<u>正しくない</u>のはどれですか。

(A) 入り口にある売り場が広くなる。

(B) 壁の色が明るくなる。

(C) テーブルや椅子も新しいのを使う。

(D) 今までのメニューを減らす。

10 番

リニューアルオープンした後、どんなことをしますか。

(A) 駅の前で試食販売をする。

(B) 駅前でランチセットを宣伝する。

(C) 宣伝のため割引券を配る。

(D) 駅の前でお客さんに飲み物を提供する。

memo

01~03番 CD 4-01

私は市内にある大型ショッピングモールで働いています。土曜日と日曜日は人がたくさん買い物に来ますから、とても忙しいです。私の仕事は月曜日と木曜日[1]が休みです。友だちはみんな普通の会社に勤めていて、休みは土曜日と日曜日[2]です。ですから友だちとなかなか会うことができません。月曜日は家でゆっくり休みますが、木曜日は映画を見に行ったり、散歩したりします[3]。平日は街にあまり人がいません。映画館も公園も静かです。友達に会えないのは残念ですが、平日に休むのも悪くないと思います。

04~07番 CD 4-02

ひろしさんとリエさんは、高校の時、私と同じクラス[4]でした。この二人が来年の春結婚すると聞いてとても驚いています。二人は卒業してからずっと会っていなかったのですが、2年前に会社帰りの電車の中で[5]偶然会って付き合うようになったそうです。趣味が合うこともあってよく車でいろいろなところに出かけていたそうです。結婚式は私たちがお世話になった先生方や高校の時の友だちもたくさん出席するので[6]楽しい日になりそうです。二人は結婚式の日はホテルに泊って、次の日の夕方[7]、車で一週間の旅行に出ると言っています。

08~10番 CD 4-03

職員の皆さんにお知らせがあります。来月から改装工事のため、店を2週間閉店することになりました。皆さんには休みの間も外の仕事をお願いしたい[8]ので、今週中に一度事務室の方へ来てください。工事では入り口にあるお土産売り場を広くします。それからテーブルや椅子も新しくして壁の色も今より明るい色に変えますので、今までとぜんぜん違う感じの店になると思います。それから料理のメニューも増やして今までやっていなかったランチを始める予定[9]です。新しくオープンしたら、たくさんのお客様に知ってもらうために飲み物の割引クーポンを駅の前で配る予定[10]です。

How To **JPT**
실전공략

독해

꼭 알아야 할 기본 문법 10

문제를 아무리 많이 풀어도 기본기가 없으면 높은 점수를 얻을 수 없다. 여기서 다루는 문법은 Part5 / 6 / 7에 공통으로 많이 출제되는 내용이며, 독해뿐만 아니라 청해에도 자주 등장하는 주요 어법이므로 반드시 짚고 넘어가야 한다. ★이 많을수록 출제 빈도가 높으므로 필수적으로 학습한다.

① 시제 : 명사 / い형용사 / な형용사 / 동사

⋯▶ 오문 정정, 공란 메우기 출제 ★

■ 명사

	반말체	공손체
현재	公園だ 공원이다	公園です 공원입니다
현재부정	公園では[じゃ]ない 공원이 아니다	公園では[じゃ]ありません 공원이 아닙니다
과거	公園だった 공원이었다	公園でした 공원이었습니다
과거부정	公園では[じゃ]なかった 공원이 아니었다	公園では[じゃ]ありませんでした 공원이 아니었습니다

■ な형용사

	반말체	공손체
현재	きれいだ 깨끗하다	きれいです 깨끗합니다
현재부정	きれいでは[じゃ]ない 깨끗하지 않다	きれいでは[じゃ]ありません 깨끗하지 않습니다
과거	きれいだった 깨끗했다	きれいでした 깨끗했습니다
과거부정	きれいでは[じゃ]なかった 깨끗하지 않았다	きれいでは[じゃ]ありませんでした 깨끗하지 않았습니다

■ い형용사

	반말체	공손체
현재	暑い 덥다	暑いです 덥습니다

	반말체	공손체
현재부정	暑くない 덥지 않다	暑くないです / 暑くありません 덥지 않습니다
과거	暑かった 더웠다	暑かったです 더웠습니다
과거부정	暑くなかった 덥지 않았다	暑くなかったです / 暑くありませんでした 덥지 않았습니다

■ **동사**

5단 동사 (1group) → 끝의 발음에 따라 활용이 다르다.

	반말체	공손체
현재	洗（あら）う 씻다	洗います 씻습니다
현재부정	洗わない 씻지 않다	洗いません 씻지 않습니다
과거	洗った 씻었다	洗いました 씻있습니다
과거부정	洗わなかった 씻지 않았다	洗いませんでした 씻지 않았습니다

1단 동사 (2group) → る만 빼고 활용한다.

	반말체	공손체
현재	見（み）る 보다	見ます 봅니다
현재부정	見ない 보지 않다	見ません 보지 않습니다
과거	見た 보았다	見ました 보았습니다
과거부정	見なかった 보지 않았다	見ませんでした 보지 않았습니다

변격 동사 する (3group)

	반말체	공손체
현재	する 하다	します 합니다
현재부정	しない 하지 않다	しません 하지 않습니다
과거	した 했다	しました 했습니다
과거부정	しなかった 하지 않았다	しませんでした 하지 않았습니다

변격 동사 来る (3group)

	반말형	공손체
현재	来る 오다	来ます 옵니다
현재 부정	来ない 오지 않다	来ません 오지 않습니다
과거	来た 왔다	来ました 왔습니다
과거 부정	来なかった 오지 않았다	来ませんでした 오지 않았습니다

2 상태 표현 : ～ている / ～てある

⋯▸ 정답 찾기, 오문 정정, 공란 메우기 출제 ★★★★

■ 자동사 + ている

어떤 동작의 결과로서 지금 그 상태로 남아 있음을 나타낸다.

- 窓が開いています。 창문이 열려 있습니다.

- かぎがかかっています。 열쇠가 잠겨 있습니다.

- いすが並んでいます。 의자가 늘어서 있습니다.

■ 타동사 + てある

의도적으로 어떤 동작을 해서 지금의 상태가 되었다는 느낌이다. '~해 놓아져 있다', '~해 놓았다'는 뉘앙스이다. 때에 따라서 ～ておきました(~해 두었습니다)와 같은 장면에서 쓸 수 있다.

- 窓が開けてあります。(窓を開けておきました。) 창문을 열어 놓았습니다.

- かぎがかけてあります。(かぎをかけておきました。) 열쇠로 잠가 놓았습니다.

- いすが並べてあります。(いすを並べておきました。) 의자를 늘어세워 놓았습니다.

■ 대응하는 자동사가 없는 타동사

～てある로만 상태 표현을 할 수 있다.

- 地図が貼ってあります。 지도가 붙어 있습니다.

- 漢字で雨と書いてあります。 한자로 비(雨)라고 써 있습니다.

- テーブルの上に花が飾ってあります。 테이블 위에 꽃이 장식되어 있습니다.

■ 타동사 + ている

진행의 뜻을 나타낸다.

・歌を歌っている 노래를 부르고 있다　　　・踊りを踊っている 춤을 추고 있다

■ 이동 동사 + ている

상태, 결과의 뜻을 나타낸다.

・行っている 가 있다　　　・来ている 와 있다　　　・出かけている 나가 있다

■ 항상 ~ている 꼴로 쓰는 관용 표현

・住んでいる 살고 있다　　　・似ている 닮았다　　　・知っている 알고 있다

3 가능 표현　　　···▶ 정답 찾기, 오문 정정, 공란 메우기 출제 ★★

■ 가능형

동사의 어미를 변화시켜서 만드는 대표적인 가능 표현이다. 가능형으로 바꾸면 조사는 반드시 が를 써야 한다.

・納豆が食べられます。 낫도를 먹을 수 있습니다.

| 접속 |

1 5단 동사 (1group) → 기본형 [u]단을 [e]단으로 바꾸고 る를 붙인다.

買う → 買える 살 수 있다　　　歩く → 歩ける 걸을 수 있다　　　泳ぐ → 泳げる 헤엄칠 수 있다

消す → 消せる 지울 수 있다　　　待つ → 待てる 기다릴 수 있다　　　死ぬ → 死ねる 죽을 수 있다

呼ぶ → 呼べる 부를 수 있다　　　飲む → 飲める 마실 수 있다　　　帰る → 帰れる 돌아갈 수 있다

2 1단 동사 (2group) → る를 없애고 られる를 붙인다.

見る → 見られる 볼 수 있다　　　起きる → 起きられる 일어날 수 있다

食べる → 食べられる 먹을 수 있다　　　忘れる → 忘れられる 잊을 수 있다

3 변격 동사 (3group) → 예외 활용(できる / 来られる)

する → できる 할 수 있다　　　運動する → 運動できる 운동할 수 있다

来る → 来られる 올 수 있다　　　持ってくる → 持ってこられる 가져올 수 있다

☞ わかる(알다, 알 수 있다)・聞きこえる(들리다)・見みえる(보이다)는 가능형을 만들지 않는다.

- **~かねる**

ます형에 붙어 '~하기 어렵다', '~할 수 없다'는 뜻이 된다.

- 言いかねる 말하기 어렵다
- わかりかねる 알 수 없다
- 答えかねる 대답할 수 없다
- 納得しかねる 납득할 수 없다

☞ ~かねない 는 '~할 법하다', '~할지도 모른다'는 뜻이다.

- **~ようがない**

ます형에 붙어 '~할 방법이 없다'는 뜻을 만든다.

- 言いようがない 말할 방법이 없다
- 答えようがない 대답할 방법이 없다
- 説明のしようがない 설명할 방법이 없다

④ 의지 표현　　　　　　　　　　　…▸ 정답 찾기, 오문 정정, 공란 메우기 출제 ★★

- **의지형**

어미에 う나 よう를 붙여 의지(~해야지 / ~하려고 하다)와 권유・청유(~하자)의 의미를 만든다.

| 접속 |

① 5단 동사 (1group) → 기본형 [u]단을 [o]단으로 바꾸고 う를 붙인다.

洗う → 洗おう	歩く → 歩こう	出す → 出そう
勝つ → 勝とう	死ぬ → 死のう	遊ぶ → 遊ぼう
休む → 休もう	作る → 作ろう	入る → 入ろう

② 1단 동사 (2group) → る를 없애고 よう를 붙인다.

見る → 見よう	起きる → 起きよう
出る → 出よう	覚える → 覚えよう

③ 변격 동사 (3group) → 예외 활용(しよう/来よう)

する → しよう	紹介する → 紹介しよう
来る → 来よう	持ってくる → 持ってこよう

■ **～う[よう]と思(おも)う**

의지형 + と思う는 '~하려고 생각한다'는 화자의 의지나 예정을 나타내는 표현이다.

- 卒業後(そつぎょうご)、日本(にほん)の会社(かいしゃ)で働(はたら)こうと思(おも)います。
  졸업 후 일본 회사에서 일하려고 생각합니다.

- デザインは後輩(こうはい)に頼(たの)もうと思(おも)います。
  디자인은 후배에게 부탁하려고 생각합니다.

■ **～う[よう]とする[すると / したら] ~하려고 하다[하자]**

의지형에 ～とする가 붙으면 어떤 동작이나 행위를 하려고 노력・시도한다는 뜻이 된다. 가정형 と, たら가 붙어 ～う[よう]とすると / ～う[よう]としたら라고 하면 '~하려고 했더니' 또는 '~하려고 하자 (~하더라)'라는 뜻이 된다.

- 棚(たな)の後(うし)ろに落(お)ちた本(ほん)を取(と)ろうとしました。
  선반 뒤에 떨어진 책을 집으려고 했습니다.

- 教室(きょうしつ)に入(はい)ろうとすると、誰(だれ)かに名前(なまえ)を呼(よ)ばれた。
  교실에 들어가려고 하자, 누군가 이름을 불렀다.

---

5 추측 표현 : そうだ / ようだ / みたいだ / らしい　　⋯→ 정답 찾기, 오문 정정, 공란 메우기 출제 ★★★

■ **～そうだ**

'~일 것 같다', '~인 것 같다'라는 뜻으로, 판단・추측을 나타내는 표현이다. 화자가 경험하지 않은 상태에서 받은 시각적인 인상이나 느낌을 말한다. 동사에 붙을 때는 '곧 그렇게 될 것 같다'라는 뉘앙스이고, 형용사에 붙을 때는 '~해 보인다', '~하겠다'의 뉘앙스로 쓰인다.

|접속|

1 동사 ⟶ ます형+そうだ

- 雨(あめ)が降(ふ)りそうです。 비가 올 것 같습니다.

- (まだ落(お)ちていませんが)本(ほん)が棚(たな)から落(お)ちそうです。
  (아직 떨어지진 않았지만) 책이 선반에서 떨어질 것 같아요.

2 い형용사 ⟶ い를 빼고 어간 + そうだ

- 難(むずか)しそうです。 어려워 보여요.

3 い형용사의 예외 활용

いい → よさそうだ　　　　　　　　　　ない → なさそうだ

- 質(しつ)がよさそうです。 질이 좋아 보여요.

- 余裕がなさそうです。 여유가 없어 보여요.

4 な형용사 → だ를 빼고 어간 + そうだ

- 元気そうです。 건강해 보여요.

☞ 항상 모든 품사의 현재형에 붙고, 명사 뒤에는 올 수 없다.

| な형용사 활용을 한다 |

1 ～そうな → 명사 수식형. '~일 것 같은 ~'이라는 뜻이다.

- ひと雨降りそうな空の模様ですね。 한차례 비가 올 것 같은 하늘이군요.

2 ～そうに → 부사적 용법. '~인 듯이', '~일 것처럼'이라는 뜻으로 서술형을 수식한다.

- みんな忙しそうに働いていました。 모두 바쁜 듯이 일하고 있었습니다.

| 부정 표현 |

'~일 것 같지 않다'는 뜻이다.

1 동사 → ます형 + そうにない / そうもない / そうにもない

- 私にはできそうもありません。
  제가 할 수 있을 것 같지 않아요.

- 原稿は、締め切りまでに書けそうにないです。
  원고는 마감일까지 쓸 수 있을 것 같지 않아요.

2 い형용사 → ～くなさそうだ

- 難しくなさそうです。 어렵지 않을 것 같아요.

3 な형용사 → ～じゃなさそうだ

- 静かじゃなさそうです。 조용하지 않을 것 같아요.

| 기타 |

～そうだ가 활용어의 종지형에 붙으면 '~(라)고 한다'는 전문의 뜻이 된다. 이 표현은 정보원을 나타내는 표현 ～によると(~에 따르면), ～の話(はなし)では(~의 이야기로는)와 함께 쓰이기도 한다.

- 管理人さんの話によると、近所で強盗事件があったそうです。
  관리인의 말에 따르면 근처에서 강도 사건이 있었다고 합니다.

- 高橋さんは、今日はお休みだそうです。 다카하시 씨는 오늘 휴가라고 합니다.

■ ～ようだ

'～ 같다', '~인 것 같다'라는 뜻이다. 확실한 정보에 근거한 의견이 아니라, 말하는 사람이 보고 느낀 주관적인 판단을 바탕으로 말하는 느낌이다. ように는 '모양', '모습'이라는 명사에서 온 말이므로 명사 수식형에 붙는다. 따라서 な형용사에 붙을 때는 ～なようだ, 명사에 붙을 때는 ～のようだ가 된다.

| 접속 |

1 동사 → 기본형 + ようだ

飲むようです / 飲まないようです

2 い형용사 → 기본형 + ようだ

おもしろいようです / おもしろくないようです

3 な형용사 → 어간 + なようだ

きらいなようです / きらいじゃないようです

4 명사 → 명사 + のようだ

休みのようです / 休みじゃないようです

| 뜻 |

1 주관적인 생각에 따른 추측
- デザインが可愛いから特に女子高生に人気があるようです。
  디자인이 귀여워서 특히 여고생에게 인기가 있는 것 같아요.

2 예시 : 예를 들어 ~ 같다
- 刺身のような生の魚は苦手です。 회 같은 날생선은 못 먹어요.

3 비유
- このロボットはまるで人間のようです。 이 로봇은 마치 인간 같아요.

| な형용사 활용을 한다 |

1 ～ような + 명사 → ~ 같은
- あの人はあなたが思っているような人じゃないのよ。
  그 사람은 당신이 생각하고 있는 그런 사람이 아니야

2 ～ように + 서술형 → ~처럼, ~같이, ~이듯이
- 新製品が飛ぶように売れているそうです。 신제품이 날개 돋친 듯 팔리고 있다고 합니다.

■ ~みたいだ

~ようだの 회화체 표현으로, ~ようだ와 같이 추측, 비유, 예시의 뜻으로 쓰인다. 다만 ~ようにする처럼 '~하도록'이라는 뜻으로는 쓰이지 않는다.

• 彼は昇進のことでまだ怒っているみたいです。 그는 승진 건으로 아직 화나 있는 것 같아요.

| 접속 |

① 동사 → 종지형 + みたいだ　　仕事を辞めるみたいだ

② い형용사 → 종지형 + みたいだ　　忙しいみたいだ

③ な형용사 → 어간 + みたいだ　　上手みたいだ

④ 명사 → 명사 + みたいだ　　日本人みたいだ

■ ~らしい

정보에 따른 추측의 뜻을 나타낸다. ~ようだ에 비해 근거가 확실하거나, 보거나 들은 꽤 확실한 정보를 근거로 추측한다는 느낌이다. '~ 같다', '~라는 것 같다', '~한다는 것 같다', '~했다는 것 같다' 등으로 해석하면 된다.

| 접속 |

앞에 모든 시제의 말이 다 올 수 있다. 단, な형용사의 기본형에 붙을 때는 (어간) +らしい, 명사에는 직접 らしい를 붙이는 것에 주의한다.

• 新人の鈴木さんは英語が上手らしいです。会議で通訳をしたそうです。
　신입인 스즈키 씨는 영어를 잘한다나봐요. 회의에서 통역했다고 해요.
• 社長の娘さんはお医者さんらしいです。 사장님 따님은 의사라는 것 같아요.

| 기타 |

らしい는 접미어로 쓰여 '~다운', '~답다'라는 의미를 만든다. 그 속성이 그 속성다움을 나타내는 표현이므로 다른 속성을 비유할 때는 쓸 수 없다.

✕ 彼女は男らしい人です。　→ ○ 彼女は男みたいな人です。
　　　　　　　　　　　　　　　그녀는 남자 같은 사람입니다.

• 男らしい 남자답다　　　• 子供らしい 아이답다　　　• 彼女らしい 그녀답다

---

⑥ 가정의 용법　　　　　　　　　⋯ 정답 찾기, 오문 정정, 공란 메우기 출제　★★★★

■ と

| 접속 |

① 동사 → 종지형 + と　　買うと 사면

2 い형용사 → 종지형 + と　　難<ruby>むずか</ruby>しいと 어려우면

3 な형용사 → 종지형 + と　　好<ruby>す</ruby>きだと 좋아하면

4 명사 → 종지형 + と　　日曜日<ruby>にちようび</ruby>だと 일요일이면

| 뜻 |

기본적으로 반복적이고 항상 성립되는 관계를 나타내어 '~하면 (항상) ~한다'라는 뜻이다. 당연하고 법칙적인 사항을 나타낸다.

- 角<ruby>かど</ruby>を右<ruby>みぎ</ruby>に曲<ruby>ま</ruby>がると本屋<ruby>ほんや</ruby>があります。 모퉁이를 오른쪽으로 돌면 서점이 있습니다.

'(만약) ~한다면' 등 가정의 느낌은 거의 없어서 뒤에 의지, 희망, 명령, 의뢰의 표현은 쓸 수 없다.

- ※ 東京<ruby>とうきょう</ruby>に行<ruby>い</ruby>くと石田<ruby>いしだ</ruby>さんによろしく伝<ruby>つた</ruby>えてください。

- ○ 東京に行ったら石田さんによろしく伝えてください。
  도쿄에 가면 이시다 씨에게 안부 전해 주세요.

| 기타 |

~と~たは 선제 시세가 과서로 쓰여 '~했더니[~하사], ~했나'는 의비로, 앞의 일이 셰기가 되어 뒤의 일이 일어나거나 뒤의 일을 발견했다는 뜻이다. 또한 어떤 행위를 한 후 연이어 뒤의 일을 한다는 연속 상황의 뜻으로 쓰인다.

- ろうそくをつけるといい雰囲気<ruby>ふんいき</ruby>になった。 촛불을 켰더니 분위기가 좋아졌다.

■ ～ば

| 접속 |

1 동사 → eば (동사 종류에 상관없이 끝을 え단으로 바꾸고 ば를 붙인다)

会<ruby>あ</ruby>えば 만나면　　行<ruby>い</ruby>けば 가면　　話<ruby>はな</ruby>せば 이야기하면

すれば 하면　　来<ruby>く</ruby>れば 오면

2 い형용사 → い를 빼고 (어간) + ければ

おいしければ 맛있으면　　よければ 괜찮다면　　なければ 없다면

行<ruby>い</ruby>かなければ 가지 않으면　　暑<ruby>あつ</ruby>くなければ 덥지 않으면　　好<ruby>す</ruby>きじゃなければ
좋아하지 않으면

☞ 모든 품사의 부정형 ~ない도 ~なければ가 된다.

3 な형용사 → な를 빼고 (어간) + なら(ば) | (어간) + であれば

静<ruby>しず</ruby>かなら(ば) = 静<ruby>しず</ruby>かであれば 조용하다면

☞ 〜であればは 문장체 표현이다.

❹ 명사 → 명사 + なら(ば) | であれば

優秀な社員なら = 優秀な社員であれば 우수한 사원이라면

|뜻|

앞의 일이 성립되면 반드시 뒤의 일이 성립된다는 항상적, 논리적인 인과 관계를 나타낸다. 또한 '~한다면', '~하면' 등 가정하는 조건으로 쓸 수 있다.

・財布を見ればどんな人かわかります。 지갑을 보면 어떤 사람인지 알 수 있어요.

ば 부분이 동작성 술어일 때는 뒤에 의지, 요구, 명령, 금지, 희망의 표현이 올 수 없다. 단, ば 부분이 일부의 상태를 나타내는 술어일 때는 이러한 표현이 가능하다.

・✖ 明日ここへ来れば電話してください。

○ 明日ここへ来たら電話してください。
내일 여기 오면 전화해 주세요.

☞ 来る는 동작성 술어이므로 요구를 나타내는 문장에서는 쓸 수 없다.

・✖ 免税店に行けば私も連れていってください。

○ 免税店に行くなら私も連れていってください。
면세점에 가는 거면 나도 데려가 주세요.

☞ 行いく는 동작성 술어이므로 요구의 문장에서는 쓸 수 없다.

・○ 困ったことがあれば何でも相談してください。
곤란한 일이 있으면 뭐든 상담해 주세요.

☞ ある는 상태성 술어이므로 요구의 문장에 쓸 수 있다.

|기타|

과거 시제 ~ば~た는 '~했으면 (~했을 텐데)'라는 의미로, 실제로는 하지 않았던 과거의 일이나 실제와 반대되는 상황을 가정해서 말할 때 쓰는 표현이다.

・もう少し練習しておけばよかった。 좀 더 연습해 두었으면 좋았을걸.

・この店で買えば安く買えたのに。 이 가게에서 샀으면 싸게 살 수 있었을 텐데.

■ たら

|접속|

た형(과거형)에 ら를 붙인 형태

1 동사　　　　会ったら / 会わなかったら

2 い형용사　　寂しかったら / 寂しくなかったら

3 な형용사　　静かだったら / 静かじゃなかったら

4 명사　　　　雑誌だったら / 雑誌じゃなかったら

| 뜻 |

たら는 완료형에 접속되는 만큼 앞 조건이 이루어졌을 경우를 가정한다. '만일 그렇게 된다면' 또는 '어떤 일이 확정일 때'라는 뜻을 전제로 하는 표현으로, 뒤이어 그 전제에 따른 행동이 나온다. '~하면 / ~하게 되면 / ~하거든' 등으로 해석할 수 있다. 또 뒤에 오는 문장에 의지, 요구, 명령, 금지, 희망 등의 표현이 올 수 있다.

- もし時間が足りなかったらどうしますか。
  만약 시간이 부족하면 어떻게 합니까?
- 駅に着いたら電話をください。
  역에 도착하거든 전화를 주세요.

| 기타 |

과거 시제 ～たら～た는 '~했더니[~하자], ~했다'는 의미로, 앞의 일이 계기가 되어 뒤의 일이 일어나거나 뒤의 일을 발견했다는 뜻으로 쓰인다.

- 家に帰ったら小包が届いていた。 집에 돌아갔더니 소포가 도착해 있었다.

■ **なら**

| 접속 |

1 동사　→ 종지형 + なら　　　　行くなら

2 い형용사　→ 종지형 + なら　　おもしろいなら

3 な형용사　→ 어간 + なら　　　便利なら

4 명사　→ 명사 + なら　　　　雑誌なら

| 뜻 |

상대의 말이나 확정된 상황에 근거하여 자신의 생각이나 의견을 말할 때 쓰는 표현이다. 명사에 붙을 때는 '~라면 / ~이면', 서술형에 붙을 때는 (~할지 ~하지 않을지 모르지만) '~한다면 / ~하는 거라면'의 뉘앙스로 쓰인다. 동사나 い형용사에 붙을 때는 ～のなら를 쓰기도 한다.

- ファイルならあの棚の上にあります。 파일이라면 저 선반 위에 있습니다.
- 北海道へ行くなら、6月がいいです。 홋카이도에 간다면 6월이 좋아요.

사역이란 '~하게 하다', '~시키다'라는 의미로, せる / させる 형태이며 접속은 ない형과 동일하다.

| 접속 |

1 5단 동사 (1group) → 기본형 [u]단을 [a]단으로 바꾸고 せる를 붙인다.

言う → 言わせる 말하게 하다　　　泳ぐ → 泳がせる 수영하게 하다

押す → 押させる 누르게 하다　　　勝つ → 勝たせる 이기게 하다

☞ ない형과 마찬가지로 う는 あ가 아니라 わ로 바뀐다.

2 1단 동사 (2group) → る를 없애고 させる를 붙인다

見る → 見させる 보게 하다　　　起きる → 起きさせる 일어나게 하다

3 변격 동사(3group) → 예외 활용(させる / 来させる)

する → させる 하게 하다, 시키다　　　来る → 来させる 오게 하다

| 뜻 |

1 타동사의 사역 문장 : 목적어가 타동사일 때

- A は B に N を ~せる(させる)　　A는 B에게 N을 ~하게 하다
- 課長は山田君にプレゼンの資料を用意させた。
  과장님은 야마다 군에게 프레젠테이션 자료를 준비하게 했다.

2 자동사의 사역 문장 : 목적어가 자동사일 때

- A は B を ~せる(させる)　　A는 B를 ~하게 하다
- 受験に失敗して父をがっかりさせてしまった。
  수험에 떨어져서 아버지를 실망시켰습니다.

3 사역형(せる / させる) + ~ていただく(もらう)

직역하면 '~시켜(하게 해) 받다'이나, '제가 ~한다'는 겸양의 표현이다.　상대의 양해를 얻었다는 뉘앙스가 있어서 공손한 느낌을 주는 표현이다.

- 今日はこれで終わらせていただきます。
  오늘은 이것으로 마치겠습니다.

① ~せて[させて]いただけませんか(~せて[させて]もらえませんか)

직역하면 '~하게 해 받을 수 없을까요?'가 되지만, '(제가) ~해도 될까요?'라는 뜻의 겸손한 표현이다.

・コピー機を<ruby>使<rt>つか</rt></ruby>わせていただけませんか。 복사기를 쓰게 해 주시겠어요?

・ここに<ruby>座<rt>すわ</rt></ruby>らせていただけませんか。 여기에 앉아도 될까요?

② ~せて[させて]いただきたいんですが(~せて[させて]もらいたいんですが)

직역하면 '~하게 해 받고 싶은데요'지만, '~하고 싶습니다만'이라는 뜻이다.

・<ruby>今度<rt>こんど</rt></ruby>の<ruby>出張<rt>しゅっちょう</rt></ruby>は<ruby>私<rt>わたし</rt></ruby>に<ruby>行<rt>い</rt></ruby>かせていただきたいんですが。
이번 출장은 제가 가고 싶은데요.

8 수동 ⋯→ 정답 찾기, 오문 정정, 공란 메우기 출제 ★★

수동은 受身(うけみ)라고 하는데, 어미에 れる / られる를 붙인다. 기본적으로 '~이다 / ~히다 / ~되다 / ~지다'라는 뜻이다. 우리말과는 달리 迷惑(めいわく)의 受身(うけみ)라고 해서 '~당하다(그래서 곤란하다)'의 뜻으로 쓰일 때도 있는데, 한국어로는 해석이 매끄럽지 않은 경우가 많다.

| 접속 |

1 5단 동사 (1group) → 기본형 [u]단을 [a]단으로 바꾸고 れる를 붙인다

<ruby>書<rt>か</rt></ruby>く → <ruby>書<rt>か</rt></ruby>かれる　　　　<ruby>起<rt>お</rt></ruby>こす → <ruby>起<rt>お</rt></ruby>こされる

2 1단 동사 (2group) → る를 없애고 られる를 붙인다.

<ruby>食<rt>た</rt></ruby>べる → <ruby>食<rt>た</rt></ruby>べられる　　　　<ruby>忘<rt>わす</rt></ruby>れる → <ruby>忘<rt>わす</rt></ruby>れられる

3 변격 동사(3group) → 예외 활용(される/<ruby>来<rt>こ</rt></ruby>られる)

する → される　　　　<ruby>紹介<rt>しょうかい</rt></ruby>する → <ruby>紹介<rt>しょうかい</rt></ruby>される

<ruby>来<rt>く</rt></ruby>る → <ruby>来<rt>こ</rt></ruby>られる

| 뜻 |

1 ~되다 / ~해[어]지다

대개 무생물 주어이고 누군가에 의해 '~되다'라는 뜻이지만, '누구'라는 주체가 중점은 아니다. 타동사를 사용하는 기본 문장이 수동 표현을 쓰면서 자동사로 바뀔 때가 많다.

・<ruby>危険<rt>きけん</rt></ruby>な<ruby>場所<rt>ばしょ</rt></ruby>での<ruby>作業<rt>さぎょう</rt></ruby>にロボットが<ruby>使<rt>つか</rt></ruby>われます。
위험한 장소에서 작업할 때 로봇이 사용됩니다.

・<ruby>役員会議<rt>やくいんかいぎ</rt></ruby>は<ruby>午前<rt>ごぜん</rt></ruby>9<ruby>時<rt>じ</rt></ruby>から<ruby>行<rt>おこな</rt></ruby>われます。
간부 회의는 오전 9시부터 시작됩니다.

2 ~로부터 ~받다 /~로부터 ~당하다(피해를 입다, 곤란하다)

이때 조사는 반드시 に를 사용한다. 한국어와는 달리 타동사뿐 아니라 자동사에도 쓸 수 있다.

- 交渉に成功して、部長に誉められました。
  교섭에 성공해서 부장님에게 칭찬받았습니다.

- どろぼうに財布を盗まれました。 도둑에게 지갑을 도난당했습니다.

3 자동사의 수동 : 상대가(대상이) ~해서 곤란하다

자동사도 수동 표현을 쓸 수 있다는 것은 일본어 문법의 큰 특징이다. 한국어에는 없는 표현이기 때문에 해석할 때 능동으로 의역해야 한다. 주로 피해나 곤란함의 뜻을 나타낸다.

- 雨に降られる 비를 맞다
- 父に死なれる 아버지를 여의다
- 子供に泣かれる 아이가 울다
- 課長に怒られる 과장에게 혼나다

| 기타 |

れる / られる의 4가지 용법은 정답 찾기, 오문 정정 파트에 출제될 가능성이 있으므로 잘 정리해 둔다.

수동	앞 내용 참조
존경	문장 구성에서 존경어로 표현할 해당 동사만 れる/られる로 바꾸면 된다. 会議に部長も出席されます。 회의에 부장님도 출석하십니다.
자발	'저절로 ~된다'라는 뜻을 나타내는데, 그냥 단어 자체로 외운다. 思い出す 생각나다　→思い出される 저절로 떠오르다 案じる 걱정하다　→案じられる 걱정되다 この歌を聞くと昔のことが思い出されます。 이 노래를 들으면 옛날 일이 생각납니다.
가능	1단 동사와 来る에만 해당한다. 難しくて覚えられません。 어려워서 외울 수가 없어요.

9 사역수동
···→ 정답 찾기, 오문 정정, 공란 메우기 출제 ★★

사역 문장을 수동의 형태로 말하는 것을 사역수동이라고 한다. 동사 어미에 ~される(せられる) / ~させられる를 붙여 쓴다. AはBに ~される(せられる) / させられる를 직역하면 'A는 B에게 ~하게 함을 당하다'가 되는데, 행동의 주체는 어디까지나 A이고, 'B가 시켜서 어쩔 수 없이 ~하게 되었다'는 뜻을 내포한다.

• 大学院では難しい本を読まされて大変です。
대학원에서는 어려운 책을 읽게 해서 힘듭니다.

• 毎日夜遅くまで残業させられて彼女に会う時間がありません。
매일 밤 늦게까지 어쩔 수 없이 야근을 해서 여자 친구를 만날 시간이 없습니다.

| 접속 |

사역형과 접속 방법이 동일하다.

1 5단 동사 (1group) → 기본형 [u]단을 [a]단으로 바꾸고 される(せられる)를 붙인다.

買う → 買わされる(= 買わせられる)　　待つ → 待たされる(= 待たせられる)

☞ される는 せられる의 축약 형태이고, 시험에는 거의 される의 형태로 출제된다. 단, 〜す로 끝나는 단어는 축약이 불가능하다.

2 1단 동사 (2group) → る를 없애고 させられる를 붙인다.

見る → 見させられる　　覚える → 覚えさせられる

3 변격 동사 (3group) → 예외 활용(させられる / 来させられる)

する → させられる　　移動する → 移動させられる

来る → 来させられる　　買ってくる → 買ってこさせられる

| 무의지 동사의 사역수동 |

감정을 나타내는 동사나 사고(생각)을 나타내는 동사도 사역수동으로 말하는 경우가 있다. 이는 '내 의지대로 ~했다'는 뜻이 아니라, 상대가 나로 하여금 '~하게 했다'는 느낌의 표현이라고 할 수 있다.

悩まされる 고민하다　　驚かされる 놀라다　　びっくりさせられる 놀라다

がっかりさせられる 실망하다　　感心させられる 감탄하다　　感動させられる 감동이다

考えさせられる 생각하다　　反省させられる 반성하다

• 先生の博識にはいつも感心させられます。 선생님의 박식함에는 항상 감탄합니다.

• 会社側の無責任な対応にはがっかりさせられました。 회사의 무책임한 대응에는 실망했습니다.

| 존경 표현 |

1 お + ます형 + になる ~하시다

- お会いになる 만나시다
- お勤めになる 근무하시다
- 課長はもうお帰りになったはずですが。 과장님은 벌써 돌아가셨을 텐데요.

단, ます형이 히라가나 한 글자일 때와 모음 발음이 겹칠 때는 쓰지 않는다.

- ✕ お見になる 보시다
- ✕ お言いになる 말씀하시다
- ○ お聞きになる 들으시다 **예외**

2 ご + 한자 음독 명사 + になる ~하시다

- 木村さんが会長にご就任になりました。 기무라 씨가 회장으로 취임하셨습니다.

3 お + ます형 + ください ~해 주세요

[お(ます형)くださる]는 '~해 주시다'라는 존경의 뜻을 만든다.

- 少々お待ちください。 잠깐 기다려 주세요.
- 皆様によろしくお伝えください。 여러분에게 안부 잘 전해 주세요.

4 ご+한자 음독 명사+ください ~해 주세요

- ご安心ください。 안심해 주세요.

| 겸양 표현 |

1 お+ます형+する/いたす (제가) ~하다

겸양의 뜻, 즉 나를 낮추는 의미에서 쓰는 표현이다. いたす를 쓰면 더욱 공손한 표현이 된다. '(제가) ~하다', '~해드리다'로 해석할 수 있다.

- お待ちします。 기다리겠습니다.
- お持ちいたします。 들어 드리겠습니다.

2 ご+한자 음독 명사+する / いたす (제가) ~하다

- ご案内します。 안내하겠습니다.
- ご連絡いたします。 연락드리겠습니다.

| 특별 경어 |

어휘 자체에 존경, 겸양의 뜻이 있는 단어이다. 무조건 암기하자.

기본	특별 존경어	특별 겸양어
する	なさる 하시다	いたす 申し上げる
いる	いらっしゃる 계시다 おいでになる	おる
行く	いらっしゃる 가시다 おいでになる	まいる
来る	いらっしゃる 오시다 おいでになる 見える お見えになる お越しくださる	まいる
言う	おっしゃる 말씀하시다	申す 申し上げる
食べる / 飲む	めしあがる 드시다	いただく
見る	ごらんになる 보시다	拝見する
知る	ご存じだ 아시다 (*명사의 형태)	存じる 存じあげる
寝る	お休みになる 주무시다	
死ぬ	お亡くなりになる 돌아가시다	
聞く / たずねる		うかがう 듣다 / 묻다 / 방문하다
会う		お目にかかる 만나 뵙다 お会いする
着る	お召しになる 입으시다	

Part 5

정답 찾기

Check point

01 밑줄 친 부분의 어휘나 어구의 의미를 정확히 파악한다.

02 필요하다면 밑줄을 포함한 앞뒤의 의미를 파악한다.

03 (A)~(D) 중 밑줄의 올바른 읽기, 쓰기, 같은 의미의 표현을 선택한다.

04 OMR카드에 체크한다.

유형 **미리보기**

예시　下の＿＿＿＿線の言葉の正しい表現、または同じ意味のはたらきをしている言葉を(A)から(D)の中で一つ選びなさい。

1　手が足りなく<u>て</u>困っている。

   (A) 疲れ<u>て</u>歩けません。

   (B) 朝食を済ませ<u>て</u>出かけた。

   (C) バイトをし<u>て</u>生活をしている。

   (D) このカバンは安く<u>て</u>丈夫です。

일손이 부족해서 곤란하다.
(A)　피곤해서 걸을 수 없어요.
(B)　아침 식사를 끝내고 외출했다.
(C)　아르바이트를 하며 생활을 하고 있다.
(D)　이 가방은 싸고 튼튼합니다.

정답 A

같은 용법으로 쓰인 て형을 찾는 문제. 제시문의 て는 이유, 원인의 뜻으로 쓰였다. 따라서 정답은 (A)이다.
(B)는 앞의 일을 끝내고 다음 일을 연속한다는 의미, (C)는 '~하면서'의 뜻, (D)는 병렬 '~이고'의 뜻으로 쓰였으므로 부적절하다.
手(て)が足(た)りない 일손이 부족하다　歩(ある)ける 걸을 수 있다　済(す)ませる 끝내다　丈夫(じょうぶ)だ 튼튼하다

유형 **분석**

총 20문항 중 한자 읽기와 쓰기 문제가 10문항, 밑줄과 유사한 의미 찾기가 5~6문항, 유사 용법 고르기가 4~5문항 출제된다.

정답 찾기는 독해 파트 중에서 비교적 쉬운 편이다. 무엇보다 단시간에 문제를 풀어 내는 것이 가장 큰 관건이다. 전체 소요 시간은 6분을 넘기지 않도록 한다.

우선, 한자 읽기 문제(약 5문항)는 전체 문장을 읽지 않아도 된다. 읽는 방법이 두 개 이상일 경우에만 문장을 읽는다. 명사뿐만 아니라 동사, 형용사 한자도 출제되므로 한자의 음과 훈을 확실하게 익혀 둬야 한다.

한자 쓰기 문제(약 5문항)는 꼭 앞뒤 내용을 파악한다. 동음이의어의 함정에 빠질 수 있기 때문이다.

유사한 의미 찾기 문제(5~6문항)는 많은 어휘와 기능어 지식이 필요하며, 빠른 문장 파악 능력이 요구된다. 어려운 관용 표현도 출제되지만 600점을 목표로 한다면 어려운 관용 표현까지 외우려 하지 말자. 일단은 기본에 충실해야 점수를 많이 올릴 수 있다.

유사 용법 고르기(4~5문항)는 조사나 다의어(한 단어가 가지는 여러가지 의미)를 이해해야 한다. 단어의 정확한 뜻을 알아야 문제를 풀 수 있다.

- 초중급자는 전반부의 쉬운 문제를 정확히 풀어내는 데 집중하자. 후반부 외 어려운 관용어구나 고난이도 문제를 푸는 데 많은 시간을 할애하는 것은 효율적이지 않다. 어차피 모르는 단어라면 마음이 가는 단어를 고르고, 그래도 미련이 남는다면 표시해 두었다가 Part8 독해를 어느 정도 마치고 나서 다시 본다. 방송에서 '시험 종료 5분 남았습니다.'라는 멘트가 나와도 짧은 단문은 눈에 들어오기 때문이다.

- 한자 문제는 되도록 빨리 풀어 시간을 절약한다.

- 유사 용법 고르기 문제에서 답을 잘 모를 경우에는 다음과 같은 요령으로 고른다.

    첫째, 대체할 수 있는 단어가 같은 경우를 고른다.

    문제) 大きいのを二つ買いました。(= もの)

        (A) 安いのもあります。(= もの)

        (B) お菓子を作るのが好きです。(= こと)

        ⋯→ (A)가 정답이다.

    둘째, 접속 형태가 같은 경우를 고른다.

    문제) 二日前に出かけたきりまだ帰ってこない。

        (A) 去年会ったきりです。

        (B) 夫婦二人っきりで旅行に行った。

        ⋯→ た형에 접속된 (A)가 정답이다.

① 기초 다지기 한자 267

1번부터 10번까지는 한자 문제이다. 한자 문제는 명사, 동사, 형용사 전반에 걸쳐 다양한 읽기와 쓰기가 출제된다.

읽기는 우선 청음과 탁음, 장음과 단음을 구별하는 문제가 많다. 한편 동사, 형용사에 쓰이는 한자의 훈 읽기도 2문제 정도 출제되므로 많은 한자 지식이 필요하다.

쓰기 문제에서 주의할 점은 동음이의어이다. 즉 발음은 같지만 뜻이 다른 경우이다. 밑줄만 보고 급하게 답을 체크하면 낭패를 보기 쉽다. 그러므로 한자 쓰기 문제는 문장의 의미를 잘 파악하고 정답을 골라 내야 한다.

다음은 초등학교 1~3학년 한자로 구성된 필수 단어이다. 한국어의 음과 훈, 일본어의 음독과 훈독으로 나누어 정리했다. 음독은 한국어 한자 지식 때문에 틀리게 읽을 때가 많고, 훈독은 순수 일본어이기 때문에 암기하기가 어렵다.

조금 어려운 단어도 포함되어 있지만, JPT시험에서 빠질 수 없는 중요한 어휘들이므로 되도록 암기하자. 읽기가 특이한 단어와 시험에 자주 출제되는 단어는 ★표시를 하였고, 기본 단어는 빈칸에 직접 써 볼 수 있도록 했다. Part5뿐만 아니라 독해 전반, 청해 지문 읽기·듣기에도 도움이 되는 중요한 부분이다. 한번에 끝내기에는 학습량이 부담스럽다면 시간 여유가 있을 때 조금씩 나눠서 암기하자.

1	一 한 일	음 いち・いっ・いつ	一流 いちりゅう 일류　　　　一石二鳥 いっせきにちょう 일석이조 統一(　　) 통일　　　　★唯一 ゆいいつ 유일 ✚ 一가 뒤에 올 때는 いつ로 발음할 때가 많다.
		훈 ひと	一 ひとつ 한 개 一口 ひとくち 한 입 一握 ひとにぎり 한 줌
2	日 날 일	음 にち・じつ	日常 にちじょう 일상　　　　休日 きゅうじつ 휴일 ★平日(　　) 평일
		훈 ひ	日付 ひづけ 날짜
3	月 달 월	음 げつ・がつ	今月 こんげつ 이번 달　　　　月末(　　) 월말 一月 いちがつ 1월　　　　一ケ月 いっかげつ 1개월
		훈 つき	月 つき 달　　　　一月 ひとつき 한 달

〈 とういつ・へいじつ・げつまつ 〉

4	金 쇠 금	음 きん・ごん	金額( ) 금액	黄金おうごん 황금
		훈 かね	お金かね 돈	金遣かねづかい 돈 씀씀이
5	土 흙 토	음 ど・と	土曜どよう 토요일	土地とち 토지
		훈 つち	土つち 흙	
6	中 가운데 중	음 ちゅう・じゅう	中心ちゅうしん 중심	世界中( ) 세계 속
		훈 なか	真まん中なか 한가운데	
7	大 큰 대	음 だい・たい	大事だいじ 중요함	大切( ) 중요함
		훈 おおきい	大おおきい 크다 ★大型おおがた 대형 (⇔ 小型こがた 소형)	
8	小 작을 소	음 しょう	★小心者しょうしんもの 소심한 사람 大小( ) 대소	
		훈 こ・お	★小柄こがら 왜소함	小川おがわ 시내
9	白 흰 백	음 はく・ぱく	白紙( ) 백지	純白じゅんぱく 순백
		훈 しろい・しら	白しろ 흰색 白しらける 흥이 깨지다	★白髪しらが 흰머리
10	赤 붉을 적	음 せき	赤飯せきはん 팥밥	赤道せきどう 적도
		훈 あか	赤あか 빨강	
11	上 윗 상	음 じょう	上半身じょうはんしん 상반신	上旬じょうじゅん 상순
		훈 うえ・うわ・かみ・ あがる	上うえ 위 ★上半期かみはんき 상반기 上のぼる 오르다	上着( ) 웃옷 上あがる 오르다
12	下 아래 하	음 か・げ	下半身かはんしん 하반신 ★下旬げじゅん 하순	★上下じょうげ 상하
		훈 した・しも・ さがる・くだる・ おりる	下した 아래 下さがる 내려가다 下おりる 내리다	★下半期しもはんき 하반기 下くだる 내려가다
13	左 왼 좌	음 さ	左折させつ 좌회전	
		훈 ひだり	左側ひだりがわ 왼쪽	左手ひだりて 왼쪽, 왼손

〈 きんがく・せかいじゅう・たいせつ・だいしょう・はくし・うわぎ 〉

14	右 오른 우	음 う・ゆう	右折( ) 우회전	＊左右 さゆう 좌우
		훈 みぎ	右腕 みぎうで 오른팔	右手 みぎて 오른쪽, 오른손
15	森 수풀 삼	음 しん	＊森林 しんりん 삼림	
		훈 もり	森 もり 숲	
16	林 수풀 림	음 りん	密林 みつりん 밀림	
		훈 はやし	林 はやし 숲	雑木林 ぞうきばやし 잡목림
17	天 하늘 천	음 てん	＊天災 てんさい 천재 (⇔ 人災 じんさい 인재)	
		훈 あま	天 あまの川 がわ 은하수	＊天下 あまくだり 낙하산 인사
18	石 돌 석	음 せき・しゃく	石油 せきゆ 석유	＊磁石 じしゃく 자석
		훈 いし	石 いし 돌	石橋 いしばし 돌다리
19	空 하늘 공	음 くう	航空 こうくう 항공	空港( ) 공항
		훈 から・そら・あく・ すく	空 から 빈 것	空 そら 하늘
			空 あく 비다	空 すく 한산하다
20	気 기운 기	음 き・け	人気 にんき 인기	＊気配 けはい 낌새
			＊寒気( ) 오한	
21	雨 비 우	음 う	暴雨 ぼうう 폭우	＊梅雨 つゆ 장마
		훈 あめ・あま	雨 あめ 비	雨傘 あまがさ 우산
22	夕 저녁 석	음 せき		
		훈 ゆう	夕方( ) 저녁	夕焼 ゆうやけ 저녁놀
23	犬 개 견	음 けん	名犬 めいけん 명견	＊犬猿 けんえんの仲 なか 견원지간
		훈 いぬ	犬 いぬ 개	犬小屋 いぬごや 개집
24	花 꽃 화	음 か	花瓶 かびん 꽃병	
		훈 はな	花嫁 はなよめ 신부	花見 はなみ 꽃구경
25	耳 귀 이	음 じ	＊耳鼻咽喉科 じびいんこうか 이비인후과	
		훈 みみ	耳 みみ 귀	耳元 みみもと 귓가
26	目 눈 목	음 もく	目標( ) 목표	目下 もっか 목하, 현재
		훈 め	＊目上 めうえ 손위 (⇔ 目下 めした 손아래)	

〈 うせつ・くうこう・さむけ・ゆうがた・もくひょう 〉

27	手 손 수	음 しゅ	拍手 はくしゅ 박수	握手 あくしゅ 악수
		훈 て	手 て 손 手配 てはい 수배	★手当 てあて ① 수당 ② 처치, 치료
28	足 발 족	음 そく	★不足 ふそく 부족	満足( ) 만족
		훈 あし・たりる・ たす	足 あし 다리, 발 足 たす 더하다	足 たりる 족하다
29	口 입 구	음 こう	人口 じんこう 인구	
		훈 くち	口 くち 입 出口( ) 출구	入いり口 ぐち 입구
30	出 날 출	음 しゅつ・すい	輸出 ゆしゅつ 수출	出発 しゅっぱつ 출발
		훈 でる・だす	出でる 나가다 思おもい出で 추억	出だす 내다
31	入 들 입	음 にゅう	輸入( ) 수입	入学 にゅうがく 입학
		훈 はいる・いれる	入はいる 들어가다 ★お気きに入いり 마음에 듦. 즐겨찾기	入いれる 넣다
32	休 쉴 휴	음 きゅう	休憩 きゅうけい 휴게, 휴식	休日 きゅうじつ 휴일
		훈 やすむ	休やすみ 휴일	
33	男 사내 남	음 だん・なん	男性 だんせい 남성 ★男女 だんじょ・なんにょ 남녀	長男 ちょうなん 장남
		훈 おとこ	男前 おとこまえ 미남	
34	女 계집 녀	음 じょ・にょ・ にょう	女性 じょせい 여성 ★女房 にょうぼう 마누라	長女( ) 장녀
		훈 おんな・め	女おんな 여자 ★女神 めがみ 여신	★乙女 おとめ 소녀
35	人 사람 인	음 じん・にん	人生 じんせい 인생	人情 にんじょう 인정
		훈 ひと	人ひと 사람	★人柄 ひとがら 인품

〈 まんぞく・でぐち・ゆにゅう・ちょうじょ 〉

번호	한자	음/훈	예	예
36	名 이름 명	음 めい・みょう	名誉めいよ 명예	名字みょうじ 성
		훈 な	名な 이름 / ★名札なふだ 이름표	名前なまえ 이름
37	子 아들 자	음 し・す	妻子さいし 처자	★様子（　　） 모습
		훈 こ	子こ 아이 / 竹たけの子こ 죽순	子供こども 아이
38	学 배울 학	음 がく	学力がくりょく 학습 능력	学歴がくれき 학력
		훈 まなぶ	学まなぶ 배우다	
39	校 학교 교	음 こう	★転校（　　） 전학	母校ぼこう 모교
40	本 근본 본	음 ほん	本屋ほんや 서점	根本こんぽん 근본
		훈 もと	本もと 기본, 근본	根本ねもと 뿌리
41	先 먼저 선	음 せん	★先方せんぽう 상대편	先輩せんぱい 선배
		훈 さき	先さきに 먼저	旅行先（　　） 여행지
42	生 살 생	음 せい・しょう	生徒せいと 학생 / 生涯しょうがい 생애	生計せいけい 생계 / 一生いっしょう 일생
		훈 なま・いきる・うまれる	生なま 날, 생 / 生うまれる 태어나다	生いきる 살다
43	文 글월 문	음 ぶん・もん	文章（　　） 문장 / 文部省もんぶしょう 문부성	★文句もんく 불평
44	正 바를 정	음 せい・しょう	端正たんせい 단정함	★正面しょうめん 정면
		훈 ただしい・まさ	正ただしい 옳다	正まさに 바로
45	年 해 년	음 ねん	年齢（　　） 연령	年配ねんぱい 연배
		훈 とし	毎年まいとし 매년	年寄としより 노인
46	力 힘 력	음 りょく・りき	努力（　　） 노력	力作りきさく 역작
		훈 ちから	力ちから 힘	底力そこぢから 저력

〈 ようす・てんこう・りょこうさき・ぶんしょう・ねんれい・どりょく 〉

47	早 이를 조	음 そう・さっ	早朝そうちょう 조조	早急そうきゅう・さっきゅう 조급함
			★早速さっそく 즉시	
		훈 はやい	早はやい 빠르다	早はやまる 빨라지다
48	音 소리 음	음 おん	音痴おんち 음치	
		훈 おと・ね	音おと 소리	★音色ねいろ 음색
49	東・西・ 南・北 동/서/남/북	음 とう・さい(せい)・ なん・ほく	東西南北とうざいなんぼく 동서남북	
			東南とうなんアジア 동남아시아	
			西洋人せいようじん 서양인	
			南北会談なんぼくかいだん 남북회담	
			北極ほっきょく 북극	
		훈 ひがし・にし・ みなみ・きた	南向みなみむき 남향	北風きたかぜ 북풍
50	市 저자 시	음 し	市内しない 시내	市場しじょう (주식, 대형)시장
		훈 いち	市場いちば 시장	朝市あさいち 아침에 서는 장
51	場 마당 장	음 じょう	会場かいじょう 회장	
		훈 ば	★場合(　　　) 경우	場面ばめん 장면
52	公 공평할 공	음 こう	公開こうかい 공개	公共(　　　) 공공
		훈 おおやけ	★公おおやけ 공공, 공식적	
53	交 사귈 교	음 こう	社交的しゃこうてき 사교적	交流こうりゅう 교류
		훈 まじわる・ まざる・かわす	交まじわる 사귀다	交まざる 섞이다
			交まぜる 섞다	交かわす (인사를) 나누다
54	昼 낮 주	음 ちゅう	昼食(　　　) 중식	昼夜ちゅうや 주야
		훈 ひる	昼間(　　　) 낮	昼寝ひるね 낮잠
55	夜 밤 야	음 や	夜分やぶん 밤중	夜景(　　　) 야경
		훈 よ・よる	夜よる 밤	夜空よぞら 밤하늘
			夜中(　　　) 밤중	夜明よあけ 새벽
56	半 절반 반	음 はん	半はん 반	半分はんぶん 절반(분량, 수량)
			★半年(　　　) 반년	

〈 ばあい・こうきょう・ちゅうしょく・ひるま・やけい・よなか・はんとし 〉

57	強 강할 강	음 きょう・ごう	強弱(　　) 강약　　　　強力 きょうりょく 강력
			★強引 ごういん だ 강제로 하다, 억지로 하다
			★強情 ごうじょう だ 고집 세다
		훈 つよい・しいる	強 つよい 강하다　　　　強 つよめる 세게 하다
			★強 しいる 강요하다
58	弱 약할 약	음 じゃく	貧弱 ひんじゃく 빈약　　　　弱者 じゃくしゃ 약자
		훈 よわい	弱 よわい 약하다　　　　弱 よわ まる 약해지다
59	遠 멀 원	음 えん	遠足(　　) 소풍　　　　遠距離 えんきょり 원거리
		훈 とおい	遠 とおい 멀다　　　　遠出 とおで 멀리 나감
60	近 가까울 근	음 きん	★近所(　　) 근처　　　　接近 せっきん 접근
		훈 ちかい	近 ちかい 가깝다　　　　近道(　　) 지름길
61	今 이제 금	음 こん	古今東西 ここんとうざい 고금동서
			今日 きょう 오늘　　　　今日 こんにち 오늘날
			今月 こんげつ 이번 달　　今年 ことし 올해
		훈 いま	今更 いまさら 이제 와서, 새삼　今時 いまどき 요즘 세상에
62	内 안 내	음 ない	家内 かない 집사람, 아내
		훈 うち	★内訳(　　) 내역　　　　身内 みうち 친척
63	外 바깥 외	음 がい・げ	外相 がいしょう 외상, 외무 장관　★外科 げか 외과
		훈 そと・ほか・ はずす	★外回 そとまわり 외근　　　その外 ほか ユ 외
			外 はずす 끄르다, 빼다　　外 はずれる 빗나가다, 빠지다
64	前 앞 전	음 ぜん	前後(　　) 전후　　　　前例 ぜんれい 전례
		훈 まえ	手前 てまえ 바로 앞　　前売 まえうり 예매
65	後 뒤 후	음 ご・こう	後日 ごじつ 후일　　　　後悔(　　) 후회
		훈 あと・のち・ うしろ	後 あと で 나중에　　後 のち ほど 나중에
			後 うしろ 뒤
66	多 많을 다	음 た	多数 たすう 다수　　　　多忙 たぼう 다망, 매우 바쁨
		훈 おおい	多 おおい 많다　　　　多目 おおめ 많은 듯함

〈 きょうじゃく・えんそく・きんじょ・ちかみち・ちわけ・ぜんご・こうかい 〉

67	少 적을 소	음 しょう	多少 たしょう 다소	青少年 せいしょうねん 청소년
		훈 すくない·すこし	少 すくない 적다 ＋ 小 ちいさい와 구별하자.	少 すこし 조금
68	京 서울 경	음 きょう·けい	上京 じょうきょう 상경	
			京阪 けいはん 교토(京都)와 오사카(大阪)	
69	里 마을 리	음 り		
		훈 さと	里 さと 마을, 고향	*里帰 さとがえり 귀향, 친정 나들이
70	馬 말 마	음 ば	競馬(　　) 경마	馬肉 ばにく 말고기
		훈 うま	馬 うま 말	
71	魚 고기 어	음 ぎょ	金魚 きんぎょ 금붕어	熱帯魚 ねったいぎょ 열대어
		훈 さかな·うお	魚 さかな 생선	魚市場 うおいちば 어시장
72	鳴 울 명	음 めい	悲鳴 ひめい 비명	
		훈 なく·なる	鳴 なく (새가) 울다	鳴 なる (종이) 울리다
73	止 그칠 지	음 し	停止 ていし 정지	禁止 きんし 금지
		훈 とまる·やむ	止 とめる 세우다	止 やむ 그치다
74	行 갈/행할 행	음 こう·ぎょう	進行 しんこう 진행 行列(　　) 행렬	行動 こうどう 행동 *行儀 ぎょうぎ 예절, 예의범절
		훈 いく·ゆく· おこなう	行 いく 가다 *行方 ゆくえ 행방	行 いき先 さき 행선지 *行 おこなう 행하다
75	走 달릴 주	음 そう	競走 きょうそう 경주	逃走 とうそう 도주
		훈 はしる	走 はしる 달리다	
76	来 올 래	음 らい	往来 おうらい 왕래	外来語 がいらいご 외래어
		훈 くる·きたる	来 くる 오다	来 きたる 오는 ~ (연체사)
77	歩 걸을 부	음 ほ·ふ·ぶ	*徒歩 とほ 도보 進歩 しんぽ 진보	歩道 ほどう 보도 歩合 ぶあい 비율
		훈 あるく·あゆむ	歩 あるく 걷다	*歩 あゆむ 걷다

〈けいば · ぎょうれつ〉

78	帰 돌아갈 귀	음 き	帰省 きせい 귀성	復帰( ) 복귀
		훈 かえる	帰 かえる 돌아가다	帰 かえす 돌려보내다
79	春 봄 춘	음 しゅん	立春 りっしゅん 입춘 春夏秋冬 しゅんかしゅうとう 춘하추동	
		훈 はる	春 はる 봄	
80	夏 여름 하	음 か・げ	初夏( ) 초여름	夏至 げし 하지
		훈 なつ	真夏 まなつ 한여름	
81	秋 가을 추	음 しゅう	晩秋 ばんしゅう 만추	
		훈 あき	秋 あき 가을	
82	冬 겨울 동	음 とう	冬眠 とうみん 동면	冬至 とうじ 동지
		훈 ふゆ	冬 ふゆ 겨울	
83	広 넓을 광	음 こう	広野 こうや 광야	広告 こうこく 광고
		훈 ひろい	広 ひろい 넓다 広 ひろめる 넓히다	広 ひろまる 널리 퍼지다
84	池 연못 지	음 ち	電池 でんち 전지	
		훈 いけ	池 いけ 연못	
85	風 바람 풍	음 ふう・ふ	暴風雨( ) 폭풍우	★風情 ふぜい 풍치, 정취
		훈 かぜ・かざ	風 かぜ 바람	風車 かざぐるま 풍차, 팔랑개비
86	高 높을 고	음 こう	高価 こうか 고가	高気圧 こうきあつ 고기압
		훈 たかい	高 たかまる 높아지다	★円高 えんだか 엔고 (엔화 시세가 높음)
87	原 근원 원	음 げん	原因 げんいん 원인	原発 げんぱつ 원전, 원자력 발전소
		훈 はら	野原 のはら 들판	
88	雪 눈 설	음 せつ	積雪量( ) 적설량	
		훈 ゆき	雪祭 ゆきまつり 눈 축제	★雪崩 なだれ 눈사태
89	黄 누를 황	음 こう・おう	★黄砂 こうさ 황사	★硫黄 いおう 유황
		훈 き	黄色 きいろ 노랑	黄身 きみ 달걀 노른자

〈 ふっき・しょか・ぼうふうう・せきせつりょう 〉

90	顔 얼굴 안	음 がん	童顔(　　) 동안	顔触 かおぶれ 멤버
		훈 かお	顔色 かおいろ 안색	顔立 かおだち 얼굴 생김새
91	色 빛 색	음 しょく・しき	特色 とくしょく 특색	★色彩 しきさい 색채
			★景色 けしき 경치	
		훈 いろ	色気 いろけ 매력	色白 いろじろ 피부색이 흼
92	首 머리 수	음 しゅ	首脳会談 しゅのうかいだん 수뇌회담, 정상회담	
		훈 くび	首 くび 목	手首(　　) 손목
			足首 あしくび 발목	
93	頭 머리 두	음 とう・ず	念頭(　　) 염두	★頭脳 ずのう 두뇌
		훈 あたま・かしら	頭 あたま 머리	★頭文字 かしらもじ 머리글자
94	親 친할 친	음 しん	親切 しんせつ 친절	両親 りょうしん 양친
		훈 おや・したしい	親子 おやこ 부모 자식	親 したしい 친하다
95	友 벗 우	음 ゆう	友人 ゆうじん 친구	親友(　　) 친힌 친구
		훈 とも	友 とも 친구, 벗	
96	店 가게 점	음 てん	店舗 てんぽ 점포	店頭 てんとう 가게 앞
		훈 みせ	店 みせ 가게	店構 みせがまえ 가게의 규모
97	自 스스로 자	음 じ・し	自分 じぶん 자기 자신	自覚(　　) 자각
			★自然 しぜん 자연	
		훈 みずから	★自 みずから 스스로, 몸소	
98	分 나눌 분	음 ぶん・ふん・ぷん・ぶ	分析(　　) 분석	分担 ぶんたん 분담
			★分別 ① ふんべつ 분별력 ② ぶんべつ 분류 (예 ゴミの分別 쓰레기 분류)	
		훈 わける	分ける 나누다　分かる 알다 分かれる 나뉘다	
99	切 끊을 절/ 온통 체	음 せつ・さい	切実 せつじつ 절실함	★一切 いっさい 일체
		훈 きる	切る 자르다	切れる 끼리다

〈 どうがん・てくび・ねんとう・しんゆう・じかく・ぶんせき 〉

100	米 쌀 미	음 べい・まい	米国 べいこく 미국 玄米 げんまい 현미	欧米（　　）구미(유럽) 新米 しんまい ① 햅쌀 ② 신참
		훈 こめ	米 こめ 쌀	米粒 こめつぶ 쌀알
101	茶 차 다	음 ちゃ・さ	紅茶 こうちゃ 홍차 ★日常茶飯事 にちじょうさはんじ 일상다반사	茶 ちゃ の 間 ま 다실, 거실
102	道 길 도	음 どう・とう	道路 どうろ 도로	道徳 どうとく 도덕
		훈 みち	道 みち 길	寄より道 みち 샛길
103	絵 그림 회	음 かい・え	絵画 かいが 회화	絵 え の具 ぐ 그림물감
104	画 그림 화/ 가를 획	음 が・かく	画家 がか 화가 企画 きかく 기획	画用紙 がようし 도화지 画期的 かっきてき 획기적
105	言 말씀 언	음 げん・ごん	断言 だんげん 단언	伝言 でんごん 전언
		훈 いう・こと	言 いう 말하다 言葉 ことば 말, 언어	★一言（　　）한마디
106	語 말씀 어	음 ご	熟語 じゅくご 숙어	
		훈 かたる	語 かたる 이야기하다	
107	教 가르칠 교	음 きょう	教育 きょういく 교육	教師 きょうし 교사
		훈 おしえる・ おそわる	教 おしえる 가르치다	★教 おそわる 가르침을 받다
108	工 장인 공	음 こう・く	工場 こうじょう・こうば 공장	★工夫 くふう 연구
109	作 지을 작	음 さく・さ	作成 さくせい 작성 ★作業 さぎょう 작업	工作 こうさく 공작 ★作用 さよう 작용
		훈 つくる	作 つくる 만들다	
110	計 셈할 계	음 けい	計算 けいさん 계산	設計 せっけい 설계
		훈 はかる	計 はかる (무게를) 달다, 가늠하다 ★計 はからう 조처하다	

〈 おうべい・ひとこと 〉

No.	한자	음/훈	예시	
111	数 셈할 수	음 すう	数学 すうがく 수학	数字( ) 숫자
		훈 かず・かぞえる	数 かず 수	数 かぞえる 세다
112	答 대답할 답	음 とう	答案用紙 とうあんようし 답안지	
			解答( ) 해답	
		훈 こたえる	答 こたえる 대답하다	
113	新 새 신	음 しん	新幹線 しんかんせん 신칸센	新聞 しんぶん 신문
		훈 あたらしい・あらた	新 あたらしい 새롭다	★新 あらただ 새롭다
114	組 짤 조	음 そ	組織( ) 조직	
			労組 ろうそ 노조 (= 労働組合 ろうどうくみあい 노동조합)	
		훈 くみ・くむ	組 くむ 짜다	組 くみ 조
115	楽 즐길 락	음 らく・がく	楽々 らくらく 편안히	楽園( ) 낙원
			★楽屋 がくや 무대 뒤, 분장실	楽器 がっき 악기
		훈 たのしい	楽 たのしい 즐겁다	楽 たのしむ 즐기다
116	売 팔 매	음 ばい	売店 ばいてん 매점	発売( ) 발매
		훈 うる	売 うる 팔다	売 うれる 팔리다
117	買 살 매	음 ばい	売買( ) 매매	購買 こうばい 구매
		훈 かう	買 かう 사다	買 かい手 て 사는 사람
118	門 문 문	음 もん	正門 せいもん 정문	裏門 うらもん 뒷문
		훈 かど	★門松 かどまつ 새해를 맞아 집 앞에 장식하는 소나무	
119	戸 집 호	음 こ	戸籍 こせき 호적	★一戸 いっこ 建 だて 단독주택
		훈 と	戸 と 문	戸締 とじまり 문단속
120	船 배 선	음 せん	船上 せんじょう 선상	漁船 ぎょせん 어선
		훈 ふね・ふな	船 ふね 배 船酔 ふなよい 뱃멀미	湯船 ゆぶね 욕조
121	光 빛 광	음 こう	光景( ) 광경	観光 かんこう 관광
		훈 ひかる・ひかり	光 ひかり 빛	光 ひかる 빛나다

〈 すうじ・かいとう・そしき・らくえん・はつばい・ばいばい・こうけい 〉

122	紙 종이 지	음 し	紙面 しめん 지면	用紙(　　) 용지
		훈 かみ	紙袋 かみぶくろ 종이봉투	折 おり紙 がみ 종이접기
123	地 땅 지	음 ち・じ	地球 ちきゅう 지구	土地 とち 토지
			大地 だいち 대지	地面(　　) 지면
			地 じべた 땅바닥	
124	図 그림 도	음 ず・と	地図 ちず 지도	図面 ずめん 도면
			意図 いと 의도	
		훈 はかる	図 はかる 도모하다	
125	電 전기 전	음 でん	停電(　　) 정전	★終電 しゅうでん 막차
126	話 이야기 화	음 わ	対話 たいわ 대화	話題 わだい 화제
		훈 はなす	話 はなす 이야기하다	話 はなし手 て 화자
127	毛 털 모	음 もう	毛布 もうふ 모포, 담요	
		훈 け	毛 け 털	毛皮 けがわ 모피
128	丸 둥글 환	음 がん	砲丸 ほうがん 포환	弾丸 だんがん 탄환
		훈 まるい	丸 まるごと 통째로	日 ひの丸 まる 일장기(일본 국기)
			丸 まるめる 둥글게 하다	丸見 まるみえ 환히 보임
129	形 모양 형	음 けい・ぎょう	形式 けいしき 형식	人形 にんぎょう 인형
		훈 かたち・かた	形 かたち 형태	★形見 かたみ 유물, 유품
130	刀 칼 도	음 とう	単刀直入 たんとうちょくにゅう 단도직입	
		훈 かたな	刀 かたな 칼	
131	万 일만 만	음 まん・ばん	★万引 まんびき (가게) 좀도둑	万能(　　) 만능
132	才 재주 재	음 さい	才能 さいのう 재능	天才 てんさい 천재
133	午 낮 오	음 ご	午前 ごぜん 오전	★正午 しょうご 정오

〈ようし・じめん・ていでん・ばんのう〉

134	元 근원 원	음 げん・がん	根元(　　) 근원	★元旦 がんたん 설날 (아침)
		훈 もと	元もと 근원, 시작, 원인	元々もともと 원래
135	用 쓸 용	음 よう	用件ようけん 용건	用事ようじ 용무
		훈 もちいる	用もちいる 이용하다	
136	考 상고할 고	음 こう	参考さんこう 참고	考案こうあん 고안
		훈 かんがえる	考かんがえる 생각하다	
137	当 마땅할 당	음 とう	当日とうじつ 당일	当然(　　) 당연
		훈 あたる	当あたり前まえ 당연함	当あてる 맞추다
138	合 합할 합	음 ごう・がっ	合成ごうせい 합성 ★合併がっぺい 합병	集合しゅうごう 집합 合宿がっしゅく 합숙
		훈 あう	合あう 맞다 合図あいず 신호	合あわす 맞대다
139	回 돌아올 회	음 かい	回転(　　) 회전	回覧かいらん 회람
		훈 まわる	回まわる 돌다	回まわす 돌리다
140	明 밝을 명	음 めい・みょう	明確めいかく 명확함	明日みょうにち 내일(공손한 말)
		훈 あかるい・ あきらか	明あかるい 밝다	★明あきらかだ 분명하다, 명백하다
141	直 곧을 직	음 ちょく・じき	直接ちょくせつ 직접 正直(　　) 정직	直じきに 곧, 바로
		훈 なおす	直なおす 고치다	直なおる 고쳐지다
142	治 다스릴 치	음 ち・じ	治安ちあん 치안	政治せいじ 정치
		훈 なおす・おさめる	治なおす (병을) 고치다 ★治おさめる 다스리다	治なおる (병이) 낫다
143	思 생각할 사	음 し	意思(　　) 의사	思考しこう 사고
		훈 おもう	思おもう 생각하다	★思惑おもわく 생각, 의도
144	活 살 활	음 かつ	活動かつどう 활동	活発(　　) 활발함
		훈 いかす	活いかす 살리다	

〈こんげん・とうぜん・かいてん・しょうじき・いし・かっぱつ〉

145	家 집 가	음 か	家族 かぞく 가족	家庭教育 かていきょういく 가정교육
		훈 いえ・うち・や	家 いえ・うち 집　　　★家出(　　　) 가출 ★大家(　　　) 집주인	
146	記 적을 기	음 き	記入 きにゅう 기입	記録 きろく 기록
		훈 しるす	記 しるす 적다	
147	通 통할 통	음 つう	共通(　　　) 공통	通 つうじる 통하다
		훈 とおる・かよう	通 とおる 통하다, 통과하다　　通 とおす 통과시키다 通 かよう 다니다	
148	細 가늘 세	음 さい	詳細 しょうさい 상세	★細工 さいく 세공
		훈 ほそい・こまか	細 ほそい 가늘다	細 こまかい 세세하다
149	間 사이 간	음 かん・けん・げん	間接(　　　) 간접　　間食 かんしょく 간식 ★世間 せけん 세간, 세상　　人間 にんげん 인간	
		훈 あいだ・ま	間 あいだ 사이	いつの間 まに 어느새
150	晴 맑을 청	음 せい	晴天 せいてん 맑은 하늘, 청천	
		훈 はれる・はらす	晴 はれる 맑다	気晴 きばらし 기분 전환
151	反 돌이킬 반	음 はん・たん	違反 いはん 위반	★反物 たんもの 포목, 직물
		훈 そる・そらす	反 そる 뒤로 젖혀지다	反 そらす 젖히다, 외면하다
152	軽 가벼울 경	음 けい	軽率 けいそつ 경솔	軽快 けいかい 경쾌함
		훈 かるい・かろやか	軽 かるい 가볍다	★軽 かろやかだ 가볍다
153	重 무거울 중	음 じゅう・ちょう	重要 じゅうよう 중요　　体重 たいじゅう 체중 貴重 きちょう 귀중　　★慎重(　　　) 신중	
		훈 おもい・かさなる	重 おもい 무겁다	★重 かさなる 겹쳐지다
154	暑 더울 서	음 しょ	残暑(　　　) 잔서, 늦더위	★猛暑 もうしょ 맹서, 혹서
		훈 あつ	暑 あつい 덥다	
155	去 갈 거	음 きょ・こ	去年 きょねん 작년	★過去 かこ 과거
		훈 さる	去 さる 떠나다	

〈 いえで・おおや・きょうつう・かんせつ・しんちょう・ざんしょ 〉

156	返 돌아올 반	음 へん 훈 かえす	返事 へんじ 대답, 답장 返 かえ す 되돌려주다	返却 へんきゃく 반납
157	助 도울 조	음 じょ 훈 たすける	助手席 じょしゅせき 조수석 ★助 たすける 구하다	助言 じょげん 조언 助 たす かる 살아나다
158	拾 주울 습	음 しゅう 훈 ひろう	拾得 しゅうとく 습득 拾 ひろう 줍다	収拾 しゅうしゅう 수습
159	持 가질 지	음 じ 훈 もつ	持続 じぞく 지속 持 もつ 지니다	維持(　　) 유지 金持 かねもち 부자
160	開 열 개	음 かい 훈 あく・ひらく	開店 かいてん 개점 開 あく 열리다 開 ひらく (사이를) 열다, 벌리다	展開 てんかい 전개 開 あける 열다
161	登 오를 등	음 とう・と 훈 のぼる	登場(　　) 등장 ★登山 とざん 등산 登 のぼる 오르다	登校 とうこう 등교
162	落 떨어질 락	음 らく 훈 おちる	一段落 いちだんらく する 일단락되다 落 おちる 떨어지다	落 おとす 떨어뜨리다, 분실하다
163	神 귀신 신	음 しん・じん 훈 かみ	神経(　　) 신경 神 かみ 신 神戸 こうべ 고베(지명)	神社 じんじゃ 신사 神田 かんだ 간다(지명)
164	待 기다릴 대	음 たい 훈 まつ	接待(　　) 접대 待 まつ 기다리다	待機 たいき 대기 待合室 まちあいしつ 대합실
165	消 사라질 소	음 しょう 훈 けす・きえる	解消 かいしょう 해소 消 けす 끄다	消失 しょうしつ 소실 消 きえる 꺼지다
166	終 끝 종	음 しゅう 훈 おわる・おえる	終結 しゅうけつ 종결 終 おわる 끝나다	最終(　　) 최종 終 おえる 끝내다
167	息 숨쉴 식	음 そく 훈 いき	喘息 ぜんそく 천식 息 いき 숨	★息子 むすこ 아들

〈 いじ・とうじょう・しんけい・せったい・さいしゅう 〉

168	着 입을 착	음 ちゃく	到着 とうちゃく 도착	定着 ていちゃく 정착
		훈 きる・つく	着きる 입다	着つく 도착하다
169	発 필 발	음 はつ・ほつ	開発 かいはつ 개발	発展( ) 발전
			★発作 ほっさ 발작	
		훈 たつ	発たつ 출발하다	
170	病 병들 병	음 びょう	病気 びょうき 병	★仮病( ) 꾀병
		훈 やむ・やまい	★病やむ 병을 앓다	★病やまい 병
			✚病やまいは気きから 병은 마음에서 비롯된다	
171	血 피 혈	음 けつ	血圧 けつあつ 혈압	血液( ) 혈액
		훈 ち	血ち 피	鼻血 はなぢ 코피
172	者 놈 자	음 しゃ	前者 ぜんしゃ 전자	後者 こうしゃ 후자
		훈 もの	者もの 사람	若者 わかもの 젊은이
173	薬 약 약	음 やく	投薬 とうやく 투약	薬局( ) 약국
		훈 くすり	薬くすり 약	
174	指 손가락 지	음 し	指示( ) 지시	指導 しどう 지도
		훈 ゆび・さす	指ゆび 손가락	指さす 가리키다
175	全 온통 전	음 ぜん	全体 ぜんたい 전체	全部 ぜんぶ 전부
		훈 まったく・すべて	全まったく 전혀	全すべて 모든 것
176	身 몸 신	음 しん	心身 しんしん 심신	献身 けんしん 헌신
		훈 み	身み 몸	身内( ) 가족, 친척
			身分証明書 みぶんしょうめいしょ 신분증명서	
177	有 있을 유	음 ゆう・う	有料 ゆうりょう 유료	有効( ) 유효
			★有無 うむ 유무	
		훈 ある	有ある 있다	
178	急 급할 급	음 きゅう	急きゅうに 갑자기	急激 きゅうげき 급격함
		훈 いそぐ	急いそぐ 서두르다	

〈 はってん・けびょう・けつえき・やっきょく・しじ・みうち・ゆうこう 〉

179	短 짧을 단	음 たん	★短気たんきだ 성질이 급하다 ★短所たんしょ 단점(⇔ 長所ちょうしょ 장점)
		훈 みじかい	短みじかい 짧다
180	温 따뜻할 온	음 おん	温度おんど 온도　　　温泉おんせん 온천
		훈 あたたかい・ ぬくもり・ あたたまる	温あたたかい 따뜻하다　　温あたたまる 따뜻해지다 温ぬくもり 온기
181	安 편안할 안	음 あん	安全あんぜん 안전　　　安否あんぴ 안부
		훈 やすい	安やすい 싸다　　　★目安(　　)표준, 기준
182	打 칠 타	음 だ	打撃だげき 타격　　　安打あんだ 안타(야구)
		훈 うつ	打うつ 치다
183	練 익힐 연	음 れん	練習れんしゅう 연습　　　試練しれん 시련
		훈 ねる	★練ねる 반죽하다, 다듬다
184	勝 이길 승	음 しょう	勝利(　　) 승리　　　優勝ゆうしょう 우승
		훈 かつ・まさる	勝かつ 이기다　　　勝かち負まけ 승패 ★勝まさる 낫다, 우수하다
185	負 질 부	음 ふ	負担ふたん 부담　　　勝負(　　) 승부
		훈 まける・おう	負まける 지다　　　負おう 입다, 짊어지다
186	投 던질 투	음 とう	投資とうし 투자　　　投票とうひょう 투표
		훈 なげる	投なげる 던지다
187	次 버금 차	음 じ・し	次回じかい 다음번　　　★次第しだいに 점차로
		훈 つぐ・つぎ	次つぐ 잇다　　　次つぎ 다음
188	運 나를 운	음 うん	運命(　　) 운명　　　運転うんてん 운전
		훈 はこぶ	運はこぶ 나르다, 운반하다
189	幸 다행 행	음 こう	幸運こううん 행운　　　不幸ふこう 불행
		훈 さいわい・ しあわせ	幸さいわい 다행이다　　　幸しあわせ 행복

〈めやす・しょうり・しょうぶ・うんめい〉

190	動 움직일 동	음 どう	行動 こうどう 행동	動作 どうさ 동작
		훈 うごく	★動 うごく 움직이다 ➕ 働 はたらく (일하다)와 구별하자.	
191	悲 슬퍼할 비	음 ひ	悲劇 ひげき 비극	悲惨 ひさん 비참
		훈 かなしい	悲 かなしい 슬프다	
192	役 부릴 역	음 やく	役割( ) 역할	役者 やくしゃ 배우
			★役員 やくいん 간부	★役人 やくにん 공무원
193	苦 쓸 고	음 く	苦痛( ) 고통	苦労 くろう 고생
		훈 くるしい・にがい	苦 くるしい 괴롭다　　苦 にがい 쓰다 苦手 にがてだ 서투르다	
194	美 아름다울 미	음 び	美人 びじん 미인	美男美女( ) 미남 미녀
		훈 うつくしい	美 うつくしい 아름답다	
195	化 될 화	음 か・け	化石 かせき 화석	化粧 けしょう 화장
		훈 ばかす・ばける	化 ばかす 호리다	化 ばけ物 もの 귀신
196	根 뿌리 근	음 こん	根本 こんぽん 근본	根拠( ) 근거
		훈 ね	根 ね 뿌리	根本 ねもと 뿌리 부분
197	深 깊을 심	음 しん	水深 すいしん 수심	深夜 しんや 심야
		훈 ふかい	深 ふかい 깊다	深 ふかめる 깊게 하다
198	植 심을 식	음 しょく	植物 しょくぶつ 식물	植林 しょくりん 식림, 조림
		훈 うえる	植 うえる 심다	植木鉢 うえきばち 화분
199	葉 잎 엽	음 よう	★紅葉( ) 단풍	
		훈 は	葉 は 잎　　　　葉 はっぱ 잎, 잎사귀 落 おち葉 ば 낙엽	
200	受 받을 수	음 じゅ	授受 じゅじゅ 수수	受容( ) 수용
		훈 うける・うかる	受 うける 받다　　受 うかる 합격되다 ★受付 うけつけ 접수처	

< やくわり・くつう・びなんびじょ・こんきょ・こうよう・じゅよう >

201	物 만물 물	음 ぶつ・もつ	動物 どうぶつ 동물　　　　物件 ぶっけん 물건 ★荷物 にもつ 짐　　　　　貨物 かもつ 화물
		훈 もの	物 もの 물건
202	品 물건 품	음 ひん・ぴん	品質 ひんしつ 품질　　　　★返品(　　　) 반품
		훈 しな	品物 しなもの 물건, 물품　　手品 てじな 마술
203	配 짝 배	음 はい	宅配便(　　　) 택배　　　　配達 はいたつ 배달
		훈 くばる	配 くばる 나누어주다　　　気配 きくばり 배려
204	送 보낼 송	음 そう	送金 そうきん 송금　　　　送料 そうりょう 송료
		훈 おくる	送 おくる 보내다
205	商 장사 상	음 しょう	★商売 しょうばい 장사　　　商品 しょうひん 상품
		훈 あきなう	★商 あきなう 장사하다　　商 あきない 장사
206	業 업 업	음 ぎょう	職業 しょくぎょう 직업　　　業務 ぎょうむ 업무
		훈 わざ	★仕業 しわざ 짓, 소행
207	荷 짐 하	음 か	出荷 しゅっか 출하
		훈 に	荷造 にづくり 짐 꾸리기　　手荷物 てにもつ 수하물
208	橋 다리 교	음 きょう	歩道橋(　　　) 보도교　　　陸橋 りっきょう 육교
		훈 はし	橋 はし 다리
209	乗 탈 승	음 じょう	乗客 じょうきゃく 승객　　　搭乗(　　　) 탑승
		훈 のる	乗 のる 타다　　　　　　乗 のせる 태우다
210	港 항구 항	음 こう	空港 くうこう 공항
		훈 みなと	港 みなと 항구
211	横 가로 횡	음 おう	横断歩道(　　　) 횡단보도 縦横 じゅうおう 종횡
		훈 よこ	★横 よこ 옆, 가로 (⇔縦 たて 세로)
212	県 고을 현	음 けん	県立 けんりつ 현립　　　　県庁 けんちょう 현청 ✚ 都道府県 とどうふけん : 도도부현 (東京都・北海道・大阪府・京都府・43개 県을 아우르는 일본 행정 구역의 총칭)

〈 へんぴん・たくはいびん・ほどうきょう・とうじょう・おうだんほどう 〉

213	仕 섬길 사	음 し	仕事しごと 일	仕組しくみ 조직, 짜임새
		훈 つかえる	★仕つかえる 섬기다	
214	事 일 사	음 じ	無事ぶじ 무사	事業じぎょう 사업
		훈 こと	事こと 일	出来事(　　) 일, 사건
215	進 나아갈 진	음 しん	昇進しょうしん 승진	進展しんてん 진전
		훈 すすむ	進すすむ 나아가다	進すすめる 진행시키다
216	転 구를 전	음 てん	回転かいてん 회전	逆転(　　) 역전
		훈 ころぶ	転ころぶ 넘어지다 転ころがす 굴리다	転ころがる 굴러다니다
217	向 향할 향	음 こう	向上(　　) 향상	方向ほうこう 방향
		훈 むく	向むく 향하다 向むかい 맞은편	向むける 향하게 하다 向むこう 건너편
218	研 갈 연	음 けん	研究けんきゅう 연구	研修けんしゅう 연수
		훈 とぐ	研とぐ 연마하다	
219	究 궁구할 구	음 きゅう	追究(　　) 추구, 추궁	探究たんきゅう 탐구
		훈 きわめる	★究きわめる 깊이 연구하다	
220	相 서로 상	음 そう	真相しんそう 진상	相談そうだん 상담, 의논
		훈 あい	相手あいて 상대	相変あいかわらず 변함없이
221	係 맬 계	음 けい	関係かんけい 관계	
		훈 かかり	係長かかりちょう 계장	～係かかり ~담당
222	宿 묵을 숙	음 しゅく	宿題しゅくだい 숙제	宿命(　　) 숙명
		훈 やど	宿やど 집, 묵을 곳	★宿やどる 머물다, 깃들다
223	集 모을 집	음 しゅう	★募集(　　) 모집	収集しゅうしゅう 수집
		훈 あつまる	集あつまる 모이다	集あつめる 모으다
224	味 맛 미	음 み	興味きょうみ 흥미	味方みかた 아군, 자기편
		훈 あじ	味あじわう 맛보다	

〈 できごと・ぎゃくてん・こうじょう・ついきゅう・しゅくめい・ぼしゅう 〉

225	委 맡길 위	음 い	委任 いにん 위임	委員 いいん 위원
		훈 ゆだねる	★委 ゆだ ねる 맡기다, 위임하다	
226	問 물을 문	음 もん	問題 もんだい 문제	疑問( ) 의문
		훈 とう	問 とう 묻다	問 とい 질문
227	主 주인 주	음 しゅ	主婦 しゅふ 주부	主人 しゅじん 주인
		훈 ぬし・おも	主 ぬし 주인 / 主 おもに 주로	持 も ち主 ぬし 임자
228	平 평평할 평	음 へい・びょう	平均 へいきん 평균	★平等( ) 평등
		훈 たいらげる・ひら	★平 たいらだ 평평하다 / 平社員 ひらしゃいん 평사원	平 たいらげる 먹어 치우다
229	等 무리 등	음 とう	一等 いっとう 일등	対等 たいとう 대등
		훈 ひとしい	★等 ひとしい 같다, 동등하다	
230	追 쫓을 추	음 つい	追突( ) 주놀	追求 ついきゅう 수구
		훈 おう	追 おう 쫓다	追 おっ手 て 추적자
231	放 놓을 방	음 ほう	解放 かいほう 해방	開放 かいほう 개방
		훈 はなす	★放 はなつ (빛 등을) 발하다	放 はなす 풀어 주다, 놓다
232	守 지킬 수	음 しゅ・す	守備 しゅび 수비 / ★留守 るす 부재중	厳守 げんしゅ 엄수
		훈 まもる・もり	守 まもる 시키나	子守 こもり 아이 보기
233	祭 제사 제	음 さい	★祭日( ) 축일, 국경일	学園祭 がくえんさい 학교 축제
		훈 まつり・まつる	祭 まつる 제사 지내다	祭 まつり 전통 축제
234	飲 마실 음	음 いん	飲酒 いんしゅ 음주	飲食店( ) 음식점
		훈 のむ	飲 のむ 마시다	飲 のみ屋 や 술집, 선술집
235	酒 술 주	음 しゅ	日本酒 にほんしゅ 일본술	洋酒 ようしゅ 양주
		훈 さけ・さか	お酒 さけ 술	酒屋 さかや 술 가게(주류 판매점)
236	部 나눌 부	음 ぶ	部分 ぶぶん 부분	部署 ぶしょ 부서
		훈 へ	部屋 へや 방	

〈ぎもん・びょうどう・ついとつ・さいじつ・いんしょくてん〉

237	屋 집 옥	음 おく	屋外 おくがい 옥외, 실외	屋内 おくない 옥내, 실내
		훈 や	屋根 やね 지붕	〜屋 や ~가게
			★八百屋 やおや 야채 가게	
238	豆 콩 두	음 とう・ず	豆腐 とうふ 두부	大豆 だいず 대두, 콩
		훈 まめ	豆 まめ 콩	枝豆 えだまめ 가지 콩, 풋콩
239	注 흐를 주	음 ちゅう	注意 ちゅうい 주의	注文 ちゅうもん 주문
		훈 そそぐ・つぐ	★注 そそぐ (힘, 정신 등을) 쏟다, 붓다 ✚力 ちからを注 そそぐ 힘을 쏟다 ★注 つぐ (물, 술, 액체 등을) 붓다, 따르다 ✚酒 さけを注 つぐ 술을 따르다	
240	柱 기둥 주	음 ちゅう	電柱 でんちゅう 전신주	
		훈 はしら	柱 はしら 기둥	大黒柱 だいこくばしら 대들보
241	湯 끓일 탕	음 とう	銭湯(　　　) 대중목욕탕	熱湯 ねっとう 열탕
		훈 ゆ	お湯 ゆ 더운물	湯加減 ゆかげん 더운물의 정도
242	銀 은 은	음 ぎん	銀行 ぎんこう 은행	銀貨 ぎんか 은화
243	予 미리 예	음 よ	予習 よしゅう 예습	予約 よやく 예약
244	代 대신할 대	음 だい・たい	代行(　　　) 대행	★交代 こうたい 교대
		훈 かわる・かえる・ しろ	代 かわる 대신하다 ★代物 しろもの (평가 대상이 되는) 물건	
245	申 아뢸 신	음 しん	申告(　　　) 신고	申請 しんせい 신청
		훈 もうす	申 もうす 말씀드리다	
246	世 세상 세	음 せ	世界 せかい 세계 出世(　　　) 출세	世間 せけん 세간, 세상
		훈 よ	世 よの中 なか 세상	★世論 せろん・よろん 여론
247	由 말미암을 유	음 ゆ・ゆう・ゆい	由来 ゆらい 유래 ★由緒 ゆいしょ 유서	理由 りゆう 이유

〈せんとう・だいこう・しんこく・しゅっせ〉

248	央 가운데 앙	음 おう	中央( ) 중앙	
249	呼 부를 호	음 こ	呼吸( ) 호흡	呼応こおう 호응
		훈 よぶ	呼よぶ 부르다	
250	両 두 량	음 りょう	車両しゃりょう 차량	★両替りょうがえ 환전
251	死 죽을 사	음 し	死亡しぼう 사망	生死せいし 생사
		훈 しぬ	死しぬ 죽다	死しに目め 임종 때
252	決 정할 결	음 けつ	決意けつい 결의	決心( ) 결심
		훈 きまる	決きまる 결정되다	決きめる 결정하다
253	命 목숨 명	음 めい・みょう	命令めいれい 명령 ★寿命じゅみょう 수명	命めいじる 명하다
		훈 いのち	命いのち 생명	
254	使 부릴 사	음 し	使用しよう 사용	使命感( )사명감
		훈 つかう	使つかう 사용하다	使つかい道みち 용도
255	坂 비탈 판	훈 さか	坂道さかみち 비탈길	下くだり坂ざか 내리막길
256	実 열매 실	음 じつ	実じつに 실로, 참으로	実験じっけん 실험
		훈 み・みのる	実み 열매	★実みのる 열매 맺다
257	育 기를 육	음 いく	養育よういく 양육	育児( ) 육아
		훈 そだつ	★育そだつ 자라다	育そだてる 기르다
258	定 정할 정	음 てい・じょう	安定あんてい 안정	★案あんの定じょう 예상한 대로
		훈 さだめる・さだか	★定さだめる 정하다 定さだかだ 확실하다	定さだまる 정해지다
259	表 겉 표	음 ひょう	表裏( ) 표리	発表はっぴょう 발표
		훈 おもて・あらわす	表おもて 겉 表あらわす 나타내다	裏表うらおもて 속과 겉

〈 ちゅうおう・こきゅう・けっしん・しめいかん・いくじ・ひょうり 〉

260	和 화목할 화	음 わ	和解 わかい 화해	調和 ちょうわ 조화
		훈 やわらぐ・なごむ	★和 やわらぐ 누그러지다	和 やわらげる 누그러뜨리다
			★和 なごむ 온화해지다	和 なごやかだ 온화하다
261	度 법도	음 ど・たく	限度(　　) 한도	★支度 したく 준비, 채비
		훈 たび	★この度 たび 금번, 이번	
262	都 도읍 도	음 と・つ	都会 とかい 도회	★都合 つごう 사정, 도합
		훈 みやこ	都 みやこ 수도, 도시	
263	悪 나쁠 악	음 あく	罪悪 ざいあく 죄악	悪人(　　) 악인
		훈 わるい	悪 わるい 나쁘다	★悪気 わるぎ 악의
264	様 모양 양	음 よう	模様 もよう 모양	
		훈 さま	奥様 おくさま 사모님	王様 おうさま 왕, 임금님
265	調 고를 조	음 ちょう	調整(　　) 조정	調査 ちょうさ 조사
		훈 しらべる	★調 しらべる 조사하다	下調 したしらべ 사전 조사
266	比 견줄 비	음 ひ	比率 ひりつ 비율	前年比 ぜんねんひ 전년비
		훈 くらべる	比 くらべる 비교하다	
			どんぐりの背比 せくらべ 도토리 키재기	
267	整 가지런할 정	음 せい	整理 せいり 정리	整頓 せいとん 정돈
		훈 ととのう	★整 ととのう 정돈되다	整 ととのえる 정리하다

〈 げんど・あくにん・ちょうせい 〉

유사한 의미 찾기 문제를 풀기 위해서는 많은 어휘와 기능어 지식이 필요하다.

때에 따라 같은 상황에서 쓸 수 있는 어휘를 묶어서 정리하였다. 완전히 같은 뜻은 아니며 쓰이는 범위가 전혀 다를 때도 있으나, 비슷한 뜻으로 쓸 수 있는 상황일 때 유사 문형으로 출제되므로 확실하게 이해해야 한다.

| ～つもりだ | ~할 작정이다
国へ帰るつもりです。 귀국할 작정입니다. |
| ～（よう）と思もう | ~하려고 생각하다
国へ帰ろうと思います。 귀국하려고 생각합니다. |

| ~予定よていだ | ~할 예정이다 |
| | 国へ帰る予定です。 귀국할 예정입니다. |

| ~ことにする | ~하기로 하다 |
| | 国へ帰ることにしました。 귀국하기로 했습니다. |

| ~てから | ~하고 나서 |
| | 仕事が終わってから行きます。 일이 끝나고 나서 갑니다. |

| ~たあとで | ~한 후에 |
| | 仕事が終わったあとで行きます。 일이 끝난 후에 갑니다. |

| ~たら | ~하면 |
| | 仕事が終わったら行きます。 일이 끝나면 갑니다. |

| どんなに~ても | 아무리 ~해도 |
| | どんなに説明してもわかりません。
아무리 설명해도 몰라요. |

| いくら~ても | 아무리 ~해도 |
| | いくら説明してもわかりません。
아무리 설명해도 몰라요. |

| たとえ~ても 비교 | 설령 ~해도 |
| | たとえ本当のことでも君が悪い。
설령 진짜라도 네가 나빠. |

| ~ことになる | ~하게[하기로] 되다 (결정된 일) |
| | 仕事で毎日ここに来ることになりました。
일 때문에 매일 여기에 오게 되었습니다. |

| ~ようになる | ~하게 되다 (자연스럽게 그렇게 되다) |
| | 毎日来るようになりました。 매일 오게 되었습니다.
✚ ~ようになる는 가능형 동사가 앞에 와서 '~할 수 있게 되다'의 의미로 쓰이는 경우가 많다.
예 泳およげるようになる。 수영할 수 있게 되다. |

| ~ことにする | ~하기로 하다 (스스로 정한 일) |
| | 夜は出かけないことにしています。
밤에는 나가지 않는 걸로 하고 있어요. |

~ようにする	~하도록 하다(되도록 그렇게 하다) 夜は出かけないようにしています。 밤에는 나가지 않도록 하고 있어요.
~について	~에 관해서 この件についてどう思いますか。 이 건에 대해서 어떻게 생각하세요.
~に関かんして	~에 관해서 この件に関してどう思いますか。 이 건에 관해서 어떻게 생각하세요.
~にたいして	~에 대해서(동작이 향하는 상대나 대상) 質問に対して正直に答える。 질문에 대해 정직하게 답하다.
~てたまらない	~해서 견딜 수 없다 お酒を飲みたくてたまらない。 술을 마시고 싶어서 견딜 수 없다.
~てしかたがない	~해서 어쩔 수없다 お酒を飲みたくてしかたがない。 술을 마시고 싶어서 견딜 수 없다.
~てならない	~해서 견딜 수 없다 お酒を飲みたくてならない。 술을 마시고 싶어서 견딜 수 없다.
~にわたって	~에 걸쳐(기간) 一年にわたってアンケートの調査をした。 일 년에 걸쳐 앙케트 조사를 했다.
~かけて	~ 걸려서 一年かけてアンケートの調査をした。 일 년 걸려서 앙케트 조사를 했다.
~を通とぉして	~을 통해, 걸쳐서 一年を通してアンケートの調査をした。 일 년을 통해서 앙케트 조사를 했다.
~ぽい	~ 같다 言い方が子供っぽい。 말투가 애 같다.

~みたいだ	~ 같다 子供みたいな言い方 아이 같은 말투
~のようだ	~ 같다 子供のような言い方 아이 같은 말투
~らしい	~답다(그 속성이 그 속성답다) 子供らしい言い方 아이다운 말투
~にくい	~하기 어렵다 字が小さくて読みにくい。 글씨가 작아서 읽기 어렵다.
~づらい	~하기 어렵다(육체적·정신적 고통) 字が小さくて読みづらい。 글씨가 작아서 읽기 괴롭다.
~がたい	~하기 힘들다(불가능함) 忘れがたい経験 잊을 수 없는 경험 (＝忘れられない経験)
~かねる	~할 수 없다 君の意見には賛成しかねる。 네 의견에는 찬성할 수 없다.
~なければならない	~하지 않으면 안 된다 規則は守らなければならない。 규칙은 지켜야 한다.
~べきだ	~해야 한다 規則は守るべきだ。 규칙은 지켜야 한다.
~から	~때문에 バスに乗り遅れたから遅刻しました。 버스를 놓쳐서 지각했습니다.
~ために	~때문에 バスに乗り遅れたために遅刻しました。 버스를 놓쳐서 지각했습니다.
~せいで	~탓에(나쁜 결과에 대한 원인) バスに乗り遅れたせいで遅刻しました。 버스를 놓친 탓에 지각했습니다.

~たばかりに	~한 탓에(오로지 그것이 이유가 되어) ぐずぐずしていたばかりに怒られた。 꾸물거린 탓에 혼났다.
~だけでなく	~뿐만 아니라 日本語だけでなく英語もできる。 일본어뿐만 아니라 영어도 할 수 있다.
~はもちろん	~은 물론 日本語はもちろん英語もできる。 일본어는 물론 영어도 할 수 있다.
~ばかりでなく	~뿐만 아니라(복수적인 느낌) 子供ばかりでなく大人にも人気がある。 아이뿐만 아니라 어른에게도 인기가 있다.
~以上いじょうは	~한 이상은 決めた以上はがんばります。결정한 이상 열심히 하겠습니다.
~からには	~한 바에는 決めたからにはがんばります。 결정한 이상 열심히 하겠습니다.
~ないうちに	~하기 전에 冷めないうちに食べましょう。식기 전에 먹읍시다.
~するまえに	~하기 전에 冷めてしまうまえに食べましょう。식기 전에 먹읍시다.
~だけに	~인 만큼 経験が長いだけに説明がわかりやすい。 경험이 많은 만큼 설명이 알기 쉽다.
~だけあって	~인 만큼 経験が長いだけあって、説明がわかりやすい。 경험이 많은 만큼 설명이 알기 쉽다.
~だけのことはある	~한 만큼 가치는 있다 経験が長いだけのことはある。 경험이 많은 만큼의 가치는 있다 (그래서 역시 다르다).

～ないわけがない	**~ 않을 리가 없다** 責任者の彼が出席しないわけがない。 책임자인 그가 참석하지 않을 리가 없다.
～ないはずがない	**~않을 리가 없다** 責任者の彼が出席しないはずがない。 책임자인 그가 참석하지 않을 리가 없다.
～はずだ	**(당연히) ~일 터이다** 責任者だから来るはずだ。 책임자니까 올 것이다.
～どころか	**~는커녕(앞에 형용사, 동사도 올 수 있다)** 海外どころか国内旅行の経験もない。 해외는커녕 국내 여행의 경험도 없다.
～はおろか	**~는커녕** 海外はおろか国内旅行も行ったことがない。 해외는커녕 국내여행도 간 적이 없다.
～ても	**~해도** そんなに泣いても彼はもう帰ってこない。 그렇게 울어도 그는 이제 안 돌아와.
～たって	**~해도(회화체이며 과거형에 접속된다)** そんなに泣いたって彼はもう帰ってこない。 그렇게 울어도 그는 이제 안 돌아와.
～たところで	**~한들** そんなに泣いたところで彼はもう帰ってこない。 그렇게 운들 그는 이제 안 돌아와.

유사한 용법 고르기 문제를 대비하기 위해 꼭 알아두어야 할 조사의 용법을 정리하였다. 초중급자일수록 조사의 오류를 많이 범한다는 사실을 유념하고 꼼꼼히 이해하고 넘어가자.

(1) の

소유, 소속, 소재	母の時計 엄마의 시계 (소유) 営業部の吉田さん 영업부의 요시다 씨 (소속) 京都の支社 교토 지사 (소재지)
동격	店長の仲村さんに連絡してください。 점장인 나카무라 씨에게 연락해 주세요.
뒷말의 내용, 성질, 상태를 한정	息子へのプレゼント 아들에게 주는 선물
준체언 '것'	あの黄色いのをみせてください。 그 노란 것을 보여 주세요.
문장이 길어질 때 명사 수식어구에서 주격조사 が를 대신함	おしゃべりの好きな人 수다를 좋아하는 사람

(2) が

[~이, ~가] 동작, 변화, 상태의 주체를 나타냄	雨が降っています。 비가 오고 있습니다.
[~이, ~가, ~을(를)] 상태 술어의 대상을 나타냄	가능, 지각동사, 소유, 필요를 나타내는 동사나 취향, 희망, 능력을 나타내는 형용사 앞에는 が를 쓴다. 難しい漢字が読めます。 어려운 한자를 읽을 수 있습니다. 長い休みがほしいです。 긴 휴가를 받고 싶어요. 人と付き合うのが苦手です。 사람들과 어울리는 것을 잘 못해요.
[~이지만] 역접의 표현	毎日通っているが、上手にならない。 매일 다니고 있지만 능숙해지지 않는다.

[~이지만, ~인데]	어떤 말을 끄집어낼 때, 의뢰할 때, 꺼내기 어려운 말을 할 때 쓴다. すみませんが、窓を閉めてください。 미안하지만 창문을 닫아 주세요. その日はちょっと都合が悪いですが。 그날은 시간이 안 되는데요.

(3) を ~을

동작, 작용의 대상	報告書を出してください。 보고서를 내 주세요.
동작의 장소, 이동의 경로	橋を渡る。 다리를 건너다. 空を飛ぶ。 하늘을 날다.
동작, 작용이 지속하는 기간	休みを海辺で過ごした。 휴기를 바닷가에서 보냈다.
출발점, 기점	6時に会社を出ました。 6시에 회사를 나왔습니다.

(4) に

[~에] 존재, 위치, 지점	工場は愛知県にあります。 공장은 아이치현에 있습니다.
[~에] 때, 순서	구체적인 연, 월, 시간, 때를 나타내거나 순서를 말할 때 쓴다. 2011年に / 5月に / 2時に / □曜□に / はじめに / 次に / 最後に 2011년에 / 5월에 / 2시에 / 일요일에 / 처음에 / 다음에 / 마지막으로
[~에, ~로] 도착점, 방향	そちらにファックスが届きましたか。 그쪽에 팩스가 도착했습니까? この後、会社に戻ります。 이 이후에 회사로 돌아가요.
[~로, ~가] 변화의 결과	あの子が成長して立派な人になりました。 그 아이기 성장해서 흘륭한 사람이 되었습 l 다.
[~에게, ~에게서] 여격, 상대, 대상	同僚にお土産をあげます。 동료에게 여행 선물을 줍니다. 友達に自転車を借りました。 친구에게 자전거를 빌렸습니다.

[~하러] 목적	映画を見に行きます。 영화를 보러 갑니다.
	大阪へは出張に行きました。 오사카에는 출장으로 갔습니다.
[~로서] 자격, 역할, 위치	誕生プレゼントに時計をもらいました。 생일 선물로 시계를 받았습니다.
[~에게, ~에게서] 수수 표현, 수동 표현에서 행동의 주체를 나타냄	部長に家まで送ってもらいました。 부장님에게 집까지 전송받았습니다.(부장님이 집까지 바래다주셨습니다.) 課長に怒られました。 과장님에게 혼났습니다.
관용 표현	반드시 に를 쓰는 표현이므로 꼭 암기한다. 〜に会う ~를 만나다 〜に乗る ~를 타다 〜に似ている ~을 닮다 〜に住んでいる ~에 살다 〜に勤めている ~에 근무하다 お風呂に入る 목욕하다

(5) で

[~에서] 행동의 장소	コンビニでファックスを送ります。 편의점에서 팩스를 보냅니다.
[~로] 재료, 수단, 도구	木で作ったおぼん 나무로 만든 쟁반 ここまで自転車で来ました。 여기까지 자전거로 왔습니다.
[~로, ~때문에] 원인, 이유	ひどい風邪で会社を休みました。 감기를 심하게 걸려서 회사를 쉬었습니다.
[~에, ~로] 범위, 한도	一週間で出来上がりました。 일주일 만에 완성되었습니다. 徒歩で10分で行けます。 도보로 10분 만에 갈 수 있습니다.

[~(합)해서]	全部で 전부 해서
	みんなで 모두 (합)해서
	3本で 3자루에
[~이고] 접속조사	大きいのは200円で、小さいのは100円です。
	큰 것은 200엔이고 작은 것은 100엔입니다.

(6) と

[~와, ~과] 병렬 관계	机といす 책상과 의자
	先生と学生 선생님과 학생
[~와] 동작, 작용의 대상	会社の同僚とお酒を飲みました。
	회사의 동료와 술을 마셨습니다.
[~라고] 사고, 행동의 내용	そんなに時間はかからないと思います。
	그렇게 시간은 걸리지 않을 거라고 생각합니다.
[~가, ~로] 결과의 상태	みんなの応援が大きな力となりました。
	모두의 응원이 큰 힘이 되었습니다.
[~와] 비교의 대상	あなたとは立場が違います。 당신과는 입장이 다릅니다.

(7) から

[~에서, ~부터] 동작, 작용의 기점	学校からまだ帰っていません。
	학교에서 아직 돌아오지 않았습니다.
	先方の部長から連絡がありました。
	상대편 부장님으로부터 연락이 있었습니다.
[~로부터] 경유하는 장소	窓からゴミを捨ててはいけません。
	창문에서 쓰레기를 버리면 안 됩니다.
[~으로] 원인, 이유, 판단의 근거	運転手の不注意から事故になりました。
	운전사의 부주의로 사고가 났습니다.
[~(으)로] 원료, 구성 요소	しょうゆは何から作りますか。 간장은 무엇으로 만듭니까?
[~로부터] 동작주	本人から直接聞いてください。 본인에게 직접 들어 주세요.

| [~이니까] 접속조사 | から 앞에는 반드시 종지형 문장이 온다.
雨が降っていますから窓を閉めてください。
비가 오니까 창문을 닫아 주세요. |

(8) まで

[~까지] 동작, 상황이 일어나는 시간, 장소	授業が終わるまで待っていました。 수업이 끝날 때까지 기다리고 있었습니다.
[~까지도, ~조차] (=さえ・すら)	子供だけでなく大人までゲームをしている。 아이뿐만 아니라 어른까지 게임을 하고 있다.
~までもない [~할 것까지는 없다, ~할 필요는 없다]	わざわざ行くまでもない。 일부러 갈 것까지는 없다.

(9) より

[~보다] 비교, 기준의 대상	山田さんより田中さんの方が背が高いです。 야마다 씨보다 다나카 씨 쪽이 키가 커요.
[~하는 수밖에 없다]	뒤에 부정어를 수반한다. あきらめるよりほかにない。 포기하는 수밖에 없다.
[~로부터] から의 문어체적인 표현	これより説明会を始めます。 지금부터 설명회를 시작하겠습니다.

(10) も

[~도] 열거의 뜻	AもBも 등의 형태로 쓰인다. ピンクもオレンジもかわいいですね。 핑크도 오렌지도 예쁘네요.
[~나] 강조의 표현	完成に3年もかかりました。 완성하는 데 3년이나 걸렸습니다.
[~도, ~조차]	怖くて声も出ませんでした。 무서워서 목소리조차 나오지 않았습니다.
전면적인 긍정이나 부정	どれも / だれも / どちらも 등의 형태로 쓰인다.

(11) ばかり

[가량, 정도, 쯤]	시간이나 수량을 나타내는 말에 붙는다. コップに水が半分ばかり入っている。 컵에 물이 반 정도 들어 있다.
[~만]	주로 그런 일만 한다는 뉘앙스로, 복수적인 느낌으로 쓰인다. 家でテレビばかり見ていました。 집에서 TV만 보고 있었습니다. 勉強しないで遊んでばかりいます。 공부 안 하고 놀기만 하고 있습니다.
～たばかり [~한 지 얼마 안 된, 막 ~한 참]	車は一年前に買ったばかりです。 차는 불과 1년 전에 샀습니다.
～たばかりに [~ 때문에, ~ 탓으로]	うそをついたばかりに友達に嫌われてしまった。 거짓말을 한 탓에 친구가 날 싫어하게 되었다.

(12) ほど

[~만큼] 정도를 비교하는 기준	뒤에 부정을 동반하면 최상급의 뜻이 된다. あなたほど美しい人はいません。 당신만큼 아름다운 사람은 없어요.
대략적인 시간, 정도를 나타냄 (=ぐらい)	あと2万円ほどあれば新しいパソコンが買える。 이제 2만 엔만 있으면 새 PC를 살 수 있다.
[(~하면) ~할수록]	앞에 가정형을 동반한다. 日本語は勉強すればするほど難しい。 일본어는 공부하면 할수록 어렵다.

유사한 용법 고르기 문제에서 다의어(여러 가지 뜻을 가진 어휘)도 중요하다. 발음은 같아도 전혀 다른 의미의 단어거나 한자가 다를 수도 있다. 이러한 단어를 구별해 내는 문제가 출제되는데, 문장까지 이해해야 하므로 상당히 시간이 걸리고 까다로울 수 있다.

아래 정리한 어휘들은 난이도가 높은 어려운 의미는 배제하고, 초중급자도 이해할 수 있는 비교적 일반적인 의미만 설명했다. 이 정도만 충분히 이해해도 문제를 푸는 데 어려움이 없을 것이다.

■ 명사

あし	①다리	足が長い 다리가 길다
	②발	足が小さい 발이 작다
	③발걸음, 방문	足を運ぶ 발걸음을 하다
	④교통수단	バスは庶民の足 버스는 서민의 다리
あと	①뒤(방향), 후방	後を振り向く 뒤를 돌아보다
	②뒤(시간), 나중	後で片付けます。 나중에 치웁니다.
	③다음	あとの列車は何時ですか。 다음 열차는 몇 시예요?
	④나머지	あとは私に任せてください。 나머지는 저에게 맡겨 주세요.
	⑤앞으로	あと5分で終わる 앞으로 5분이면 끝난다
うで	①팔	腕を組む 팔짱을 끼다
	②솜씨, 기량	腕を磨く 솜씨를 닦다
かお	①얼굴	顔を洗う 얼굴을 씻다
	②표정, 기색	暗い顔 어두운 표정
	③면목, 체면	顔が立つ 체면이 서다
こし	①허리	腰を曲げる 허리를 굽히다
	②탄력성, 끈기, 찰기	こしのあるそば 꼬들꼬들한 국수
	③자세, 태도	腰が低い 겸손하다
せ	①등 (=せなか)	背を向ける 등을 향하다
	②뒤, 배경	山を背に写真を撮る。 산을 배경으로 사진을 찍다.

	③키	背が高い 키가 크다
て	①손	手が小さい 손이 작다
	②일손, 노동력	手が足りない 일손이 부족하다
	③수단, 방법	その手には乗らない 그 수법에는 안 넘어간다
とし	①해	年がかわる 해가 바뀌다
	②나이	年をとる 나이를 먹다
はし	① 젓가락	ここにあるお箸を使ってください。 여기 있는 젓가락을 사용해 주세요.
	② 다리	橋を渡る 다리를 건너다
	③ 끝, 귀퉁이, 가장자리	道路の端 도로 가장자리
ひと	①사람	背が高い人 키가 큰 사람
	②남, 타인	人の意見 남의 의견
	③인품, 성격	人がいい 사람 좋다
	④한 번, 하나	一雨 한차례 비

■ 형용사

あおい	① 파랗다, 푸르다	目が青い 눈이 파랗다
	② 창백하다	青い顔をする 창백한 얼굴을 하다
	③ 덜 익다, 미숙하다	青いことを言う 풋내기 같은 말을 하다
あつい	① 덥다	暑い天気 더운 날씨
	② 뜨겁다	お湯が熱い 물이 뜨겁다
	③ 두텁다	厚い本 두꺼운 책
	④ 후하다	あついもてなし 후한 대접
あまい	① (맛이) 달다	甘いケーキ 단 케익
	② (말,냄새 등이) 달콤하다	甘いメロディー 달콤한 멜로디
	③ 엄하지 않다	点数があまい 점수가 후하다

	④ 무르다	女<ruby>おんな</ruby>に甘い	여자에게 약하다
うまい	① 맛있다	うまいコーヒー	맛있는 커피
	② 훌륭하다, 솜씨가 좋다	歌<ruby>うた</ruby>がうまい	노래를 잘한다
はやい	① (시간이) 이르다, 빠르다	起<ruby>お</ruby>きるのが早<ruby>はや</ruby>い	기상이 빠르다
	② (속도가) 빠르다	スピードが速<ruby>はや</ruby>い	스피드가 빠르다
やさしい	① 쉽다	問題<ruby>もんだい</ruby>が易<ruby>やさ</ruby>しい	문제가 쉽다
	② 상냥하다	優<ruby>やさ</ruby>しい店員<ruby>てんいん</ruby>	상냥한 점원
	③ 부드럽다, 바람직하다	お肌<ruby>はだ</ruby>に優<ruby>やさ</ruby>しい	피부에 순하다

■ **동사**

あう	① 만나다	友達<ruby>ともだち</ruby>に会<ruby>あ</ruby>う	친구를 만나다
	② (어떤 일을) 만나다, 겪다	ひどい目<ruby>め</ruby>にあう	심한 일을 당하다
	③ 맞다, 일치하다	意見<ruby>いけん</ruby>が合<ruby>あ</ruby>う	의견이 맞다
	④ 어울리다	服<ruby>ふく</ruby>に合わないくつ	옷에 어울리지 않는 구두
あく	① 열리다	窓<ruby>まど</ruby>が開<ruby>あ</ruby>く	창문이 열리다
	② 비다	空<ruby>あ</ruby>いた部屋<ruby>へや</ruby>	빈방
	③ (구멍이) 나다	穴<ruby>あな</ruby>があく	구멍이 나다
あける	① 열다	ドアを開<ruby>あ</ruby>ける	문을 열다
	② 비우다	時間<ruby>じかん</ruby>をあける	시간을 비우다
	③ (구멍을) 뚫다	穴<ruby>あな</ruby>をあける	구멍을 뚫다
	④ (날이) 밝다	夜<ruby>よ</ruby>が明<ruby>あ</ruby>ける	날이 밝다
	⑤ (새해가) 되다	年<ruby>とし</ruby>が明ける	새해가 되다
あたる	① 맞다	ボールが頭<ruby>あたま</ruby>にあたった。	공이 머리에 맞았다.
	② 닿다	日<ruby>ひ</ruby>が当<ruby>あ</ruby>たる	해가 들다
	③ 당첨되다	宝<ruby>たから</ruby>くじがあたる	복권이 당첨되다

	④ 알아보다	いくつかの会社に当たってみた。 몇 개의 회사를 알아봤다.
	⑤ 탈 나다	さっき食べた魚にあたった。 아까 먹은 생선이 탈 났다.
いる	① (사람이) 있다	子供がいる 아이가 있다
	② 필요하다	お金が要る 돈이 필요하다
	③ 들다	気に入る 마음에 들다
おきる	① 일어나다, 기상하다	7時に起きる 7시에 일어나다
	② 자지 않고 있다	まだ起きている 아직 깨어 있다
	③ 발생하다	事件がおきる 사건이 일어나다
かける	① 걸다	かべにかける 벽에 걸다
	② 걸터앉다	いすにかける 의자에 앉다
	③ 잠그다	かぎをかける 열쇠를 잠그다
	④ 뿌리다, 끼얹다	塩をかける 소금을 뿌리다
	⑤ 걸치다	エプロンをかける 앞치마를 걸치다
	⑥ (시간,비용을) 들이다	時間をかける 시간을 들이다
	⑦ 작동시키다	掃除機をかける 청소기를 돌리다
きく	① 듣다	うわさを聞く 소문을 듣다
	② 묻다	道をきく 길을 묻다
	③ 효력이 있다	薬が効く 약이 듣다
きる	① 자르다	髪を切る 머리를 자르다
	② 끊다	縁を切る 인연을 끊다
	③ 끄다	エアコンを切る 에어컨을 끄다
	④ 입다	コートを着る 코트를 입다
できる	① 생기다	子供ができる 아이가 생기다

	② 만들어지다	木^きでできる	나무로 만들어지다
	③ 다 되다, 완성되다	料理^{りょうり}ができる	요리가 완성되다
	④ 할 수 있다	飲^のむことができる	마실 수 있다
たつ	① 서다	片足^{かたあし}で立^たつ	외발로 서다
	② (건물 등이) 서다	ビルが建^たつ	빌딩이 서다
	③ 출발하다	7時^じにソウルを発^たつ	7시에 서울을 출발하다
	④ (시간이) 경과하다	時間^{じかん}が経^たつ	시간이 경과하다
	⑤ 끊다	連絡^{れんらく}を絶^たつ	연락을 끊다
つとめる	① 회사에 근무하다	会社^{かいしゃ}に勤^{つと}める	회사에 근무하다
	② 힘쓰다	開発^{かいはつ}に努^{つと}める	개발에 힘쓰다
	③ (역할을) 맡다	案内役^{あんないやく}を務^{つと}める	안내역을 맡다
とる	① 집다	手^てに取^とる	손에 집다
	② 취하다	栄養^{えいよう}をとる	영양을 섭취하다
	③ (공간을) 차지하다	場所^{ばしょ}をとる	장소를 차지하다
	④ 빼앗다	人^{ひと}のものをとる	남의 물건을 빼앗다
なおす	① 고치다	間違^{まちが}いを直^{なお}す	실수를 고치다
	② 수리하다	コンピューターを直^{なお}す	컴퓨터를 고치다
	③ 치료하다	病気^{びょうき}を治^{なお}す	병을 고치다
のる	① 타다	バスに乗^のる	버스를 타다
	② 말려들다	その手^てには乗らない	그 수법에는 말려들지 않는다
	③ 얹히다	目玉焼^{めだまや}きがのっている	달걀 프라이가 얹혀 있다
	④ 실리다, 게재되다	雑誌^{ざっし}に載^のる	잡지에 실리다
はく	① 토하다, 내뱉다	大^{おお}きく息^{いき}を吐^はく	크게 숨을 쉬다
	② 말하다, 토해 내다	本音^{ほんね}を吐く	진심을 말하다

	③ 쓸다	ほうきで掃く	빗자루로 쓸다
	④ 신다	サンダルを履く	샌들을 신다
はなす	① 말하다	英語で話してください。	영어로 말해 주세요.
	② 놓다	ロープを手から放した。	로프를 손에서 놓았다.
	③ 떨어지게 하다, 간격을 두다	壁から離して置いてください。	벽에서 떨어트려 놓아 주세요.
ひく	① 당기다, 끌다	トランクをひく	트렁크를 끌다
	② 연주하다	ピアノをひく	피아노를 치다
	③ 빠지다, 가라앉다	熱がひく	열이 내리다
	④ 뒤로 물러나다	あとへひく	뒤로 물러서다
ふく	① 불다	風が吹く	바람이 불다
	② 닦다	ふきんで皿を拭く	행주로 접시를 닦다
わる	① 쪼개다	すいかを割る	수박을 쪼개다
	② 깨뜨리다	お皿をわる	접시를 깨다
	③ 나누다	二つにわる	두 개로 나누다

■ **부사**

あまり	① 나머지(명사)	弁当のあまりはどうしましょうか。	남은 도시락은 어떻게 할까요?
	② 그다지	あまりおいしくない。	별로 맛이 없다.
	③ 너무나	あまりにも遠い。	너무나도 멀다.
つい	① (시간적, 거리적으로) 조금, 바로	ついさっき会いました。	바로 아까 만났습니다
	② 무심코, 그만	つい笑ってしまった。	무심코 웃어 버렸다.
けっこう	① 훌륭함	けっこうなプレゼント	훌륭한 선물
	② 충분함, 됐음	お酒はもうけっこうです。	술은 이제 됐어요.

	③ 꽤, 제법	けっこうおもしろかったです。 꽤 재밌었어요.
なかなか	① 꽤, 상당히	歌がなかなか上手です。 노래를 상당히 잘해요.
	② 좀처럼	バスがなかなか来ませんね。 버스가 좀처럼 안 오네요.
もう	① 이미, 벌써	彼女はもう帰ってしまいました。 그녀는 벌써 돌아가 버렸습니다.
	② 더(뒤에 수량의 말이 옴)	もういっぱいどうですか。 한잔 더 어때요?
	③ 이제	もうすぐ来るでしょう。 이제 곧 오겠죠.
もっとも	① 가장, 제일	もっとも重要な問題 가장 중요한 문제
	② 지당함, 당연함	もっともなことを言う 당연한 말을 하다
	③ 단, 다만	もっとも例外はありますが。 단, 예외는 있습니다만.
ずっと	① 훨씬(시간)	ずっと前に会いました。 훨씬 전에 만났어요.
	② 쭉(오랜 시간)	ずっと待ってました。 쭉 기다렸어요.
	③ 곧장, 쭉	ずっと入ってください。 쭉 들어가세요.
	④ 훨씬(비교)	彼女の方がずっと若い 그녀 쪽이 훨씬 젊다

예상 **문제**

下の＿＿＿＿＿線の言葉の正しい表現、または同じ意味のはたらきをしている言葉を(A)から(D)の中で一つ選びなさい。

01番 駅から徒歩で10分ぐらいのところです。
(A) とうぼ
(B) どうほ
(C) とほ
(D) どぼ

02番 彼、朝から様子がへんでしたよ。
(A) ようす
(B) ようし
(C) ようこ
(D) さまこ

03番 子を養う親心。
(A) そだて
(B) はぐく
(C) うしな
(D) やしな

04^番 自分がやったと<u>しょうじき</u>に話しました。
(A) 正直
(B) 率直
(C) 素直
(D) 強直

05^番 この洗剤は肌に<u>やさしい</u>らしい。
(A) 易しい
(B) 優しい
(C) 安しい
(D) 和しい

06^番 お酒はもうたくさんです。
(A) お酒なら大好きですよ。
(B) お酒はもう飲みたくないです。
(C) お酒はまだ飲めます。
(D) お酒をたくさん飲むことができます。

07番　借りたものは返すべきだ。

(A) 借り物は作らないほうがいい。

(B) 借りたものは返すといい。

(C) 借りたものは返さなければならない。

(D) 借りたものは返さなくてもいい。

08番　親戚の彼が知らないわけがない。

(A) 彼が知らないことになる。

(B) 彼は知らないかもしれない。

(C) 彼が知らないはずがない。

(D) 彼は知らないに違いない。

09番　これはステンレスでできています。

(A) みんなでお茶にいきませんか。

(B) 駅まで5分で行けます。

(C) 紙で人形を作るんですか。

(D) 病気で学校を休みました。

10番　どうするかずっと悩んでいます。

(A) あなたが戻ってくるまでずっとここで待っていました。

(B) 彼女のほうがずっと若いです。

(C) それはずっと離れたところで見つけました。

(D) それはずっと昔のことです。

Part 6

오문 정정

Check point

01 꼼꼼히 직역하면서 문장을 해석해 본다.

02 잘 모르겠으면 할 수 있는 한 일본어로 발음해 읽어 본다.

03 (A)~(D) 중에서 해석이 부자연스럽거나 일본어로 어색한 부분을 고른다.

04 OMR카드에 체크한다.

05 두 번 읽어도 답을 모르겠으면 적당히 OMR카드에 체크하고 나중에 다시 검토한다.

유형 **미리보기**

예시 下の＿＿＿線の(A)(B)(C)(D)の言葉の中で正しくない言葉を一つ選びなさい。

1 足りない分は金曜日までには必ずお届けになりますので、
       (A)   (B)   (C)
しばらくお待ちください。
        (D)

부족한 부분은 금요일까지는 반드시 보내드릴 테니까, 조금만 기다려 주세요.

해설

정답 **C**

경어의 올바른 형태를 묻는 문제이다. 내 쪽에서 보내는 것이므로 겸양 표현을 써야 하는데, (C)에서는 존경 표현 お〜になる의 형태를 썼으므로 부적절하다. 겸양 표현인 お〜する의 형태를 써서 お届けします로 바꾸어 쓰는 게 옳다.
(D) お＋ます형＋ください는 '〜해 주세요'의 공손 표현이고, (B)는 '기한 내'의 뜻이므로 まで가 아니라 までに로 말하는 게 옳다.
足(た)りない 부족하다, 모자라다　分(ぶん) 분, 분량　届(とど)ける 보내다, 가져가다　しばらく 한동안, 잠시

유형 **분석**

총 20문제가 출제된다. 단문의 문장에 밑줄이 그어진 네 군데 중 틀린 표현을 골라내는 문제이다.

크게 어휘의 오류, 문법 활용의 오류, 조사의 오류, 시제나 접속 형태의 오류 찾아내기 등으로 분류할 수 있는데, 일본어의 정확한 표현과 문법 지식을 요구하는 문제가 대부분이다.

정답 찾기에 비해서 문제를 푸는 데 시간이 걸린다. 전체를 평균 6분 40초 정도에 끝내도록 한다. 꼼꼼히 직역했는데 해석이 이상하다면 어휘의 오류를 의심해 보아야 한다. 해석상으로 어색한 부분이 없는 경우는 일본어다운 표현이 아니거나 문법의 활용 또는 접속의 오류를 의심해 보아야 한다.

일단은 문장을 한번 직역해 본다. 해석상으로 문맥이 통하지 않는 부분이 있다면 그것이 정답이다.

예를 들어 5800円だったのが値下(ねさ)げして6500円になった。(5800엔이었던 것이 가격 인하해서 6500엔이 되었다)라는 문장은 해석해 보면 말이 안 된다. 말이 되게 고치려면 値下(ねさ)げ를 値上(ねあ)がり(가격 인상)로 바꾸어야 한다.

해석을 해 봐도 답을 모르겠으면 밑줄 친 부분을 일본어로 소리 내어 읽어 본다. 문법적으로 잘못된 표현이 감각적으로 느낌이 올 수도 있다.

- 독해 파트에서 가장 어려운 유형을 질문하면 학습자 대부분는 오문 정정 이라고 답한다. 이는 문법이 허술한 사람이 많다는 증거이기도 하다. 스스 로도 문법이 약하다고 생각한다면 이 교재의 문법 정리 부분을 충분히 학 습하자.

- 1문제에 평균 20초인 셈이지만 전반부는 비교적 쉬우므로 빨리 풀고, 후 반부에 조금 더 시간을 배분해야 한다. 한 번에 답이 안 보여서 두 번 이상 읽어야 할 때도 있을 것이다. 만약 세 번 이상 읽어야 할 문제라면(그래서 알 수 있을 것 같은 문제라면) 일단은 적당히 답을 마킹하고 문제지에 체 크해 놓고, 독해 문제 전체를 대강 끝낸 후에 다시 보도록 한다. 방송에서 '시험 종료 5분 남았습니다.'라는 멘트가 나와도 짧은 단문은 눈에 들어오 기 때문이다.

- 600점 대비라면 모르는 문제에 연연하지 말아야 한다. 일단 문제를 빨리 푸는 데에만 정신을 집중하자.

1 어휘의 오류 찾아내기

(1) 한국어 해석이 된다고 해서 그냥 넘어가지 말자

한국어로는 전혀 어색하지 않지만, 일본어로는 어휘 표현이 잘못된 경우가 있다. 즉 일본어다운 표현이 아니라는 것이다. 어휘의 쓰임을 정확하게 이해하고 관용 표현도 확실히 알고 있어야 정답을 고를 수 있다.

✕　卒業試験があるので、毎日勉強ばかりして住んでいます。

○　卒業試験があるので、毎日勉強ばかりして過ごしています。
졸업 시험이 있어서 매일 공부만 하며 살고(→ 지내고) 있어요.

✚ 住む는 '살다'로 해석하지만 '거주하다'의 의미이다. 이 경우에는 '지내다', '보내다'의 過ごす를 써야 한다.

✕　紙の辞書は重いから、電子辞書が持ちたいです。

○　紙の辞書は重いから、電子辞書がほしいです。
종이 사전은 무거우니까 전자사전을 갖고 싶어요.

✚ 여기서 '갖고 싶다'는 '원한다'는 의미이므로 持ちたい라고 하지 않는다. 持ちたい는 구체적으로 어떤 대상을 들거나 가지고 싶다는 뜻이며, 여기서는 ほしい(원하다, 갖고 싶다)라고 해야 한다. 이때 앞의 대상을 나타내는 조사는 반드시 が를 써야 한다는 점에 주의하자.

✕　私は背が小さくて、足も短いから、そんなタイトなジーンズは似合いません。

○　私は背が低くて、足も短いから、そんなタイトなジーンズは似合いません。
나는 키가 작고 다리도 짧아서 그런 타이트한 청바지는 어울리지 않아요.

✚ 한국어에서는 키가 '크다 / 작다'로 표현하지만 일본어에서는 背が高い / 低い 즉, '높다 / 낮다'로 표현한다. 背が大きい / 小さい라고 하지 않도록 주의한다. 그러나 몸집이 '크다 / 작다'를 말할 때는 大きい / 小さい를 쓸 수 있다.

(2) 골칫거리 형식명사 こと・もの・の를 조심하자

※ 　新聞に書いてあるものは真実だと思います。

○ 　新聞に書いてあることは真実だと思います。
신문에 쓰여 있는 것은 진실이라고 생각합니다.

　　➕ 신문에 쓰여 있는 사실을 말하는 것이지, 구체적인 물건을 말하는 것이 아니므로 こと라고 해
야 한다.

참고 こと・もの・の의 기본적인 의미를 충분히 이해해야 한다. 관용적으로 쓰이는 표현도 따로 암기
해 두자.

こと	추상적인 일, 사실, 사항을 나타낸다. 過ぎたことは忘れましょう。 지난 일은 잊읍시다.
もの	'물건', '소유물', '~ 것'을 뜻한다. 人のもの 남의 물건 いいものを使っている。 좋은 것을 사용하고 있다.
の	문장을 명사화시키는 말로 '것'을 뜻한다. 문맥에 따라 こと(일), もの(물건), ひと(사람)를 나타낸다. 使ったのはゴミ箱に捨ててください。 사용한 것은 휴지통에 버려 주세요. 　　(＝もの) 作ったのは私です。 만든 것은 접니다. 　　(＝ひと) さっき言ったのは忘れてください。 아까 말한 건 잊어 주세요. 　　(＝こと) 聞きこえる / 見みえる / 感かんじられる 등 지각・감각을 나타내는 동사 앞에는 の만 쓸 수 있다. となりの部屋から二人が話しているのが聞こえる。 (※こと) 옆방에서 둘이 이야기하는 소리가 들린다.

(3) する이 다양한 관용 표현을 알기하자

する는 말 그대로 '하다'라는 뜻인데, 일본어에서는 관용적으로 '나다', '들다'의 뜻으로 쓰거나, 앞에 오
는 말이 '일어나다', '착용하다', 시간이 '경과하다' 등의 다양한 뜻으로 쓰인다.

✕ オーブンからおいしそうなにおいが出ます。

○ オーブンからおいしそうなにおいがします。
오븐에서 맛있는 냄새가 납니다.

➕ '냄새가 난다'고 할 때는 出る가 아니라, 관용적으로 する 라고 한다.

✕ 最近なんだか人生を無駄に過ごしている気がなります。

○ 最近なんだか人生を無駄に過ごしている気がします。
최근 들어 어쩐지 인생을 헛되이 살고 있다는 느낌이 듭니다.

➕ 느낌이 든다'는 표현은 気がする라고 한다.

✕ 朝寝坊を寝て、会社に遅刻してしまいました。

○ 朝寝坊をして、会社に遅刻してしまいました。
늦잠을 자서 회사에 지각해 버렸습니다.

➕ 朝寝坊を寝る는 한국어로는 문제가 없지만, 일본어에서는 '자다'에 해당하는 부분을 する 라고 해야 한다. 朝寝坊에 이미 행동의 뜻이 포함되어 있기 때문에 '자다'라는 동사를 쓰지 않는 것이다. 昼寝ひるねをする(낮잠을 자다), 忘わすれ物ものをする(물건을 잃어버리다)도 마찬가지 용법이다. 행동을 나타내는 단어는 아니지만 착용을 나타낼 때 する를 쓰기도 한다. 手袋てぶくろをする(장갑을 끼다), ネクタイをする(넥타이를 매다), 指輪ゆびわをする(반지를 끼다) 등을 예로 들 수 있다. 그 외에도 得とくをする(득을 보다), 損そんをする(손해를 보다) 등의 표현도 기억하자.

참고		
관용적으로 **する**를 쓰는 표현	반드시 암기하자.	
	臭いがする 냄새가 나다	味がする 맛이 나다
	音がする 소리가 나다	声がする 목소리가 나다
	気がする 느낌이 나다	吐き気がする 구토가 나다
	寒気がする 오한이 나다	めまいがする 현기증이 나다
관용적으로 **出**でる를 쓰는 표현	앞에 오는 말이 육안으로 보이거나 나오는 느낌이 확실한 것일 때는 出る를 쓴다.	
	汗が出る 땀이 나다	咳が出る 기침이 나다
	くしゃみが出る 재채기가 나다	血が出る 피가 나다

(4) 지시대명사의 정확한 용법을 파악하자

✕   それの箱の中には何が入っているのですか。

○   その箱の中には何が入っているのですか。
그 상자 안에는 무엇이 들어 있는 겁니까?

➕ それは '그것'에 해당하는 말로서, の를 붙일 수 없다. 명사를 수식할 때는 その(그)라고 해야 한다.

✕   どんな寒くても温かい手をしている人がいます。

○   どんなに寒くても温かい手をしている人がいます。
아무리 추워도 손이 따뜻한 사람이 있습니다.

➕ どんな는 반드시 명사를 수식한다. どんなに(아무리)・いくら(아무리)・たとえ(설령)는 〜ても(~해도)를 붙여서 암기한다.

(5) 자동사・타동사를 조심하자

✕   青信号に変えても、ちゃんと左右を確認してから道を渡りましょう。

○   青信号に変わっても、ちゃんと左右を確認してから道を渡りましょう。
파란 신호로 바뀌어도 좌우를 잘 확인하고 나서 길을 건넙시다.

➕ 変える(바꾸다)는 타동사이므로 여기서는 자동사인 変わる(바뀌다)로 바꾸어야 한다.

참고 자동사・타동사의 구별은 다른 파트에서도 자주 출제되므로 잘 익혀 둔다.

「-eる」형태의 타동사	가장 많은 유형	
	開く 열다 | 開ける 열다	閉まる 닫히다 | 閉める 닫다
	つく 켜지다 | つける 켜다	かかる 걸리다 | かける 걸다
	並ぶ 늘어서다 | 並べる 늘어 세우다	止まる 서다 | 止める 세우다
	入る 들어가다 | 入れる 넣다	集まる 모이다 | 集める 모으다
	変わる 바뀌다 | 変える 바꾸다	始まる 시작되다 | 始める 시작하다
「〜す」로 끝나는 타동사	す로 끝나는 동사는 대부분 타동사	
	消える 꺼지다 | 消す 끄다	出る 나오다 | 出す 내다
	汚れる 더러워지다 | 汚す 더럽히다	壊れる 망가지다 | 壊す 망가뜨리다

<table>
<tr><td>자동사/타동사가
바뀌어 보이는 형태</td><td>割れる 깨지다 ｜ 割る 깨다

切れる 잘리다 ｜ 切る 자르다

抜ける 빠지다 ｜ 抜く 빼다

むける 벗겨지다 ｜ むく 벗기다</td><td>売れる 팔리다 ｜ 売る 팔다

折れる 접히다 ｜ 折る 접다

溶ける 녹다 ｜ 溶く(溶かす) 녹이다

焼ける 구워지다, 타다 ｜ 焼く 굽다</td></tr>
</table>

(6) 부사의 정확한 의미를 알자

부사는 한국어 해석은 가능해도 그 쓰임새가 한국어와 다른 경우가 많다. 부사는 예문으로 암기하는 방법이 가장 좋다.

✕ 今日は<u>たくさん</u>寒いですから、あたたかいコートを着て出かけようと思います。

○ 今日は<u>とても</u>寒いですから、あたたかいコートを着て出かけようと思います。
오늘은 많이 추우니까 따뜻한 코트를 입고 나가려고 합니다.

✚ たくさん寒い는 한국어로 해석하면 '많이 춥다'이므로 별로 어색하지 않지만, 일본어에서는 쓰지 않는 표현이다. たくさん은 양적으로 많다는 뜻이며 정도의 뜻으로는 쓰지 않는다.

- -

✕ 目が悪くて、歩いている人の顔が<u>しっかり</u>見えません。

○ 目が悪くて、歩いている人の顔が<u>はっきり</u>見えません。
눈이 나빠서 걸어가는 사람의 얼굴이 확실히 보이지 않아요.

✚ しっかり와 はっきり는 똑같이 '확실히'라고 해석할 수 있지만 쓰임새는 다르다.

<table>
<tr><td>참고</td><td></td><td></td></tr>
<tr><td></td><td>はっきり</td><td>[분명히, 확실히, 똑똑히] 사물의 윤곽, 말의 내용·의미가 잘 구별되는 모습을 나타낸다.
目が悪くて黒板の字が<u>はっきり</u>見えません。
눈이 나빠서 칠판 글씨가 잘 안 보여요.</td></tr>
<tr><td></td><td>しっかり</td><td>① [단단히, 꼭, 꽉] 견고하고 튼튼한 모양을 나타낸다.
<u>しっかり</u>つかまってください。 꼭 붙잡아 주세요.
② [확실히, 견실하게] 기량, 성질, 생각이 견실한 모양, 의식이 확실한 모양을 나타낸다.
日本へ行って<u>しっかり</u>勉強するのよ。
일본에 가서 착실히 공부해야 해.</td></tr>
</table>

(7) '때문인지', '탓인지', '덕분인지'를 구별하자

※ 給料が上がったせいで生活がだいぶ楽になりました。

○ 給料が上がったおかげで生活がだいぶ楽になりました。
月給が上がった덕分で生活이 상당히 편해졌습니다.
월급이 오른 덕에 생활이 상당히 편해졌습니다.

✚ 〜せいでは '~ 탓으로'라는 뜻이며, 좋지 않은 결과에 대한 원인을 말한다. 반면 〜おかげ
では '~ 덕분에'라는 뜻이며, 긍정적인 원인으로 바람직한 결과를 냈다는 느낌이다. 이유 • 원
인의 표현으로 〜ために(~ 때문에)도 있는데, 긍정적 • 부정적 결과와 상관없이 쓸 수 있다.

(8) '주다', '받다'의 표현에 주의하자

※ これは誕生プレゼントに友達があげたものです。

○ これは誕生プレゼントに友達がくれたものです。
이것은 생일 선물로 친구가 준 것입니다.

✚ あげる는 '주다'의 뜻이기는 하지만, '내가 남에게 주다' 또는 '제3자가 제3자에게 주다'라
는 의미이며, '남이 나에게 주다'의 뜻으로는 쓸 수 없다. '남이 나에게 주다'의 표현은 くれる
를 써야 한다. くれる는 항상 '私に(나에게)'를 넣어서 생각하자.

2 문법 활용의 오류 찾아내기

문법을 제대로 공부하지 않은 사람에게는 매우 어려운 부분이다. 문법의 기본기가 약한 학습자는 꼭 알
아야 할 기본 문법 10을 반드시 숙지하고 지나가자.

※ 忙しいだと言っていたから、今日は来ないかも知れません。

○ 忙しいと言っていたから、今日は来ないかも知れません。
바쁘다고 말했으니까, 오늘은 오지 않을지도 모릅니다.

✚ 〜という(~라고 말하다), 〜と思う(~라고 생각하다)는 앞에 종지형이 온다. い형용사는
그 자체가 종지형이므로 절대 だ를 붙이지 않는다. な형용사일 경우에는 반드시 だ를 붙여야
하다 예 きれいだと

✖ あの時行った街は、夜景がとても きれいかった から、ぜひもう一度行きたい。

○ あの時行った街は、夜景がとても きれいだった から、ぜひもう一度行きたい。

그때 갔던 도시는 야경이 매우 아름다워서 꼭 다시 한번 가고 싶다.

✚ 〜かったは おもしろかった(재미있었다)처럼 い형용사의 과거형으로 쓰인다. な형용사, 명사의 과거형은 〜だったを 써야 한다.

예 好すきだった 좋아했다 | 昨日きのうだった 어제였다

✖ 暗いところで本を読んでいると目が 悪く になりますよ。

○ 暗いところで本を読んでいると目が 悪く なりますよ。

어두운 곳에서 책을 읽고 있으면 눈이 나빠져요.

✚ い형용사는 〜くなる로 활용한다. 예 難むずかしくなる 어려워지다
な형용사나 명사는 〜になる로 활용한다. 예 嫌きらいになる 싫어지다 | 秋あきになる 가을이 되다

✖ 田中さんと森田さんは 同じな年 ですが、田中さんのほうが若く見えます。

○ 田中さんと森田さんは 同じ年 ですが、田中さんのほうが若く見えます。

다나카 씨와 모리타 씨는 같은 나이인데, 다나카 씨 쪽이 젊어 보입니다.

✚ 同じだは な형용사이기는 하지만, 뒤에 명사를 수식할 때는 同じ + (명사)의 형태로 활용한다. '동갑'은 同おない年どしみ라고도 한다.

✖ 高くれば 高いほどいい商品だと信じている人がいる。

○ 高ければ 高いほどいい商品だと信じている人がいる。

비싸면 비쌀수록 좋은 상품이라고 믿는 사람이 있다.

✚ 형용사의 가정형 문제이다. 〜ば 〜ほどは '~하면 ~할수록'의 뜻으로, 가정형 ばは 앞에 い형용사가 올 때는 〜ければ가 된다.

✖ こちらに来ることがあったら、ぜひ家にも 遊んで きてください。

○ こちらに来ることがあったら、ぜひ家にも 遊びに きてください。

이쪽에 올 일이 있다면 꼭 우리 집에도 놀러 오세요.

✚ 〜に行く[来る]는 '~하러 가다[오다]'라는 목적의 용법으로, 반드시 동사의 ます형에 접속된다.

✗ このアパートは駅から近くて静かのに家賃があまり高くない。

○ このアパートは駅から近くて静かなのに家賃があまり高くない。
이 맨션은 역에서 가깝고 조용한데도 집세가 그다지 비싸지 않다.

➕ 〜ので / 〜のに / 〜のです는 명사 구실을 하는 の의 영향으로, 앞에 な형용사, 명사가 올 때는 な가 동반되어야 한다. 예 好すきなので | 好きなのに | 好きなのです

✗ これから会社に戻って報告書を書いたから家へ帰ります。

○ これから会社に戻って報告書を書いてから家へ帰ります。
이제 회사에 복귀해서 보고서를 쓴 후 집에 돌아갑니다.

➕ 〜たから는 '〜했기 때문에'의 의미이다. '〜하고 나서'는 〜てから라고 해야 한다.

✗ よかったら、その時の話を聞かせてもらいませんか。

○ よかったら、その時の話を聞かせてもらえませんか。
괜찮으시다면 그때의 이야기를 들려주시겠어요?

➕ 〜てもらえませんか는 '〜해 줄 수 없습니까(〜해 주시겠어요)?'의 뜻으로, 여기서 もらう는 반드시 가능형을 써야 한다. 〜てもらえますか라고 해도 된다.

✗ 一番成績のいい人がアメリカの本社に行きらしい。

○ 一番成績のいい人がアメリカの本社に行くらしい。
가장 성적이 좋은 사람이 미국 본사에 간다는 것 같다.

➕ 〜らしい는 '〜라는[했다는] 것 같다'는 정보에 의한 추측을 말하는 표현이다. 동사는 종지형에 접속된다. 예 行くらしい | 行かないらしい | 行ったらしい | 行かなかったらしい
┈▸ らしい의 자세한 활용은 102페이지 참조

✗ 小さいときから母は私に家事を手伝わさせました。

○ 小さいときから母は私に家事を手伝わせました。
어릴 때부터 엄마는 나에게 집안일을 거들게 했습니다.

➕ 사역형 활용 문제이다. 手伝てつだう(거들다)는 1그룹 동사이므로 手伝わせる(거들게 하다)가 되어야 한다.

✗ 東京本社の皆さんによろしくお伝えてください。

○ 東京本社の皆さんによろしくお伝えください。
도쿄 본사의 여러분께 안부 전해 주세요.

➕ 존경어 문제이다. 존경의 형태 '〜해 주세요'는 [お + ます형 + ください]의 형태로 바꾸어야 한다.

✖ 京都<ruby>京都<rt>きょうと</rt></ruby>では<ruby>有名<rt>ゆうめい</rt></ruby>なお<ruby>寺<rt>てら</rt></ruby>がたくさんあります。

○ 京都には有名なお寺がたくさんあります。
교토에는 유명한 절이 많이 있습니다.

➕ 장소를 나타낼 때 に는 존재의 장소, で는 행동의 장소를 표현한다. 여기서는 절의 위치(존재의 장소)를 나타내는 표현이므로 に 를 써야 한다.

✖ <ruby>果物<rt>くだもの</rt></ruby>の<ruby>中<rt>なか</rt></ruby>に<ruby>何<rt>なに</rt></ruby>が<ruby>一番<rt>いちばん</rt></ruby><ruby>好<rt>す</rt></ruby>きですか。

○ 果物の中で何が一番好きですか。
과일 중에서 무엇을 제일 좋아해요?

➕ 유형1과 같은 유형으로, 한국어로는 '과일 중에 무엇이 ~'라고 말할 수도 있지만, 일본어에서는 반드시 과일 중<u>에서</u> 무엇이 ~'라고 표현해야 한다. 기본적으로 に는 '에', で는 '에서'로 해석한다고 알아 두면 어렵지 않게 문제를 풀 수 있다.

참고 기본적인 に와 で의 차이는 아래와 같다. 물론 이 이외의 뜻도 다양하게 존재한다.

で	[~에서] 행동의 장소를 나타내며, 공간적인 범위를 나타내기도 한다. この<ruby>中<rt>なか</rt></ruby>ではこの<ruby>商品<rt>しょうひん</rt></ruby>が<ruby>一番<rt>いちばん</rt></ruby>やすいです。 이 중에서는 이 상품이 가장 저렴합니다.
に	[~에] 존재, 위치, 지점, 구체적인 것, 추상적인 것을 모두 포함한 위치를 나타낸다. <ruby>有名<rt>ゆうめい</rt></ruby>なホテルに<ruby>泊<rt>と</rt></ruby>まりました。 유명한 호텔에 묵었습니다.

✖ <ruby>今度<rt>こんど</rt></ruby>の<ruby>夏休<rt>なつやす</rt></ruby>みに、<ruby>生<rt>う</rt></ruby>まれて<ruby>初<rt>はじ</rt></ruby>めての<ruby>海外旅行<rt>かいがいりょこう</rt></ruby>を<ruby>行<rt>い</rt></ruby>くつもりです。

○ 今度の夏休みに、生まれて初めての海外旅行に行くつもりです。
이번 여름 방학 때 태어나서 처음으로 해외여행을 갈 생각입니다.

➕ 목적을 표현하는 '~하러'는 반드시 に를 써야 한다.

예 お<ruby>芝居<rt>しばい</rt></ruby>しばいを<ruby>見<rt>み</rt></ruby>みに<ruby>行<rt>い</rt></ruby>きます。 연극을 보러 갑니다.

⋯▸ 자세한 に의 용법은 147페이지 참조

✕ うっかりして父が大切にしていた花瓶が割ってしまいました。

○ うっかりして父が大切にしていた花瓶を割ってしまいました。
실수하여 아빠가 아끼던 꽃병을 깨뜨려 버렸습니다.

➕ 자동사 / 타동사의 조사 문제이다. 기본적으로 자동사 앞에는 '이 / 가'의 조사 が, 타동사 앞에는 '을 / 를'의 조사 を를 써야 한다.

예 花瓶を割わる 꽃병을 깨다 (타동사) | 花瓶が割われる 꽃병이 깨지다 (자동사)

✕ 中村さんは風邪に引いて、先に帰ったそうです。

○ 中村さんは風邪を引いて、先に帰ったそうです。
나카무라 씨는 감기 걸려서 먼저 돌아갔다고 해요.

➕ 관용 표현의 조사 문제이다. '감기에 걸리다'는 風邪を引く 라고 표현하며, 반드시 조사 を를 쓴다. 한국어를 그대로 옮겨서 風邪にかかる라고 하지 않도록 주의한다.

✕ 暖かくなって、みんなでピクニックに行きましたが、雨が降られました。

○ 暖かくなって、みんなでピクニックに行きましたが、雨に降られました。
날씨가 따뜻해져서 모두 함께 피크닉을 갔는데, 비를 맞고 말았습니다.

➕ 수동 표현의 조사 문제이다. 수동 표현은 '~로부터', '~에게서'에 해당하는 조사 に를 써야 한다. 특히 父に死なれる(아버지가 돌아가시다) 같은 자동사 수동 표현은 조사를 틀리기 쉬우므로 주의한다.

✕ 銀行は3時までに開いているから、3時まで行かなければなりません。

○ 銀行は3時まで開いているから、3時までに行かなければなりません。
은행은 3시까지 여니까 3시까지 가야 합니다.

➕ '3시까지 열려 있다'라는 표현은 그때까지 계속 오픈되어 있다는 말이므로 まで를 써야 하고, '3시까지 가야 한다'는 표현은 그 안에 동작이 완료되어야 한다는 뜻이므로 までに를 써야 한다.

<table>
<tr><td>참고</td><td>まで</td><td>'그때까지 계속'이라는 느낌으로, '계속'의 용법이다.
まで는 상태나 동작이 그 기간까지 계속된다는 말로, 뒤에 계속적인 동작이나 상태를 나타내는 표현이 온다.

授業が終わるまで待っていてください。 수업이 끝날 때까지 기다려 주세요.</td></tr>
</table>

までに ｜ '그 안에'라는 느낌으로, '한정'의 용법이다.

까지에는 그 시간 안에 동작이 일어난다는 뜻으로, 뒤에 변화를 표현하거나 일회성 동작을 나타내는 동사가 온다.

報告書は金曜日までに出してください。 보고서는 금요일까지 제출해 주세요.

④ 시제, 접속 형태의 오류 찾아내기

시제는 늘 주의 깊게 살펴야 한다. 우선 현재 상황인지 과거 상황인지에 따라 시제를 적절히 구별해서 사용하는 것이 중요하다. 또한 현재의 일이든 과거의 일이든 상관없이 관용적으로 늘 현재형이나 과거형을 써야 하는 표현도 있으므로 주의한다. 접속조사를 붙일 때 시제나 접속의 오류도 출제될 수 있으므로 꼼꼼히 체크하자.

✕ 貸してもらった本は、まだ読みませんでしたが、休みの日に読むつもりです。

○ 貸してもらった本は、まだ読んでいませんが、休みの日に読むつもりです。
빌린 책은 아직 못 읽었지만, 휴일에 읽을 생각입니다.

➕ '아직 읽지 않았다'는 한국어로는 전혀 문제가 없지만, 일본어에서는 まだ(아직) 뒤에 절대 완료형이 올 수 없다. 반드시 '~하고 있지 않다'라는 현재 진행형으로 표현해야 한다.

✕ 今度山田さんに会う時、この封筒を渡してください。

○ 今度山田さんに会った時、この封筒を渡してください。
다음번에 야마다 씨를 만났을 때, 이 봉투를 전해 주세요.

➕ 한국어로 '다음에 만날 때'는 어색하지 않지만, 여기서는 '만나고 나서 봉투를 건네준다'는 뜻이므로 앞에 완료형을 써야 한다. 특히 ～とき(~할 때) 앞의 시제를 주의한다. 참고로 今度는 '이번'이란 뜻이지만 문맥에 따라서는 '다음번'의 의미도 된다.

✕ 彼女は顔もきれいし、性格もいいです。

○ 彼女は顔もきれいだし、性格もいいです。
그녀는 얼굴도 예쁘고 성격도 좋습니다.

➕ し는 반드시 종지형에 접속된다. きれい는 종지형이 아니라 な형용사의 어간이므로 きれいだ로 바꿔야 한다. 보태어 い형용사에는 절대 だ를 붙이지 않도록 주의하자.
예 ✕ やさしいだし → ○ やさしいし

※　たくさん話_{はなし}をして、のどがかわくので、冷_{つめ}たい水_{みず}をいっぱいもらえませんか。

○　たくさん話をして、のどがかわいたので、冷たい水をいっぱいもらえませんか。
말을 많이 해서 목이 마른데, 찬물을 한 잔 마실 수 있을까요?

➕ のどが渇かわく(목이 마르다)는 현재 상황을 말하지만 관용적으로 늘 완료형을 써야 한다. 마찬가지로 疲つかれた(피곤하다), お腹なかが空すいた(배가 고프다), 風邪かぜを引ひいた(감기에 걸렸다)도 현재 상태를 늘 완료형으로 표현한다.

※　今晩映画_{こんばんえいが}に行_いきましょうと思_{おも}いましたが、行けなくなりました。

○　今晩映画に行こうと思いましたが、行けなくなりました。
오늘 밤에 영화 보러 가려고 생각했는데, 갈 수 없게 되었습니다.

➕ '~합시다'의 ～ましょう는 항상 문장 끝에 쓰이며, 문형 속에 포함되는 경우는 없다. 여기서는 의지형 行こう로 바꾸어야 한다. ～う[よう]と思う는 '~하려고 생각하다'라는 뜻이다.

下の________線の(A)(B)(C)(D)の言葉の中で正しくない言葉を一つ選びなさい。

01^番 平生面倒を見る覚悟のない人はペットを飼う資格がありません。
     (A)   (B)   (C)   (D)

02^番 故郷は景色がとても きれいなところですから、ぜひ一番 遊びに 来てください。
          (A)   (B)   (C) (D)

03^番 子供が小さい時は貧しい生活をしていたので、何もしてやれることができなかった。
      (A)   (B) (C)   (D)

04^番 字が小さいすぎると目が疲れるからあまり読みたくない。
    (A)   (B)   (C)   (D)

05^番 駅に着けば すぐに電話をください。迎えに行きますから。
   (A)   (B)   (C)   (D)

06番 朝にコーヒーを飲みながらゆっくり新聞を読まないと一日が始ま
　　　(A)　　　　　　　　　　(B)　　　　　　　　　　　　　　(C)　　(D)
らない。

07番 道で外国人が話しかけられたが、私は簡単な言葉も 話せなかった。
　　　(A)　　　(B)　　　　　　　　　　　　　　　(C)　　(D)

08番 そのうち連絡がきますから、気長に待っているはうがいいですよ。
　　　(A)　　　　　(B)　　　　(C)　　　(D)

09番 書類を出してしまう後で今さらそんなこと言っても、もう
　　　　　　(A)　　　　(B)　　　　(C)
どうにもならないよ。
　(D)

10番 授業がおもしろかったので一日も 休まずで出席しました。
　　　(A)　　　　　　　　(B)　　(C)　(D)

Part 7

공란 메우기

Check point

01 공란을 제외한 앞뒤의 문장을 파악한다.

02 (A)~(D) 중에서 문장에 가장 적절한 표현을 고른다.

03 답을 잘 모르겠으면 (A)(B)(C)(D)를 하나하나 대입해서 해석해 본다.

04 OMR카드에 체크한다.

05 두 번 읽어도 답을 모르겠으면 적당히 OMR카드에 체크 해놓고 나중에 다시 검토한다.

유형 미리보기

예시

下の＿＿＿＿線に入る適当な言葉を(A)から(D)の中で一つ選びなさい。

1　ドアを開けた＿＿＿＿、猫が飛び込んできた。

   (A) なり

   (B) とたんに

   (C) やいなや

   (D) がはやいか

문을 연 순간, 고양이가 뛰어들어왔다.

해설

정답 B

'~하자마자'의 표현 중에서 접속 형태가 맞는 것을 고르는 문제이다. (A)(C)(D)는 '~하자마자'의 표현이기는 하지만 현재형에 접속되므로 부적절하다. 완료형에 접속되는 표현은 (B) ~とたんに밖에 없다.
猫(ねこ) 고양이　飛(と)び込(こ)む 날아들다, 뛰어들다　~なり ~하자마자　~やいなや ~하자마자
~がはやいか ~하기가 무섭게

유형 **분석**

출제 유형

총 30문항으로 일본어의 종합적인 지식을 묻는 문제가 출제된다. 명사, 동사를 묻는 문제가 각각 3~5문제, 형용사, 부사, 조사를 묻는 문제가 각각 2~3문제, 경어가 1~2문제 출제되며, 의성어 • 의태어, 관용어구는 1문제씩 출제가 되거나 안 나올 수도 있다. 가장 많이 출제되는 부분은 접속 관련 표현, 문형 표현으로 6~7문제가 나온다.

문제 풀이 요령

공란 메우기는 독해 파트에서 비교적 간단하고 쉬운 부분이다. 무엇보다 단시간 안에 푸는 것이 가장 중요하다. 전체 소요 시간은 8분을 넘기지 않는다.

전반부의 명사, 동사, 형용사 등의 어휘를 묻는 문제는 문장이 짧아서 어휘 지식만 있다면 빠르게 풀어나갈 수 있다.

조사는 일반 조사뿐만 아니라 문형 관련이나 관용적인 용법도 있으므로 한 번 더 생각해 볼 필요가 있다.

부사나 접속사, 의성어 • 의태어는 비슷한 뜻을 가진 어휘 중에서 골라야 할 때가 많으므로 신중하게 풀어야 한다.

경어나 상급 문법, 접속 관련 표현, 시제, 문형 표현은 앞뒤를 꼼꼼히 파악하도록 한다.

어려운 관용어구, 사자성어, 속담 등은 출제되지 않을 때도 있으므로 많은 시간을 할애하여 공부할 필요는 없다.

166~170번 문제는 난이도 높은 문제로 구성이 되어 있다. 모르는 문제에 시간을 허비하지 말고 대충 느낌이 오는 단어를 빨리 고르고 지나가자.

- 공란을 포함하고 있는 전후의 의미를 꼼꼼히 해석해 본다. 문장의 의미에 따라 정답이 완전히 바뀔 수도 있다.

- 초중급자는 비교적 난이도가 높지 않은 중반부까지의 문제를 정확히 풀어내는 데 집중하자.

- 수동, 경어 등의 상급 문법, 접속 관련 표현, 문형 표현은 두 번 이상 읽어 보아야 할 때도 있다. 두 번 읽어도 모르겠으면 더 이상 시간을 들이지 말고 적당히 마킹하고 문제를 체크해 놓는다. Part8 독해를 어느 정도 끝내고 시간이 남으면 다시 보자.

- 후반부에 나오는 어려운 관용어구, 문형 표현 등의 난이도 높은 문제를 푸는 데 시간을 많이 할애하지 말자.

- 166~170까지의 문제는 늘 독해문이 시작되기 전 페이지 한 면에 나오는데, 일본어 고수들에게도 어려운 문제일 경우가 많다. 당연히 중급자들이 풀어도 틀릴 가능성이 높다. 시험을 몇 번 응시해 본 학습자라면 166~170까지의 문제는 일단 Part8을 할 수 있는 데까지 해 보고 나서, '시험 종료 3분 남았습니다'라는 방송이 나올 때 풀어 보는 것은 어떨까?
즉, 푸는 순서를 바꿔 보는 것이다. 재차 강조하지만, '시험 종료 10분 남았습니다', '3분 남았습니다'라는 방송이 들리면 독해에 집중하는 게 어려워질 수 있다. 시간과 노력을 투자해서 느긋하게 시험 점수를 올리고 싶다면 여러 가지 시도를 해 봐서 자신에게 맞는 방법을 찾아야 한다.

600 따라잡기

출제 빈도를 살펴보면 문형(문법)을 묻는 문제, 접속 관련 표현, 명사, 동사, 부사, 조사, い형용사, 접속사, 경어, な형용사, 의성어·의태어, 관용어구 순이며, 뒤로 갈수록 출제 빈도는 낮아진다.

한자를 포함하는 명사와 관련해서는 Part5 정답 찾기의 기초 다지기 한자 267을 학습한다. 경어 표현이나 문법, 사역·수동에 관해서는 꼭 알아야 할 기본 문법 10을 참고하자.

기초 지식을 다질 수 있도록 기초적인 필수 암기 표현부터 제시했다. 시험에 꼭 어려운 표현이 출제되는 것은 아니기 때문이다. 무작정 외우기보다는 내용을 충분히 이해하는 것이 중요하다.

❶ 자주 출제되는 어휘

(1) 의복, 착용의 어휘 ★★★★

의복, 착용의 어휘는 함께 쓰는 동사도 꼼꼼히 암기해야 한다.

Part1 사진 묘사, Part5 정답 찾기 등 모든 파트에서 자주 출제된다.

■ [着(き)る 입다]를 쓰는 어휘

スーツ 정장	背広(せびろ) 양복	ブラウス 블라우스
着物(きもの) 기모노, 옷	和服(わふく) 기모노	コート 코트
シャツ 셔츠	セーター 스웨터	ワンピース 원피스
普段着(ふだんぎ) 평상복	よそ行(ゆ)き 외출복	

■ [はく(하의를) 입다, 신다]를 쓰는 어휘

スカート 스커트	ズボン 바지	ジーパン | ジーンズ 청바지
短(たん)パン 반바지	くつ 구두	くつした 양말
サンダル 샌들	ブーツ 부츠	スリッパ 슬리퍼

■ [かける 쓰다, 끼다 ⇔ はずす・とる 벗다]를 쓰는 어휘

| めがね 안경 | サングラス 선글라스 |

- **[かぶる 쓰다 ⇔ 脱ぐ 벗다]를 쓰는 어휘**

帽子 모자　　　　キャップ 캡, 야구 모자　　　　ヘルメット 헬멧

- **[する/しめる 하다, 매다 ⇔ はずす/とる 벗다, 풀다]를 쓰는 어휘**

ネクタイ 넥타이　　　　ベルト 벨트　　　　おび 허리띠

- **[する/はめる 끼다 ⇔ はずす 끄르다, 벗다] 관련 어휘**

指輪 반지　　　　時計 시계　　　　てぶくろ 장갑

- **[まく/する 감다, 하다 ⇔ とる 풀다] 관련 어휘**

マフラー 머플러　　　　スカーフ 스카프

- **「つける/する 붙이다, 하다 ⇔ とる 풀다] 관련 어휘**

リボン 리본　　　　ブローチ 브로치

(2) 생활에서 쓰이는 관용 어휘 ★★★★

관용 어휘는 어려운 표현보다는 생활과 밀접한 관계가 있는 어휘들이 출제된다. 이 부분은 Part1에서도 자주 출제되므로 꼼꼼히 암기한다. 한국어와 표현이 다른 경우도 있으므로, 특히 어떤 동사로 표현하는지를 주의해서 살펴보자.

汗をかく[流す] 땀을 흘리다	あめをなめる 사탕을 먹다
薬を飲む 약을 먹다	ペットを飼う 애완동물을 기르다
花 | 熱帯魚を育てる 꽃 | 열대어를 기르다	大またで歩く 성큼성큼(보폭을 크게 하고) 걷다
お湯をわかす 물을 끓이다	お茶を入れる 차를 준비하다
ご飯を炊く 밥을 짓다	ご飯を盛る 밥을 담다
セーターを編む 스웨터를 짜다	掃除機をかける 청소기를 돌리다
アイロンをかける 다림질을 하다	鳥肌がたつ 소름이 돋다

ひげをそる 수염을 깎다

ふたをする 뚜껑을 덮다

栓をぬく 마개를 빼다

目薬をさす 안약을 넣다

犬にかまれる 개에게 물리다

蚊にさされる 모기에 물리다

修理に出す 수리하러 보내다

クリーニングに出す 세탁하러 보내다

(3) 동사 어휘 ★★★★

■ 자동사와 타동사

동사와 타동사를 구별해서 외우자.

預かる 맡다

預ける 맡기다

当る 맞다, 당첨되다, 탈 나다

当てる 맞추다, 대다, 충당하다

生きる 살다

生かす | 活かす 살리다

受かる 합격되다

受ける 받다, 시험을 치르다

動く 움직이다

動かす (~을) 움직이다

及ぶ 미치다, 달하다

及ぼす (~을) 미치다

隠れる 숨다

隠す 숨기다

崩れる 무너지다

崩す 허물어뜨리다

越える 넘다, 넘어가다

越す 넘기다

進む 나아가다

進める 진전[진행]시키다

育つ 자라다

育てる 키우다

揃う 갖추어지다

揃える 갖추다

倒れる 쓰러지다

倒す 넘어뜨리다

伝わる 전해지다

伝える 전하다

詰まる 차다, 메다

詰める 채우다

届ける 보내다, 가져가다

届く 도달하다

泊まる 묵다, 머물다

泊める 재우다, 자게 하다

流れる 흐르다

流す 흘려보내다

濡れる 젖다

濡らす 적시다

残る 남다

残す 남기다

外れる 빠지다, 벗겨지다

外す 풀다, 빼다, 빗나가게 하다

離れる 떨어지다

離す 떨어뜨리다, 떼어 놓다

ぶつかる 부딪치다

ぶつける 박다, 부딪치다

増える 늘다

増やす 늘리다

燃える 불타다

燃やす 불태우다

戻る 돌아가다

戻す 되돌리다

破れる 찢어지다

破る 찢다

止む 그치다

止める 그만두다

揺れる 흔들리다

揺らす 흔들다

寄る 들르다, 모이다

寄せる 가까이 대다, 모으다

渡る 건너다

渡す 건네주다

■ **자주 나오는 동사**

飽きる 싫증 나다

浴びる 뒤집어쓰다, 받다

溢れる 넘치다

謝る｜誤る 사과하다｜잘못하다

争う 싸우다

祈る 기노하나

祝う 축하하다

失う 잃다

疑う 의심하다

埋める 묻다

選ぶ 고르다

負う 지다, 짊어지다

怒る 화내다

踊る 춤추다

驚く 놀라다

覚える 기억하다

返す 돌려주다

飾る 장식하다

競う 겨루다

配る 나누다, 배분하다

比べる 비교하다

暮らす 살아가다	削る 깎다, 삭감하다	断る 거절하다
転ぶ 구르다	避ける 피하다	触る 만지다
支払う 지불하다	示す 나타내다	占める 점하다, 차지하다
調べる 조사하다	捨てる 버리다	背負う 짊어지다
責める 책망하다	攻める 공격하다	訪ねる | 尋ねる 찾다, 방문하다 | 묻다
頼む 부탁하다	試す 시험하다	頼る 의지하다
着く 도착하다	包む 감싸다, 포장하다	勤める | 努める 근무하다 | 힘쓰다
積む (경험, 짐 등을) 쌓다	積もる 쌓이다, 밀리다	殴る 때리다
悩む 고민하다	慣れる 익숙하다	握る 쥐다
担う 짊어지다	似る 닮다	盗む 훔치다
塗る 칠하다	願う 바라다, 원하다	眠る 잠들다
逃す 놓치다	望む 바라다	働く 일하다
払う 치르다, 지불하다	響く 울리다, 울려 퍼지다	拾う 줍다
防ぐ 막다	触れる 만지다. 닿다	誉める 칭찬하다
任せる 맡기다	学ぶ 배우다	招く 초대하다, 부르다
守る 지키다	迷う 헤메다, 망설이다	磨く 닦다
認める 인정하다	結ぶ 묶다	求める 원하다
喜ぶ 기뻐하다	許す 허락하다, 용서하다	別れる 헤어지다

(4) 복합동사 어휘 ★★

복합동사는 많이 출제되지는 않지만, 정답을 찾아내기가 쉽지 않다. 익히 알고 있는 두 단어가 합쳐져서 전혀 다른 의미의 단어를 파생하는 경우가 있기 때문이다. 중급자들은 유형에 따라 암기하는 편이 이해하기 쉬울 것이다.

- **～あう 서로 ～하다**

話し合う 서로 이야기하다, 의논하다

知り合う 서로 알다, 아는 사이가 되다

似合う 어울리다

助け合う 서로 돕다

付き合う 교제하다, 사귀다, 어울리다

言い合う 언쟁하다

■ ～あわせる　맞춰 ～하다

有り合わせる 마침 거기에 있다

問い合わせる 문의하다

打ち合わせる 미리 상의하다, 의논하다

持ち合わせる 마침 가지고 있다

■ ～おわる　다 ～하다

書き終わる 다 쓰다

読み終わる 다 읽다

■ ～かえす　되 ～하다

聞き返す 되묻다

繰り返す 반복하다

■ ～かえる　바꿔 ～하다

買い換える 새로 사서 바꾸다, 갈다

着替える 갈아입다

切り替える 바꾸다, 전환하다

取り替える 갈다, 교환하다

■ ～かねる　～하기 어렵다

やりかねる | しかねる 하기 어렵다

待ちかねる 기다릴 수 없다

堪えかねる 참기 어렵다

見かねる 차마 볼 수 없다

■ ～かねない　～할 법하다, ～할지도 모른다

言いかねない 말할지도 모른다

やりかねない 할지도 모른다, 할 법하다

■ 〜きる

① 끝까지 〜하다, 완전히 〜하다

読みきる 끝까지 읽다

使いきる 완전히 사용하다

分かりきる 뻔히 알다

売りきる 다 팔다

② 몹시 〜하다 (한계에 이르렀음을 나타냄)

弱りきる 몹시 약해지다

疲れきる 몹시 피곤하다

■ 〜きれない 다[완전히] 〜할 수 없다

数えきれない 다 셀 수 없다

言い切れない 다 말할 수 없다

使いきれない 끝까지 사용할 수 없다

説明しきれない 다 설명할 수 없다

■ 〜こす 넘겨 〜하다

追い越す 추월하다

持ち越す 미루다, 넘기다

通り越す 지나쳐 가다, (상황을) 넘기다

乗り越す 하차 역을 지나치다

■ 〜こなす 능숙하게 〜하다

使いこなす 잘 다루다

着こなす 맵시 있게 입다

弾きこなす 능숙하게 연주해 내다

読みこなす 읽어서 완전히 이해하다

■ 〜こむ

① 〜해 넣다, 〜해 들어가다 (그런 상태로 들어감)

詰め込む 채워 넣다

書き込む 써 넣다, 기입하다

飛び込む 뛰어들다

割り込む 끼어들다

② 푹 ~하다, 완전히 ~하다 (완전히 그런 상태가 되었음)

煮込む 푹 끓이다

考え込む 깊이 생각하다

思い込む 꼭 그렇다고 믿다

落ち込む 깊이 빠지다, 우울해하다

■ ~すぎる　너무 ~하다

見すぎる 너무 많이 보다

食べ過ぎる 과식하다

飲みすぎる 과음하다

吸いすぎる 담배를 너무 많이 피우다

■ ~だす

① ~해내다

作り出す 만들어 내다

思い出す 생각해 내다

探し出す 찾아내다

連れ出す 데리고 나가다

② ~하기 시작하다

泣き出す 울기 시작하다

降り出す 내리기 시작하다

走り出す 달리기 시작하다

言い出す 말을 시작하다, 말을 꺼내다

■ ~つづける　계속 ~하다

歌い続ける 계속 노래하다

飲み続ける 계속 마시다

書き続ける 계속해서 쓰다

走り続ける 계속 달리다

■ ~なれる　~해서 익숙하다

聞き慣れる 귀에 익다

見慣れる 눈에 익숙하다, 낯익다

住み慣れる 오래 살아서 익숙하다

履き慣れる 오래 신어서 길들여지다

■ **〜なおす 다시 〜하다**

考え直す 다시 생각하다   やり直す 다시 하다

作り直す 다시 만들다   出直す 다시 나오다

■ **〜ぬく**

① 끝까지 〜하다

生き抜く 끝까지 살아남다   勝ち抜く 끝까지 이겨내다

走り抜く 끝까지 달리다   守り抜く 끝까지 지켜내다

② 완전히 〜해 내다

引き抜く 뽑아내다, 스카우트하다   切り抜く 오려내다, 도려내다

見抜く 꿰뚫어 보다, 간파하다

■ **〜のこす 〜하는 것을 남기다**

言い残す 할 말을 남기다   やり残す 할 일을 남기다

思い残す 미련을 남기다   食べ残す 먹다 남기다

■ **〜はじめる 〜하기 시작하다**

書き始める 쓰기 시작하다   歌い始める 노래하기 시작하다

食べ始める 먹기 시작하다   言い始める 말하기 시작하다

(5) い형용사 ★★★★

■ **い형용사 반대말**

新しい 새롭다 ⟷ 古い 낡다

甘い 달다 ⟷ 苦い 쓰다

多い 많다 ⟷ 少ない 적다

大きい 크다 ⟷ 小さい 작다

軽い 가볍다 ⟷ 重い 무겁다

暗い 어둡다 ⟷ 明るい 밝다

濃い 진하다 ⟷ 薄い 연하다, 얇다

狭い 좁다 ⟷ 広い 넓다

強い 강하다 ⟷ 弱い 약하다

鈍い 둔하다 ⟷ 鋭い 날카롭다

早い | 速い 빠르다 ⟷ 遅い 늦다

深い 깊다 ⟷ 浅い 얕다

太い 굵다 ⟷ 細い 가늘다

柔らかい 부드럽다 ⟷ 固い 단단하다

■ 자주 나오는 い형용사

危ない 위험하다	危うい 위태롭다	慌ただしい 분주하다
惜しい 안타깝다	疑わしい 의심스럽다	羨ましい 부럽다
嬉しい 기쁘다	偉い 훌륭하다	幼い 어리다
恐ろしい 무섭다	大人しい 얌전하다	思いがけない 의외다
賢い 현명하다	悲しい 슬프다	汚い 더럽다
きつい 꼭 끼다, 빡빡하다	厳しい 엄격하다	くだらない 시시하다, 쓸데없다
悔しい 분하다	苦しい 괴롭다	詳しい 상세하다
険しい 험하다	恋しい 그립다	好ましい 바람직하다
細かい 자잘하다, 세세하다	怖い 무섭다	寂しい 외롭다
親しい 친하다	渋い 떫다	しょっぱい 짜다
ずうずうしい 뻔뻔스럽다	すっぱい 시다	素晴らしい 멋지다, 훌륭하다

ずるい 교활하다, 비겁하다	騒々しい 소란하다	正しい 올바르다
頼もしい 믿음직하다	つまらない 시시하다	懐かしい 그립다
憎い 밉다	憎たらしい 얄밉다	望ましい 바람직하다
激しい 격하다	恥ずかしい 부끄럽다	はなはだしい 매우 심하다
等しい 동등하다	ふさわしい 어울리다	貧しい 가난하다
眩しい 눈부시다	珍しい 드물다	面倒くさい 귀찮다
もったいない 아깝다	優しい | 易しい 상냥하다 | 쉽다	緩い 느슨하다
若い 젊다		

(6) な형용사 ★★

■ な형용사 반대말

安心だ 안심이다	⟷	不安だ 불안하다
簡単だ 간단하다	⟷	複雑だ 복잡하다
幸せだ 행복하다	⟷	不幸だ | 不幸せだ 불행하다
静かだ 조용하다	⟷	賑やかだ 번화하다, 시끌시끌하다
上手だ 잘하다, 능숙하다	⟷	下手だ 못하다, 서투르다
丁寧だ 정중하다	⟷	乱暴だ 난폭하다
得意だ 자신 있다, 잘하다	⟷	苦手だ 서투르다, 어려워하다, 싫다
派手だ 화려하다	⟷	地味だ 수수하다
楽だ 편하다	⟷	大変だ 큰일이다, 힘들다

■ 자주 나오는 な형용사

曖昧だ 애매하다	明らかだ 확실하다	嫌だ 싫다
おしゃれだ 멋쟁이다, 세련되다	穏やかだ 온화하다	勝手だ 멋대로이다

かわいそうだ 불쌍하다

き どく
気の毒だ 딱하다

けんこう
健康だ 건강하다

じょう ぶ
丈夫だ 튼튼하다

すこ
健やかだ 건강하다

たいくつ
退屈だ 따분하다

たいせつ
大切だ 중요하다

て
手ごろだ 적당하다

なま い き
生意気だ 건방지다

ひ きょう
卑怯だ 비겁하다

ぶ じ
無事だ 무사하다

ほが
朗らかだ 명랑하다

み ごと
見事だ 훌륭하다. 멋지다

む ちゅう
夢中だ 열중해 있다, 몰두하다

めちゃくちゃだ
엉망진창이다

ゆうふく
裕福だ 유복하다

よう い
容易だ 용이하다

かんじん
肝心だ 중요하다

き らく
気楽だ 마음 편하다

さわやかだ
산뜻하다. 상쾌하다

しんけん
真剣だ 진지하다

すてきだ 멋지다

だい じ
大事だ 중요하다

たし
確かだ 확실하다

とうめい
透明だ 투명하다

のんきだ 느긋하다

びんぼう
貧乏だ 가난하다

へい き
平気だ 아무렇지도 않다

ま じ め
真面目だ 성실하다

みじ
惨めだ 비참하다

む り
無理だ 무리다

めんどう
面倒だ 귀찮다

ゆ かい
愉快だ 유쾌하다

り こう
利口だ 영리하다

き ちょう
貴重だ 귀중하다

げん き
元気だ 기운차다

しょうじき
正直だ 정직하다. 솔직하다

しんせつ
親切だ 친절하다

す なお
素直だ 순순하다, 솔직하다

だいじょう ぶ
大丈夫だ 괜찮다

だめだ 못쓰다, 안 된다

なだらかだ 완만하다

はな
華やかだ 화려하다

ふ し ぎ
不思議だ 이상하다

へん
変だ 이상하다

まれ
稀だ 드물다

む だ
無駄だ 소용없다, 헛되다

めいわく
迷惑だ 피해[폐]가 된다.

ゆうしゅう
優秀だ 우수하다

ゆた
豊かだ 풍부하다

りっ ぱ
立派だ 훌륭하다

---

(7) 접속사 ★★★

■ **원인, 이유에 따른 귀결을 나타내는 표현**

だから	그러니까, 그래서

きのう あめ ふ で いちにちじゅういえ
昨日は雨が降った。だからどこにも出かけないで一日中家にいた。

어제는 비가 내렸다. 그래서 아무 데도 나가지 않고 하루 종일 집에 있었다.

したがって	따라서 こちらの品は手作りです。したがって値段が高いです。 이쪽은 수제품입니다. 따라서 가격이 비쌉니다..
それで	그래서 納得できなくて、それでまた質問したんです。 납득할 수 없어서 그래서 다시 질문한 것입니다.
そこで	그래서 アンケートをとったらいろいろな意見がありました。そこで考えました。 앙케트를 받으니 여러 가지 의견이 있었습니다. 그래서 생각했습니다.

すると	그러자 ボタンを押した。すると人が現れた。 단추를 눌렀다. 그러자 사람이 나타났다.
それでは	그렇다면 それでは、こうしたらどうでしょうか。 그렇다면 이렇게 하면 어떨까요?.
それなら	그렇다면, 그러면 今日はいらっしゃらないということですね。それなら帰ります。 오늘은 오시지 않는다는 것이군요. 그렇다면 돌아가겠습니다.

■ 역접의 표현

けれども	그렇지만 彼は若いです。けれども思いやりのある人です。 그는 젊어요. 그렇지만 배려가 있는 사람입니다.
が	그렇지만 走って行きましたが、間に合いませんでした。 달려갔습니다만 시간에 댈 수 없었습니다.
しかし	그러나 デパートでかわいい洋服を見つけた。しかし値段が高すぎた。 백화점에서 예쁜 옷을 발견했다. 그러나 가격이 너무 비쌌다.

ところが	그런데
	^{ひょうばん}評判はあまりよくなかった。ところが、意外とおもしろ かった。 평판은 그다지 좋지 않았다. 그런데 의외로 재미있었다.
ところで 비교	그런데(화제의 전환)
	ところで例のデータは手に入りましたか。 그런데 그 데이터는 입수했어요?
でも	그래도
	^{なんかい}何回もメールを送った。でも返事がなかった。 몇 번이나 메일을 보냈다. 그렇지만 답장이 없었다.
それなのに	그런데도
	^{いっしょうけんめい}一生懸命に働いている。それなのにお金はたまらない。 열심히 일하고 있다. 그런데도 돈은 모이지 않는다.

■ 첨부의 표현

そして	그리고
	^{こうえん}公演は午後2時からです。そして夜のは7時からになり ます。 공연은 오후 2시부터입니다. 그리고 저녁 공연은 7시부터 시작합니다.
それから	그 이후, 그러고 나서
	^{きょねんあね}去年姉が結婚しました。それからずっと一人で住んでい ます。 작년에 언니가 결혼했습니다. 그 이후, 줄곧 혼자서 살고 있습니다.
それに	게다가
	^{へや}部屋には机と椅子と、それにクーラーもあった。 방에는 책상과 의자, 게다가 에어컨도 있었다.
しかも	게다가
	^{きょう}今日はとても寒い。しかも雪も降っている。 오늘은 너무 춥다. 게다가 눈도 내리고 있다
おまけに	게다가
	^{じたく}自宅でも作れるし、おまけに簡単です。 집에서도 만들 수 있고, 게다가 간단합니다.

さらに	게다가, 한층 セットで買うとさらに安くなるそうだ。 세트로 사면 한층 저렴해진다고 한다.

■ **선택의 표현**

または	또는 帰りは金曜日または土曜日になります。 돌아가는 건 금요일 또는 토요일이 됩니다.
それとも	그렇지 않으면 ジュースにしますか、それともコーラにしますか。 주스로 하겠습니까, 아니면 콜라로 하겠습니까?

■ **바꿔 말하는 표현**

つまり	즉, 결국 こんなに売れるのも、つまり品がいいからだ。 이렇게 팔리는 것도 결국 물건이 좋기 때문이다.
たとえば	예를 들면 球技って、たとえばどんなスポーツを言うのですか。 구기라면 예를 들어 어떤 스포츠를 말하는 것입니까?
いわゆる	소위 彼らはいわゆる暴走族だ。 그들은 소위 폭주족이다.

■ **보충 표현**

つまり	단(조건을 붙인다는 의미) 入場料はありません。ただし、パンフレットは買ってください。 입장료는 없어요. 단, 팸플릿은 사 주세요.
なお	또한, 덧붙여 なお詳しい内容は本社ホームページを見てください。 덧붙여 상세한 내용은 본사 홈페이지를 봐 주세요.

부사는 일일이 예문을 열거하지 않고, 비슷한 뜻의 단어끼리 묶어 정리하였다. 단어 차원으로 암기하도록 한다. 뒤에 부정을 수반하는 표현은 특히 자주 출제되므로 잘 알아두자.

たくさん | いっぱい	많이 | 많이, 가득 ➕ たくさん은 양적으로 많다는 뜻이며, 정도의 뜻으로는 쓰지 않는다. 예 ✕ 今日きょうはたくさん暑あついです。 오늘은 매우 덥습니다. いっぱい는 명사로 쓸 때는 '한 잔'을 뜻한다.
ぜんぶ | すべて みんな	전부 | 모두 ➕ みんな는 사람, 사물에 다 쓸 수 있지만, 주로 사람을 가리킨다.
もっと | ずっと	더 | 훨씬 ➕ ずっと는 '쭉', '줄곧'의 뜻도 있다.
とても | たいへん | ひじょうに | すごく	매우 | 매우 | 대단히 | 굉장히
すこし | ちょっと	조금 | 조금, 잠깐
かなり | なかなか | だいぶ | ずいぶん | けっこう	상당히 | 상당히 | 상당히 | 상당히 | 꽤, 생각보다 ➕ だいぶ는 변화의 느낌, ずいぶん은 놀라움의 느낌이 있다. なかなか는 뒤에 부정이 올 때는 '좀처럼'의 뜻이 된다.
そうとう | よほど・よっぽど	꽤, 제법 | 어지간히(추측)
すぐ | すぐに | さっそく	곧, 바로 | 곧장 | 당장 ➕ 시간적인 가까움을 나타낼 때는 すぐ / すぐに 둘 다 쓸 수 있지만, 공간적인 가까움을 나타낼 때는 すぐ만 쓸 수 있다.
たいてい | だいたい	대개, 일반적으로 | 대체로
わざわざ | わざと | せっかく	일부러 | 고의로 | 모처럼 ➕ わざわざ는 '특별히'라는 긍정적인 의도로도 말할 수 있지만, わざと는 나쁜 의도일 경우에만 쓴다.
やっと | ようやく	겨우 | 가까스로
まだ | もう | すでに	아직 | 빌써, 이제 | 이미 ➕ まだ(아직)와 また(또)를 구별하자.
かえって | むしろ	오히려, 반대로 | 차라리, 오히려

はっきり｜しっかり	확실히｜똑바로 ✚ はっきり는 다른 것과 구별되어 매우 확실한 모양을 나타낸다. しっかり는 견고한 모양, 생각이나 됨됨이가 똑바른 모양을 말한다.
ちゃんと｜きちんと	똑바로｜정확히
つい｜うっかり｜ おもわず	그만｜깜박｜나도 모르게 ✚ つい는 시간이 많이 경과되지 않았음을 뜻하기도 한다. 例 ついさっき 바로 아까 うっかり는 깜박 실수를 했다는 느낌이다.
ただ｜たった	단지｜단
ついに｜とうとう｜ いよいよ	드디어, 마침내｜마침내, 결국｜드디어
急きゅうに｜いきなり ｜突然とつぜん	갑자기｜느닷없이｜돌연
だんだん｜どんどん ｜ますます	점점｜자꾸자꾸｜더욱더
わりあい｜わりと｜ わりに	비교적
ゆっくり｜のんびり ｜ゆったり	천천히, 느긋하게｜한가로이｜느긋이
あまり｜たいして｜ 別べつに｜特とくに	그다지｜그리｜별로｜특히, 특별히 ✚ 긍정문에서 あまり는 '너무'의 뜻이다. 特に를 제외하고 모두 뒤에 부정을 동반한다.
ぜんぜん｜ちっとも ｜けっして｜ 絶対ぜったい	전혀｜조금도｜결코｜절대 ✚ 모두 뒤에 부정을 동반한다.
よく｜たびたび｜ しばしば	잘, 자주｜자주｜종종
たまに｜めったに｜ ほとんど	가끔｜좀처럼｜거의 ✚ ほとんど는 긍정문에서는 '대부분'의 뜻으로 쓰인다. めったに와 ほとんど는 뒤에 부정을 동반한다.

かならず｜ぜひ	반드시｜꼭
	✚ かならずは 의지·의무의 표현에 쓰고, ぜひは 희망·요구의 표현에 쓴다.
なぜ｜どうして｜ どうやって｜なんで	왜｜어째서｜어떻게｜어째서
たぶん｜きっと｜ たしか	아마｜분명(추측)｜확실히 ✚ たしかは 뒤에 완료시제를 동반한다. ㉠ たしかそうでした。분명 그랬어요.
もし｜たとえ	만약｜설령 ✚ たとえ～ても(설령 ~하더라도)의 형태로 암기하자.
さすが｜やはり・ やっぱり｜なるほど	(기대한 대로) 역시｜(예상대로) 역시｜과연(납득의 뜻)
ちょうど｜まるで	꼭, 때마침｜마치
もちろん｜ 当然とうぜん｜ あたりまえだ	물론｜당연히, 당연하다｜당연하다 ✚ 当然은 부사와 な형용사로 모두 쓰인다. あたりまえは な형용사로서 부사로는 쓰이지 않는다.
まず｜とりあえず｜ 一応いちおう	우선｜일단｜일단

(9) 의성어·의태어 ★★

■ 걷는 모양

うろうろ	얼쩡얼쩡, 왔다 갔다 変な人がうろうろしている。 이상한 사람이 어슬렁거리고 있다.
とぼとぼ	터벅터벅(쓸쓸한 듯, 피곤한 듯 힘없이 걷는 모양) お母(かあ)さんのあとをとぼとぼとついていく。 어머니의 뒤를 터벅터벅 따라간다.
のしのし	어슬렁어슬렁(육중한 것이 천천히 걷는 모양) ライオンがのしのし歩(ある)いている。 사자가 어슬렁어슬렁 걷고 있다

<table>
<tr><td>ぶらぶら</td><td>① 어슬렁어슬렁 ② 빈둥빈둥
仕事しないで家でぶらぶらしている。
일하지 않고 집에서 빈둥빈둥한다.</td></tr>
</table>

■ 보는 모습

<table>
<tr><td>きょろきょろ</td><td>두리번두리번
不安そうにきょろきょろしている。
불안한 듯이 두리번거리고 있다.</td></tr>
<tr><td>じろじろ | じっと</td><td>빤히
そんなにじろじろ見ないで。 그렇게 빤히 보지 마.</td></tr>
<tr><td>ちらちら | ちらっと |
ちらりと</td><td>흘끔흘끔
彼女は男の方をちらりと見た。 그녀는 남자 쪽을 힐끗 봤다.</td></tr>
</table>

■ 자는 모습

<table>
<tr><td>うとうと</td><td>꾸벅꾸벅
テレビを見ながらうとうとしていた。
TV를 보면서 꾸벅꾸벅하고 있었다.</td></tr>
<tr><td>ぐうぐう</td><td>쿨쿨
彼はもうぐうぐう寝ている。 그는 벌써 쿨쿨 자고 있다.
✚ 배가 고플 때 나는 소리 '꼬르륵'을 뜻하기도 한다</td></tr>
</table>

■ 마시는 모습

<table>
<tr><td>がぶがぶ</td><td>벌컥벌컥
のどが渇いて水をがぶがぶ飲んだ。
목이 말라서 물을 벌컥벌컥 마셨다.</td></tr>
<tr><td>ちびちび</td><td>찔끔찔끔
お酒をまずそうにちびちび飲んでいる。
술을 맛없는 듯 찔끔찔끔 마시고 있다.</td></tr>
</table>

■ 먹는 모습

<table>
<tr><td>がつがつ</td><td>우거우걱(게걸스럽게 먹는 모양)
そんなにがつがつ食うな。 그렇게 짐승처럼 먹지 마.</td></tr>
</table>

ぱくぱく	덥석덥석(마구 먹어 대는 모양) お菓子をぱくぱく食べている。 과자를 마구 먹고 있다. ✚ 기본적으로 입을 크게 여닫는(뻐끔거리는) 모양을 뜻한다.
もぐもぐ | もごもご	우물우물(입 안에 음식물을 많이 담아 씹는 모양) うさぎの野菜をもぐもぐ食べる様子がかわいい。 토끼가 야채를 오물오물 먹는 모습이 귀엽다. ✚ '우물쭈물' 등 분명하지 않게 말하는 모양을 뜻하기도 한다.
もりもり	건강하게 많이 먹는 모양 もりもり食べてばりばり働こう。 많이 먹고 열심히 일하자.

■ 말하는 모습

がみがみ	구시렁구시렁(잔소리를 늘어놓는 모양) 勉強しない子供をがみがみ叱る。 공부 안 하는 아이를 잔소리 늘어놓으며 꾸짖다.
すらすら	술술 彼女はフランス語の本がすらすら読める。 그녀는 프랑스어 책을 술술 읽을 수 있다. ✚ 말뿐만 아니라 사물이 매끄럽게 진행되는 모습으로도 쓰 인다.
はきはき	시원시원, 또랑또랑 少年はおじいさんの質問にはきはきと答えた。 소년은 할아버지의 질문에 또랑또랑하게 대답했다.
ひそひそ	소곤소곤 かげでひそひそと話していた。 뒤에서 소곤소곤 이야기하고 있었다.

■ 웃는 모습

| にこにこ \| にこりと | 방긋방긋
いつ見てもにこにこしている。
언제 봐도 방글방글 웃고 있다. |
| にやにや \| にやりと | 느물느물(기분 나쁘게 웃는 모양)
何が嬉しいのかにやにやしている。
뭔가 좋은지 히죽히죽 웃고 있다. |

| くすくす | 쿡쿡(몰래 웃는 모양)
下を向いてくすくす笑っている。
아래를 보면서 쿡쿡 웃고 있다. |
| けらけら | 깔깔(소리 높여 웃는 모양)
学生たちが冗談を言い合ってはけらけら笑っている。 학생들이 농담을 주고받으며 깔깔 웃고 있다.
✚ げらげら는 '껄껄'의 느낌이다. |

■ 우는 모습

| しくしく | 훌쩍훌쩍(여성)
声をひそめてしくしく泣いている。
소리를 죽이고 훌쩍훌쩍 울고 있다. |
| めそめそ | 훌쩍훌쩍(남녀)
いつまでもめそめそするな。 언제까지 훌쩍거릴 거야? |

■ 피곤한 모습

くたくた	피곤한 모습 くたくたになって帰ってきた。 지쳐서 돌아왔다. ✚ 동사로 표현하면 くたびれる이다.
ふらふら	후들후들 ふらふらした足取りで帰っていった。 후들후들한 발걸음으로 돌아갔다. ✚ 육체적·정신적 상태에 모두 쓸 수 있다.
へとへと	지쳐서 완전히 힘이 빠진 모습 へとへとでもう歩けない。 기운 빠져서 이젠 걸을 수가 없다.

■ 사물의 표면·상태

| かさかさ | 까칠까칠(바싹 마른 모양)
かさかさしたお肌 까칠한 피부
✚ 의성어로서 '바스락바스락'의 뜻도 있다. |
| すべすべ | 매끈매끈(매끄러운 모양)
表面がすべすべしていて気持ちがいい。
표면이 매끄러워서 기분이 좋다. |

つるつる	반들반들, 매끈매끈 クリームを塗って寝たら、かかとがつるつるになった。 크림을 바르고 잤더니 뒤꿈치가 매끈해졌다.
びしょびしょ	흠뻑(물이 떨어질 정도로 젖은 모양) 雨でびしょびしょに塗れた。 비 때문에 흠뻑 젖었다.
ぼろぼろ	너덜너덜(낡은 모양) 一度洗ったらぼろぼろになった。 한 번 빨았더니 너덜너덜해졌다.

■ **차거나 빈 모양**

ぎゅうぎゅう	꾹꾹(무리해서 채워진 상태) ぎゅうぎゅう詰めの電車 사람으로 꾹꾹 채워진 전철 ✚ '삐걱삐걱' 등 삐걱대는 소리의 뜻으로도 쓰인다.
がらがら	텅텅(텅 빈 모양) 帰りの電車はがらがらだった。 돌아오는 전철은 텅텅 비어 있었다.
だぶだぶ	헐렁헐렁(옷의 치수 등이 큰 모양) 痩せてズボンがだぶだぶになった。 말라서 바지가 헐렁헐렁해졌다.

■ **동작의 모습**

きびきび	빠릿빠릿한 (동작이 신속하고 활기 있는 모양) きびきびした歩き方 신속한 걸음걸이
てきぱき	척척 (능숙하게 처리를 잘하는 모양) 彼女はてきぱきと仕事を片付けた。 그녀는 척척 일을 해치웠다.
のろのろ	느릿느릿 前の車がのろのろと走るのでいらいらする。 앞 차가 느릿느릿 달려서 짜증난다.

ばりばり	활동적으로 열심히 하는 모양
	結婚(けっこん)してからばりばり働(はたら)くようになった。
	결혼하고 나서 열심히 일하게 되었다.
	✚ 의성어로서 '북북' 찢는 소리나 '우드득우드득' 등 단단한 물건이 내는 소리로도 쓰인다.

■ 긴장, 불안, 기대 등의 감정 표현

はらはら	조마조마(걱정, 조바심)
	サスペンス映画(えいが)ははらはらして、面白(おもしろ)い。
	서스펜스 영화는 조마조마해서 재밌다.
そわそわ	안절부절(침착하지 못하고 불안한 모양)
	発表(はっぴょう)の日(ひ)は朝(あさ)からそわそわしていた。
	발표 날은 아침부터 안절부절못했다.
どきどき	두근두근(기대, 불안)
	面接(めんせつ)をひかえて胸(むね)がどきどきする。
	면접을 앞두고 가슴이 두근두근한다.
わくわく	두근두근(기대)
	胸(むね)をわくわくさせて箱(はこ)を開(あ)けた。
	가슴을 두근거리며 상자를 열었다.
くよくよ	끙끙(사소한 일로 걱정하고 고민함)
	仕事場(しごとば)では小(ちい)さいことにくよくよしない方(ほう)がいい。
	일터에서는 작은 일에 끙끙대지 않는 게 좋다.
ぴりぴり	신경이 날카로운 모양
	大事(だいじ)な試験(しけん)の前(まえ)だからぴりぴりしている。
	중요한 시험 앞이라 신경이 날카롭다.
	✚ 피부의 자극 등으로 얼얼한 느낌으로도 쓰인다.

■ 날씨, 자연현상

じめじめ	축축이, 눅눅히(습기가 많은 모양)
	じめじめしていて嫌(いや)な天気(てんき)だ。 축축하고 싫은 날씨다.
	✚ 형용사로 표현하면 しめっぽい이다.
ざあざあ	주룩주룩(비가 많이 내리는 모양)
	雨(あめ)がざあざあと激(はげ)しく降(ふ)っている。
	비가 주룩주룩 세차게 내린다.

しとしと	부슬부슬
	朝から春雨がしとしとと降っている。
	아침부터 봄비가 부슬부슬 내린다.
しんしん	눈 내리는 모양
	雪がしんしんと降り積もっている。
	눈이 조용히 내려 쌓이고 있다.

(1) ます형 접속 ★★★★

~たい	~하고 싶다
	大学院で勉強を続けたいと思います。
	대학원에서 공부를 계속하고 싶습니다.
~たがる	~하고 싶어 하다 (3인칭)
	妹は野菜が嫌いで食べたがりません。
	여동생은 야채를 싫어해서 먹고 싶어 하지 않습니다.
~に行く[来る]	~하러 가다[오다]
	本屋へ本を買いに行きます。 서점에 책을 사러 갑니다.
~やすい	~하기 쉽다
	先生の説明は分かりやすいです。
	선생님의 설명은 알기 쉽습니다.
~にくい	~하기 어렵다
	この魚は骨が多くて食べにくいです。
	이 생선은 뼈가 많아서 먹기 힘들어요.
~がたい	~하기 힘들다 (불가능)
	ホームステイは忘れがたい経験になりました。
	홈스테이는 잊을 수 없는 경험이 되었습니다.
~づらい	~하기 힘들다 (육체적·정신적 고통)
	本人の口からは言いづらいだろう。
	본인의 입으로는 말하기 힘들 것이다.

~ながら	~하면서 (동시 상황), ~하면서도 (역접) 音楽を聞きながら作業している。 음악을 들으면서 작업하고 있다. ✚ い형용사, な형용사, 명사에 접속되기도 한다.
~つつある	~하고 있다, ~하고 있는 중이다 企業の情報戦略は変わりつつある。 기업의 정보 전략은 바뀌고 있다. ✚ つつ는 ながら의 문어체 표현으로, '~하면서'의 의미이다.
~っぱなし	~한 채로, ~인 상태로 一日中立ちっぱなしでくたくたです。 하루 종일 계속 서 있어서 해서 녹초가 되었어요.
~ようがない	~할 방법[도리]가 없다 連絡先がわからないので伝えようがないです。 연락처를 모르니까 말을 전할 방법이 없어요.

(2) 기본형 접속 ★★★

~一方いっぽうだ	(일방적으로) ~하기만 한다 最近甘い物ばかり食べているので、体重が増える一方だ。 요즘 단것만 먹고 있어서 체중은 늘어나기만 한다.
~うちに	~하는 동안에 明るいうちに帰りましょう。 어두워지기 전에 돌아갑시다.
~かたわら	~하는 한편 アルバイトをするかたわら英会話学校にも通っている。 아르바이트를 하는 한편 영어 회화 학원에도 다니고 있다. ✚ ~のかたわら의 형태로 표현하기도 한다.
~ことができる	~할 수 있다 携帯でテレビ番組を見ることができます。 휴대전화로 TV 프로그램을 볼 수 있습니다.
~しかない	~하는 수밖에 없다 旅行はあきらめるしかないです。 여행은 포기하는 수밖에 없습니다.

~たびに	~할 때마다

~たびに

~할 때마다

この曲を聞くたびに昔のことを思い出す。
이 곡을 들을 때마다 옛날 일을 떠올린다.

✚ 명사에 접속할 때는 ~のたびに의 형태로 표현한다.
예 結婚式けっこんしきのたびに 결혼식 때마다

~ために

~을 위해서

日本へ行くためにお金を貯めている。
일본에 가기 위해서 돈을 모으고 있다.

✚ 명사에 접속할 때는 ~のために의 형태로 표현한다. 또한 명사 수식형에 접속해서 '~ 때문에'의 뜻으로 쓰기도 한다.

~つもりだ

~할 생각이다

日本の会社で働くつもりです。
일본 회사에서 일할 생각입니다.

~はずだ

~할 터[것]이다

遅くても明日までには届くはずです。
늦어두 내일까지는 도착할 것입니다.

✚ 명사에 접속할 때는 ~のはずだ의 형태로 쓰고, 기본적으로 명사수식형에 접속하므로 앞에 과거나 부정의 시제가 올 수도 있다.

~べきだ

~해야 한다

受験生は一生懸命に勉強すべきだ。
수험생은 열심히 공부해야 한다.

✚ する는 するべき・すべき의 두 가지 형태가 있다. 나머지 동사는 모두 기본형에 접속된다.

~べきではない

~해서는 안 된다

人は見かけで判断するべきではない。
사람은 실모습으로 판단해서는 안 된다.

~おそれがある

~할 우려가 있다

工場が増えると、川の水が汚くなる恐れがある。
공장이 늘어나면 강물이 더러워질 우려가 있다.

✚ 명사에 접속할 때는 ~のおそれがある의 형태로 쓴다.

~までもない

~할 것까지도 없다

夫の実家よりも自分の実家の方が気が楽なのは言うまでもない。
남편의 본가보다도 내 친정 쪽이 마음이 편한 것은 말할 필요도 없다.

~ていく	~해 가다 社内の雰囲気がだんだん変わっていく。 회사 내의 분위기가 점점 변해 간다.
~てくる	~해 오다, ~해지다 だいぶ暖かくなってきましたね。 상당히 따뜻해졌군요.
~てから	~하고 나서 家へ帰ってからご飯を食べます。 집에 돌아가서 밥을 먹습니다.
~てしまう	~해 버리다 電車の中に傘を忘れてしまいました。 전철 안에 우산을 놓고 와 버렸어요.
~てはじめて	~하고 처음으로 生まれてはじめて海外旅行に行きます。 태어나서 처음으로 해외여행 갑니다.
~て以来いらい	~한 이래 과거 어느 시점의 일이 지금까지 계속 영향을 미친다는 의미이다. 卒業して以来学校に行っていない。 졸업한 이래 학교에 가지 않고 있다.
~てよかった	~하길 잘했다, ~하길 다행이다 会議の時間に間に合ってよかったですね。 회의 시간에 맞출 수 있어서 다행이네요.
~てならない ∣ ~てしかたがない ∣ ~てたまらない	~해서 견딜 수 없다 日本の歴史をもっと深く知りたくてならない。 일본의 역사를 더 깊이 알고 싶어서 견딜 수 없다. この頃子供たちに出会うと可愛くてしかたがない。 요즘은 아이들을 만나면 귀여워서 견딜 수가 없다. あまり寝ていないので眠くてたまらない。 별로 못 자서 졸려서 견딜 수 없다.

(4) た형 접속 ★★★

~たあとで	**~한 후에** 仕事から帰ったあとでお風呂に入ります。 일에서 돌아온 후에 목욕을 합니다.
~たことがある	**~한 적이 있다** 以前伺ったことがあります。 이전에 찾아뵌 적이 있습니다.
~た方ほうがいい	**~하는 편이 좋다** 疲れた時は、何も考えないでゆっくり休んだ方がいいです。 피곤할 때는 아무것도 생각하지 않고 푹 쉬는 편이 좋아요.
~たところ	**~했더니** やっと探して訪ねたところ友だちは旅行中だった。 겨우 찾아서 방문했더니 친구는 여행 중이었다.
~たところで	**~한들, ~해 봤자** 後悔したところで、もうどうにもならない。 후회한들 이제 어쩔 수 없다.
~たまま	**~한 채** 玄関に鍵をつけたまま出かけてしまった。 현관에 열쇠를 꽂은 채 외출해 버렸다. ✚ '~하지 않은 채'라고 할 때는 동사의 ない형, 명사에 접속될 때는 〜のままの 형태로 쓴다.
~たとたんに	**~하자마자** ドアを開けたとたん、フラッシュが光った。 문을 열자마자 플래시가 터졌다.
~たすえ(に)	**~한 끝에** '오랜 기간 생각이나 과정을 거친 끝에'라는 느낌으로 쓰인다. よく考えた末に決めたことです。 충분히 생각한 끝에 결정한 일입니다. ✚ 명사에 접속할 때는 〜の末すえにの 형태로 쓰인다.
~たきり	**~한 채, ~을 끝으로** 그것을 마지막으로 다음에 예상되는 변화가 일어나지 않는다는 의미이다. 学校から帰ってきてから、自分の部屋に入ったきり、出てこない。 학교에서 돌아와서 자기 방에 들어간 채 나오지 않는다.

| ~た以上いじょうは | ~한 이상은
やくそく　かなら　こうしょう　せいこう　み
約束した以上、必ず交渉に成功して見せます。
약속한 이상 반드시 교섭에 성공해 보이겠습니다.
➕ ~以上は 앞에는 현재형도 올 수 있으며, 이럴 경우에는
'~하는 이상은'이란 뜻이 된다. |

(5) ない형 접속 ★★★

~ないうちに	~하지 않는 동안, ~하기 전에 さ 冷めないうちにいただきましょう。 식기 전에 먹읍시다.
~ないで｜~ずに	~하지 않고 はん　た　　　　た　　　がっこう　い ご飯を食べないで[食べずに]学校へ行きました。 밥을 먹지 않고 학교에 갔습니다. ➕ ずは ない의 문어체 표현이다. 활용도 같지만 しない는 せず가 되는 것에 유의한다.
~なければならない	~하지 않으면 안 된다 きょう　じゅう　　しりょう 今日中に資料をまとめなければなりません。 오늘 중에 자료를 정리하지 않으면 안 됩니다.
~ないかぎり	~하지 않는 한 とくべつ　　りゆう　　　　　　　きゅうがく 特別な理由がないかぎり休学はできません。 특별한 이유가 없는 한 휴학은 할 수 없습니다.
~ないですむ｜ ~ずにすむ	~하지 않아도 된다 예상하고 있던 일을 안 해도 된다는 의미이다. けいたいでんわ　も　　　　　　　　みち　まよ 携帯電話を持っていると道に迷わずにすみます。 휴대전화를 가지고 있으면 길을 헤메지 않아도 됩니다.
~ないではいられない｜ ~ずにはいられない	~하지 않을 수 없다 せったい　おお　しごと　　　　　　さけ　の 接待の多い仕事なのでお酒を飲まずにはいられな い。 접대가 많은 직업이라서 아무래도 술을 마시게 된다.
~ざるをえない	~하지 않을 수 없다 こ　ども　びょうき　　しごと　やす 子供が病気で仕事を休まざるをえなかった。 아이가 아파서 일을 쉴 수밖에 없었다. ➕ ~ざる는 ~ず(＝ない)의 변형이다. する는 ~せざるを えない 형태로 활용한다.

(6) 명사 접속 접미어 ★★★★

~がた	~분, ~들 사람에 붙어 복수를 나타내는 존경어이다. あなた方 당신들 ｜ 先輩方 선배 분들 ｜ 方々 여러분
~方かた	~하는 방식 読み方 읽는 방법 ｜ 使い方 사용법 ｜ 作り方 만드는 방법
~的てき ｜ ~風ふう	~적 ｜ ~풍 성질이나 분위기를 나타낸다. 日本的 일본적 ｜ 人間的 인간적 ｜ 異国的 이국적 和風 일본풍 ｜ 洋風 서양풍 ｜ 今風 요즘식
~向むき ｜ ~向むけ	~에 맞는 ｜ ~을 대상으로 한 子供向き 아이에 맞는, 아이용 ｜ パーティー向き 파티용 若い女性向け 젊은 여성에게 맞는 ｜ 大衆向け 대중에게 맞춘 ｜ 東洋人向け 동양인에게 맞춘
~だらけ	~투성이 ほこりだらけ 먼지투성이 ｜ 間違いだらけ 실수투성이
~まみれ	~투성이 주로 액체나 분말 종류의 것으로 뒤덮인 상태를 말한다. 泥まみれ 진흙 투성이 ｜ 汗まみれ 땀범벅 ｜ 粉まみれ 가루로 뒤덮인
~め	~인 듯함 완전히 그렇지는 않지만 90% 그쪽에 가깝다는 느낌이다. 多め 많은 듯함 ｜ 少なめ 적은 듯함 ｜ 短め 짧은 듯함 ｜ 長め 긴 듯함 ｜ 早め 빠른 듯함
~がち	자주 ~하는 그러한 경향이 있음을 나타내는 표현이다. 病気がち 자주 아픈, 자주 병치레하는 ｜ 遅れがち 자주 늦는 ｜ ありがち 자주 있는 ｜ 休みがち 자주 결석하는
~ぎみ	~기운, 기미 약간 그렇다고 느끼는 상태를 나타낸다. 風邪気味 감기 기운 ｜ 上昇気味 상승 기운 ｜ 下がりぎみ 내려가는 경향 ｜ 疲れぎみ 피곤한 기미

~っぽい	~ 같은, ~스름한, ~인 경향이 있는 大人^{おとな}っぽい 어른스러운 ｜ うそっぽい 거짓말 같은 ｜ 安^{やす}っぽい 싸구려 같은 ｜ 黒^{くろ}っぽい 거무스름한 ｜ 忘^{わす}れっぽい 건망증이 심한 ｜ 怒^{おこ}りっぽい 화를 잘 내는
~らしい	~답다 원래의 속성이 그 속성다움을 나타낸다. 子供^{こども}らしい 아이답다 ｜ 男^{おとこ}らしい 남자답다 ｜ 自分^{じぶん}らしい 자기답다 ｜ 君^{きみ}らしい 너답다
~たて	갓 ~한 炊^たきたてのご飯^{はん} 갓 지은 밥 ｜ 焼^やきたてのパン 갓 구운 빵
~放題ほうだい	마음껏 ~하는 飲^のみ放題 마음껏 마시는 ｜ 食^たべ放題 마음껏 먹는 ✚ 원형에 접속되기도 한다. 예 言^いいたい放題のことを言う。 말하고 싶은 대로 지껄이다.

~について ｜ ~に関^{かん}して	~에 관해서 この件^{けん}についてどう思^{おも}いますか。 이 건에 관해서 어떻게 생각합니까?
~に対^{たい}して	~에 대해서 동작이 향하는 상대나 대상을 나타낸다. 中田^{なかた}さんは先生^{せんせい}に対して友達^{ともだち}のような言葉^{ことば}で話^{はな}す。 나카타 씨는 선생님에 대해 친구에게 말하듯이 이야기한다.
~によると	~에 의하면 ～そうだ／～らしい／～とのことだ 등의 전문에 많이 등장한다. 天気^{てんき}予報^{よほう}によると明日^{あした}は雪^{ゆき}が降^ふるそうです。 일기예보에 의하면 내일은 눈이 온다고 합니다.
~によって	~에 의해 / ~에 따라서 工事^{こうじ}によって事務室^{じむしつ}を移動^{いどう}します。 공사에 따라 사무실을 이동합니다. ✚ ~による(~에 의하다), ~による + 명사(~에 의한 ~)의 형태로 쓰기도 한다.

~において

~에 있어서

장소, 장면, 상황, 사항에 관계없이 쓸 수 있는 표현이다.

営業において守らなければならないルールというのが

ありますか。 영업에 있어서 지켜야 할 규칙이라는 것이 있나요?

~にとって

~에게 있어서

あなたにとって一番恥ずかしいことはどういったこと

ですか。 당신에게 있어서 가장 부끄러운 일은 어떤 것입니까?

~に沿そって

~을 따라서

연이어 계속되는 길, 해안 등을 따라서 간다는 의미이다. 어떤 사항
이나 순서를 그대로 따른다는 의미로도 쓰인다.

海岸に沿ってドライブを楽しんだ。

해안을 따라 드라이브를 즐겼다.

~に従したがって

~에 따라, ~함에 따라

子供が大きくなるにしたがって、悩みも増えます。

아이가 자람에 따라 고민도 늘어납니다.

~につれて

~함에 따라서

年をとるにつれて忘れっぽくなる。

나이를 먹음에 따라 건망증이 심해진다.

~にかけて

~에 걸쳐서

시간, 기간을 나타내는 의미이다. 보통 「~から~にかけて」
의 형태로 쓴다.

今晩から明日にかけて激しい雨になるそうです。

오늘 밤부터 내일에 걸쳐서 세찬 비가 내린다고 합니다.

~にわたって

~에 걸쳐서

기간, 장소, 횟수의 범위를 나타내는 말에 연결된다.

一年にわたって輸入禁止が続いた。

일년에 걸쳐 수입 금지가 계속되었다.

~にすぎない

~에 지나지 않는다

それはただの噂にすぎない。 그것은 단지 소문에 지나지 않는다.

~を通つうじて

~을 통해

'~을 매개로 해서', '~에 걸쳐서'라는 뉘앙스이다.

二人は大学のサークル活動を通じて知り合った。

두 사람은 대학의 동아리 활동을 통해 알게 되었다.

〜をはじめ(として)	**〜을 비롯해서** 運転手をはじめ、乗客全員が死亡した。 운전사를 비롯하여 승객 전원이 사망했다. **✚** 뒤에 명사를 받을 때는 〜をはじめとする + (명사)의 형태로 쓰기도 한다.
〜を問とわず	**〜을 불문하고** このプログラムは年齢を問わず参加することができます。 이 프로그램은 연령을 불문하고 참가할 수 있습니다.
〜というと	**〜라고 하면** 어떤 말에서 연상되는 일, 설명, 정의를 말할 때 쓴다. 年末というと大掃除のシーズンです。 연말이라고 하면 대청소 시즌입니다.
〜というより	**〜라고 하기보다** むしろ(오히려, 차라리)와 잘 어울리는 표현이다. 彼は天才というよりむしろ変人だ。 그는 천재라기보다 차라리 기인이다.
〜にもほどがある	**〜에도 정도가 있다** 정도가 너무 심함을 나타낸다. 冗談にもほどがある。 농담에도 정도가 있다.
〜に限かぎらない | 〜とは限かぎらない	**〜에 한하지 않는다 | 꼭 〜라고는 할 수 없다** 対象は新入社員に限らない。 대상은 신입 사원에 한하지 않는다. 入社成績がいい人が昇進がはやいとはかぎらない。 입사 성적이 좋은 사람이 꼭 승진이 빠른 것은 아니다.
〜に決きまっている	**〜일[할]게 뻔하다, 반드시 〜할 것이다** 私が行けば邪魔になるに決まっているので、やめておきます。 제가 가면 방해가 될 게 뻔하니까 그만두겠습니다.
〜にもかかわらず	**〜에도 불구하고** 今回は勉強したにもかかわらずまた試験に落ちてしまった。 이번에는 공부했는데도 불구하고 또 시험에 떨어져 버렸다.

예상 문제

下の______線に入る適当な言葉を(A)から(D)の中で一つ選びなさい。

01番 からすという______を知っていますか。
- (A) はな
- (B) とり
- (C) いえ
- (D) くに

02番 ______しないでどんどん召し上がってください。
- (A) 配慮
- (B) 遠慮
- (C) 偏食
- (D) 食欲

03番 ______猛暑が続いていますので、体に気をつけてください。
- (A) さびしい
- (B) くわしい
- (C) まぶしい
- (D) きびしい

04番 結婚指輪は______いません。
- (A) かけて
- (B) かぶって
- (C) しめて
- (D) はめて

05番　準備に3ヶ月＿＿＿＿かかってしまいました。

(A) まで

(B) を

(C) も

(D) に

06番　＿＿＿＿人が集まりました。

(A) 多い

(B) おおぜい

(C) おおぜく

(D) 多くの

07番　結局、母に＿＿＿＿しかなかった。

(A) 頼め

(B) 頼まない

(C) 頼む

(D) 頼んで

08番　誰か会議室の電気を＿＿＿＿に行ってくれませんか。

(A) つける

(B) 消し

(C) 切る

(D) 落し

09番 試合に負けたのが＿＿＿＿＿しかたがない。

(A) 悔しくて

(B) 悔しいから

(C) 悔しくなく

(D) 悔しい

10番 先日＿＿＿＿＿北海道のお土産は本当においしかったです。

(A) いただいた

(B) お食べになった

(C) さしあげた

(D) おもらいになった

11番 新人の山田さんは廊下で会う＿＿＿＿＿笑顔であいさつをする。

(A) ときに

(B) ごとに

(C) たびに

(D) ながら

12番 あの選手は球が速く、＿＿＿＿＿コントロールが正確なんです。

(A) それとも

(B) だから

(C) しかも

(D) しかし

13番　実際にやってみなければ＿＿＿＿＿＿＿。

(A) わかるかもしれない

(B) わからないだろう

(C) わかるにちがいない

(D) わからないはずがない

14番　行きの電車は混んでいたが、帰りは＿＿＿＿＿＿で座れた。

(A) ぎゅうぎゅう

(B) だぶだぶ

(C) がぶがぶ

(D) がらがら

15番　私に＿＿＿＿＿＿仕事は人生のすべてです。

(A) よって

(B) かけて

(C) ついて

(D) とって

Part 8

독해

Check point

유형 미리보기

예시 下の文を読んで、後の問いにもっとも適した答えを(A)から(D)の中で一つ選びなさい。

私は缶詰というものはどこに保存しても、何年たっていても開けなければそのまま食べられると思っていた。それで非常時用のカバンに5年間入れたままにしてしまった。しかし、一般的には製造日から3年程度で食べなければいけないそうだ。それから長時間冷蔵庫に入れておくのもよくないらしい。缶がさびて小さな穴があくこともあるからだそうだ。どうやら缶詰は私が思っているほど安全な食品ではないらしい。

1. この人は缶詰についてどう思っていましたか。
   - (A) 冷蔵庫に入れると安心して食べられる。
   - (B) ふたを開けなければいつでもそのまま食べられる。
   - (C) 製造して5年以上のものは食べてはいけない。
   - (D) 製造日を確認して食べると問題ない。

2. どうして冷蔵庫に入れるとよくないのですか。
   - (A) 穴が開いて中身が悪くなってしまうこともあるから。
   - (B) もともと冷蔵庫に保管するものではないから。
   - (C) 缶がふくらんでしまうから。
   - (D) 冷蔵庫の中のほかの食べ物を悪くしてしまうから。

해설

1. 정답 **B** 통조림에 대해 어떻게 생각했는지 묻고 있다. 정답은 첫 번째 문장에 나와 있다.

2. 정답 **A** 어째서 냉장고에 넣으면 좋지 않은지 묻고 있다. 구멍이 생기면 안의 내용물이 상할 수 있다는 것을 유추할 수 있어야 한다.

유형 **분석**

총 30문제가 출제된다. 독해 지문 8개가 출제되며, 한 지문당 3~4문제가 나온다. 초반부에는 생활에서 흔히 보고 느끼는 개인적인 일상을 소개하는 내용, 감상문, 에세이 등이 나온다. 뒤쪽으로 갈수록 요즘 화제가 되는 사항, 시사적인 내용, 기사 등이 출제되는데, 내용면에서 이해하기 어려운 주제는 아니지만, 어휘의 난이도가 높아진다. 종종 안내문, 편지 등 공식적이고 형식적으로 쓰여진 문장이 나오기도 하는데, 나오는 표현이 비교적 정해져 있어서 이런 경우는 형식적인 문구나 인사말 등을 학습하면 된다.

문제의 구성은 대개 ①본문의 내용과 맞는 내용 찾기 ②밑줄 친 부분에 들어갈 단어나 문장 ③밑줄 친 부분의 의미 이해 ④전체 내용을 이해했는지 묻는 문제가 출제된다.

얼마나 빠른 시간 안에 문제를 풀 수 있는지가 관건이다.

문제를 풀기 위해서는 문장을 정확하게 이해해야 하므로 되도록 전체를 다 읽어 보도록 한다.

문제를 먼저 보고 지문을 읽는 사람도 있는데, 그것보다는 지문의 문장을 반 정도 읽고 두 문항을 풀고, 나머지 문장을 읽고 나머지 두 문항을 푸는 방법을 권한다. 문제는 거의 문장의 처음 내용부터 순차적으로 나오고 본문의 내용이 골고루 출제되기 때문이다.

- 중급 정도의 수험자 중에는 독해 문제를 끝까지 풀지 못해서 좌절한 경험이 있을 것이다. 70번까지 단시간에 풀어내야 독해문을 풀 때 여유가 생긴다.

- 만약 10분 남았다는 방송이 나왔는데도 4개 이상의 독해 지문이 남아 있다면, 지문을 다 읽지 않고 문제들 푸는 방법이 있다. 질문의 밑줄 친 곳이나 질문에서 묻고 있는 단어가 있는 부분을 본문에서 찾아, 그 부분을 포함하는 앞뒤 문장을 읽어 보면 대개는 답이 나온다. 하지만 내용에 대한 이해가 너무 없으면 생답을 고를 가능성이 줄어지므로 기본적으로 빈 정도의 내용은 파악한 후에 풀어야 한다.

- 한 문제 정도는 본문과 맞는 내용을 고르거나 필자의 생각을 묻는 식의 분석 문제가 출제된다. 이렇게 본문을 충분히 이해해야만 풀 수 있는 문제는 시간이 없으면 대충 고르고 지나가는 것도 방법이다.

- 마지막 부분은 무조건 어렵다는 통념을 버리자. 가끔 맨 마지막 지문이 앞 지문보다 쉬울 때도 있다. 마지막 두 지문 중 하나를 포기해야 할 상황이 생기면, 둘 중 한자어가 적은 쪽을 고르도록 한다.

1 일기, 감상문, 에세이

일기, 개인적인 일상을 소개하는 글, 사회 생활·학교 생활 속 대인과의 관계에서 일어나는 사건, 개인적인 경험이나 견해를 말하는 글에서 가장 많은 문제가 출제된다.

내용이 평이하고 쉽게 읽을 수 있는 글이 많다. 문장에 대한 이해를 질문하는 경우가 많아서 대개 질문에 있는 단어나 밑줄 친 곳의 앞뒤를 보고 정답을 파악할 수 있다.

그러나 필자의 생각을 유추하거나 문장 속의 뜻을 묻는 문제, 즉 내용을 충분히 분석하고 이해해야 풀 수 있는 문제도 종종 출제된다. 이런 문제는 몇 번을 읽어도 답이 쉽게 나오지 않을 때가 있다. 시간이 많이 걸릴 것 같으면 일단은 마음 가는 것에 마킹하고 문제지에 체크해 둔 다음 넘어가도록 하자. 문제를 다 풀고 시간이 남았을 때 다시 보도록 한다. 시간이 없어서 다시 못 봐도 상관없다. 몇 번을 생각해도 답이 안 나올 경우가 많기 때문이다.

2 편지문, 안내 광고문

편지문, 안내 광고문 문제는 그렇게 많이 출제되지는 않는다. 두 가지 형태가 한 번에 나오는 경우는 거의 없고, 대개 어느 한쪽만 출제된다. 일상적인 편지는 어려움이 없지만, 격식 차린 편지의 경우는 정해진 형식이 있는 데다가 존경어, 겸양어를 많이 써서 어렵다. 특히 비즈니스 관계의 편지나 안내문이 까다롭다.

편지가 나왔을 때는 우선 무슨 목적으로 쓴 글인지, 누가 누구에게 보내고 있는지를 파악하고, 안내 광고문은 목적과 시간, 장소 등을 파악해야 한다.

■ 편지, 안내문의 형식 문구

拝啓 (はいけい) 배계 (편지 첫머리에 쓰는 문구)	敬具 (けいぐ) 경구 (편지 끝에 쓰는 문구)
前略 (ぜんりゃく) 전략 (편지 앞부분을 줄였다는 뜻으로 쓰는 문구)	草々 (そうそう) 총총 (급히 썼음을 나타내는 문구)
お礼 (れい) 감사, 답례	お詫び (わ) 사과
お祝い (いわ) 축하	お知らせ (し) 알림
お見舞い (みま) 문병	お中元 (ちゅうげん) 7, 8월경에 신세를 진 분들에게 보내는 선물
お歳暮 (せいぼ) 12월에 친지나 신세를 진 분들에게 보내는 선물	暑中お見舞い (しょちゅう みま) 한여름 문안 인사
残暑お見舞い (ざんしょ みま) 늦더위 문안 인사	結婚式 (けっこんしき) 결혼식
披露宴 (ひろうえん) 피로연	送別会 (そうべつかい) 송별회

かんげいかい
歓迎会 환영회

ぼうねんかい
忘年会 망년회

しんねんかい
新年会 신년회

どうそうかい
同窓会 동창회

かい
クラス会 반창회

とうしゃ
当社 당사

へいしゃ
弊社 폐사(저희 회사)

き しゃ
貴社 귀사

おんしゃ
御社 귀사

はら　もど
払い戻す 환불하다

③ 사건 사고, 신문 기사

화제가 되고 있는 사건이나 신문 기사는 아무래도 어렵게 느껴지므로 쉽게 포기할 수 있다. 하지만 비교적 확실한 사실을 전달하거나 정확한 수치가 제시되는 경우가 많아서, 필자의 생각을 유추하거나 문장 속의 뜻을 생각할 필요가 없기 때문에 오히려 쉬울 수도 있다.

문제를 풀 수 있는 열쇠는 한자에 대한 이해이다. 한국어로라도 한자를 파악할 수만 있다면 정답은 어렵지 않게 찾을 수 있다. 일본어의 정확한 발음은 몰라도 한자를 이해할 수 있는 학습자라면 절대 포기하지 말자. 읽어 보기만 하면 답이 쉽게 보이는 문제가 대부분이나. 한자가 정말 자신 없다면 이 부분은 과감히 포기해도 된다. 풀 수 없는 문제에 매달리기보다는 풀 수 있는 문제에 시간을 많이 할애하자.

■ 사건 사고 관련 단어

たてもの　とうかい
建物が倒壊する 건물이 붕괴되다

い はん
スピード違反 속도 위반

ぶつける | ぶつかる 박다 | 부딪히다

のぼ　せん　くだ　せん
上り線 | 下り線 상행선 | 하행선

ついとつ
追突 추돌

しょうとつ
衝突 충돌

せっしょく じ こ
接触事故 접촉 사고

い ねむ　うんてん
居眠り運転 졸음운전

ふ ちゅう い　げんいん
不注意が原因 부주의가 원인

いんしゅとりしま
飲酒取締り 음주 단속

ハイジャック 하이색. 항공기를 공중 납치힘

ま こ
テロに巻き込まれる 테러에 휘말리다

まん び
万引き 손님을 가장하고 물건을 훔치는 행위

ごうとう じ けん
強盗事件 강도 사건

ゆうかい じ けん
誘拐事件 유괴 사건

つ なみ　　さいがい
津波による災害 쓰나미에 의한 재해

ひ さい ち
被災地 재해 지역

ひがし に ほんだいしんさい
東日本大震災 동일본 대지진

しんげん ち
震源地 진원지

マグニチュード 매그니튜드, 진도

げんでん　げん し りょくはつでんしょ
原電 | 原子力発電所 원전(원자력 발전소)

ほうしゃのう
放射能 방사능

ぼや
小火 작은 불(부분 화재)

しょう か くんれん
消火訓練 소화(불 끄는) 훈련

下の文を読んで、後の問いにもっとも適した答えを(A)から(D)の中で一つ選びなさい。

1~4

きのう、サッカーの練習をしている時に、わたしは足に怪我をしました。とても痛いので、歩くことができませんでした。ですから、コーチの自動車に乗って、病院へ行きました。お医者さんは「骨はおれていないので、大丈夫です。一週間ぐらいで、よくなるでしょう。しかし、その間は、歩いたり走ったりしてはいけません。」と言いました。わたしは怪我が治るまで、（　　　　　　　　　）。今週の土曜日に試合がありますが、出ることができなくなりました。はじめての試合なので、楽しみにしていましたが、とても残念です。母は「また機会はある。そのときがんばればいいじゃない。」と言ってくれました。私は将来プロのサッカー選手になりたいです。今回のことであきらめないで、夢に向かってがんばりたいと思っています。

01 番　昨日何がありましたか。

(A) 試合中に負傷を負った。

(B) 練習中に怪我をした。

(C) 骨を折って入院した。

(D) 電車に乗って病院へ行った。

02番 （　　　　　　）に入る適当な言葉はどれですか。

(A) 毎日病院まで歩いていかなければなりません。

(B) 毎日走る練習をしなければなりません。

(C) 練習を休まなければなりません。

(D) 練習に行かなければなりません。

03番 この人の夢は何ですか。

(A) お医者さんになること

(B) 試合に出ること

(C) 夢に向かって頑張ること

(D) サッカー選手になること

04番 本文の内容と合っているのはどれですか。

(A) お母さんはサッカーをやめてほしいと思っている。

(B) この人はサッカーをやめたいと思っている。

(C) この人はまだ試合に出たことがない。

(D) 怪我をして夢をあきらめた。

5~8

　私はこの町に住んで30年近くになります。本が好きで、読みたい本もたくさんあるのですが、図書館にはなんとなく入りにくい感じがして長年行っていませんでした。読みたい本があると買って読んでいました。

　ところが3年前に絵本の読み聞かせボランティアに入ることになって、あれから図書館を利用しはじめて、今ではどんどん本を借りて読める幸せを味わっています。

　私が利用する図書館の本はとてもきれいに管理されているのでいつも感心します。ふつう子供が利用する絵本は傷みやすいと思われます。でもどの本もていねいに修理されているのです。セロハンテープや接着剤を使って（　　　　　）。係りの方たちのやさしい心とその陰の苦労が感じられます。私も本を大切にする心を持ち続けたいと思います。

05番　筆者はどうして図書館を利用していませんでしたか。

(A) 本が嫌いだったから

(B) 読みたい本がなかったから

(C) なんとなく入りにくかったから

(D) 買って読むのが好きだから

06番 図書館を利用するようになったきっかけは何ですか。

(A) 絵本を読まなければならないボランティアを始めた。

(B) 絵本をきれいに修理する仕事を始めた。

(C) 図書館に勤めることになった。

(D) 子供がたくさんの絵本を読みたがっていた。

07番 (　　　　　　)に入る言葉として適当なものはどれですか。

(A) 別々に分けています。

(B) きれいに直されています。

(C) 落書きしたところを消しています。

(D) 汚く貼っています。

08番 本文の内容に合っている内容はどれですか。

(A) 前は読書が好きではなかった。

(B) 図書館を利用するようになったが、本はあまり借りない。

(C) この人は図書館の本の管理のしかたに満足している。

(D) 子供の絵本をもっと増やしてほしいと思っている。

📄 9~12

　こんにちは。新緑が美しい季節になりましたね。お変わりありませんか。先日は素敵なお祝いをありがとうございました。いただいたベビー服、かわいらしいだけでなく、とても実用的ですね！主人も私も、さすが先輩ママの選んでくれたものは違うなぁ、と心から感謝しています。おかげさまで、赤ちゃんも元気です。2人とも初めての経験ばかりで、毎日が大変ですが、楽しいです。春生まれなので、「はるみ」と名づけました。今度はるみをつれて顔を見せにうかがいますね。まずはお礼まで。ありがとうございました！

09番　これは何の手紙ですか。

(A) お祝いの手紙

(B) お見舞いの手紙

(C) お詫びの手紙

(D) お礼の手紙

10番　どんなプレゼントをもらいましたか。

(A) かわいらしいマタニティウェア

(B) 実用的なベビーグッズ

(C) かわいい赤ちゃんのお服

(D) かわいくて実用的なベビーカー

11^番 プレゼントしてくれた人について合っているのはどれですか。

   (A) この人のお母さんが贈ってくれた。

   (B) 子供を産んだ経験のある人だ。

   (C) 主人のお母さんが贈ってくれた。

   (D) この人の男の先輩が贈ってくれた。

12^番 本文の内容に合っているのはどれですか。

   (A) この人は2番目の子供を産んだ。

   (B) この人はまだ病院にいる。

   (C) 夫は忙しくてこの人が一人で赤ちゃんの世話をしている。

   (D) いつかプレゼントしてくれた人のところを訪ねたいと思っている。

13~16

　小学校4年から中学3年までに、「いじめられたことがある」という子供と、「いじめたことがある」という子供がそれぞれ9割に上ったことが、ある研究所の調査で分かった。

　この研究所は、2004年の時点で小4だった子供596人を対象に、中3になる2009年までの6年間にわたって年2回、合計12回の調査を実施した。

　その結果、「1回以上、いじめられた経験がある」と答えた子供は90％に上り、「1回もない」と答えたのは10％だった。一方、「いじめた経験がある」と答えた子供は約89％で、「いじめたことがない」は約11％、「わからない」と答えた子も2人いた。

　これは多くの子供が6年間でいじめを受ける側と、いじめる側の両方を経験していることになる。いじめをする理由は「友人関係のストレス」が多かった。

　専門家は「いじめられた子が、いじめられないように、いじめる側に回る「①いじめの再生産」現象が起きているのでは」と分析している。

13番　この調査でどんな事実がわかりましたか。

(A) 約90％の子供がいじめることもいじめられることも経験している。

(B) いじめられたことがある子供が圧倒的に多い。

(C) いじめられたことがある子供はほかの子供をいじめない。

(D) いじめたことがある子供はいじめられることが少ない。

14番 どんな調査方法でしたか。

(A) 小学校４年生と中学３年生を対象に調査を行った。

(B) 2004年に小４だった子供を６年間、年に２回調査を行った。

(C) 2009年中学生になった子供を対象にした。

(D) 2004年の時点で小４と中３だった子供を対象にした。

15番 いじめをする理由は何ですか。

(A) 友達関係から来るストレス

(B) いじめるのが好きだから

(C) いじめをしないと友達ができない

(D) 友人関係をよくするためにはしかたがない

16番 ①いじめの再生産の意味として合っているのはどれですか。

(A) 一度いじめたことのある子は、いつかまた同じことをする。

(B) 一度いじめられた子は、いつかまた同じ目にあうことになる。

(C) いじめられたことがある子が、いじめられないためにいじめをする。

(D) いじめられた子供は大人になって生産的な仕事ができなくなる。

受験番号					
姓　　名					

次の質問 1 番から質問100番までは聞き取りの問題です。
どの問題も一回しか言いませんから、よく聞いて答えを(A)(B)(C)(D)の中から一つ選び
なさい。答えを選んだら、それにあたる答案用紙の記号を黒くぬりつぶしなさい。

Ⅰ　　次の写真を見て、その内容に合っている表現を(A)から(D)の中で一つ選び
　　　なさい。

例

(A)　パソコンを使っています。

(B)　コピーをしています。

(C)　電話をしています。

(D)　写真を撮っています。

答　A　B　●　D

1

2

次のページに続く

3

4

5

6

次のページに続く

9

10

次のページに続く

11

12

13

14

次のページに続く

15

16

17

18

次のページに続く ⟶

19

20

ホルモン焼き
キムチ
ホルモンうどん
岡山焼
いま話題の
岡山B級グルメNo.1
津山名物
ホルモンうどん
おかやま
一番星
ホルモン
うどん
津山名物
鉄板と四半世紀
津山名物
ホルモン
焼
津山名物
ホルモン
洗練されたクリアな味 辛口
スーパードライ

Ⅱ　次の言葉の返事として、もっとも適したものを(A)から(D)の中で一つ選び
なさい。

例　休みにどこかへ行きますか。

(A) はい、家でごろごろします。
(B) はい、台所にいます。
(C) いいえ、どこへも行きません。
(D) いいえ、休みではありません。

21 答えを答案用紙に書き入れなさい。
22 答えを答案用紙に書き入れなさい。
23 答えを答案用紙に書き入れなさい。
24 答えを答案用紙に書き入れなさい。
25 答えを答案用紙に書き入れなさい。
26 答えを答案用紙に書き入れなさい。
27 答えを答案用紙に書き入れなさい。
28 答えを答案用紙に書き入れなさい。
29 答えを答案用紙に書き入れなさい。
30 答えを答案用紙に書き入れなさい。
31 答えを答案用紙に書き入れなさい。
32 答えを答案用紙に書き入れなさい。
33 答えを答案用紙に書き入れなさい。
34 答えを答案用紙に書き入れなさい。
35 答えを答案用紙に書き入れなさい。

36 答えを答案用紙に書き入れなさい。
37 答えを答案用紙に書き入れなさい。
38 答えを答案用紙に書き入れなさい。
39 答えを答案用紙に書き入れなさい。
40 答えを答案用紙に書き入れなさい。
41 答えを答案用紙に書き入れなさい。
42 答えを答案用紙に書き入れなさい。
43 答えを答案用紙に書き入れなさい。
44 答えを答案用紙に書き入れなさい。
45 答えを答案用紙に書き入れなさい。
46 答えを答案用紙に書き入れなさい。
47 答えを答案用紙に書き入れなさい。
48 答えを答案用紙に書き入れなさい。
49 答えを答案用紙に書き入れなさい。
50 答えを答案用紙に書き入れなさい。

次のページに続く

III 次の会話をよく聞いて、後の問いにもっとも適したものを(A)から(D)の中
で一つ選びなさい。

例　A　すみません。この辺に薬局がありますか。

　　B　はい、デパートの中にありますよ。

　　A　デパートの中に花屋もありますか。

　　B　いいえ、花屋はあの本屋のとなりです。

花屋はどこにありますか。

(A) デパートの中

(B) 本屋のとなり

(C) 本屋の前

(D) デパートのとなり

51 女の人はどうしますか。

(A) 男の人にみかんをおくる。

(B) みかんをもらって帰る。

(C) みかんをもう少し食べる。

(D) 男の人にお茶を出す。

52 女の人はいつピアノを習いましたか。

(A) 子供の時に

(B) 大人になってから

(C) 高校時代に

(D) 学生時代に

53 女の人は何を頼まれましたか。

(A) 買い物

(B) お金の振り込み

(C) 手紙を出すこと

(D) チケットを買うこと

54 男の人はどうしますか。

(A) 女の人にコーヒーをおごる。

(B) 女の人に用件を伝えてもらう。

(C) 後で高橋さんに電話する。

(D) 高橋さんが電話を切るのを待つ。

55 男の人はどこに座りますか。

(A) 後ろの方の席

(B) 女の人が案内した席

(C) 名前が書いてある席

(D) 女の人が好きな席

56 女の人はどうして怖かったのですか。

(A) 自転車とぶつかるところだったから

(B) 車の運転が下手だったから

(C) 子供と一緒だったから

(D) いきなり子供が飛び出してきたから

57 女の人はどうしましたか。

(A) 課長とけんかをした。

(B) 課長が嫌で会社を辞めたい。

(C) 上司と合わなくて悩んでいる。

(D) 部下が言うことをきかない。

58 男の人はどうして連絡できなかったの
ですか。

(A) 会議が長引いてしまったから

(B) 仕事の後、課長と話していたから

(C) 電話で話をしていたから

(D) 女の人に電話しても話し中だったから

59 二人の会話で合っている内容はどれで
すか。

(A) 男の人の奥さんは料理が上手だ。

(B) 女の人は男の人を招待した。

(C) 女の人は男の人の奥さんを手伝った。

(D) サラダは奥さんが作った。

60 男の人について合っているのはどれで
すか。

(A) ペットを飼うのは初めてじゃない。

(B) 犬じゃなくて猫が飼いたい。

(C) 世話をするのは大変だけど、かわいい
と思っている。

(D) ペットの世話はめんどうくさいと思っ
ている。

61 二人はどうしますか。

(A) お金を払い戻してもらって帰る。

(B) ほかの飛行機も飛ばなかったら新幹線
で帰る。

(C) 天気がよくなるのを待っている。

(D) 新幹線の切符があるかを聞いてみる。

62 プリンターはどんな状態ですか。

(A) 買い替えたばかりなのに調子が悪い。

(B) 新しいのを買うしかなさそうだ。

(C) 壊れてしまって、修理に出している。

(D) 先週新しいのを買った。

次のページに続く

63 鈴木さんはどうしましたか。

(A) 今家にいない。

(B) 入院している。

(C) 二人を待っている。

(D) 買い物に出かけている。

64 二人はこれからどうしますか。

(A) 駅で待ってもらう。

(B) 行くのをあきらめる。

(C) 岸田さんたちをさきに行かせる。

(D) ホームで岸田さんたちを待つ。

65 吉田課長は戻ってから何をしますか。

(A) 男の人からの電話を待つ。

(B) 男の人に電話を入れる。

(C) 女の人からの連絡を待つ。

(D) 男の人から女の人に電話させる。

66 書類はどうしますか。

(A) 部長がわかりやすく説明する。

(B) 部長がほかの人に作らせる。

(C) 一緒に書き直す。

(D) もう一度ゆっくり読み直す。

67 二人は本をどうしますか。

(A) 今、たなを動かして取る。

(B) 図書館へ返しに行く。

(C) 引っ越してくる人にあげる。

(D) 引っ越しの時までそのままにしておく。

68 女の人は今の会社でどんな仕事をしますか。

(A) 接待の仕事をする。

(B) 前の会社と同じ仕事をする。

(C) 新しい仕事を任かされる。

(D) 横浜の会社より簡単な仕事をする。

69 会話の内容に合っているのはどれですか。

(A) 田中君は今日は会社に戻ってこない。

(B) 田中君は大阪に出張している。

(C) 女の人は今から外回りに出かける。

(D) 女の人は午後から出張に行く。

70 女の人はどう思っていますか。

(A) 遊びに行く人たちは通勤時間に乗らないでほしい。

(B) 旅行に行く人がうらやましい。

(C) 旅行客は電車を利用しないでほしい。

(D) 満員電車に乗りたくない。

71 男の人は何を心配していますか。

(A) 店がつぶれてしまうかもしれない。

(B) 店を開きたいけど、資金が足りない。

(C) 高い物の売り上げがあまりよくない。

(D) お客さんがまったく入ってこない。

72 来月どうしますか。

(A) お客が多くて休めない。

(B) 祝日が多いので温泉に行ける。

(C) みんなで旅行に行くことにした。

(D) 新しい店をオープンする。

73 書類はどうなりましたか。

(A) 見つからなかった。

(B) 企画部に返した。

(C) 男の人が持っていった。

(D) 女の人が見つけた。

74 女の人はこれからどうしますか。

(A) 受け付けにカギをもっていく。

(B) 男の人の家にカギを届ける。

(C) 引き出しの中を探す。

(D) 男の人が戻ってくるのを待っている。

75 男の人はどうしなければなりませんか。

(A) 仕事を辞めて、勉強を始める。

(B) 部署が変わったから、新しい仕事を身につける。

(C) 仕事のために法律を勉強する。

(D) 新しい法律に合わせて書類を作りなおす。

76 女の人は片づけない理由をなんだと言っていますか。

(A) 必要な物を捨てることもある。

(B) 書類が目の前にないと忘れてしまう。

(C) 慣れているから片づけたくない。

(D) 必要なものがすぐに見つからない。

77 会話の内容に合っているのはどれですか。

(A) 男の人は働きすぎで病気になった。

(B) 男の人は夏ばてで食欲がない。

(C) 女の人は最近体調が悪い。

(D) 女の人は運動することを勧めた。

78 男の人はどうしましたか。

(A) 娘に新しい洋服をプレゼントしたい。

(B) 店員に子供の服のサイズを教えている。

(C) 息子に入学のお祝いを買ってあげたい。

(D) 子供の行方がわからない。

次のページに続く

79 男の人は何を謝っていますか。

(A) 期限内に宿題が出せなかったこと

(B) 先生に連絡しなかったこと

(C) 病気で約束を守らなかったこと

(D) 理由を聞かずに怒ってしまったこと

80 相手はどんな人でしたか。

(A) ハンサムじゃないが紳士的な人

(B) いい会社に勤めている人

(C) 気さくで背が高い人

(D) ハンサムだが、背が低い人

Ⅳ　次の文章をよく聞いて、後の問いにもっとも適したものを(A)から(D)の中で一つ選びなさい。

例　私は銀行員で、この銀行に8年間勤めています。来月から研修で2年間、アメリカへ行きます。それで、毎日仕事の後で、英会話学校で英会話を勉強します。勉強は大変ですが、とても楽しいです。はやくアメリカへ行って一生懸命に勉強したいです。

1　この人は何年間銀行に勤めていますか。

(A)　1年間

(B)　6年間

(C)　7年間

(D)　8年間

2　この人は仕事のあとで何をしますか。

(A)　自習

(B)　研修

(C)　英会話の勉強

(D)　クラブ活動

81 ポチはどんな犬ですか。

(A)　黒くて大きい犬

(B)　12歳の小さい犬

(C)　白くて元気な犬

(D)　3歳の白い犬

82 ポチはどんなことが好きですか。

(A)　外の犬と遊ぶこと

(B)　家で寝ること

(C)　散歩に出かけること

(D)　買い物に出かけること

83 モモはいつもどうしていますか。

(A)　毎日散歩に出かけている。

(B)　家の中にはあまりいない。

(C)　朝晩吉田さんと遊んでいる。

(D)　体が弱くてほとんど家にいる。

84 吉田さんはモモのためにどうしていますか。

(A)　毎日朝と晩、散歩に行く。

(B)　休日に時々散歩に出かける。

(C)　健康にいいえさをあげている。

(D)　奥さんに代わって世話をする。

次のページに続く

85 この仕事はどんな人にできますか。

(A) 泳げる人なら誰でも

(B) 水泳ができる女子大生

(C) 元気で明るい高校生

(D) 大学生なら誰でも

86 このアルバイトで<u>しなくてもいい</u>ことはどれですか。

(A) プールの掃除

(B) 案内

(C) 売店でものを売ること

(D) 子供に水泳を教えること

87 勤務時間はどうですか。

(A) 平日の午前か午後どちらかで選べる

(B) 毎日の午前中3時間と午後4時間

(C) 週末の午前と午後

(D) 土日の午前と午後それぞれ4時間ずつ

88 仕事を始めた日はどんなことをしますか。

(A) 防災の訓練を受ける。

(B) 安全教育を受ける。

(C) プールを利用する子供たちに注意をする。

(D) プールをきれいに掃除する。

89 昨日加藤さんのところに何がありましたか。

(A) 子供が運動をしていて怪我をした。

(B) 加藤さんが風邪を引いて寝込んでしまった。

(C) 2番目の子供が生まれた。

(D) 子供が高熱を出して大変だった。

90 どうして奥さんは病院へ行かなかったのですか。

(A) 会社を休むことができなかったから

(B) そんなことはいつも夫に任せているから

(C) 出産予定日が近づいているから

(D) 子供の面倒をみていたから

91 病院から帰ってきて長男はどうでしたか。

(A) 友達と遊びに出かけた。

(B) 薬を飲んで眠ったらすっかりよくなった。

(C) 大好きなバナナを食べて眠った。

(D) 加藤さんの病気が治って喜んでいた。

92 西村さんはふつう何で帰宅しますか。

(A) 自家用車で

(B) 急行列車とバスで

(C) 特急電車で

(D) 特急電車とタクシーで

93 西村さんはどうして特急電車に乗ったりするのですか。

(A) 疲れた時、座って帰れるから

(B) 車内でコーヒーが飲めるから

(C) 500円節約できるから

(D) 急行列車より終電が遅いから

94 どんな時にタクシーに乗りますか。

(A) お酒を飲んだとき

(B) 満員電車に乗りたくないとき

(C) 終電に乗れなかったとき

(D) 最終バスに乗れなかったとき

95 ダンス教室の無料体験の申し込みはいつまでですか。

(A) 来週の月曜日まで

(B) 一定の定員になるまで

(C) 一ヶ月後教室が始まるまで

(D) いつ申し込んでもいい

96 体験のとき、教室で借りられるものはどれですか。

(A) シューズ

(B) タオル

(C) 飲み物

(D) 運動着

97 内容に合っているのはどれですか。

(A) 申し込みは電話でも受け付けられる。

(B) 年齢、レベルは関係ない。

(C) 体験終了後、年会員になった人はクーポンがもらえる。

(D) ヨガ教室はいつでも無料で体験できる。

次のページに続く

98 どうして売り場を移動しましたか。

(A) 売り場を縮小するため

(B) 新しいブランドが入るため

(C) 工事で一時閉店するため

(D) 婦人服売り場を拡張するため

100 くつ売り場はどちらに移動しましたか。

(A) 同じ階の中央のコーナー

(B) 2階のエスカレーターの前

(C) 1階の東側のコーナー

(D) 2階の西側のコーナー

99 もともと1階にあった売り場ではない
のはどれですか。

(A) 婦人服売り場

(B) カバン売り場

(C) 帽子売り場

(D) 化粧品売り場

これで聞き取りの問題は終わります。

それでは、次の質問101番から質問200番までの問題に答えなさい。

答案用紙に書き込む要領は聞き取りの場合と同じです。

| $\boxed{V}$ | 下の＿＿＿＿線の言葉の正しい表現、または同じ意味のはたらきをしている言葉を(A)から(D)の中で一つ選びなさい。 |

101 学生時代の努力が将来を<u>左右</u>します。

(A) ざゆう

(B) さゆう

(C) ざう

(D) さう

102 <u>上半期</u>の実績があまりよくなかった。

(A) じょうばんき

(B) じょうはんき

(C) かみはんき

(D) かみばんさ

103 窓から<u>小川</u>が見える。

(A) しょうせん

(B) こせん

(C) こがわ

(D) おがわ

104 サプリメントで足りない栄養素を<u>補う</u>。

(A) おぎなう

(B) つぐなう

(C) うしなう

(D) あらそう

105 試験に合格して<u>喜んで</u>いる。

(A) うれしんで

(B) たのしんで

(C) くるしんで

(D) よろこんで

106 環境の改善に<u>つとめて</u>います。

(A) 勤めて

(B) 努めて

(C) 務めて

(D) 秘めて

107 借りた資料は明日<u>かえして</u>もいいですか。

(A) 帰して

(B) 返して

(C) 反して

(D) 換して

108 <u>おにあい</u>の夫婦ですね。

(A) 見合い

(B) 釣合い

(C) 似合い

(D) 見舞い

次のページに続く

109 学生時代に勉強しなかったことを<u>こうかい</u>してももう遅い。

(A) 公開

(B) 後悔

(C) 航海

(D) 公会

110 何回も失敗を<u>かさね</u>たが、なんとか成功した。

(A) 重ね

(B) 失ね

(C) 度ね

(D) 連ね

111 来た人はたった5人でした。

(A) はじめに5人来ました。

(B) 5人しか来ませんでした。

(C) 予想外に5人来ました。

(D) 後から5人来ました。

112 今日は早めに<u>帰らせていただきたいのですが</u>。

(A) 帰らしたいんですが

(B) 帰らせたいんですが

(C) 帰りたいんですが

(D) 帰られたいんですが

113 映画が<u>始まらないうちに</u>トイレに行ってきます。

(A) まもなく始まるから

(B) 始まる前に

(C) 始まってから

(D) 始まるといけないから

114 <u>大人っぽい</u>服装をしていて、とても中学生には見えなかった。

(A) 大人しい

(B) 大人らしい

(C) 大人そうな

(D) 大人みたいな

115 検査の結果が<u>気になってならない</u>。

(A) まるで気にならない

(B) すこし気になる

(C) 気になってしかたがない

(D) 気にしてもしかたがない

116 彼は過労<u>から</u>病気になった。

(A) この映画は子供<u>から</u>大人まで楽しめる。

(B) これ<u>から</u>もっと気をつけなさい。

(C) 私の目<u>から</u>見れば彼はまだ子供だ。

(D) 好奇心<u>から</u>箱の中をのぞいた。

117 この資料は<u>よく</u>まとまっています。

(A) 難しかったのに<u>よく</u>できました。

(B) <u>よく</u>考えてから決めてください。

(C) <u>よく</u>野球を見に行きます。

(D) 彼女とは<u>よく</u>会います。

118 みんなが面白いというから読んでみ<u>よ</u><u>う</u>と思いました。

(A) 悪い冗談はやめ<u>よう</u>ね。

(B) 寝<u>よう</u>とした時に電話がかかってきた。

(C) 相手に負けない<u>よう</u>頑張ります。

(D) 飲み過ぎない<u>よう</u>にしてください。

119 <u>まずい</u>ときにやってきた。

(A) <u>まずい</u>歌を聞くのはごめんだ。

(B) <u>まず</u>そうな料理だった。

(C) 彼女は仕事はできるが、字が<u>まずい</u>。

(D) <u>まずい</u>ことをやったものだ。

120 持ち物が<u>きれい</u>に盗まれていました。

(A) 彼女は<u>きれい</u>な着物を着ていました。

(B) 残さないで<u>きれい</u>に食べてしまいました。

(C) <u>きれい</u>な声の女の人でした。

(D) <u>きれい</u>好きの人はいっしょにいると疲れます。

次のページに続く

下線の(A)(B)(C)(D)の言葉の中で正しくない言葉を一つ選びなさい。

121 5年前にアメリカに転勤したと聞きましたが、その間会社の帰り道に偶然山田さん
　　　　　　　　　　　　　(A)　　　　　　　　(B)　　　　　　(C)　　　　　　(D)
に会いました。

122 この仕事はやるがいがあるため、つい力が入りすぎてしまいます。
　　　　　　　　　(A)　　　　　(B)　(C)　　　(D)

123 この布は水に強い一方から、熱に弱いので注意が必要だ。
　　　　　　　　(A)　　　(B)　　　　　(C)　　(D)

124 彼女はまだ初心者だから、誰がすぐそばについていないと、どんな失敗をするか
　　　　　　(A)　　　　　　　　(B)　　　　(C)　　　　　　　　(D)
わかりません。

125 中村さんは風邪に引いて、今日は勉強会に参加しないで先に帰ったそうです。
　　　　　　　　(A)　　　　　　　　　(B)　　　(C)　　　(D)

126 仕事の後は、ゆっくりお風呂に入って一日の疲れをとれるのが私の健康法です。
　　　　　　　　(A)　　　　(B)　　　　　　　　　(C)　(D)

127 たとえば親でも言っていいことと悪いことがあるのは当然です。
　　　(A)　　　　(B)　　　　　　　　　　　(C)　(D)

128 食べたい<u>の</u>は<u>山々</u>ですが、ダイエットしている<u>のに</u>当分は我慢<u>しなければ</u>なりません。
      (A)   (B)   (C)   (D)

129 一番成績がいい<u>人が</u>アメリカ本社に<u>行く</u>らしい<u>の</u>ですが、<u>しっかり</u>したことは私も
                (A)   (B)   (C)   (D)

わかりません。

130 子供はノートパソコンを<u>ほしい</u>のですが、ゲーム<u>ばかり</u>する<u>かもしれない</u>から、
                     (A)   (B)   (C)

まだ買って<u>あげて</u>いません。
         (D)

131 そんなに好き<u>ければ</u>黙って<u>いないで</u>告白<u>すれば</u><u>いいじゃ</u>ないですか。
          (A)   (B)   (C)   (D)

132 こちらに<u>来る</u>ことがあったら<u>きっと</u>家にも<u>遊びに</u>来てください。<u>いつでも</u>大歓迎
       (A)   (B)   (C)   (D)

ですから。

133 <u>せめて</u>声<u>だけでも</u><u>見せて</u>くれれば安心できるのに電話も<u>して</u>くれないんです。
(A)   (B)   (C)   (D)

134 この建物は<u>古く</u>になって<u>大変危険</u>ですので<u>近づくな</u>と書いて<u>あります</u>。
          (A)   (B)   (C)   (D)

次のページに続く ⇨

135 山田君は<u>有能し</u>、意欲も<u>十分だ</u>。ぜひ<u>今度の企画</u>の責任者に<u>なってもらおう</u>。
     (A)   (B)   (C)   (D)

136 朝寝坊<u>して</u>、約束の時間に30分も遅れて<u>行けば</u>、<u>待ち合わせ</u>の場所には<u>もう</u>誰も
    (A)   (B)   (C)   (D)

いなかった。

137 窓が<u>開けて</u>いたので、<u>そこから</u>どろぼうは<u>入った</u>のではないかと警察<u>では</u>見ています。
    (A)   (B)   (C)   (D)

138 あの子たちは<u>まだ</u> <u>若いんですから</u>、将来の<u>こと</u>を考えて、あまり厳しく<u>しない</u>方
      (A) (B)   (C)   (D)

がいいでしょう。

139 今年<u>入った</u>新入社員<u>の中で</u>誰<u>の方が</u>いちばん入社成績<u>が</u>よかったですか。
    (A)   (B) (C)   (D)

140 先生、久しぶりに<u>お拝見</u>できて <u>嬉しかった</u>です。学校の皆さん<u>に</u>よろしく<u>お伝え</u>
       (A)   (B)   (C)   (D)

ください。

VII　下の＿＿＿＿線に入る適当な言葉を(A)から(D)の中で一つ選びなさい。

141 あの人は＿＿＿＿だから、貸してくれないと思います。

(A)　ハンサム

(B)　けち

(C)　いんちき

(D)　にせもの

142 スマートフォンのいい＿＿＿＿はネットが自由に使えるということです。

(A)　ところ

(B)　場合

(C)　長所

(D)　あたり

143 クリスマスイブに市内に出たら、すごい＿＿＿＿で疲れました。

(A)　人並み

(B)　人混み

(C)　人前

(D)　人寄り

144 子供も生まれたし、そろそろ大きい車に＿＿＿＿ましょう。

(A)　買い換え

(B)　切り替え

(C)　やり直し

(D)　買いしめ

145 趣味で料理を＿＿＿＿以来、料理が好きになり、楽しくなった。

(A)　習って

(B)　習った

(C)　習う

(D)　習い

次のページに続く

146 彼は土日も＿＿＿＿＿働きつづけた。

(A) 休まなくて

(B) 休まずに

(C) 休もうと

(D) 休めないで

147 ちょっとその記事を見せて＿＿＿＿＿か。

(A) もらいます

(B) もらえます

(C) もらいたいです

(D) もらいません

148 彼女が窓から手を＿＿＿＿＿いますね。

(A) 振れて

(B) 振えて

(C) 振るって

(D) 振って

149 今朝までは少なかったのに、＿＿＿＿＿多くなったんです。

(A) 振り向きもせずに

(B) あっという間に

(C) こともなげに

(D) つかの間に

150 すみませんが、急いでいるのでちょっと＿＿＿＿＿ください。

(A) 通して

(B) 通って

(C) 通じて

(D) かよって

151 こんなにたくさんだと今日中には読み＿＿＿＿＿＿＿。

(A) すごしません

(B) できません

(C) きれません

(D) つくしません

152 あなたにはまだ＿＿＿＿＿＿＿未来が待っています。

(A) 騒がしい

(B) 明るい

(C) 暗い

(D) 目覚ましい

153 この地図は＿＿＿＿＿＿＿わかりやすい。

(A) くやしくて

(B) くわしくて

(C) こいしくて

(D) けわしくて

154 子供の初舞台を＿＿＿＿＿＿＿しながら見守った。

(A) はらはら

(B) くすくす

(C) ぞくぞく

(D) すくすく

155 ＿＿＿＿＿＿＿早めに来てください。

(A) なるべく

(B) それほど

(C) あまり

(D) よほど

次のページに続く

156 お昼に焼き肉を食べたので、夜は＿＿＿＿＿＿＿したものが食べたいです。

(A) こってり

(B) さっぱり

(C) すっかり

(D) たっぷり

157 A：入社式はいつですか。　　B：＿＿＿＿＿＿＿知りません。

(A) どうか

(B) いつかどうか

(C) いつも

(D) いつか

158 この学校に初心者＿＿＿＿＿＿＿のコースはないですか。

(A) 好き

(B) 好み

(C) 向け

(D) 向かい

159 国の成長＿＿＿＿＿＿＿、国民の生活も豊かになってくる。

(A) にそって

(B) において

(C) に伴って

(D) にかけて

160 突然の雨に＿＿＿＿＿＿＿、タクシーに乗りました。

(A) 降らせて

(B) 降って

(C) あって

(D) あわせて

161 こちらに有名な仏像があると＿＿＿＿＿いますが。

(A) 伺って

(B) 拝見して

(C) お目にかかって

(D) お聞きになって

162 彼の言うことは合っている。＿＿＿＿＿私は賛成できない。

(A) だから

(B) しかし

(C) しかも

(D) そこで

163 彼＿＿＿＿＿には努力をしているみたいです。

(A) だけ

(B) より

(C) なり

(D) ほど

164 部長へのお土産＿＿＿＿＿このハンカチはどうかしら。

(A) で

(B) に

(C) と

(D) を

165 このおかずの＿＿＿＿＿方って難しいですか。

(A) 作る

(B) 作り

(C) 入る

(D) 入り

次のページに続く

166 そのために仕事を失う＿＿＿＿＿かもしれない。

(A) ことになる

(B) ことにする

(C) だけにする

(D) ばかりになる

167 夜は大学に＿＿＿＿＿仕事もしなければなりませんでした。

(A) 通った一方で

(B) 通いながら

(C) 勉強する一方で

(D) 勉強しながら

168 何があっても高校までは卒業す＿＿＿＿＿だ。

(A) わけ

(B) なければならない

(C) べき

(D) 見込み

169 テーブルの上をこれで＿＿＿＿＿くれませんか。

(A) はいて

(B) 拭いて

(C) 洗って

(D) そって

170 クラシックを聞いている＿＿＿＿＿眠ってしまったようです。

(A) あとで

(B) ながら

(C) うちに

(D) まえに

VIII　下の文を読んで、後の問いにもっとも適した答えを(A)から(D)の中で一つ
選びなさい。

171-174

私は新聞の求人広告をよく見る習慣がある。会社を定年退職してぶらぶらしていた
が、まだ仕事がしたくて、何か自分に合う仕事はないかと探していたのだ。
　３週間前、病院の掃除をする仕事を見つけた。勤務時間は朝５時から３時間で、場
所は家から歩いて15分の距離にある病院だ。すぐに面接を受けて翌日から働いてい
る。私はたいてい夜８時に寝て、朝４時に起きているから、早朝の仕事は私の生活リ
ズムにピッタリ合っているのだ。
　朝、まだ暗いうちに家を出て、みんなが出勤する時間には仕事を終えて帰って来る。
この勤務時間がとても気に入っている。時間を有効に使っている気がして、得した気
分になる。

171　どうやって今の仕事を見つけましたか。

(A)　友達の紹介で

(B)　新聞の広告を通して

(C)　病院で求人広告を見て

(D)　病院へ行ったとき、面接を受けて

172　この人はどんな生活リズムをしていますか。

(A)　夜寝るのが遅い。

(B)　早寝、早起きをしている。

(C)　夜働いて、昼間は寝ている。

(D)　昼と夜が逆になっている。

173　どうしてこの仕事が気に入っているのですか。

(A)　掃除をすることが好きだから

(B)　みんなと一緒に出勤できるから

(C)　時間を効率的に使えるから

(D)　早朝の時間には寝られるから

174　本文の内容と合っているのはどれですか。

(A)　この人は会社に勤めたことがない。

(B)　面接を受けた次の日から働いている。

(C)　病院まで電車に乗っていく。

(D)　毎日５時間働いている。

次のページに続く

修学旅行説明会を行いました。たくさんの保護者の方に参加していただき、ありがとうございました。

修学旅行の準備で一番お願いしたいことは、おこづかいに関することです。今回は4000円以内と設定しました。去年と同じです。何と言っても、修学旅行は学習に行くのです。その中で、お金を持って買い物をすることも一つの経験です。その経験から考えますと、4000円は十分な額だと思います。子どもたちに聞いてみると、多めに持ってこられないことを残念がる子供たちがいるようです。しかし、①これだけは絶対に守ってください。ちなみに、前回行った修学旅行では、子どもたちは守ったみたいです。なぜならば、ばれるかもしれないというドキドキ感が感じられませんでした。そういうものはすぐにばれるものです。②よけいなドキドキ感を感じるより、もっと修学旅行でしか味わえないドキドキ感を味わいましょう。

175 これは誰が誰に送る案内文ですか。

(A) 担任の先生が保護者へ

(B) 保護者が子供たちへ

(C) 子供たちが担任の先生へ

(D) 保護者が担任の先生へ

176 ①これが指すのは何ですか。

(A) 修学旅行に参加すること

(B) 修学旅行の準備をすること

(C) おこづかいを4000円以内にすること

(D) おこづかいをたくさんほしがる子供がいること

177 前回の修学旅行はどうでしたか。

(A) おこづかいを多めに持ってきた子供が多かった。

(B) みんな4000円以内のお金を持ってきた。

(C) どきどきしながら旅行を楽しんでいた。

(D) 先生にばれた子供が何人かいた。

178 ②よけいなドキドキ感はここではどんな感じですか。

(A) 秘密を守らなければいけないという不安感

(B) 旅行先で何かあるかもしれないという不安感

(C) お金が足りなかったらどうしようという不安感

(D) ばれるかもしれないという不安感

母の日の由来を知っていますか。

1907年、アメリカ人のアンナ・ジャービスという女性は母の命日に追悼する会を開きました。①その時、参列者に白いカーネーションを贈りましたが、それが母の日の始まりだそうです。

この後、彼女は「②＿＿＿＿＿＿＿＿＿、感謝する気持ち」をアメリカ議会に対して呼びかけて、1914年にウィルソン大統領が5月第2日曜日を「母の日」と制定しました。

以来、白いカーネーションは母の墓前に供えるものとされ、お元気でいらっしゃるお母様には、赤いカーネーションをプレゼントする習慣が定着しました。

日本でも毎年5月の第2日曜日は母の日です。この日、お母さんへの感謝の言葉をそえて贈り物をする習慣があります。

179　①その時はいつのことですか。

(A)　母の日

(B)　追悼式

(C)　教会に行く日

(D)　母の誕生日

180　　②　に入る適当な言葉はどれですか。

(A)　お母さんを大切にする気持ち

(B)　カーネーションを送る気持ち

(C)　命日を記念する気持ち

(D)　親不孝を後悔する気持ち

181　母の日を制定したのは誰ですか。

(A)　アンナ・ジャービス人

(B)　アメリカの議会

(C)　アメリカの大統領

(D)　日本人

182　本文の内容と合っているのはどれですか。

(A)　亡き母親には赤いカーネーションを供える。

(B)　元気なお母さんにはプレゼントだけを贈る。

(C)　母の日はアメリカと日本は同じ日になっている。

(D)　アンナ・ジャービスという女性は議会で働いている。

次のページに続く

お元気ですか。
昨年より、友人とフラダンス教室に通っているのですが、このたび教室主催の発表会が開催されることとなり、私も出演することになりました。
日時は6月14日(日)、午後3時から5時まで。会場はみどりホールです。
今回は、私のような初心者だけでなく全国で公演を行っているベテランの方も多数登場します。
ハワイ好きの青山さんには、きっと楽しんでいただけると思います。
お時間があったら、ぜひお越しください。それでは、ご案内まで。

183 この人はいつからダンス教室に通い始めたのですか。

(A) これから通う予定である

(B) 今年の春から

(C) 去年から

(D) おととしから

184 発表会について合っているのはどれですか。

(A) 公演は日曜日の午前に行われる。

(B) ベテランの人も出演する。

(C) 毎年行われている。

(D) 受賞したら全国公演に参加できる。

185 手紙を出した人について合っているのはどれですか。

(A) 一人でフラダンスを習っている。

(B) もうベテランになっている。

(C) フラダンス発表会に出演することになった。

(D) 青山さんといっしょにダンス教室に通っている。

前から興味があったホームページ作りなのに、難しそうで手が出せないとか、ちょっと忙しいとかの理由であきらめてしまってませんか。でも、①この講座なら大丈夫！専門家の指導で、ホームページ作成の基礎から学べ、ホームページが簡単に作れるようになります。趣味として、自分のホームページが作れるようになるのはもちろん、プロとして活躍できる実力も身につきます。
テキストは、図や写真をたくさん使って、わかりやすく作られています。ホームページの作り方の基礎から、やさしく身につくカリキュラムなので、初心者の方でも安心して学べます。すべての課題に合格すると、ホームページデザイナー資格が取得できます。プロのホームページデザイナーとして活躍できる実力を身につけた証明となり、就職・転職にも大いに役立ちます。

186 何を紹介していますか。

(A) 誰でも挑戦できるホームページデザイナー養成講座

(B) 簡単なホームページの作り方

(C) 就職に役立つホームページ作り

(D) 初心者コースから専門家コースまでそろっている講座

187 ①この講座を利用できない人は次のどの人ですか。

(A) ホームページデザイナーになりたい人

(B) 自分のホームページを作ってみたい人

(C) ホームページデザイナーを指導したい人

(D) ホームページ作成を基礎から勉強したい人

188 どんなテキストを使っていますか。

(A) いろいろな図や表を使うためのテキスト

(B) わかりやすく写真などで説明したテキスト

(C) 写真や図を利用する方法を教えるテキスト

(D) カリキュラムを読みやすく説明したテキスト

189 どうやったら資格を取得することができますか。

(A) すべての課題を通過しなければならない。

(B) 講座を終了するだけで資格が取れる。

(C) 免許試験に合格しなければならない。

(D) 証明書をもらって仕事ができるようになる。

次のページに続く

①最近の結婚式の傾向はお金をかけないことですね。以前は300万円ぐらいが普通という時期もありましたが、最近は式そのものにはあまりお金をかけないで、生活準備の方にお金をかける傾向があるようです。

こうした雰囲気のなかで②会費制の結婚式というのが着実に成長してきています。会費制の一番のメリットは、値段が明記されているので、ご祝儀をいくらにしようなんて心配する必要がないということですね。招待状も広く発送されるので、招待されたからといって義理で出席するという必要もないです。結婚式らしくないというのでご両親には不評の場合も多いですが、若い世代からは高い評価を受けています。

ただ地域による違いが大きくて、東京などでは会費制はカジュアルなイメージですが、北海道ではフォーマルな結婚式でも会費制ということが多いです。

190 ①最近の結婚式の傾向はどうですか。

(A) 費用を平均300万円ぐらいかけている。

(B) 式をあげない人が増えている。

(C) 式より生活準備の方にお金をかけている。

(D) 披露宴だけで済ませている。

191 ②会費制の結婚式の特徴は何ですか。

(A) 結婚式場で式をあげなくてもいい。

(B) ゲストがご祝儀の値段を決める。

(C) 多くの人に招待状が出される。

(D) ご祝儀をたくさんもらえる。

192 両親からの反応はどうですか。

(A) 多少不満はあるが、お金がかからないのはいい。

(B) 今までの結婚式とは違うのであまり評価がよくない。

(C) 出席者が多くなるので喜んでいる。

(D) 定着するまで時間がかかると思っている。

193 地域による違いについて合っているものはどれですか。

(A) 東京は会費制の結婚式を好まない。

(B) 北海道で会費制の結婚式を利用する人はほとんどない。

(C) 東京では結婚式の服装はカジュアルが多い。

(D) 北海道の結婚式は会費制が普通だ。

要らなくなった本をちょっと変わった形で再利用する方法をご紹介しましょう。古本を加工せずに、内側に穴を開け、中には土を入れて、植物を育てる①容器として考案された商品が売り出されました。この容器は去年東京の美術館で開催された花と本をテーマにした展覧会に、あるデザイン会社が作品として出したものですが、評判がよかったため商品化されたのです。家でも辞書など厚い本を利用し、小さい植物を入れて楽しむことができます。水やりなどで傷んだりしますが、ていねいに扱えば半年以上は楽しめるそうです。

194 何を紹介していますか。

(A) 古い本をリサイクルする方法
(B) 使い捨てのコップを再利用する方法
(C) かわいいデザインの鉢植えの作り方
(D) 辞書を利用したユニークな形の容器

195 ①容器はどうして商品化されたのですか。

(A) デザインの評判がよかったから
(B) 花と本をテーマにしたから
(C) 展覧会に出品して好評だったから
(D) デザイン会社が作ったものだから

196 ①容器の特徴でないものはどれですか。

(A) 厚い本で利用できるものだ。
(B) 水をやると弱くなったりもする。
(C) 小さい植物を入れて使う。
(D) とても丈夫で、何年も使うことができる。

次のページに続く

先日、子供の運動会があって学校へ行ってきたが、昔とはずいぶん変わっていてびっくりした。勝ち負けを決めない競技が多いのだ。みんなでわいわい楽しんでいる感じで、駆けっことかも以前のように順位をつけていない。赤組が勝ったとか白組が勝ったとかいうような競争意識を持たせないようにしているわけだ。

しかし、現実の社会は競争にあふれている。子供の世界に必要以上の競争心を植えつけないためにはいいかもしれないが、運動会の時だけ①それを除いてもあまり意味がないように思われる。

昔、私は勉強がぜんぜんできない子だったから、運動会は私の活躍の場だった。今の運動会を見て寂しいと思うのは私だけだろうか。

197 以前の運動会はどうでしたか。

(A) みんなで楽しんでいた。

(B) 勝ち負けは意味がなかった。

(C) 競争して勝ち負けを決めていた。

(D) 親子で参加するゲームがなかった。

198 この人は運動会が以前と変わった理由は何だと思っていますか。

(A) 子供に必要以上の競争意識を持たせないため

(B) 競争がはげしい競技がなくなったため

(C) 家族で参加する競技を増やすため

(D) やりやすい競技をたくさん作るため

199 ①それが指すのは何ですか。

(A) 運動会

(B) 現実の社会

(C) 競争心

(D) 好奇心

200 この人はどんな子供でしたか。

(A) 勉強が得意で運動が苦手な子供

(B) 運動が得意で勉強が苦手な子供

(C) 運動も勉強も苦手な子供

(D) 運動も勉強もできる子供

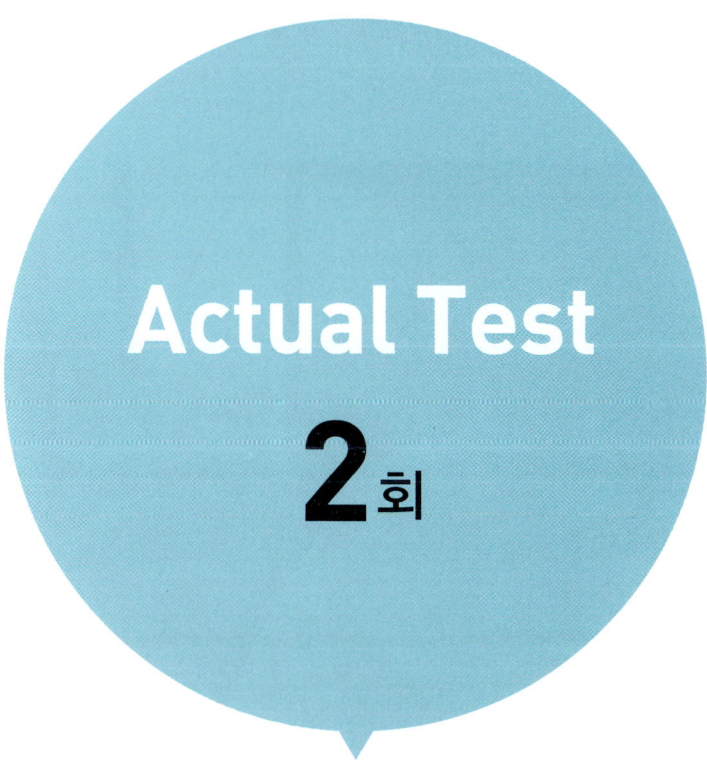

受験番号						
姓　　名						

次の質問１番から質問100番までは聞き取りの問題です。

どの問題も一回しか言いませんから、よく聞いて答えを(A)(B)(C)(D)の中から一つ選び
なさい。答えを選んだら、それにあたる答案用紙の記号を黒くぬりつぶしなさい。

Ⅰ　次の写真を見て、その内容に合っている表現を(A)から(D)の中で一つ選び
　　なさい。

例

(A)　パソコンを使っています。

(B)　コピーをしています。

(C)　電話をしています。

(D)　写真を撮っています。

答　

1

2

次のページに続く ⟶

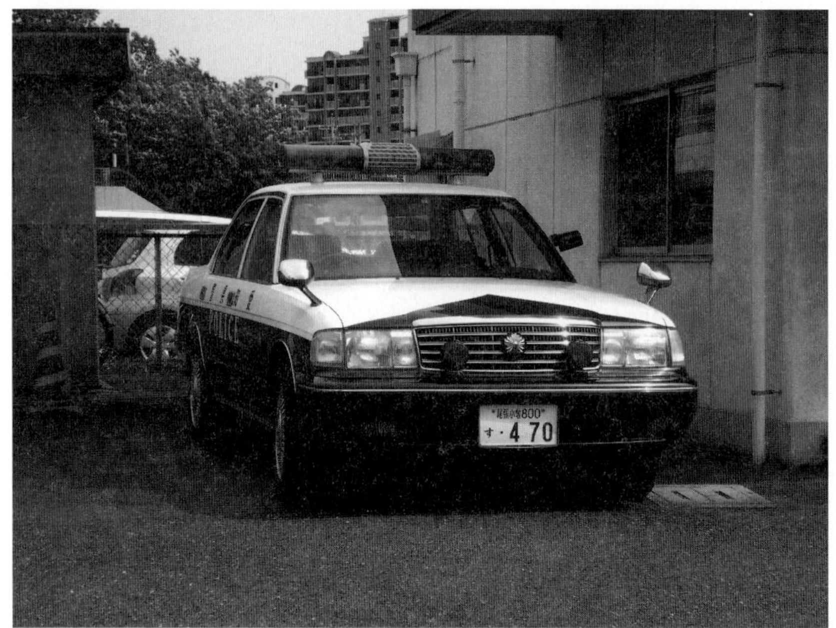

5

6

次のページに続く⟹

7

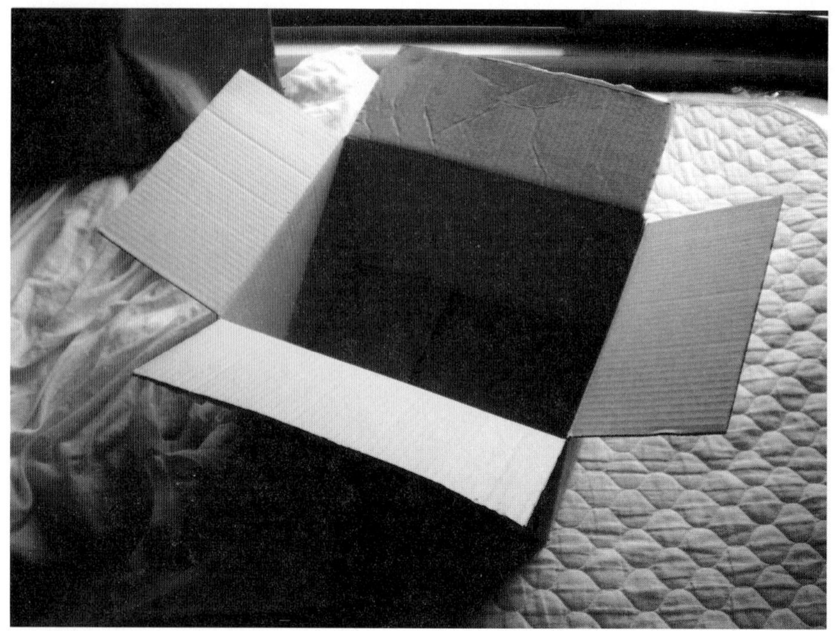

8

9

10

次のページに続く

11

12

13

14

次のページに続く

15

16

第24回　桃花台はみんなの"わがふるさと"
桃花台まつり 2010
7/31土　8/1日　17:00〜21:30
飲食の持込はご遠慮ください
会場案内図
ステージプログラム
7/31土
17:00　オープニング挨拶　実行委員長
17:02　HQSW　バンド演奏
17:15　ナゴヤ　ゴールデントワラーズ　小牧
17:30　RAN2（ランツー）
17:35　空手道MAC　小牧支部
17:50　辰巳彩小牧歌謡倶楽部
18:05　インディ　デ　ベリー（ベリー民族舞踊）
18:20　ラウアエ（フラダンス）
18:30　小牧高校吹奏楽部演奏
19:00　来賓紹介　事務局員
19:10　中部フィルハーモニー　交響楽団　金管五重奏
19:35　未来（石田未来）
20:00　盆踊り　桃順会
20:40　909（ナイン・オー・ナイン）
8/1日
17:00　Me Saw See!　Go Hands
17:15　M's（ジャズダンス）
17:23　SOS団　ダンス
17:30　KJ（HIP HOP ダンス）
17:35　スピッツII（ジャズダンス）
17:45　聖和館　空手教室
18:00　ちんちくりん
18:10　フラスタジオ　マカマカ
18:25　ハラウ・フラ・オハナ
18:35　大知神の手
16:50　エスペランサ国際合唱団
19:00　藤永ゆゑ　歌謡シンガー
19:35　小牧百地太鼓サザエ童謡
20:00　盆踊り　桃順会
20:40　チェスティ
会場　喫煙場所　ステージ　ビアガーデン　一般ブース　フリーマーケット　本部　キッズスペース　現在地

17

18

次のページに続く

19

20

Ⅱ　次の言葉の返事として、もっとも適したものを(A)から(D)の中で一つ選び
　　なさい。

　　例　休みにどこかへ行きますか。

　　　　(A) はい、家でごろごろします。
　　　　(B) はい、台所にいます。
　　　　(C) いいえ、どこへも行きません。
　　　　(D) いいえ、休みではありません。

21　答えを答案用紙に書き入れなさい。
22　答えを答案用紙に書き入れなさい。
23　答えを答案用紙に書き入れなさい。
24　答えを答案用紙に書き入れなさい。
25　答えを答案用紙に書き入れなさい。
26　答えを答案用紙に書き入れなさい。
27　答えを答案用紙に書き入れなさい。
28　答えを答案用紙に書き入れなさい。
29　答えを答案用紙に書き入れなさい。
30　答えを答案用紙に書き入れなさい。
31　答えを答案用紙に書き入れなさい。
32　答えを答案用紙に書き入れなさい。
33　答えを答案用紙に書き入れなさい。
34　答えを答案用紙に書き入れなさい。
35　答えを答案用紙に書き入れなさい。

36　答えを答案用紙に書き入れなさい。
37　答えを答案用紙に書き入れなさい。
38　答えを答案用紙に書き入れなさい。
39　答えを答案用紙に書き入れなさい。
40　答えを答案用紙に書き入れなさい。
41　答えを答案用紙に書き入れなさい。
42　答えを答案用紙に書き入れなさい。
43　答えを答案用紙に書き入れなさい。
44　答えを答案用紙に書き入れなさい。
45　答えを答案用紙に書き入れなさい。
46　答えを答案用紙に書き入れなさい。
47　答えを答案用紙に書き入れなさい。
48　答えを答案用紙に書き入れなさい。
49　答えを答案用紙に書き入れなさい。
50　答えを答案用紙に書き入れなさい。

次のページに続く

Ⅲ　次の会話をよく聞いて、後の問いにもっとも適したものを(A)から(D)の中で一つ選びなさい。

例　A　すみません。この辺に薬局がありますか。

　　B　はい、デパートの中にありますよ。

　　A　デパートの中に花屋もありますか。

　　B　いいえ、花屋はあの本屋のとなりです。

花屋はどこにありますか。

(A)　デパートの中

(B)　本屋のとなり

(C)　本屋の前

(D)　デパートのとなり

51 この店はどうしましたか。

(A)　新しく店をオープンした。

(B)　定期セールを行っている。

(C)　あまりお客が来ない。

(D)　明日で閉店する。

52 女の人の家はどうですか。

(A)　近くに駅がある。

(B)　駅から徒歩10分のところにある。

(C)　駅からバスに乗り換えなければならない。

(D)　男の人の家からかなり遠い。

53 女の人の仕事はどうですか。

(A)　順調に進んでいる。

(B)　職場が変わってとても忙しい。

(C)　同僚に辞められて毎日忙しい。

(D)　暇な毎日を過ごしている。

54 会社を辞める理由は何ですか。

(A)　海外で勉強したいから

(B)　専門の勉強をしておきたいから

(C)　もっといい仕事が見つかったから

(D)　大学に進学するから

55 女の人はこれからどうしますか。

(A) 男の人が来るのを待っている。

(B) 病院へ行って診察を受ける。

(C) 薬を飲んでゆっくり休む。

(D) 男の人の指示にしたがって直してみる。

56 コートはどこが違いますか。

(A) ポケットの形

(B) コートの色

(C) ポケットの中のもの

(D) 色とデザイン

57 男の人はどうしますか。

(A) 会議に少し遅刻して出席する。

(B) 女の人を代わりに参加させる。

(C) 取引先の人と出かける。

(D) 女の人に電話をさせる。

58 今日のゼミはどうなったのですか。

(A) 二人が日にちを間違えた。

(B) 部屋がかわった。

(C) 時間がかわった。

(D) 講師がお休みで延期になった。

59 二人はどうしますか。

(A) 鈴木さんの結婚式に出席する。

(B) 鈴木さんに5千円を払う。

(C) みんなに案内を配る。

(D) お金を集めて結婚祝いを買う。

60 女の人はどんなものに交換しますか。

(A) 同じサイズの茶色のもの

(B) もっと小さいサイズ

(C) 茶色の大きいサイズ

(D) 同じ色の小さいもの

61 男の人はまず何をしますか。

(A) ガスの火を止める。

(B) お湯を沸かす。

(C) お茶を入れる。

(D) ヤカンを洗う。

62 男の人は何をやめますか。

(A) 朝まで仕事をすること

(B) 飲み会に参加すること

(C) 勤めていた会社

(D) お酒を飲むこと

次のページに続く

63 男の人は何をしますか。

(A) 提案の内容をまとめる。

(B) 女の人に報告書を出す。

(C) まとめた内容を発表する。

(D) 提案の内容を新しく考える。

64 男の人はどんな状態ですか。

(A) とても落ち着いている。

(B) 失敗して落ち込んでいる。

(C) とても緊張している。

(D) 社長にほめられて喜んでいる。

65 男の人はどうして心配していないんですか。

(A) 友達と一緒に勉強したから

(B) 友達が帰ったあと勉強したから

(C) 次の試験を受けるつもりだから

(D) 前からできることはやっておいたから

66 男の人は何をしていましたか。

(A) 警察と話していた。

(B) 事故の処理をしていた。

(C) 病院で手当てを受けていた。

(D) 火事を見ていた。

67 東京の天気はどうでしたか。

(A) ずっと涼しかった。

(B) 寒かったが急に暖かくなった。

(C) 暖かい日が続いた。

(D) 秋なのに暑かった。

68 女の人はパソコンをどうしますか。

(A) 中古のものを買う。

(B) 友達の店で安く買う。

(C) 男の人にもらう。

(D) 男の人に売ってもらう。

69 椅子はどう運びますか。

(A) 女の人が全部持つ。

(B) 女の人はひとつだけ持つ。

(C) 男の人が全部運ぶ。

(D) 二人がふたつずつ分けて持つ。

70 男の人はどうしますか。

(A) 仕事のため会社の車を使う。

(B) 女の人の会社の車に乗る。

(C) 自分の車に乗る。

(D) 女の人にタクシーを呼んでもらう。

71 男の人はどうしますか。

(A) 話中の人に待ってもらう。

(B) あとで会議室へお客さんに会いに行く。

(C) お客さんを会議室に案内する。

(D) 受け付けに行く。

72 女の人はお菓子についてどう思いましたか。

(A) おいしいから一緒に食べようと思った。

(B) 男の人が捨てたと思った。

(C) 捨てようと思った。

(D) 人にあげようと思った。

73 なぜ韓国に行くのですか。

(A) 韓国は若い人に人気があるから

(B) 国内旅行より安上がりだから

(C) 一度も外国に行ったことがないから

(D) 社員みんなの希望だったから

74 今の職場の環境はどうですか。

(A) 静かで仕事に集中できる。

(B) 狭くて周りがうるさい。

(C) 騒がしくて落ち着かない。

(D) 前の職場はどよくない。

75 課長はどんな人ですか。

(A) 家でもよく料理を作る人

(B) 旅行の情報に詳しい人

(C) 夕食はいつも家で食べている人

(D) 家ではごはんを食べない人

76 男の人はどのように指示しましたか。

(A) 紙の節約に気をつけるように

(B) コピー機を大切に使うように

(C) 責任感を持ってくれるように

(D) きちんとした髪型をするように

77 会話の内容と合っているのはどれですか。

(A) 車内で化粧できる空間を作ってほしい。

(B) 電車内のマナーを守らない人が多い。

(C) 車内で食べるお弁当はおいしい。

(D) 迷惑をかける人に注意した。

78 去年の社員旅行はどうでしたか。

(A) みんなに好評だった。

(B) 高かったが料理はおいしかった。

(C) 専門業者に頼んだ。

(D) 企画した人は楽しんだようだ。

次のページに続く

79 どんな商品ですか。

(A) ポスターのイメージどおりのもの

(B) 子供向けのかわいいもの

(C) 女性をターゲットにしたもの

(D) ちょっと変わったもの

80 女の人はどうしましたか。

(A) 外の部署に異動したい。

(B) 転職を希望している。

(C) 休みをもらいたい。

(D) 今の仕事に問題がある。

Ⅳ　次の文章をよく聞いて、後の問いにもっとも適したものを(A)から(D)の中で一つ選びなさい。

例　私は銀行員で、この銀行に8年間勤めています。来月から研修で2年間、アメリカへ行きます。それで、毎日仕事の後で、英会話学校で英会話を勉強します。勉強は大変ですが、とても楽しいです。はやくアメリカへ行って一生懸命に勉強したいです。

1　この人は何年間銀行に勤めていますか。

(A)　1年間

(B)　6年間

(C)　7年間

(D)　8年間

2　この人は仕事のあとで何をしますか。

(A)　自習

(B)　研修

(C)　英会話の勉強

(D)　クラブ活動

81 犬がいなくなったのはいつですか。

(A)　昨日の夕方

(B)　おとといの夕方

(C)　昨日の朝

(D)　おとといの夜

83 犬の外見はどうですか。

(A)　小さくて耳が黒い

(B)　茶色くて足が白い

(C)　白くて大きい

(D)　大きくて黒い

82 太郎がいなくなって林さんはどうしましたか。

(A)　奥さんと近所を探した。

(B)　散歩しながら人々に聞いてみた。

(C)　会社を休んで自転車で近所を探した。

(D)　家で太郎が帰ってくるのを待っていた。

84 林さんはどんな方法で太郎を探しますか。

(A)　電柱に写真を貼っておく。

(B)　写真を近所の人に配る。

(C)　毎日いなくなった場所へ行ってみる。

(D)　写真と連絡先を入れた紙を使う。

次のページに続く

85 部屋でできる食事はいつのですか。

(A) 朝食

(B) 夕食

(C) 昼食

(D) いつでも

86 部屋での食事はどのようにお願いしますか。

(A) 部屋の電話で頼む。

(B) 従業員に伝える。

(C) フロントに電話する。

(D) チェックインの時に言っておく。

87 朝ご飯の時間はいつですか。

(A) 5時から10時半まで

(B) 6時から10時まで

(C) 7時から10時まで

(D) 8時から10時半まで

88 タバコを吸いたいときはどうしますか。

(A) 2階のテラスを利用する。

(B) タバコが吸える時間帯を利用する。

(C) 喫煙ルームを利用する。

(D) ホテルの外に出る。

89 どうして約束の時間に遅れたのですか。

(A) 会社を見つけるのに時間がかかってしまったから。

(B) 一回しか行ってないので、場所を忘れてしまったから。

(C) 外の用事に時間がかかってしまったから。

(D) 駅を間違えて降りてしまったから。

90 この人はどのように思ってたのですか。

(A) 駅を出るとすぐ交差点が見える。

(B) 交差点のところにビルがたくさんあるはずだ。

(C) 交差点のところは角だと思っていた。

(D) 交差点まで行ったら電話しよう。

91 これからどうすることにしましたか。

(A) 忘れないようにメモしておく。

(B) なるべく地図を持ち歩くようにする。

(C) 遅れそうになったら事前に電話をする。

(D) ちゃんと場所をチェックしてから行く。

92 はじめて飛行機に乗ったときどうでしたか。

(A) 機体が揺れて気分が悪くなった。

(B) 機内で食べすぎてお腹をこわした。

(C) 薬を飲んでずっと眠っていた。

(D) 怖くて席を離れることができなかった。

93 この人はどうして心配ですか。

(A) 出張に行くのははじめてだから

(B) 長距離のフライトははじめてだから

(C) またお腹をこわすと困るから

(D) 今度は家族と一緒じゃないから

94 友達はどんなアドバイスをしてくれましたか。

(A) 悪い想像をしないといい

(B) 機内では食べすぎないようにすること

(C) 病院へ行って診察を受けた方がいい

(D) 音楽を聞さながら寝るといい

95 60年前はパトカーはどんな形でしたか。

(A) 日本で作られた白と黒の自動車

(B) 日本で作られた白い白動車

(C) アメリカで生産された普通の白い車

(D) アメリカで生産された普通の黒い車

96 どうして色を変えましたか。

(A) アメリカ製の車と区別するため

(B) 一目でパトカーであることがわかるようにするため

(C) 明るい色は汚れやすいため

(D) 普通の車のように見せるため

97 どのように変わりましたか。

(A) 警察の車は黒で統一した。

(B) 目立たない色を塗った。

(C) ボディーの下半分を黒にした。

(D) ボディーの下半分を白で塗った。

次のページに続く

98 何を紹介していますか。

(A) 姿勢をよくする運動器具

(B) 座ったまま簡単にできる運動器具

(C) 背もたれが高い椅子

(D) 楽で腰が疲れにくい椅子

99 この商品はどんな特徴がありますか。

(A) 座ったまま前後の調整ができる。

(B) 寝ながらパソコンが使える。

(C) 深く倒してベッドとして使うことがで
きる。

(D) 長い時間使うと健康にいい。

100 本文の内容に合っているのはどれですか。

(A) 1台6000円で配送料金はかからない。

(B) 2台セットは16000円になる。

(C) 電話とネットで注文できる。

(D) 色は黒と茶色の2種類がある。

これで聞き取りの問題は終わります。

それでは、次の質問101番から質問200番までの問題に答えなさい。

答案用紙に書き込む要領は聞き取りの場合と同じです。

Ⅴ　下の＿＿＿＿線の言葉の正しい表現、または同じ意味のはたらきをして
　いる言葉を(A)から(D)の中で一つ選びなさい。

101 久しぶりのメールだったので、早速
　　　返事を出した。

(A) はんじ

(B) はんし

(C) へんじ

(D) へんし

102 紙に支出の内訳が書いてあった。

(A) ないえき

(B) ないわけ

(C) うちえき

(D) うちわけ

103 今朝から頭が痛くて寒気がします。

(A) かんき

(B) かんけ

(C) さむき

(D) さむけ

104 この辺に両替できるところはありますか。

(A) りょうかん

(B) りょうがん

(C) りょうがえ

(D) りょうかえ

105 生物の食べ方には気をつけましょう。

(A) せいぶつ

(B) いきもの

(C) なまもの

(D) しょうもつ

106 それを実行する勇気がないのが我な
　　　がらくやしい。

(A) 恋しい

(B) 惜しい

(C) 悔しい

(D) 苦しい

107 そんな高度なスキルを新人にもとめ
　　　てはいけない。

(A) 求めて

(B) 救めて

(C) 痛めて

(D) 改めて

108 重傷をおって病院に運ばれた。

(A) 負って

(B) 折って

(C) 織って

(D) 追って

次のページに続く

109 子供は<u>かいが</u>教室に通っています。

(A) 会話

(B) 会画

(C) 絵話

(D) 絵画

110 ネットで<u>しらべて</u>やっと意味がわかり
　　　ました。

(A) 比べて

(B) 並べて

(C) 調べて

(D) 述べて

111 足にやさしくて<u>疲れにくい</u>シューズを
　　　探しています。

(A) 履きやすい

(B) 履きにくい

(C) 疲れがとれる

(D) 疲れにいい

112 引っ越してしまって、<u>返しようがない</u>
　　　<u>です</u>。

(A) 返すわけがないです

(B) 返す方法がないです

(C) 返すまでもないです

(D) 返すしかないです

113 <u>約束したからには</u>どんなことがあっ
　　　ても守るべきだ。

(A) 約束したところで

(B) 約束したにもかかわらず

(C) 約束した以上

(D) 約束したばかりに

114 一人だけ行くのは<u>心細くて</u>いやです。

(A) すがすがしくて

(B) なさけなくて

(C) 不安で

(D) 退屈で

115 この絵を見ていると<u>心がなごむ</u>。

(A) 心が寂しくなる

(B) 心が穏やかになる

(C) 感心させられる

(D) 感動させられる

116 その違いは、<u>つまり</u>価値観の違いだ。

(A) 要するに

(B) 大して

(C) すぐに

(D) 一応

117 話のうまい人を探しています。

(A) 話の内容がわかりません。

(B) 私の買った車はあれです。

(C) 私は早いのが好きです。

(D) 彼の話も聞いてみましょう。

118 疲れて歩けません。

(A) お風呂に入って寝ます。

(B) 新しい車は赤くてかわいいです。

(C) 部屋が暑くてのどが乾きます。

(D) 困っているところを助けてもらいました。

119 前田さんは友達と会社を作るそうです。

(A) 駅前の新しいレストラン、おいしいそうです。

(B) 今年は親戚が集まらないので、母は寂しそうです。

(C) 社長にほめられて気分がよさそうです。

(D) しばらくは不安な状況が続きそうです。

120 お口に合うかどうかわかりませんが。

(A) 口が肥えていて安いものは食べない。

(B) 驚いてあいた口がふさがらない。

(C) 彼は男のくせに口が軽い。

(D) 二人はけんかをして口をきかないらしい。

次のページに続く

VI　下の＿＿＿＿線の(A)(B)(C)(D)の言葉の中で正しくない言葉を一つ選びなさい。

121　悪いけど、そこに置いてある私のカバンを取ってあげる？
　　　　(A)　　　　　　　　(B)　　　　　　　　(C)　(D)

122　体調がよくないのに、医者に行ったら、働きすぎのせいだと言われた。
　　　　　　　　　　(A)　　　　(B)　　　　　　(C)　　　　(D)

123　健康を守るようには、栄養のバランスがとれた食事をするのが一番だと思う。
　　　　　　　　(A)　　　　(B)　　　　(C)　　　　(D)

124　寝過ごしてあわてたものだから、ドアのカギをかけずで出てきてしまった。
　　　　(A)　　　　　　(B)　(C)　　　　　　(D)

125　あいにくの休みなのに、どこにも出かけないで一日中テレビばかり見て過ごしてしまった。
　　　　(A)　　　　　　　　(B)　　　　　　　(C)　　(D)

126　まだ時間があるので、いったん家に帰って着がえるから出直します。
　　　　(A)　　　　　　　　(B)　　　　(C)　　　　(D)

127 寝る間も<u>惜しんで</u>勉強した<u>せいで</u>、難しいと<u>言われる</u>司法試験<u>に</u>合格した。
　　　　　　(A)　　　　　　　(B)　　　　　　　　(C)　　　　　(D)

128 <u>どうやら</u>風邪を<u>引く</u>みたいだ。朝<u>から</u>鼻水が<u>とまらない</u>。
　　　(A)　　　　(B)　　　　　　　(C)　　　　(D)

129 真夜中に<u>何か</u>がぶつかった<u>ような</u>大きな音<u>が出て</u>、目が<u>覚めた</u>。
　　　　　　(A)　　　　　　(B)　　　　　　(C)　　　　(D)

130 今回のイベントは<u>多くの</u>人が参加し<u>ていた</u>し、内容<u>も</u>充実していて、<u>不評</u>でした。
　　　　　　　　　　　(A)　　　　　　　　(B)　　(C)　　　　　　　(D)

131 誰<u>でも</u>いいから<u>手</u>があいたら<u>こっち</u>の仕事を<u>手伝いに</u>ほしいんだけど。
　　　(A)　　　　(B)　　　(C)　　　　　　　　(D)

132 ケイタイを<u>使いながら</u>、自転車に<u>乗る</u>と<u>危</u>ないから、<u>とめた</u>方がいい。
　　　　　　　(A)　　　　　　(B)　　(C)　　　　　(D)

133 <u>お待たせて申し訳ございません</u>でした。それでは会場<u>へ</u>ご案内<u>いたします</u>。
　　　(A)　　　　　　(B)　　　　　　　　　　　　　　(C)　　　　(D)

次のページに続く

134 <u>忙しいだ</u>と言っていた<u>から</u>待って<u>いても</u>今日は<u>来ない</u>かも知れません。
    (A)   (B)   (C)   (D)

135 パーティー<u>には</u>友達が貸して<u>あげた</u>ドレスを<u>着</u>ていくつもり<u>です</u>。
        (A)   (B)   (C)   (D)

136 心<u>の</u>やさしい妹に<u>比べ</u>、姉の方は欲張りだった<u>ので</u>みんなに<u>嫌って</u>いました。
    (A)   (B)   (C)   (D)

137 約束の時間に間に<u>合う</u>そうになかった<u>ので</u>タクシーに乗りましたが、<u>もっと</u>時間が
          (A)   (B)   (C)

<u>かかって</u>しまいました。
   (D)

138 京都<u>に</u>は有名なお寺が<u>たくさん</u>あるので一日<u>には</u><u>回り</u>きれません。
    (A)   (B)   (C)   (D)

139 <u>今回</u>のことに<u>関して</u>は彼に責任を<u>受けて</u>もらうこと<u>にしましょう</u>。
  (A)   (B)   (C)   (D)

140 電車の事故が<u>あったらしくて</u>、駅のホームで30分<u>も</u> <u>待たれた</u>。
       (A)   (B)   (C) (D)

　　　下の＿＿＿＿線に入る適当な言葉を(A)から(D)の中で一つ選びなさい。

141 目の健康のために＿＿＿＿コンタクトレンズを使っている人が多い。

(A)　一回用

(B)　使い捨て

(C)　使い切り

(D)　ポイ捨て

142　学校の中だと＿＿＿＿から、外に出て話しましょう。

(A)　わかい

(B)　にがい

(C)　うまい

(D)　まずい

143　事件のことを聞いて、自分のことも＿＿＿＿。

(A)　反省させました

(B)　反省させられました

(C)　反省してくれました

(D)　反省してもらいました

144　その事件のことは新聞＿＿＿＿読みました。

(A)　から

(B)　を

(C)　で

(D)　に

145　仕事が忙しくて帰りが遅く＿＿＿＿がちだ。

(A)　なら

(B)　なり

(C)　なる

(D)　なれ

次のページに続く

146 ファックスならもう届いた＿＿＿＿＿＿＿です。

(A) ところ

(B) はず

(C) ばかり

(D) だけ

147 会社を辞めて以来、彼とは＿＿＿＿＿＿会っていません。

(A) 一度

(B) 二度と

(C) ざっと

(D) ずっと

148 毎朝携帯のアラームで起きる＿＿＿＿＿＿＿います。

(A) ようにして

(B) ことになって

(C) だけにして

(D) ばかりにして

149 デジカメの電池が＿＿＿＿＿＿＿しまって使えません。

(A) 落ちて

(B) 切って

(C) 切れて

(D) なれて

150 急にお客さん＿＿＿＿＿＿来られて、資料の準備ができなかった。

(A) さえ

(B) から

(C) に

(D) で

151 旅行＿＿＿＿＿＿映画にも連れて行ってくれません。

(A) だけなく

(B) ならば

(C) どころか

(D) よりも

152 今晩例のお店に予約を＿＿＿＿＿＿おいてください。

(A) 入れて

(B) 入って

(C) かかって

(D) かけて

153 全体の動向を見て＿＿＿＿＿＿と思います。

(A) 決める

(B) 決めとく

(C) 決めよう

(D) 決めるところ

154 一時間待ったのに来ませんでした。＿＿＿＿＿＿こちらから行くことにしたんです。

(A) そして

(B) それで

(C) それから

(D) それに

155 お店は今年３月にオープンした＿＿＿＿＿＿です。

(A) ばかり

(B) ところ

(C) うえ

(D) きり

次のページに続く

156 ＿＿＿＿行く必要はないと思います。

(A) ぜひ

(B) 必ずしも

(C) まもなく

(D) きっと

157 吉田さんはけっこう博識で、＿＿＿＿話していておもしろいです。

(A) 思わず

(B) 意外と

(C) なるほど

(D) ずいぶん

158 お仕事の疲れやストレスが＿＿＿＿いませんか。

(A) たまって

(B) つもって

(C) つんで

(D) うけて

159 教室には寝ている人も＿＿＿＿勉強している人もいた。

(A) いると

(B) いれば

(C) いたら

(D) いるなら

160 お忙しい＿＿＿＿わざわざありがとうございます。

(A) ばかり

(B) ゆえ

(C) ところ

(D) わけ

161 新人のころは失敗＿＿＿＿で、いつも怒られていました。

(A) まま

(B) だらけ

(C) まみれ

(D) だけ

162 テレビをつけ＿＿＿＿にして寝ていました。

(A) きり

(B) っぱなし

(C) ところ

(D) まま

163 今年の夏は去年の夏＿＿＿＿暑くないです。

(A) ぐらい

(B) ほど

(C) ばかり

(D) しか

164 いろいろな分野＿＿＿＿いい実績を出している。

(A) によって

(B) にわたって

(C) につれて

(D) にとって

165 兄弟＿＿＿＿サマーキャンプに行った。

(A) そろって

(B) あわせて

(C) まとまって

(D) かたまって

次のページに続く

166 はやくこの仕事を仕上げて________した気分になりたい。

(A) はっきり

(B) すっきり

(C) しっかり

(D) ぴったり

167 真ん中の引き出しはカギが________あります。

(A) かかって

(B) かけて

(C) 入れて

(D) 入って

168 女性に暴力を________はいけません。

(A) やって

(B) はなって

(C) ふるって

(D) 見せて

169 彼女は人の話はよく聞いてくれる________、自分のことは話したがらない。

(A) 一方から

(B) 反面

(C) 途中で

(D) かたわら

170 受験が終わったあと、妹は毎日________。

(A) 遊びつつある

(B) 遊んでばかりいる

(C) 遊んでいる最中だ

(D) 遊んだままだ

Ⅷ 下の文を読んで、後の問いにもっとも適した答えを(A)から(D)の中で一つ
選びなさい。

次のページに続く

171-173

その後、足の具合いはいかがですか。
おばさまから、そろそろ①＿＿＿＿＿＿＿＿＿と聞きました。
さすがはいつも元気なおじさまのこと、回復がとても早いのですね。驚きました。
お見舞いにも行けずすみません。
仕事も忙しい時期をなんとか乗り越えましたので、今度の週末にきっと伺えると思い
ます。
日時が決まりましたら、あらためて連絡します。
おじさまの好きな推理小説を何冊か手に入れました。
お土産に持っていきますので、楽しみにしていてくださいね。

171 ＿①＿ に入る適当な言葉はどれですか。

(A) 入院しそうだ

(B) 手術の日が決まりそうだ

(C) ギブスがとれそうだ

(D) 退職が決まりそうだ

172 手紙を書いている人について合っているのはどれですか。

(A) 足を怪我して入院した。

(D) 仕事が忙しくてお見舞いに行けなかった。

(C) おじさんが入院している病院の看護師をしている。

(D) 推理小説が好きでたくさん読んでいる。

173 この人は今度の週末どうするつもりですか。

(A) 残った仕事の仕上げをする。

(B) おじさんと一緒に山登りに行く。

(C) とても忙しいのでおじさんのところに行けそうにない。

(D) おじさんの好きな本を持ってお見舞いに行く。

バスと電車に乗っていると①他人への思いやりのない人が目立つ。通勤時間帯はバスも電車も満員に近い。途中から乗り込むのは、大変なことだ。しかし、入り口のところはぎゅうぎゅう詰めでも、ちょっと奥を見ると余裕がある。②＿＿＿＿＿＿＿＿＿乗り込む人はもっと楽に乗れるのだが、みんな無関心なのか詰めようとしない。

バスに乗れない人がいるため、運転手が「奥へ詰めてください」と放送しても③事態は変わらず、停留所に何人かの乗客を残して発車してしまう。いくら「みんな自分のことで精いっぱい」とはいえ、他人への思いやりのない社会が今後、発展することはないと感じた。不景気を政治の責任にするのもいいが、一人一人の行動に問題はないのだろうか。

174 ①他人への思いやりのない人とはどんな人を言っているのですか。

(A) 周りに気を配る気持ちのない人

(B) 満員電車を利用しない人

(C) 停留所の前でものを売っている人

(D) 誰にも親切で心のやさしい人

175 ＿②＿ に入る適当な言葉は何ですか。

(A) みんなにあいさつすれば

(B) みんな座っていれば

(C) 奥の人が詰めれば

(D) 並んでいなければ

176 ③事態は変わらずはどんな状況を言っているのですか。

(A) 誰も列を作ろうとしない。

(B) むりやり乗り込もうとしている人がいる。

(C) 荷物を動かしてくれない。

(D) みんな関心がなさそうだ。

177 この人が言いたいことは次のどれですか。

(A) 不景気になったのは政治家の責任だ。

(B) みんなが他人への配慮のない自分を反省すべきだ。

(C) バスの本数を増やしてほしい。

(D) 運転手はみんなの安全を第一に考えるべきだ。

新しい通信教育を始めた。今までも様々な通信教育をやってきたが、①ものになった<u>もの</u>は一つもない。資格、特技、実用という言葉に誘われて勉強を始めるのだが、働きながらやっているためか、最後まで続かない。通信教育の落とし穴は、教材が手元にあるだけで、なんとなく習得した気になってしまうことだと思う。それで、②今回はちょっと工夫して、何日か講座に出席しなければならないコースにした。その講座に出るために、自分で目的設定をし、教材を進めていく。そしてもう一つ、③友人を誘った。励まし合える相手がいることで、意志の弱い私でも最後までやり遂げられるのではないかと思っている。

178 ①ものになったものは一つもないはここではどんな意味ですか。

(A) 計画を立てておいて実行したことがない。

(B) 最後までやり遂げたことはない。

(C) ものをろくに作ったことがない。

(D) 毎日授業に出たことがない。

179 通信教育の短所はどんなところだと言っていますか。

(A) 本があるだけで全部習ったような気分になること

(B) 最後までやっても資格が取れないこと

(C) 授業に出ているかどうか確認しないこと

(D) 働きながらやっている人にはよくないこと

180 ②今回の講座はどうしていいと言っていますか。

(A) 適当にやっても資格が取れるから

(B) 教材を買わなくてもいいから

(C) 毎日授業に出なければならないから

(D) 講座に出るために勉強するようになるから

181 ③友人を誘った理由は何ですか。

(A) 友達も興味を見せてくれたから

(B) 友達が一緒にしようと誘ってくれたから

(C) 意志の弱い友達を最後までやらせるために

(D) お互いに激励しながら勉強ができるから

次のページに続く

うちは歴史のある古い温泉旅館ですが、ここ数年お客さんが減ってきて困っています。最近はインターネットを利用した宣伝や広告が盛んで、インターネット経由での予約が増加傾向にあるといいます。うちはそういう仕組みを取り入れていないので、お客さんが減少するのも当然かもしれません。
先日厳しい不況下での旅館経営を特集した番組を見ました。番組では旅館経営の専門家が①様々な提案をしていました。うちの旅館も経営が悪化する前に専門家の意見を求める必要性を感じました。「不況こそが発展のチャンス」だと思い、時代の流れにもっと積極的に対応しなければ、生き残れないのでしょうか。

182 この人は何をしている人ですか。

(A) 都会のビジネスホテルを経営している。

(B) いろいろな旅館、ホテルを紹介するサイトを作っている。

(C) 昔ながらの旅館を経営している。

(D) 手広くビジネスを展開して成功している。

183 ①様々な提案は何のための提案ですか。

(A) 不況の中を生き残るための提案

(B) 古い旅館を建て替えるための提案

(C) 経営悪化で店を閉めて転業したい人のための提案

(D) 宿泊料を安くしてお客さんを呼び戻すための提案

184 この人はどうしたいのですか。

(A) 一日でもはやく店を閉めたい

(B) インターネットを利用した宣伝をしたい

(C) 専門家のアドバイスを聞きたい

(D) 人件費を減らして不況に対応したい

私は①＿＿＿＿＿が好きで、近くのスーパーだけではなく、バスや電車を利用して遠くのスーパーや百貨店に行ったり、四季の風物を見に行ったりしています。足の運動にもいいし、ぼけ防止にもなるからです。

先日、百貨店へ出かけ、商品を見ながらゆっくり歩いていたときのことです。後ろから来られた人がドンと私にぶつかりました。ちょっとよろけて振り返ったら、子供連れの②30歳ぐらいのお母さんが、「あら、ごめんなさい」と軽く頭を下げてあやまりました。すると、その3、4歳くらいの男の子が両手をひざにあてて深く体を折り、「おばあちゃん、すみませんでチタ」とお辞儀をしてくれました。③その姿がとても可愛らしくて、私はほほ笑みながら「いいえ、どういたチマチテ」と答えました。どなたに教えてもらったのでしょうか。振り返りながら去っていく男の子の姿を見ながら、子供の教育の大切さを感じました。

185 ＿①＿ に入る適当な言葉はどれですか。

(A) 旅行

(B) 絵を描くこと

(C) 一人歩き

(D) 見学

186 ②30歳ぐらいのお母さんはどうして謝りましたか。

(A) 人に気づかずぶつかってしまったから

(B) 子供と自転車に乗っていたから

(C) 買い物ぶくろのものを落としたから

(D) はやく前に進みたかったから

187 ③その姿はどんな姿ですか。

(A) はきはきとお礼を言う姿

(B) 深く頭を下げてあやまる姿

(C) 年長者に席をゆずる姿

(D) ものを大切にする姿

188 この人について合っているのはどれですか。

(A) この人は子供には厳しくするべきだと思っている。

(B) この人は子供のお母さんの無礼な態度に怒っている。

(C) この人は7、80代の高齢者だ。

(D) この人は孫の教育について不満を持っている。

次のページに続く

最近、公共の場所で①AEDと書かれた器械を見かけることはありませんか。このAEDは、心臓マヒを起こして倒れた人を、そこにいる人たちがその場で使って倒れた命を救うことができる器械なのです。心臓マヒを起こしたら、病院に運ばれてから治療しても間に合わないことが多く、これまでに②たくさんの人の命が救われずにきました。しかし、このAEDという医療機器を使えば、一般の人でも簡単に使って命を救うことができるのです。
市役所は救急車が到着する前に手当てができるように、市内のすべての小中学校とスポーツセンター、市民センターにAEDを備えました。またAEDの使い方を分からせるために、各消防署では毎月一般の市民を対象にしてAEDの使用方法の練習会を開催しています。なお、地域で行事を開催する場合には万一の時のためにAEDの貸し出しも行われています。

189 ①AEDとは何ですか。

(A) 心臓マヒで倒れた人を運ぶ器具

(B) 心臓が停止した人を助けるための器具

(C) 公共の場所にある安全のための装置

(D) 体の不自由な人のための医療機器

190 今まではどうして②たくさんの人の命が救われずにきたのですか。

(A) 病院に運ばれた後はもう遅いから

(B) AEDの使い方が分かる人がいなかったから

(C) 病気の治療が難しかったから

(D) AEDを国で管理していて一般の人は使えなかったから

191 AEDの特徴は何ですか。

(A) 医者の指示に従って使わなければならない。

(B) 救急車の中でも使うことができる。

(C) 資格を持っている人だけが使える。

(D) 一般の人でも簡単に手当てができる。

192 各消防署ではどんなことをしていますか。

(A) 一般の人に資格を取らせるために教育している。

(B) 一般の市民にAEDの使用方法を教えている。

(C) AEDの使用方法を書いた本を配っている。

(D) AEDの広報のために地域で行事を行っている。

名古屋市科学館が９月、科学の本4400冊のリサイクル会を初めて開く。来年の春に建て替える新館に本を移せないため、所蔵する科学の本の一部を①市民に譲ることを決定したのだ。

科学館は宇宙や生物、天文、電気と言った各科学分野の専門書から、子供向けの絵本や参考書まで多数の本を所有している。しかし、新しく建てられる予定の新館は、図書館の地下に書庫を作らないため、一部の本の保管場所がなくなった。

当初は②廃棄処分が検討されたが、それを知った市民から「科学への興味が薄くなっている今だからこそ残してほしい」という声が上がり、市民に譲ることになった。

期間は９月２日から３日までの２日間、持ち帰るのは一人20冊までだ。

193 名古屋市科学館ではどんなことをしますか。

(A) 市民を対象に所蔵する科学の本のリサイクル会を開く。

(B) 科学の本を市民に安く売ることにした。

(C) 来月から新しい科学館を作るために工事をする。

(D) 科学館に来る子供たちのために勉強会を行う。

194 どうして①市民に譲ることにしましたか。

(A) 新館には図書館を作らないため

(B) 科学関係の本への関心がなくなってきているため

(C) 古い本を処分して、新しく本を購入するため

(D) 春に建て替える新館に本を保管するところがないため

195 ②廃棄処分決定の市民の反応はどうでしたか。

(A) ただでもらえるので喜んでいた。

(B) 本が全部新しくなるので、楽しみにしていた。

(C) 科学への関心が薄くなるのを心配する意見が多かった。

(D) 今の時代にもう科学の本は必要ないという意見があった。

196 本文の内容に合っているのはどれですか。

(A) 所蔵する科学の本を全部市民に譲る。

(B) 期間は３日間行われる。

(C) 無料で一人につき20冊持って帰ることができる。

(D) 子供に科学のよさを教えるために本を売ることにした。

次のページに続く

①インターネットで育児情報を交換する動きが、ママたちの間で広がっている。核家族化が進み、近所との付き合いは少なくなったが、ネットでの交流は活発になったからだ。「母乳を飲みません。どうしたらいいでしょうか…」「できるだけ母乳で育てたいというお気持ちわかります」
女性向け会員制サイト「ウィメンズパーク」では、掲示板に書き込まれた育児相談に先輩ママたちが助言を送る。厳しいアドバイスよりも、経験談をもとにした優しい言葉が多い。ネットは互いに顔が見えないので子育ての悩みや喜びを話しやすいという利点がある。
一方、子ども服の"②お下がり"もネットに進出している。リサイクルサイト「子育てママ・マーケット」では会員同士の子ども服の交換ができる。

197 ①インターネットで育児情報を交換するママが多くなった理由は何ですか。

(A) 若い人はインターネットになじんでいるから

(B) インターネットの方が情報が豊かだから

(C) 核家族化で近所との交流が少なくなったから

(D) 人との付き合いが悪い人が多くなったから

198 掲示板の助言はどうですか。

(A) 育て方を厳しく叱ったりしている。

(B) 経験をもとにしたやさしいアドバイスが多い。

(C) 情報が多すぎて選ぶことが難しい。

(D) 気のない書き込みが人を傷つけたりする。

199 ネットでの情報交換はどんな利点がありますか。

(A) 顔が見えないので悩みを話しやすい。

(B) 気に入らない意見は無視すればいい。

(C) 情報が豊富でいろいろ選ぶことができる。

(D) 会員だけが利用できるから安心だ。

200 ここでの②お下がりは何をすることですか。

(A) 親戚から子供の洋服を譲ってもらう。

(B) 会員に有料でお服を貸し出す。

(C) 使わなくなった子供の服を交換する。

(D) 会員同士でネットで売って商売をする。

Actual Test
1회, 2회
청해 스크립트

PART **1** 사진 묘사

1 Test 1-01

(A) ここにゴミを捨てます。
(B) ここに手紙を入れます。
(C) ここでお金を引き出します。
(D) ここで切手を買います。

2 Test 1-02

(A) 果物を売る店です。
(B) 新聞を売っています。
(C) 缶詰の売り場です。
(D) ここでお菓子が買えます。

3 Test 1-03

(A) スーツがかかっています。
(B) ズボンがかけてあります。
(C) シャツが畳んであります。
(D) 帽子をかぶっています。

4 Test 1-04

(A) ボールを数えています。
(B) ボールを投げるところです。
(C) ボールを打つところです。
(D) ボールを蹴るところです。

5 Test 1-05

(A) 洋服ダンスに洋服が吊してあります。
(B) 引き出しは開いたままです。
(C) 引き出しは一つを除いて全部開いています。
(D) 押し入れが開けられています。

6 Test 1-06

(A) 腰をかがめています。
(B) 道ばたにしゃがんでいます。
(C) こちらを向いています。
(D) 膝を曲げています。

7 Test 1-07

(A) 壁に写真が貼ってあります。
(B) たくさんの絵はがきが貼ってあります。
(C) 額に写真が入っています。
(D) 全面にイラストが描いてあります。

8 Test 1-08

(A) 手を伸ばしています。
(B) 手をつないでいます。
(C) 腕を組んでいます。
(D) 額に手をあてています。

9 Test 1-09

(A) 車が走っています。
(B) ガレージには車が何台もあります。
(C) 屋根がついています。
(D) 車庫が閉まっています。

10 Test 1-10

(A) タオルを丸めています。
(B) 洗濯物が置かれています。
(C) シャツやマフラーが並べられています。
(D) 洗濯した服が干してあります。

11 Test 1-11

(A) 駐車場は満車で止められません。
(B) 駐車場の周りは渋滞しています。
(C) 至るどころに車が止まっています。
(D) 車が一台おきに止めてあります。

12 Test 1-12

(A) 花は全部枯れています。
(B) 花瓶に花が生けてあります。
(C) 床に花びらがたくさん落ちています。
(D) 植木鉢に花が植えてあります。

13 Test 1-13

(A) 裸になって水に飛込んだところです。
(B) 砂浜で遊ぶ子供たちです。
(C) 水深が深くない川です。
(D) みんな海に入って立っています。

14 Test 1-14

(A) パソコンの画面に触れています。
(B) 二人は画面に見入っています。
(C) 二人は違う方向を見ています。
(D) 二人は眼鏡をかけていません。

15 Test 1-15

(A) これから食べるところです。
(B) 食べ掛けの弁当です。
(C) どんぶりにご飯が盛られています。
(D) 全部食べ終わったところです。

16 Test 1-16

(A) この機械で飲み物やタバコが買えます。
(B) この機械で本や雑誌が買えます。
(C) 右の方が幅が広いです。
(D) 二台ともほぼ同じ形をしています。

17 Test 1-17

(A) バイクが横倒しになっています。
(B) スクーターの前にかごがついています。
(C) 自転車が倒れています。
(D) 車と自転車がぶつかりました。

18 Test 1-18

(A) 熊が両足で立っています。
(B) 熊が両手をついています。
(C) 熊がのろのろ歩いています。
(D) 熊が岩の上で寝ています。

19 Test 1-19

(A) 書道の練習をしています。
(B) 白い紙に絵が描いてあります。
(C) ローマ字とひらがなで書かれています。
(D) 筆で書いた字が展示されています。

20 Test 1-20

(A) お土産を売っている店が並んでいます。
(B) 屋台は会社員で賑わっています。
(C) 路上の店に人が集まっています。
(D) お店に入るために一列に並んでいます。

21 Test 1-22

スキーはできますか。

(A) はい、昨日も泳ぎました。

(B) ええ、あまり上手ではありませんが。

(C) いいえ、のりませんでした。

(D) いいえ、あまり走りません。

22 Test 1-23

あの雑誌を読みましたか。

(A) はい、その本です。

(B) はい、読みませんでした。

(C) いいえ、まだ読んでいません。

(D) いいえ、買いません。

23 Test 1-24

この絵はがきはいくらですか。

(A) 4枚で200円です。

(B) 3本で250円です。

(C) 一回で500円です。

(D) 2キロぐらいです。

24 Test 1-25

明日の発表会に出席してくれますか。

(A) 残念ですが、届いていません。

(B) その日はやはりお休みでした。

(C) いいですよ、何時からですか。

(D) いいですよ、掲示板でいいですか。

25 Test 1-26

うちの犬が逃げたんですよ。

(A) それじゃ、生活が苦しくなりますね。

(B) だいぶ古くなっていましたから。

(C) それで見つかったんですか。

(D) おいしいお土産ありがとうございます。

26 Test 1-27

明日は晴れるでしょうか。

(A) もちろん、合格は間違いないです。

(B) じゃあ、暖房を入れましょうよ。

(C) 天気予報では雨だと言ってました。

(D) 用事があるので明日はちょっと…。

27 Test 1-28

荷物が多いですね。少し持ちましょうか。

(A) ええ、とても重いです。

(B) じゃあ、これだけお願いします。

(C) 高くないから大丈夫です。

(D) いいえ、軽くて丈夫ですよ。

28 Test 1-29

ちょっと手紙出してきます。

(A) はい、ポストはどこですか。

(B) 今行ってきたところです。

(C) 早いね、もう帰ってきたの？

(D) あ、ついでにこれも頼んでもいいですか。

29 Test 1-30

引っ越したんですって。家を建てたんですか。

(A) いいえ、場所はそのままです。

(B) いいえ、実家に入ったんです。

(C) あの家は10年前に建てられました。

(D) ええ、来週引っ越すつもりです。

30 Test 1-31

あの、注文したものと違うものが届いたんですけど。

(A) すみません、今からお届けします。

(B) すみません、すぐ送り直します。

(C) ご注文はそれでよろしいですか。

(D) はい、数が違っていましたね。

31 Test 1-32

ね、チャンネルを変えてくれる？

(A) じゃ、どこに行くつもり？

(B) いいよ、何が食べたいの？

(C) このシャツ、気に入っているのに。

(D) え？今ちょうどおもしろいところなのに。

32 Test 1-33

週末みんなでドライブに行く予定なの。

(A) へえ、それで運転は誰がするの？

(B) それでどこまで行ってきたの？

(C) ずいぶん通勤に時間がかかるんだね。

(D) 大変だったでしょう？新幹線にすればよかったのに。

33 Test 1-34

燃えるゴミを捨てる日はいつですか。

(A) 集めてから3時間はかかりますよ。

(B) 毎週水曜日に出せばいいはずですよ。

(C) 連絡すれば配達に来てくれますよ。

(D) 燃えないゴミを出す日は昨日でしたよ。

34 Test 1-35

いつこちらへ来られたのですか。

(A) 来週の月曜日なら来られます。

(B) 今年の春まいりました。

(C) 30分ぐらいお待ちください。

(D) あした、そちらへ伺います。

35 Test 1-36

週末は姉と京都に行くの。

(A) それじゃ、一緒に卒業できそうだね。

(B) へえ、お姉さんと仲がいいみたいだね。

(C) お兄さんはお元気ですか。

(D) 幼稚園より面白いかもしれないよ。

36 Test 1-37

そろそろ冷房を入れませんか？

(A) そうか、だいぶ冷めてしまったよね。

(B) そんなに冷たいの？

(C) そうね、朝晩寒いからね。

(D) 昼間は30度まで上がるからね。

37 Test 1-38

そろそろうちの会社も全面禁煙にしませんか。

(A) そうね、この頃は吸う人も少ないしね。

(B) 食事の時は匂いが気になるよね。

(C) 体を動かすのはいいことだからね。

(D) 辞書を見ながら書いてもいいのかな。

38 Test 1-39

もしもし、車で行きたいんですけど、止めるところはありますか。

(A) そんな危ない運転は止めてください。

(B) 何日間のお泊まりの予定ですか。

(C) すみません、駐車場はご用意しておりませんが。

(D) はい、お店の近くにバス停があります。

39 Test 1-40

トイレの電気がついたままになってますよ。

(A) あれ？消したと思ったんだけど。

(B) この色、とても汚れやすいんだよ。

(C) 変だね、さっきつけたばかりなのに。

(D) 簡単には落ちないかもしれない。

40 Test 1-41

卒業したらどうするつもりですか。

(A) 退院後はしばらく家にいます。

(B) 大学院に進むつもりなんです。

(C) 部屋でぐっすり寝てたんです。

(D) いいえ、まだ入ったばかりなんです。

41 Test 1-42

あの方をご存じだったんですね。

(A) ええ、ご紹介ください。

(B) ええ、存じませんでした。

(C) ええ、大学時代の同級生です。

(D) ええ、大勢いらっしゃいました。

42 Test 1-43

吉元です。今日からこちらで働くことになりました。

(A) よろしく。じゃあ、まず仕事を説明するね。

(B) ようこそ。ゆっくりお休みください。

(C) できれば今日から働かせてください。

(D) こちらこそ、大変お世話になりました。

43 Test 1-44

どうしよう、教科書忘れちゃった。

(A) 拾ったら早く届けなくちゃ。

(B) しょうがないな、僕のを一緒に見よう。

(C) 落とさないようにしてね。

(D) どこで？よく思い出してみて。

44 Test 1-45

この企画はみんなとよく話し合わなければなりませんね。

(A) そうですね、問題が減ってきましたね。

(B) では、どんどん意見を出してもらいましょう。

(C) ええ、もうこれぐらいでいいですね。

(D) 社長の意見で簡単に決まりそうですね。

45 Test 1-46

ここは自然が豊かでのどかなところですね。

(A) 本当に賑やかですね。

(B) ええ、開発が進んでいますね。

(C) 都心から離れていて、のんびりできそうですね。

(D) 若者が多い街ですね。

46 Test 1-47

高橋さん、今月分の支払いがまだですよ。

(A) 早めにお願いしますね。

(B) あ、うっかりしていました。

(C) 確か来月だと思いますけど。

(D) はい、先週払い込みました。

47 Test 1-48

旅行先がアメリカだから円をドルに替えないといけないんですよね。

(A) 両替だったら空港でもできますよ。

(B) そんなにドルをたくさん持っているんですか。

(C) 郵便局から送れば簡単ですよ。

(D) 航空便の方が船便よりも早いよ。

48 Test 1-49

あれ？その指どうしたんですか。

(A) 掃除中にガラスで切っちゃったんです。

(B) クリスマスに彼女がくれたんですよ。

(C) 昨日から熱があるみたいなんです。

(D) 山登りをしていて足をくじいたんです。

49 Test 1-50

毎日残業続きでくたくたですよ。

(A) 無理しないで休みを取ったらどうですか。

(B) たまには本気で仕事をしてみたらどうですか。

(C) 最近の就職活動は大変ですね。

(D) 気楽な仕事でうらやましいですね。

50 Test 1-51

本田さんの婚約者は弁護士なんですって。

(A) ええ、去年資格を取ったらしいですよ。

(B) でも、彼女は立派に大学を卒業していますよ。

(C) 結婚してからずっと休んでいないらしいです。

(D) え？いつ結婚されたんですか。

51 Test 1-53

男　みかん、もう少しいかがですか。

女　いいえ、もうたくさん食べました。

男　たくさん送ってもらいましたから、どうぞ持って帰ってください。

女　ありがとうございます。

52 Test 1-54

男　ピアノが上手ですね。

女　ありがとうございます。

男　小さいときから習っていますか。

女　いいえ、社会人になってからです。

53 Test 1-55

男　木村さん、今からどこかへ出かけますか。

女　ええ、銀行に行きますが。

男　ちょうどよかった。この手紙、ポストに入れてくださいませんか。

女　はい、いいですよ。

54 Test 1-56

男　高橋さんに話があるんですけど電話中ですね。

女　はい、もう30分も話しています。

男　じゃあ、そろそろかな。ここで待たせてくれませんか。

女　どうぞ。お茶を出しましょうか。

55 Test 1-57

女　こちらが講演会の会場です、どうぞ。

男　後ろの方の席でもいいですか。

女　ええ、お好きなところにおかけください。

男　わかりました。

56 Test 1-58

女　昨日自転車に乗っていてもう少しで車にぶつかるところでした。

男　危なかったですね。

女　はい、後ろに子供も乗せていたのでひやひやしました。

男　自転車に乗っている時は回りをよく見ないとね。

57 Test 1-59

女　会社で課長にいろいろなこと言われて嫌になりました。

男　職場の人とうまくいかなくて、会社に行きたくなくなる人、多いらしいですよ。

女　課長は理由も聞かないですぐ怒るんです。

男　外の上司に相談してみたらどうですか。

58 Test 1-60

男　ごめん、ごめん、待たせちゃった。

女　電話してくれればよかったのに。

男　課長から電話があって、ずっと話してたんだよ。

女　それで電話が通じなかったのね。

59 Test 1-61

女　昨日はありがとうございました。とても楽しかったです。

男　いつでも遊びに来てください。妻も喜びます。

女　奥さんはお料理が上手ですね。とてもおいしかったです。

男　あれ、ほとんど私が作ったんですよ。妻が作ったのはサラダだけです。

60 Test 1-62

女　わ、この写真、可愛い。田中さんの犬ですか。

男　はい、でも犬の世話は初めてなので大変です。

女　大変だけど、可愛いでしょう。

男　ええ、それでもう一匹飼おうかと思っています。

男　私たちが乗る予定の飛行機、台風で飛ばないらしいです。

女　お金は戻ってきますよね。

男　ええ、たぶん。ほかの会社の飛行機はどうか聞いてきましょうか。

女　そうですね。そっちもダメだったら新幹線で帰りましょう。

女　あら、変ね、動かないわ。

男　またプリンターの故障ですか。

女　先週修理してもらったばかりなのに。

男　もう買い換えないとダメかもしれませんね。

女　鈴木さん、留守みたいですね。

男　風邪で寝ているはずなのに。

女　買い物にでも行ったのでしょうか。

男　二人で5時頃行くって言っておいたんだけどな。

女　電車、遅れているみたいですよ。約束の時間に間に合うでしょうか。

男　岸田さんたちを10分以上駅で待たせてしまいますよね。

女　じゃあ、先に行っててもらいましょうか。

男　そうですね、じゃあ、電話しておきますね。

男　もしもし、吉田課長いらっしゃいますか。

女　申し訳ございません。吉田はただ今席を外しておりますが。

男　そうですか。ではお戻りになったらお電話いただけませんか。

女　はい、戻りましたらこちらからお電話さしあげます。

66 Test 1-68

女　部長、さっきの書類読んでいただけましたか。

男　あ、あの説明じゃ、ちょっとわかりにくいんじゃないですか。

女　じゃ、作り直してきます。

男　いや、あとでどう直したらいいか一緒に考えてみましょう。

67 Test 1-69

女　あ、本棚の後ろに本が落ちちゃった。

男　本棚を動かそうか。

女　読み終わった本だし、もうすぐ引っ越しだからいいわ。

男　そうだな。来月だもんな。

68 Test 1-70

女　斎藤と申します。今日横浜の会社からまいりました。

男　ああ、よろしく。横浜ではどんな仕事を？

女　お客様からの電話を受けていました。

男　それなら、ここでも変わらないから安心して。

69 Test 1-71

女　田中君はどこへ行ったの？

男　午前中は外回りなので昼過ぎには戻ると思いますが。

女　3時までに戻ったら、私のところへ来てと伝えて。私は3時半には出るから。

男　あ、部長は午後の新幹線で大阪でしたね。

70 Test 1-72

女　今朝の電車、いつもより混んでいると思いません？

男　あ、旅行客が大勢いますね。

女　乗る時間を少し遅らせればいいのにね。

男　そうですね、ちょうど今通勤時間ですからね。

男　お店を開いたのはいいですけど、期待通りに行かなくて。

女　思ったよりお客さんが入らないんですか。

男　入ることは入るんですが、高価な物が売れなくて困っています。

女　不景気ですからね。みんな贅沢はできないんでしょう。

男　今月は祝日が多くて店も忙しくなりそうですね。

女　客が多いのは嬉しいけど、休めなくて大変ですよ。

男　じゃあ、来月暇になったらみんなで近くの温泉にでも行きましょうか。

女　いいですね、そうしましょう。

男　野田さん、この机の上にあった書類知りませんか。

女　さっき企画部の人が持っていきましたけど。

男　そのあと返してもらったんです。

女　おかしいですね。あ、ここに落ちていますよ。

男　もしもし、私の机の上にカギがありますか。

女　あ、吉田さん、はい、ありますが。取りに戻りますか。

男　よかった。すぐに行きますから、すみませんが受付に預けておいてもらえませんか。

女　はい、わかりました。

男　もうすぐ法律が変わるらしいから忙しくなるな。

女　あなたの仕事と何か関係があるの？

男　それに合わせて新しい書類を作らないといけないからね。

女　そうか。また帰りが遅くなるわね。

男　机の上の書類、少し片付けたらどうですか？

女　全部大切で、ここに置いておかないと忘れちゃうんですよ。

男　でも、そんなにあると、かえって必要なものが見つからなかったりしませんか。

女　それはそうですけど。

77 Test 1-79

男　最近あまり食欲がないんだよね。

女　体調でも悪いんですか。

男　いや、別にそうでもないけどね。運動不足のせいかな。

女　きっとそうですよ。何かやってみたらどうですか。

78 Test 1-80

男　すみません、うちの子が迷子になってしまって。

女　お子さまの年齢と服装を教えていただけますか。

男　3歳の男の子で白いシャツを着て、青いジーンズをはいています。

女　では、今放送しますので少々お待ちください。

79 Test 1-81

男　あの、これ宿題のレポートなんですが。

女　もう、締め切りは過ぎましたよ。

男　すみません、ひどい風邪で3日も休んでしまって。

女　理由はともかく期限は守るようにしてください。

80 Test 1-82

男　この間紹介してもらった人、どうだった？

女　いい人でしたよ。ハンサムだし、紳士的だし。

男　いいじゃない。会社を経営してる人だよね。

女　はい、でも私が上から見下ろす感じなんです。かかとの低い靴だったのに。

81-84 Test 1-84

吉田さんは動物が大好きです。今吉田さんの家には犬が２匹います。一匹は黒い色の犬で、もう一匹は白です。黒いのはポチという名前です。とても大きくてまだ３歳ですから元気[81]です。外が大好き[82]で毎日朝と晩、雨が降っている時でもポチは吉田さんと一緒に一時間ぐらい散歩に行きます。白い犬の名前はモモです。来月12歳になりますからもう年寄りです。体も小さいし、あまり丈夫ではありません。いつも部屋のなかで遊んだり、眠ったりしています[83]。吉田さんは休みの日には時々モモの散歩に行きます[84]。

85-88 Test 1-85

市民会館のプールで夏休みのアルバイトを二人募集しています。元気で明るい大学生で泳げる人なら、女性でもかまいません[85]。ただし、高校生はできません。仕事はプールの掃除と案内です。忙しい時は売店の仕事も手伝ってもらいます[86]。アルバイトは土日の二日で午前中３時間と午後４時間[87]です。アルバイト代は一日７千円です。プールには子供がたくさんいますから安全に注意することが大切です。はじめての人でも大丈夫なようにアルバイトの人には仕事の始めの日、安全について勉強してもらいます[88]。

昨日、加藤さんの４歳の長男が39度の熱を出しました[89]。泣いてばかりで何も食べようとしないし、ぜんぜん眠らないのでとても心配しました。昨日は日曜日で病院は休みでしたから、家で寝かせるしかありませんでした。今朝も熱が下がっていなかったので、加藤さんは会社を休んで子供を病院へ連れていきました。奥さんはもうすぐ赤ちゃんが生まれる予定[90]ですから、家で待っていました。病院で注射を打ってもらって、もらってきた薬を飲ませると長男はすぐ眠って[91]しまいました。起きてからはもう熱もなくて、お腹が空いたといって、バナナをおいしそうに食べたので、加藤さんは安心しました。

西村さんの会社は都心にあり、自宅からバスと急行列車に乗って[92]一時間半ぐらいかかります。ラッシュアワーの電車は込んでいてたいてい座れないので、家に帰るととても疲れてしまいます。ですから残業で疲れているとき[93]とお酒を飲んだ後は特急電車に乗って座って帰ります。500円高くなりますが、コーヒーをいっぱい飲んだつもりになれば、車内でゆっくり眠って帰ることができるので、時々利用しています。駅から自宅までのバスは夜10時半以降はなくなるので、最終バスに間に合わなかった時[94]は、タクシーに乗るしかありません。

人気のダンス教室が一ヶ月後にスタートします。無料体験の申し込みは来週の一週間で、各クラス定員になると[95]締め切ります。お電話でのお申し込みは受け付けておりません。当スポーツセンターのホームページを通してお申し込みください。
体験の時に必要なものは運動ができる服、タオル、シューズ、飲み物です。飲み物の販売とシューズの貸し出し[96]はしております。初めての方でも心配要りません。自分に合ったクラスから始めていただけます。無料体験に参加してから一年の会員になった方[97]には一ヶ月のヨガの無料体験クーポンをさしあげております。

いつもご利用いただき、ありがとうございます。ご来店中のお客様に売り場移動のお知らせをいたします。この度1階の婦人服売り場が広くなるため[98]に、いくつかの売り場が移動することになりました。まず、従来は1階にございましたカバン売り場と帽子売り場[99]が2階東側のコーナーに移動いたしました。また靴売り場は2階エスカレーターのところから同じ2階の中央のコーナー[100]へと移動しております。お客様にはご迷惑をおかけいたしますが、ご理解のほどよろしくお願いいたします。

PART 1 사진 묘사

1 Test 2-01
(A) これで髪の毛を切ります。
(B) これで髭をそります。
(C) これは台所で使う道具です。
(D) これは掃除の時使う道具です。

2 Test 2-02
(A) お皿の横にフォークがあります。
(B) お皿の後ろにグラスがあります。
(C) 茶碗の前に箸があります。
(D) テーブルの上にデザートがあります。

3 Test 2-03
(A) 警官が車に乗っています。
(B) 建物の横にパトカーが止まっています。
(C) 救急車が道路の真ん中を走っています。
(D) 消防車を運転しています。

4 Test 2-04
(A) お皿に料理を盛っています。
(B) 瓶を傾けて注いでいます。
(C) つまみとグラスが用意されています。
(D) グラスが倒れています。

5 Test 2-05
(A) バットで壊しているところです。
(B) ボールをつかんだところです。
(C) グローブでボールを取ったところです。
(D) バットを振っているところです。

6 Test 2-06
(A) 鳥にえさをあげています。
(B) 鳥が空を飛んでいます。
(C) 泳いでいるのもいます。
(D) 鳥が水面から飛び立ったところです。

7 Test 2-07
(A) 三角の深い箱があります。
(B) 箱は浅くて四角いです。
(C) 段ボール箱に何も入っていません。
(D) 箱には服が詰まっています。

8 Test 2-08
(A) 水着を着て腰かけています。
(B) 右の子は鞄を肩にかけています。
(C) 二人とも空を見上げています。
(D) 高いところから見下ろしています。

9 Test 2-09
(A) 手を伸ばして鳥に触れています。
(B) 鳥を両手で抱いています。
(C) 片腕に鳥を乗せています。
(D) 鳥が肩の上に乗っています。

10 Test 2-10
(A) 万歳をしています。
(B) 握手をしています。
(C) 一気に飲まされています。
(D) 手を振っています。

11 Test 2-11

(A) みんな和服を着て正座をしています。
(B) 着物を着た人はお辞儀をしています。
(C) 老人がお茶の飲み方を教えています。
(D) みんな真剣な顔で正座をしています。

12 Test 2-12

(A) 入り口は混み合っています。
(B) 行列を作って乗車しています。
(C) 腰かけて待っている人もいます。
(D) 入り口はまだ人がまばらです。

13 Test 2-13

(A) ここで足りない運賃を払うことができます。
(B) この機械で切手を買うことができます。
(C) 駅の改札口には誰もいません。
(D) これは目的地までの切符を買う機械です。

14 Test 2-14

(A) 湖の向こう側に山が見えます。
(B) 波が打ち寄せています。
(C) 海の景色が描かれています。
(D) 山の陰が水面に映っています。

15 Test 2-15

(A) 長い髪を下ろしています。
(B) 帽子を被っています。
(C) ブローチを胸につけています。
(D) 指輪をはめています。

16 Test 2-16

(A) 壁に世界地図が貼られています。
(B) 動物の絵が描かれています。
(C) 掲示板に絵が貼られています。
(D) 地図は案内板の半分を占めています。

17 Test 2-17

(A) 自転車がバス停のよこに並んでいます。
(B) 止めておいた自転車が何台か倒れています。
(C) 自転車の修理をするところです。
(D) 自転車が整然と並べられています。

18 Test 2-18

(A) 横断歩道を渡っています。
(B) 階段の両側にエスカレーターがあります。
(C) 駅の改札口を通っています。
(D) 上りのエスカレーターは故障しています。

19 Test 2-19

(A) 柱に案内が貼ってあります。
(B) 字は横書きになっていて読みやすいです。
(C) 願い事が手書きで書かれています。
(D) ひらがなとカタカナが書かれた表です。

20 Test 2-20

(A) 二人はステージで演奏しています。
(B) 二人は肩を組んで歌っています。
(C) 二人はそれぞれ別の手にマイクを持っています。
(D) 二人は同じ模様のズボンをはいています。

21 Test 2-22

一緒にお昼ごはん食べませんか。

(A) ええ、とてもおいしかったです。

(B) あ、ご飯まだなんですね。何か作りましょうか。

(C) すみません、今日はお弁当を持ってきました。

(D) いいえ、まだ食べていません。

22 Test 2-23

切符はどこで売っていますか。

(A) はい、私が買います。

(B) 郵便局はあの信号を渡ったところです。

(C) 近くに駅はありません。

(D) あの店の後ろですよ。

23 Test 2-24

この辺に駐車場はないでしょうか。

(A) あそこのお巡りさんに聞いてみましょう。

(B) きっと食品売り場にありますよ。

(C) 今日は祝日だからきっと休みですよ。

(D) このビルの３階にレストランがあるはずですが。

24 Test 2-25

どうしたんですか、その大きな袋。

(A) 寒いからたくさん服を着てるんです。

(B) 買い物をしすぎちゃったんですよ。

(C) 母はもう田舎に帰ったんですよ。

(D) 食べ過ぎて太っちゃったんです。

25 Test 2-26

お酒は召し上がりますか。

(A) 時々うかがっています。

(B) ぜひお会いしたいですね。

(C) ぜんぜんダメなんです。

(D) 先日いただいたお土産なんです。

26 Test 2-27

今度久しぶりにカラオケ行かない？

(A) 最近海で泳いでないからな。

(B) ストレス解消に歌もいいね。

(C) それで、そのコンサートはいつなの？

(D) 運動するのは苦手なんだよ。

27 Test 2-28

お隣の人、昨日引っ越していったそうよ。

(A) どんな人が来たか、行ってみようか。

(B) ほんとうだ。荷物が置いたままだね。

(C) え？お別れの挨拶もしてないのに。

(D) 静かな人だといいね。

28 Test 2-29

今日車だからよかったら乗っていきませんか。

(A) いいんですか。ちょうど荷物が多くて困っていたんです。

(B) それじゃ、近くの駅まで送ります。

(C) すみませんね。わざわざ遠いところまで来てもらって。

(D) それじゃ、荷物をお持ちします。

29 Test 2-30

夕べの地震にはびっくりしましたね。

(A) 今年の梅雨明けはいつになるでしょうか。
(B) あれで夜中に目がさめてしまいましたよ。
(C) 天気予報が合っていましたね。
(D) 台風の影響らしいです。

30 Test 2-31

来月のコンサートのチケットを予約したいんですが。

(A) 一年中受けているので、いつでもけっこうです。
(B) はい、何日のお席でしょうか。
(C) 申し訳ありません。お時間がとれません。
(D) 今週のならもう売り切れてしまいました。

31 Test 2-32

この間から出張が続いていますね。

(A) はい、子供の頃からあこがれていました。
(B) まったく、家でのんびりできる時間がほしいです。
(C) はい、海外旅行は久しぶりですね。
(D) はい、引っ越しにはもう慣れました。

32 Test 2-33

もしもし、そちらのお店は何時に閉店しますか。

(A) 毎日24時間営業しております。
(B) 定休日は月曜日にしております。
(C) 開店時間は朝10時です。
(D) 午後の3時からお休み時間です。

33 Test 2-34

お嬢さん留学しているそうですね。

(A) ええ、来年帰国する予定なんですよ。
(B) ええ、息子一人でアメリカにいるんですよ。
(C) おかげさまで元気に過ごしています。
(D) ええ、娘は幼稚園に通っています。

34 Test 2-35

はさみが見あたらないんだけど。

(A) デパートで見かけたよ。
(B) 洗面所にいたよ。
(C) 引き出しの奥は探してみた？
(D) 辞書で調べればすぐ分かると思うよ。

35 Test 2-36

まだ診察が受けられますか。

(A) いいえ、メールでお願いします。
(B) 配送料はかかりません。
(C) 本日は終了しましたが。
(D) はい、さっきから流しています。

36 Test 2-37

忙しそうですね、何かお手伝いしましょうか。

(A) じゃあ、手伝わせてください。
(B) おかげさまで早く片付きました。
(C) いいえ、もう終わるところなんです。
(D) 書類を作らせてほしいんですけど。

37 Test 2-38

すみません、頼んだ料理がまだですが。
(A) 申し訳ございません。すぐにお持ちします。
(B) それじゃ、先にいただきましょうか。
(C) では、新しいものにお取り替えいたします。
(D) もう少し待たせてもらえませんか。

38 Test 2-39

どうしたんですか。顔色がよくないですね。
(A) よく寝たのですっきりしました。
(B) それで機嫌が悪いわけですね。
(C) 自分の顔に自信がないんです。
(D) ちょっと体調が悪くて。

39 Test 2-40

今度の会議がいつになったか教えてくれますか。
(A) 決まったら連絡してください。
(B) 来週のはずですが、詳しいことはまだです。
(C) 難しくて私もよくわかりません。
(D) だれがそんなこと言っていましたか。

40 Test 2-41

昨日は酔っぱらっちゃって何も覚えていないんです。
(A) 働きすぎはよくないですよ。
(B) 食べすぎて太っても知らないよ。
(C) そんな昔のことは誰も覚えていないよ。
(D) 飲み過ぎには気をつけないとね。

41 Test 2-42

あら、冷蔵庫が空っぽだわ。
(A) さっきの停電のせいかな。
(B) え？じゃあ、今日は外食にするか。
(C) しっかり扉を閉めてないからだよ。
(D) ふたをして2分ぐらい待ってて。

42 Test 2-43

これ、私の新しい名刺です。
(A) あれ？転職したんですか。
(B) ずいぶん目立つデザインの看板ですね。
(C) その髪型、なかなか似合っていますよ。
(D) そんな高価なもの受け取れませんよ。

43 Test 2-44

買ったばかりの車をぶつけてしまったんですよ。
(A) それで怪我はしなかったんですか。
(B) バイクの二人乗りは危ないですよ。
(C) 車を買い換えた方がいいですね。
(D) もう少しでゴールなのに惜しかったですね。

44 Test 2-45

空の旅はどうでしたか。
(A) 無事だと聞いてほっとしましたよ。
(B) 渋滞で到着が遅れてしまったんです。
(C) ちょっと揺れましたけど、快適でした。
(D) 電車の中はぎゅうぎゅう詰めでしたよ。

45 Test 2-46

ホームで押されて転んでしまいました。

(A) それはとんだ災難でしたね。

(B) なんだか最近いいことが続いていますね。

(C) そのことを家族には伝えましたか。

(D) あのバスは交通事故が多いですね。

46 Test 2-47

今晩から大雪になるらしいよ。

(A) この暑さはちょっと異常じゃないかな。

(B) 毎日熱帯夜が続いているね。

(C) 冬ももう終りだね。

(D) 明日の出勤に影響がないといいけどね。

47 Test 2-48

そろそろ失礼しようと思うんですが。

(A) もうお帰りになるんですか。

(B) どうぞお上がりください。

(C) ではそこまで迎えに行きますよ。

(D) どうぞ、手に取ってご覧ください。

48 Test 2-49

課長、今日の打ち合わせに必要な資料がまだ揃ってないんですが。

(A) じゃあ、全員が集まったら連絡してくれ。

(B) じゃあ、思ったより早く着きそうだね。

(C) しかたない。ないままやるしかないね。

(D) おかげでぎりぎり間に合ったよ。

49 Test 2-50

彼、かっこいいうえに優秀だからモテますよ。

(A) しつこい人なんだね。

(B) まったく羨ましいかぎりだよ。

(C) ほんとう、あきれるぐらいだよ。

(D) ずうずうしい性格なんだね。

50 Test 2-51

社長がお戻りになったら、お電話いただきたいんですが。

(A) ええ、そう伝えた方がいいですね。

(B) わかりました。今お呼びしますので。

(C) はい、あ、今戻ってまいりましたので代わります。

(D) では、いつお戻りになるんでしょうか。

51 Test 2-53

男　昨日は忙しかったですね。

女　明日でこの店も終りですからね。

男　今日もたくさんの人が来るでしょうね。

女　忙しいのはいいですけど、少し寂しいですね。

52 Test 2-54

女　岸田さんのアパートは駅から近いですか。

男　いいえ、歩いて10分ぐらいかかります。

女　それは近い方ですよ。うちは駅からバスで10分です。

男　そうですか。遠いですね。

53 Test 2-55

女　おひさしぶりですね。お仕事は順調ですか。

男　ええ、おかげさまでなんとか。斉藤さんは。

女　先月会社がかわってからはゆっくりする暇がなくて。

男　それは大変ですね。

54 Test 2-56

女　会社辞めるんですって。どうしたんですか。

男　これからのためにもっと勉強がしたくて。

女　留学でもするんですか。

男　いいえ、バイトしながら専門学校に通うことにしたんです。

55 Test 2-57

女　もしもし、パソコンの調子が悪いんですが。

男　どのようにおかしいんですか。

女　使っていると大きな音もするし、スピードも遅いんです。

男　それは修理が必要だと思いますので、すぐ伺います。

56 Test 2-58

男　あ、これ僕のコートじゃない。

女　え？色も形も同じように見えますけど。

男　ううん、ほら、ポケットにタバコが入っている。

女　本当だ。誰か間違えて着て帰ったんですね。

57 Test 2-59

女　そろそろ会議の時間ですよ。

男　今取引先からの電話を待っているんですが、どうしましょう。

女　それなら先に始めていますね。

男　わかりました。少し遅れて行きます。

58 Test 2-60

女　まだ誰も来ていないみたいね。

男　そうだね、あれ？黒板に何か書いてあるけど？

女　今日のゼミは３階の教室ですだって。

男　どうりでおかしいと思った。

59 Test 2-61

女　鈴木さんが結婚するそうですね。

男　私も聞きました。みんなで何かプレゼントしませんか。

女　５千円ずつ出して何か買うのはどうでしょう。

男　それ、いいですね。そうしましょう。

60 Test 2-62

女　昨日これ買ったんですが、ちょっと小さくて。

男　申し訳ありません。この色はこのサイズしかないんです。

女　そうですか。じゃあ、茶色ならありますか。

男　茶色でしたらございます。

61 Test 2-63

男　ヤカンのお湯が沸いたみたいだよ。

女　今おもしろい番組やってるの。ちょっと火を消してくれない？

男　いいよ。お茶入れようか。

女　ありがとう。やさしいね。何かいいことあったの？

62 Test 2-64

女　どうしたの？頭痛いの？

男　うん、昨日ちょっと飲みすぎて。

女　もう年だし、体のこと考えた方がいいんじゃない？

男　そうだね。やっぱり健康のためには飲まない方がいいかな。

63 Test 2-65

女　来週の会議で提案する内容まとまりましたか？

男　いいえ、まだ30%ぐらいしか考えてないです。

女　じゃあ、私がまとめるから、発表の方をお願いできるかしら。

男　その方がいいかもしれませんね。わかりました。

64 Test 2-66

男　今日の説明会には社長もいらっしゃるんですよね。

女　いつも通に発表すればきっとうまく行きますよ。

男　緊張して頭が真っ白になりそうです。

女　大丈夫ですよ。リラックスして、頑張ってください。

65 Test 2-67

女　今日テストですよね。昨日はよく勉強できましたか。

男　いや、急に友だちに来られて全然できませんでした。

女　え？大事なテストの前なのに。

男　前から少しずつやっておきましたから、それほど心配してないですよ。

男　遅れてすみません、車の事故にあっちゃって。

女　え？大丈夫ですか。怪我はないですか？

男　私は見ただけだったんですが、警察にいろいろ聞かれてしまって。

女　朝から大変でしたね。

男　中国旅行はどうでしたか。

女　着いた日は暖かかったですが、そのあと三日間は寒くて大変でした。

男　東京も寒かったですよ。もう春だというのに。

女　でも帰って来たら暑いのでびっくりしましたよ。変な天気ですね。

男　パソコン買い換えたんだ。友達の店でいいのを安くしてくれて。

女　じゃあ、前に使っていたのを私に安く売ってくれない？

男　もう使わないから、あげるよ。

女　わあ、ありがとう。

女　あ、いいところに来てくれました。

男　どうしたんですか。

女　このいすを倉庫に運ぶのを手伝ってくれませんか。

男　分かりました。じゃあ、よっつあるから、僕がみっつ持ちましょう。

女　タクシーをお呼びしましょうか。

男　いや、外に車を待たせていますので。

女　めずらしいですね。今日は会社の車でいらっしゃったんですか。

男　ええ、これから取引先を回るんです。

71 Test 2-73

女　お話中失礼します。部長、受付にお客様がお見えになりましたが。

男　話が終わったら行くから、どこかに案内して。

女　では、会議室にご案内しておきます。

男　分かった、すぐ行くからお茶を出しといて。

72 Test 2-74

女　テーブルの上にあったお菓子知らない？

男　さっきハルキが食べていたけど、いけなかった？

女　古いからもうゴミ箱行きかなって思っていたのに。

男　ええ？でもおいしいって言ってたよ。

73 Test 2-75

男　今年の社員旅行は韓国だそうですよ。

女　今まで外国へ行ったことないですよね。

男　円高で、安く行けるからでしょうね。

女　最近は国内旅行の方がお金がかかるんですね。

74 Test 2-76

女　新しい職場の環境はどうですか。

男　気に入ってるよ。広いし、会社周辺も静かだし。

女　落ち着いて仕事ができそうですね。

男　前は集中できる環境じゃなかったからね。

75 Test 2-77

男　きのうは課長がおいしい店に連れていってくれたんですよ。

女　ええ？課長は毎日すぐ帰るのに。何かあったのかな。

男　奥さんが旅行に行って、帰っても晩ご飯がないからと言っていました。

女　自分では料理しないんですね。

男　コピーの紙がはやくなくなると思いませんか。

女　みんなコピーをしすぎているんでしょうか。

男　無駄なコピーはしないよう注意した方がいいですね。

女　わかりました。会議の時みんなに言っておきます。

男　最近の電車の中のマナー、酷いと思わない？

女　男の人の缶ビールとか女の子の化粧とかね。

男　この前、弁当を食べてる人も見たんだよ。

女　自分の家じゃないんだから、周りの人に気を使ってほしいよね。

女　今年の社員旅行は専門の会社に頼みませんか。

男　去年は慣れない社員が企画して評判悪かったですからね。

女　高いわりに料理は普通でしたし。

男　企画した本人たちは楽しかったみたいですけどね。

女　このポスター、商品のイメージと合わないような気がしますが。

男　何がいけないと思いますか。

女　もっと可愛らしい感じに変えた方がいいんじゃないでしょうか。

男　確かにそうですね。女性向けの商品ですからね。

女　部長、仕事のことでご相談したいことがあるんですが。

男　今の仕事で何か問題でもありますか。

女　そうではなく、海外営業部に移りたいんです。

男　ああ、入社した時の希望がそうでしたよね。

81-84 Test 2-84

林さんの犬の太郎がいなくなりました。おとといの夕方[81]、奥さんと散歩してた時、ひもが切れたからです。奥さんはまわりを一生懸命探しましたが、見つかりませんでした。昨日林さんは会社を休んで子供と一緒に自転車に乗って近所を探しました[82]。散歩している人や娘さんの友達に聞きましたが、太郎を見た人はいませんでした。太郎は体の大きい茶色の犬ですが、足が白くて[83]、耳さきが少し黒いです。林さんは家の外の壁に太郎の写真と電話番号を入れた紙を貼って[84]、自分のブログにも写真を載せておきました。

85-88 Test 2-85

ホテルのご利用について簡単にご説明します。まず今晩の食事は1階の喫茶店か10階のレストランでお召し上がりください。軽いお酒もご用意しております。またお部屋での食事[85]もできます。ご注文はお部屋の電話から[86]2番におかけください。朝は、10階のレストランはオープンしないので、1階の喫茶店にいらっしゃってください。朝食の時間は7時から10時[87]までです。お食事の時にはかならずチケットをお持ちください。ホテルの中はすべて禁煙ですので、たばこをお吸いになる方は申し訳ございませんが、外で[88]お願い致します。

今日お客様の会社がなかなか見つからなくて[89]、打ち合わせの時間に遅れてしまいました。交差点のところにあるビルの5階ですと言われたので探しましたが、わかりませんでした。電話で確認もしましたが、15分ぐらい周りを探してやっと見つけました。お客様の会社のビルは交差点の角から3軒目でした。私は交差点のところだと言えば角だと思ってしまった[90]ため、角にあるビルばかり見ていたのです。道を正しく説明することも、それを聞くことも難しいと思いました。これから出かける前に電話でしっかり確認して地図を見てから[91]行こうと思いました。

私は飛行機が苦手です。はじめて飛行機に乗ったのは、大学に入って家族で北海道に旅行に行ったときです。でも、その日は天気が悪くて飛行機がとても揺れたので気分が悪くなって[92]大変でした。来月会社の出張でフランスに行かなくてはなりません。日本からフランスまで13時間ぐらいかかるので[93]とても心配です。海外出張が多い友だちに相談したら、友だちは飛行機に乗る前に薬を飲んで、乗ったら音楽を聞きながら寝ればいい[94]と言ってくれました。いちおう病院へ行って薬をもらってきましたが、これから出張が多くなるので、はやく飛行機に慣れないといけません。

日本のパトカーの色がどうして黒と白かご存じですか。今から60年ぐらい前の話ですが、最初のパトカーはアメリカで作られた普通の白い車[95]でした。しかしそのころの日本の自動車はほとんどが白だったため、ちょっと見ただけではどれがパトカーか区別ができませんでした[96]。そこで警察の車だとすぐにわかるようにボディーの下半分を反対色の黒で塗って[97]今のような白と黒にしたのです。当時は道路がよくなかったので、汚れを隠すために下を黒くしたと言われています。全国的にパトカーが白黒で統一されたのは1955年になってからだそうです。

パソコンを使う時や、本を読むとき、姿勢が悪くなっていませんか。今回は姿勢をよくして、楽に座れる椅子をご紹介いたします。この椅子は腰の部分にクッションがあり、長い時間座っても腰が疲れにくい[98]設計になっています。また座ったまま簡単に椅子の背もたれを前後に動かすことができます[99]。深く倒して寝ながらテレビを見ても快適です。配送料金は別で1台8000円、2台セットなら15000円とお得です。色はグレーと紺色の2種類をご用意しました。今すぐお電話で申し込みください。インターネットでも受け付けて[100]います。

How To JPT
실전공략
600

ANSWER SHEET

수험번호				

응시일자 : 20　년　　월　　일

성명	한글	
	한자	
	영자	

좌석번호
Ⓐ Ⓑ Ⓒ Ⓓ Ⓔ
① ② ③ ④ ⑤ ⑥ ⑦

聴解

NO.	ANSWER A B C D	NO.	ANSWER A B C D	NO.	ANSWER A B C D	NO.	ANSWER A B C D	NO.	ANSWER A B C D
1	ⓐ ⓑ ⓒ ⓓ	21	ⓐ ⓑ ⓒ ⓓ	41	ⓐ ⓑ ⓒ ⓓ	61	ⓐ ⓑ ⓒ ⓓ	81	ⓐ ⓑ ⓒ ⓓ
2	ⓐ ⓑ ⓒ ⓓ	22	ⓐ ⓑ ⓒ ⓓ	42	ⓐ ⓑ ⓒ ⓓ	62	ⓐ ⓑ ⓒ ⓓ	82	ⓐ ⓑ ⓒ ⓓ
3	ⓐ ⓑ ⓒ ⓓ	23	ⓐ ⓑ ⓒ ⓓ	43	ⓐ ⓑ ⓒ ⓓ	63	ⓐ ⓑ ⓒ ⓓ	83	ⓐ ⓑ ⓒ ⓓ
4	ⓐ ⓑ ⓒ ⓓ	24	ⓐ ⓑ ⓒ ⓓ	44	ⓐ ⓑ ⓒ ⓓ	64	ⓐ ⓑ ⓒ ⓓ	84	ⓐ ⓑ ⓒ ⓓ
5	ⓐ ⓑ ⓒ ⓓ	25	ⓐ ⓑ ⓒ ⓓ	45	ⓐ ⓑ ⓒ ⓓ	65	ⓐ ⓑ ⓒ ⓓ	85	ⓐ ⓑ ⓒ ⓓ
6	ⓐ ⓑ ⓒ ⓓ	26	ⓐ ⓑ ⓒ ⓓ	46	ⓐ ⓑ ⓒ ⓓ	66	ⓐ ⓑ ⓒ ⓓ	86	ⓐ ⓑ ⓒ ⓓ
7	ⓐ ⓑ ⓒ ⓓ	27	ⓐ ⓑ ⓒ ⓓ	47	ⓐ ⓑ ⓒ ⓓ	67	ⓐ ⓑ ⓒ ⓓ	87	ⓐ ⓑ ⓒ ⓓ
8	ⓐ ⓑ ⓒ ⓓ	28	ⓐ ⓑ ⓒ ⓓ	48	ⓐ ⓑ ⓒ ⓓ	68	ⓐ ⓑ ⓒ ⓓ	88	ⓐ ⓑ ⓒ ⓓ
9	ⓐ ⓑ ⓒ ⓓ	29	ⓐ ⓑ ⓒ ⓓ	49	ⓐ ⓑ ⓒ ⓓ	69	ⓐ ⓑ ⓒ ⓓ	89	ⓐ ⓑ ⓒ ⓓ
10	ⓐ ⓑ ⓒ ⓓ	30	ⓐ ⓑ ⓒ ⓓ	50	ⓐ ⓑ ⓒ ⓓ	70	ⓐ ⓑ ⓒ ⓓ	90	ⓐ ⓑ ⓒ ⓓ
11	ⓐ ⓑ ⓒ ⓓ	31	ⓐ ⓑ ⓒ ⓓ	51	ⓐ ⓑ ⓒ ⓓ	71	ⓐ ⓑ ⓒ ⓓ	91	ⓐ ⓑ ⓒ ⓓ
12	ⓐ ⓑ ⓒ ⓓ	32	ⓐ ⓑ ⓒ ⓓ	52	ⓐ ⓑ ⓒ ⓓ	72	ⓐ ⓑ ⓒ ⓓ	92	ⓐ ⓑ ⓒ ⓓ
13	ⓐ ⓑ ⓒ ⓓ	33	ⓐ ⓑ ⓒ ⓓ	53	ⓐ ⓑ ⓒ ⓓ	73	ⓐ ⓑ ⓒ ⓓ	93	ⓐ ⓑ ⓒ ⓓ
14	ⓐ ⓑ ⓒ ⓓ	34	ⓐ ⓑ ⓒ ⓓ	54	ⓐ ⓑ ⓒ ⓓ	74	ⓐ ⓑ ⓒ ⓓ	94	ⓐ ⓑ ⓒ ⓓ
15	ⓐ ⓑ ⓒ ⓓ	35	ⓐ ⓑ ⓒ ⓓ	55	ⓐ ⓑ ⓒ ⓓ	75	ⓐ ⓑ ⓒ ⓓ	95	ⓐ ⓑ ⓒ ⓓ
16	ⓐ ⓑ ⓒ ⓓ	36	ⓐ ⓑ ⓒ ⓓ	56	ⓐ ⓑ ⓒ ⓓ	76	ⓐ ⓑ ⓒ ⓓ	96	ⓐ ⓑ ⓒ ⓓ
17	ⓐ ⓑ ⓒ ⓓ	37	ⓐ ⓑ ⓒ ⓓ	57	ⓐ ⓑ ⓒ ⓓ	77	ⓐ ⓑ ⓒ ⓓ	97	ⓐ ⓑ ⓒ ⓓ
18	ⓐ ⓑ ⓒ ⓓ	38	ⓐ ⓑ ⓒ ⓓ	58	ⓐ ⓑ ⓒ ⓓ	78	ⓐ ⓑ ⓒ ⓓ	98	ⓐ ⓑ ⓒ ⓓ
19	ⓐ ⓑ ⓒ ⓓ	39	ⓐ ⓑ ⓒ ⓓ	59	ⓐ ⓑ ⓒ ⓓ	79	ⓐ ⓑ ⓒ ⓓ	99	ⓐ ⓑ ⓒ ⓓ
20	ⓐ ⓑ ⓒ ⓓ	40	ⓐ ⓑ ⓒ ⓓ	60	ⓐ ⓑ ⓒ ⓓ	80	ⓐ ⓑ ⓒ ⓓ	100	ⓐ ⓑ ⓒ ⓓ

読解

NO.	ANSWER A B C D	NO.	ANSWER A B C D	NO.	ANSWER A B C D	NO.	ANSWER A B C D	NO.	ANSWER A B C D
101	ⓐ ⓑ ⓒ ⓓ	121	ⓐ ⓑ ⓒ ⓓ	141	ⓐ ⓑ ⓒ ⓓ	161	ⓐ ⓑ ⓒ ⓓ	181	ⓐ ⓑ ⓒ ⓓ
102	ⓐ ⓑ ⓒ ⓓ	122	ⓐ ⓑ ⓒ ⓓ	142	ⓐ ⓑ ⓒ ⓓ	162	ⓐ ⓑ ⓒ ⓓ	182	ⓐ ⓑ ⓒ ⓓ
103	ⓐ ⓑ ⓒ ⓓ	123	ⓐ ⓑ ⓒ ⓓ	143	ⓐ ⓑ ⓒ ⓓ	163	ⓐ ⓑ ⓒ ⓓ	183	ⓐ ⓑ ⓒ ⓓ
104	ⓐ ⓑ ⓒ ⓓ	124	ⓐ ⓑ ⓒ ⓓ	144	ⓐ ⓑ ⓒ ⓓ	164	ⓐ ⓑ ⓒ ⓓ	184	ⓐ ⓑ ⓒ ⓓ
105	ⓐ ⓑ ⓒ ⓓ	125	ⓐ ⓑ ⓒ ⓓ	145	ⓐ ⓑ ⓒ ⓓ	165	ⓐ ⓑ ⓒ ⓓ	185	ⓐ ⓑ ⓒ ⓓ
106	ⓐ ⓑ ⓒ ⓓ	126	ⓐ ⓑ ⓒ ⓓ	146	ⓐ ⓑ ⓒ ⓓ	166	ⓐ ⓑ ⓒ ⓓ	186	ⓐ ⓑ ⓒ ⓓ
107	ⓐ ⓑ ⓒ ⓓ	127	ⓐ ⓑ ⓒ ⓓ	147	ⓐ ⓑ ⓒ ⓓ	167	ⓐ ⓑ ⓒ ⓓ	187	ⓐ ⓑ ⓒ ⓓ
108	ⓐ ⓑ ⓒ ⓓ	128	ⓐ ⓑ ⓒ ⓓ	148	ⓐ ⓑ ⓒ ⓓ	168	ⓐ ⓑ ⓒ ⓓ	188	ⓐ ⓑ ⓒ ⓓ
109	ⓐ ⓑ ⓒ ⓓ	129	ⓐ ⓑ ⓒ ⓓ	149	ⓐ ⓑ ⓒ ⓓ	169	ⓐ ⓑ ⓒ ⓓ	189	ⓐ ⓑ ⓒ ⓓ
110	ⓐ ⓑ ⓒ ⓓ	130	ⓐ ⓑ ⓒ ⓓ	150	ⓐ ⓑ ⓒ ⓓ	170	ⓐ ⓑ ⓒ ⓓ	190	ⓐ ⓑ ⓒ ⓓ
111	ⓐ ⓑ ⓒ ⓓ	131	ⓐ ⓑ ⓒ ⓓ	151	ⓐ ⓑ ⓒ ⓓ	171	ⓐ ⓑ ⓒ ⓓ	191	ⓐ ⓑ ⓒ ⓓ
112	ⓐ ⓑ ⓒ ⓓ	132	ⓐ ⓑ ⓒ ⓓ	152	ⓐ ⓑ ⓒ ⓓ	172	ⓐ ⓑ ⓒ ⓓ	192	ⓐ ⓑ ⓒ ⓓ
113	ⓐ ⓑ ⓒ ⓓ	133	ⓐ ⓑ ⓒ ⓓ	153	ⓐ ⓑ ⓒ ⓓ	173	ⓐ ⓑ ⓒ ⓓ	193	ⓐ ⓑ ⓒ ⓓ
114	ⓐ ⓑ ⓒ ⓓ	134	ⓐ ⓑ ⓒ ⓓ	154	ⓐ ⓑ ⓒ ⓓ	174	ⓐ ⓑ ⓒ ⓓ	194	ⓐ ⓑ ⓒ ⓓ
115	ⓐ ⓑ ⓒ ⓓ	135	ⓐ ⓑ ⓒ ⓓ	155	ⓐ ⓑ ⓒ ⓓ	175	ⓐ ⓑ ⓒ ⓓ	195	ⓐ ⓑ ⓒ ⓓ
116	ⓐ ⓑ ⓒ ⓓ	136	ⓐ ⓑ ⓒ ⓓ	156	ⓐ ⓑ ⓒ ⓓ	176	ⓐ ⓑ ⓒ ⓓ	196	ⓐ ⓑ ⓒ ⓓ
117	ⓐ ⓑ ⓒ ⓓ	137	ⓐ ⓑ ⓒ ⓓ	157	ⓐ ⓑ ⓒ ⓓ	177	ⓐ ⓑ ⓒ ⓓ	197	ⓐ ⓑ ⓒ ⓓ
118	ⓐ ⓑ ⓒ ⓓ	138	ⓐ ⓑ ⓒ ⓓ	158	ⓐ ⓑ ⓒ ⓓ	178	ⓐ ⓑ ⓒ ⓓ	198	ⓐ ⓑ ⓒ ⓓ
119	ⓐ ⓑ ⓒ ⓓ	139	ⓐ ⓑ ⓒ ⓓ	159	ⓐ ⓑ ⓒ ⓓ	179	ⓐ ⓑ ⓒ ⓓ	199	ⓐ ⓑ ⓒ ⓓ
120	ⓐ ⓑ ⓒ ⓓ	140	ⓐ ⓑ ⓒ ⓓ	160	ⓐ ⓑ ⓒ ⓓ	180	ⓐ ⓑ ⓒ ⓓ	200	ⓐ ⓑ ⓒ ⓓ

ANSWER SHEET

수험번호					

응시일자 : 20　년　월　일

	한글		좌석번호
성명	한자		
	영자		

聽 解

NO.	ANSWER A B C D	NO.	ANSWER A B C D	NO.	ANSWER A B C D	NO.	ANSWER A B C D	NO.	ANSWER A B C D
1	ⓐⓑⓒⓓ	21	ⓐⓑⓒⓓ	41	ⓐⓑⓒⓓ	61	ⓐⓑⓒⓓ	81	ⓐⓑⓒⓓ
2	ⓐⓑⓒⓓ	22	ⓐⓑⓒⓓ	42	ⓐⓑⓒⓓ	62	ⓐⓑⓒⓓ	82	ⓐⓑⓒⓓ
3	ⓐⓑⓒⓓ	23	ⓐⓑⓒⓓ	43	ⓐⓑⓒⓓ	63	ⓐⓑⓒⓓ	83	ⓐⓑⓒⓓ
4	ⓐⓑⓒⓓ	24	ⓐⓑⓒⓓ	44	ⓐⓑⓒⓓ	64	ⓐⓑⓒⓓ	84	ⓐⓑⓒⓓ
5	ⓐⓑⓒⓓ	25	ⓐⓑⓒⓓ	45	ⓐⓑⓒⓓ	65	ⓐⓑⓒⓓ	85	ⓐⓑⓒⓓ
6	ⓐⓑⓒⓓ	26	ⓐⓑⓒⓓ	46	ⓐⓑⓒⓓ	66	ⓐⓑⓒⓓ	86	ⓐⓑⓒⓓ
7	ⓐⓑⓒⓓ	27	ⓐⓑⓒⓓ	47	ⓐⓑⓒⓓ	67	ⓐⓑⓒⓓ	87	ⓐⓑⓒⓓ
8	ⓐⓑⓒⓓ	28	ⓐⓑⓒⓓ	48	ⓐⓑⓒⓓ	68	ⓐⓑⓒⓓ	88	ⓐⓑⓒⓓ
9	ⓐⓑⓒⓓ	29	ⓐⓑⓒⓓ	49	ⓐⓑⓒⓓ	69	ⓐⓑⓒⓓ	89	ⓐⓑⓒⓓ
10	ⓐⓑⓒⓓ	30	ⓐⓑⓒⓓ	50	ⓐⓑⓒⓓ	70	ⓐⓑⓒⓓ	90	ⓐⓑⓒⓓ
11	ⓐⓑⓒⓓ	31	ⓐⓑⓒⓓ	51	ⓐⓑⓒⓓ	71	ⓐⓑⓒⓓ	91	ⓐⓑⓒⓓ
12	ⓐⓑⓒⓓ	32	ⓐⓑⓒⓓ	52	ⓐⓑⓒⓓ	72	ⓐⓑⓒⓓ	92	ⓐⓑⓒⓓ
13	ⓐⓑⓒⓓ	33	ⓐⓑⓒⓓ	53	ⓐⓑⓒⓓ	73	ⓐⓑⓒⓓ	93	ⓐⓑⓒⓓ
14	ⓐⓑⓒⓓ	34	ⓐⓑⓒⓓ	54	ⓐⓑⓒⓓ	74	ⓐⓑⓒⓓ	94	ⓐⓑⓒⓓ
15	ⓐⓑⓒⓓ	35	ⓐⓑⓒⓓ	55	ⓐⓑⓒⓓ	75	ⓐⓑⓒⓓ	95	ⓐⓑⓒⓓ
16	ⓐⓑⓒⓓ	36	ⓐⓑⓒⓓ	56	ⓐⓑⓒⓓ	76	ⓐⓑⓒⓓ	96	ⓐⓑⓒⓓ
17	ⓐⓑⓒⓓ	37	ⓐⓑⓒⓓ	57	ⓐⓑⓒⓓ	77	ⓐⓑⓒⓓ	97	ⓐⓑⓒⓓ
18	ⓐⓑⓒⓓ	38	ⓐⓑⓒⓓ	58	ⓐⓑⓒⓓ	78	ⓐⓑⓒⓓ	98	ⓐⓑⓒⓓ
19	ⓐⓑⓒⓓ	39	ⓐⓑⓒⓓ	59	ⓐⓑⓒⓓ	79	ⓐⓑⓒⓓ	99	ⓐⓑⓒⓓ
20	ⓐⓑⓒⓓ	40	ⓐⓑⓒⓓ	60	ⓐⓑⓒⓓ	80	ⓐⓑⓒⓓ	100	ⓐⓑⓒⓓ

讀 解

NO.	ANSWER A B C D	NO.	ANSWER A B C D	NO.	ANSWER A B C D	NO.	ANSWER A B C D	NO.	ANSWER A B C D
101	ⓐⓑⓒⓓ	121	ⓐⓑⓒⓓ	141	ⓐⓑⓒⓓ	161	ⓐⓑⓒⓓ	181	ⓐⓑⓒⓓ
102	ⓐⓑⓒⓓ	122	ⓐⓑⓒⓓ	142	ⓐⓑⓒⓓ	162	ⓐⓑⓒⓓ	182	ⓐⓑⓒⓓ
103	ⓐⓑⓒⓓ	123	ⓐⓑⓒⓓ	143	ⓐⓑⓒⓓ	163	ⓐⓑⓒⓓ	183	ⓐⓑⓒⓓ
104	ⓐⓑⓒⓓ	124	ⓐⓑⓒⓓ	144	ⓐⓑⓒⓓ	164	ⓐⓑⓒⓓ	184	ⓐⓑⓒⓓ
105	ⓐⓑⓒⓓ	125	ⓐⓑⓒⓓ	145	ⓐⓑⓒⓓ	165	ⓐⓑⓒⓓ	185	ⓐⓑⓒⓓ
106	ⓐⓑⓒⓓ	126	ⓐⓑⓒⓓ	146	ⓐⓑⓒⓓ	166	ⓐⓑⓒⓓ	186	ⓐⓑⓒⓓ
107	ⓐⓑⓒⓓ	127	ⓐⓑⓒⓓ	147	ⓐⓑⓒⓓ	167	ⓐⓑⓒⓓ	187	ⓐⓑⓒⓓ
108	ⓐⓑⓒⓓ	128	ⓐⓑⓒⓓ	148	ⓐⓑⓒⓓ	168	ⓐⓑⓒⓓ	188	ⓐⓑⓒⓓ
109	ⓐⓑⓒⓓ	129	ⓐⓑⓒⓓ	149	ⓐⓑⓒⓓ	169	ⓐⓑⓒⓓ	189	ⓐⓑⓒⓓ
110	ⓐⓑⓒⓓ	130	ⓐⓑⓒⓓ	150	ⓐⓑⓒⓓ	170	ⓐⓑⓒⓓ	190	ⓐⓑⓒⓓ
111	ⓐⓑⓒⓓ	131	ⓐⓑⓒⓓ	151	ⓐⓑⓒⓓ	171	ⓐⓑⓒⓓ	191	ⓐⓑⓒⓓ
112	ⓐⓑⓒⓓ	132	ⓐⓑⓒⓓ	152	ⓐⓑⓒⓓ	172	ⓐⓑⓒⓓ	192	ⓐⓑⓒⓓ
113	ⓐⓑⓒⓓ	133	ⓐⓑⓒⓓ	153	ⓐⓑⓒⓓ	173	ⓐⓑⓒⓓ	193	ⓐⓑⓒⓓ
114	ⓐⓑⓒⓓ	134	ⓐⓑⓒⓓ	154	ⓐⓑⓒⓓ	174	ⓐⓑⓒⓓ	194	ⓐⓑⓒⓓ
115	ⓐⓑⓒⓓ	135	ⓐⓑⓒⓓ	155	ⓐⓑⓒⓓ	175	ⓐⓑⓒⓓ	195	ⓐⓑⓒⓓ
116	ⓐⓑⓒⓓ	136	ⓐⓑⓒⓓ	156	ⓐⓑⓒⓓ	176	ⓐⓑⓒⓓ	196	ⓐⓑⓒⓓ
117	ⓐⓑⓒⓓ	137	ⓐⓑⓒⓓ	157	ⓐⓑⓒⓓ	177	ⓐⓑⓒⓓ	197	ⓐⓑⓒⓓ
118	ⓐⓑⓒⓓ	138	ⓐⓑⓒⓓ	158	ⓐⓑⓒⓓ	178	ⓐⓑⓒⓓ	198	ⓐⓑⓒⓓ
119	ⓐⓑⓒⓓ	139	ⓐⓑⓒⓓ	159	ⓐⓑⓒⓓ	179	ⓐⓑⓒⓓ	199	ⓐⓑⓒⓓ
120	ⓐⓑⓒⓓ	140	ⓐⓑⓒⓓ	160	ⓐⓑⓒⓓ	180	ⓐⓑⓒⓓ	200	ⓐⓑⓒⓓ

How To JPT 실전공략

송수영 지음

How To JPT
실전공략
600

예상 문제

Part 1 사진 묘사

| **정답 ▶ 33p** |

01 (B)　02 (C)　03 (B)　04 (C)　05 (C)　06 (A)　07 (C)　08 (A)　09 (A)　10 (C)

01　(A)　手を拭いています。손을 닦고 있습니다.
　　(B)　洗面台で手を洗っています。세면대에서 손을 씻고 있습니다.
　　(C)　手に何か塗っています。손에 뭔가를 칠하고 있습니다.
　　(D)　石鹸で泡をたてています。비누로 거품을 내고 있습니다.

단어　拭(ふ)く 닦다ㅣ洗面台(せんめんだい) 세면대ㅣ洗(あら)う 씻다ㅣ塗(ぬ)る 칠하다ㅣ石鹸(せっけん) 비누ㅣ泡(あわ)をたてる 거품을 내다

> 동작의 정확한 표현을 묻는 문제이다. 사진은 손을 씻고 있는 모습이므로 이와 관련된 표현을 찾는다. 拭く는 걸레, 행주 등으로 '닦다', 洗う는 '씻다', '빨다'의 의미이다. 두 단어의 차이를 이해해야 한다.
> ⋯→　**2** 사람의 동작·자세의 표현　**5** 생활도구, 사물의 어휘를 학습하세요.

02　(A)　犬と散歩をしています。개와 산책하고 있습니다.
　　(B)　庭で犬が寝ています。마당에서 개가 자고 있습니다.
　　(C)　ベッドの上に犬がいます。침대 위에 개가 있습니다.
　　(D)　たくさんの犬が遊んでいます。개 여러 마리가 놀고 있습니다.

단어　庭(にわ) 뜰, 마당ㅣベッド 침대

> 동물의 동작에 관한 문제도 1문제 정도 나올 수 있다. 여기서는 개의 위치와 동작을 묻고 있다.
> ⋯→　**2** 사람의 동작·자세의 표현　**8** 동식물 어휘를 학습하세요.

03　(A)　コーヒーカップが逆さに置かれています。커피 잔이 거꾸로 놓여 있습니다.
　　(B)　湯飲みが重ねて置いてあります。찻잔이 겹쳐 놓여 있습니다.
　　(C)　ロッカーがずらりと並んでいます。로커가 죽 늘어서 있습니다.
　　(D)　空っぽのグラスが並べてあります。텅 빈 유리잔이 늘어서 있습니다.

단어　逆(さか)さ 거꾸로ㅣ湯飲(ゆの)み 찻잔ㅣ重(かさ)ねて 겹쳐서ㅣロッカー 로커ㅣ空(から)っぽ 텅 빈 것

> 찻잔이 세 개씩 겹쳐져서 거꾸로 놓여 있다. コーヒーカップ(커피 잔)·湯のみ(찻잔)·グラス(유리잔)의 차이를 알면 금방 풀 수 있는 문제다.
> ⋯→　**1** 꼭 알아야 할 문법　**5** 생활도구, 사물의 어휘를 학습하세요.

04 (A) 二人は傘をさして話しています。 두 사람은 우산을 쓰고 이야기하고 있습니다.
   (B) 二人とも閉じた傘を手に持っています。 두 사람 모두 접은 우산을 손에 들고 있습니다.
   (C) 日傘をさしてこちらを向いています。 양산을 쓰고 이쪽을 향해 있습니다.
   (D) 雨の日に歩いています。 비 오는 날에 걷고 있습니다.

단어 傘(かさ)をさす 우산을 쓰다 ┆ 閉(と)じる 덮다, 접다 ┆ 日傘(ひがさ) 양산 ┆ こちらを向(む)く 이쪽을 향하다 ┆ 雨(あめ)の 日(ひ) 비 오는 날

> 두 사람의 동작을 잘 파악해야 한다. 한 사람이 양산을 받치고, 두 사람 모두 카메라를 향해 미소 짓고 있다.
> ⋯▸ 2 사람의 동작·자세의 표현을 학습하세요.

05 (A) 手に茶碗を持って食べています。 손에 밥그릇을 들고 먹고 있습니다.
   (B) 食べ終わって片付けるところです。 다 먹고 치우는 참입니다.
   (C) 箸でラーメンを食べています。 젓가락으로 라면을 먹고 있습니다.
   (D) 片手で食べさせています。 한 손으로 먹이고 있습니다.

단어 茶碗(ちゃわん) 그릇 ┆ 食(た)べ終(お)わる 다 먹다 ┆ 片付(かたづ)ける 치우다 ┆ 箸(はし) 젓가락 ┆ 片手(かたて) 한 손 ┆ 食(た)べさせる 먹게 하다(사역형)

> 라면을 먹고 있는 모습이다. (A)는 그릇을 들고 먹는다고 했고, (B)는 다 먹었다는 의미를 나타내므로 시제이 표현이 부적절하다.
> ⋯▸ 1 꼭 알아야 할 문법 5 생활도구, 사물의 어휘를 학습하세요.

06 (A) 包丁で切っています。 부엌칼로 썰고 있습니다.
   (B) ケーキを作っています。 케이크를 만들고 있습니다.
   (C) 魚を焼いています。 생선을 굽고 있습니다.
   (D) 野菜を炒めています。 야채를 볶고 있습니다.

단어 包丁(ほうちょう) 부엌칼 ┆ 焼(や)く 굽다 ┆ 炒(いた)める 볶다

> 손동작을 묻는 문제이다. 음식 재료를 썰고 있는 모습의 사진이다.
> ⋯▸ 2 사람의 동작·자세의 표현 5 생활도구, 사물의 어휘를 학습하세요.

07 (A) 停留所で待っている人がいます。 정류장에서 기다리는 사람이 있습니다.
   (B) バス停にバスが止まっています。 버스 정류장에 버스가 멈춰 서 있습니다.
   (C) 線路に列車が止まっています。 선로에 열차가 서 있습니다.
   (D) 列車のドアが開いています。 열차 문이 열려 있습니다.

단어 停留所(ていりゅうじょ) 정류장 ┆ 線路(せんろ) 선로 ┆ 列車(れっしゃ) 열차

> 선로가 보이고 열차가 멈춰 서 있는 사진이다.
> ⋯▸ 1 꼭 알아야 할 문법 6 장소, 풍경의 어휘를 학습하세요.

08　(A)　横断歩道を渡っています。 횡단보도를 건너고 있습니다.

　　　(B)　踏み切りの前に立っています。 철도 건널목 앞에 서 있습니다.

　　　(C)　廊下で挨拶をしています。 복도에서 인사를 하고 있습니다.

　　　(D)　駅の改札口を通っています。 역 개찰구를 통과하고 있습니다.

단어　横断歩道(おうだんほどう) 횡단보도｜踏(ふ)み切(き)り 철도 건널목｜廊下(ろうか) 복도｜改札口(かいさつぐち) 개찰구｜通(とお)る 통과하다, 지나가다

> 横断歩道와 踏み切り를 구별한다.
> …→ 1 꼭 알아야 할 문법 6 장소, 풍경의 어휘를 학습하세요.

09　(A)　ここは歯が痛くなったときに行くところです。 여기는 이가 아플 때 가는 곳입니다.

　　　(B)　ここは体がかゆい時に行くところです。 여기는 몸이 가려울 때 가는 곳입니다.

　　　(C)　ここは子供が病気のときに行くところです。 여기는 아이가 아플 때 가는 곳입니다.

　　　(D)　これは事務所の位置を示す案内板です。 이것은 사무소의 위치를 알리는 안내판입니다.

단어　歯(は)が痛(いた)い 이가 아프다｜かゆい 가렵다｜病気(びょうき) 병｜事務所(じむしょ) 사무소｜位置(いち) 위치｜示(しめ)す 나타내다｜案内板(あんないばん) 안내판

> 사진 속의 글씨를 정확히 파악한다. 사진은 치과의 안내판이다.
> …→ 4 신체 관련 어휘 5 생활도구, 사물의 어휘를 학습하세요.

10　(A)　のどかな田舎の風景です。 평화로운 시골 풍경입니다.

　　　(B)　都会にある賑やかな商店街です。 도시에 있는 번화한 상점가입니다.

　　　(C)　昔風のお店が並んでいます。 고풍스러운 가게가 늘어서 있습니다.

　　　(D)　坂道にある住宅街です。 언덕길에 있는 주택가입니다.

단어　のどかだ 한가롭다, 평화롭다｜田舎(いなか) 시골｜都会(とかい) 도시｜賑(にぎ)やかだ 번화하다｜商店街(しょうてんがい) 상점가｜昔風(むかしふう) 옛날풍

> 길 양옆으로 기념품 가게가 늘어서 있다. 옛 사찰 주변의 거리인 듯하다.
> …→ 6 장소, 풍경의 어휘를 학습하세요.

Part 2 질의 응답

| **정답** ▶ 52p |

01 (A)　02 (D)　03 (C)　04 (D)　05 (C)　06 (C)　07 (B)　08 (C)　09 (C)　10 (B)
11 (B)　12 (C)　13 (B)　14 (B)　15 (B)

01　辞書はどこですか。 사전은 어디 있어요?
　(A)　本棚にありますよ。 책장에 있어요.
　(B)　図書館の隣です。 도서관 옆이에요.
　(C)　電車の方が便利ですよ。 전철 쪽이 편리해요.
　(D)　学校の前です。 학교 앞이에요.

> 지시어와 위치를 나타내는 문제이다. どこ(어디)를 이해해야 한다.
> ⋯→ 1　지시어와 위치를 나타내는 표현을 학습하세요.

02　今日は何時に起きましたか。 오늘은 몇 시에 일어났습니까?
　(A)　11時に会社へ行きました。 11시에 회사에 갔습니다.
　(B)　8時にここへ来ました。 8시에 여기에 왔습니다.
　(C)　7時ごろ起きます。 7시쯤 일어납니다.
　(D)　6時半に起きて散歩しました。 6시 반에 일어나서 산책했습니다.

> 今日(오늘)과 何時(몇 시)를 놓치지 말아야 한다.

03　あの村の人口はどのくらいですか。 그 마을의 인구는 어느 정도입니까?
　(A)　30キロメートルぐらいですね。 30킬로미터 정도입니다.
　(B)　港から船で行けますよ。 항구에서 배로 갈 수 있어요.
　(C)　500人ぐらいの人が住んでいます。 500명 정도가 살고 있어요
　(D)　1500年の歴史があります。 1500년의 역사가 있어요.

> どのくらい(어느 정도)를 이해해야 한다.

04 いつ日本に来ましたか。언제 일본에 왔어요?

(A) 来年の秋ごろです。내년 가을쯤이에요.

(B) あさって行きます。모레 갑니다.

(C) 25000円でした。25000엔이었어요.

(D) 去年の9月です。작년 9월입니다.

지시어를 묻는 문제이다. いつ(언제)와 과거 시제를 파악하고 특히 시제에 주의한다.
⋯→ 1 지시어와 위치를 나타내는 표현을 학습하세요.

05 今日吉田さんに会いましたか。오늘 요시다 씨를 만났습니까?

(A) ええ、すぐ見たいですね。예, 바로 보고 싶어요.

(B) いいえ、まだ帰っていません。아뇨, 아직 돌아오지 않았어요.

(C) いいえ、昨日から風邪で休んでいます。아뇨, 어제부터 감기로 쉬고 있어요.

(D) はい、一緒に会いましょう。예, 함께 만나요.

시제를 잘 파악해야 하는 문제이다. 과거형인지 현재형인지를 주의 깊게 듣는다.
⋯→ 2 시제, 때, 계절을 나타내는 표현을 학습하세요.

06 うちの近くに図書館がありますか。우리 집 근처에 도서관이 있어요?

(A) はい、家族と住んでいます。예, 가족과 살고 있어요.

(B) いいえ、まだ返していません。아니요, 아직 돌려주지 않았어요.

(C) ええ、歩いて5分ぐらいです。예, 걸어서 5분 정도예요.

(D) それではあした帰ります。그럼 내일 돌아가겠습니다.

위치 관계를 파악하는 문제이다. ありますか는 우선 '예 / 아니요'로 대답해야 한다.

07 駅に近い駐車場は空いていますか。역에 가까운 주차장은 비어 있습니까?

(A) 席を予約しないと無理ですね。자리를 예약하지 않으면 무리일 거예요.

(B) あそこはもう満車で入れませんよ。거기는 벌써 만차라서 못 들어가요.

(C) もう売り切れてしまいましたよ。벌써 다 팔려 버렸습니다.

(D) 道路はもう混んでいますよ。도로는 벌써 막히는데요.

주차에 관한 어휘를 파악하는 문제. 空いている(비어 있다), 満車(만차) 등의 어휘를 이해해야 한다.

08 涼しくなりましたね。선선해졌네요.

(A) ええ、今日も暑いですね。예, 오늘도 더워요.

(B) だから薄着で来ました。그래서 얇은 옷으로 왔어요.

(C) ええ、もう夏も終りですね。예, 이제 여름도 끝이네요.

(D) そうですね、もう冬ですね。그러네요. 이제 겨울이네요.

> 涼しくなる(선선해지다)는 주로 가을이 되었음을 나타내는 표현이다.
> ⋯▶ 2 시제, 때, 계절을 나타내는 표현을 학습하세요.

09 今夜はとても冷えますね。오늘 밤은 아주 춥네요.

(A) やっと暖かくなってきましたね。겨우 따뜻해졌어요.

(B) 夏の夜は気持ちがいいですね。여름 밤은 기분이 좋아요.

(C) 暖房が必要な季節になりましたね。난방이 필요한 계절이 되었네요.

(D) やっぱり冷たいビールはおいしいですね。역시 차가운 맥주는 맛있어요.

> 계절을 파악하는 문제이다. 冷える(차다)는 겨울에 쓰는 표현이며 寒さむい의 뜻으로 쓰이기도 한다.
> ⋯▶ 2 시제, 때, 계절을 나타내는 표현을 학습하세요.

10 元気になって退院できてよかったですね。건강을 회복해 퇴원할 수 있어서 잘됐네요.

(A) ええ、そうですね、お大事に。예, 그러네요. 몸조심하세요.

(B) ええ、ご心配をおかけしました。예, 걱정을 끼쳤습니다.

(C) お見舞いには行きましたか。문병은 갔어요?

(D) はじめての入院で心配です。처음 하는 입원이라 걱정이에요.

> 인사말에 대한 적절한 응답을 고르는 문제이다. 元気になる(건강해지다), 退院できる(퇴원할 수 있다) 등의 표현을 파악한다.
> ⋯▶ 3 인사말과 응답어를 학습하세요.

11 もしもし、佐藤ですが、田中さんをお願いします。
여보세요. 사토입니다만, 다나카 씨를 부탁합니다.

(A) いいえ、田中さんではありません。아니요, 다나카 씨가 아니에요.

(B) はい、私です。こんにちは。예 접니다 안녕하세요

(C) 田中さんを知っています。다나카 씨를 압니다.

(D) 佐藤はすぐ来ると思いますが。사토 씨는 곧 올 거라고 생각하는데요.

> 전화상의 적절한 표현을 고르는 문제이다.
> ⋯▶ 3 인사말과 응답어를 학습하세요.

12 <ruby>嫌<rt>きら</rt></ruby>いな<ruby>食<rt>た</rt></ruby>べ<ruby>物<rt>もの</rt></ruby>は<ruby>何<rt>なん</rt></ruby>ですか。 싫어하는 음식은 뭐예요?

(A) <ruby>海産物<rt>かいさんぶつ</rt></ruby>が<ruby>好<rt>す</rt></ruby>きです。 해산물을 좋아해요.

(B) タバコは<ruby>吸<rt>す</rt></ruby>いません。 담배는 안 피워요.

(C) <ruby>鶏肉<rt>とりにく</rt></ruby>は<ruby>好<rt>す</rt></ruby>きじゃありません。 닭고기는 좋아하지 않아요.

(D) さっき<ruby>食<rt>た</rt></ruby>べました。 아까 먹었어요.

> 기호를 묻는 질문에 적절한 대답을 고르는 문제이다.

13 <ruby>大晦日<rt>おおみそか</rt></ruby>は<ruby>何<rt>なに</rt></ruby>をしていましたか。 섣달그믐에는 뭘 했습니까?

(A) <ruby>秋<rt>あき</rt></ruby>の<ruby>紅葉<rt>こうよう</rt></ruby>を<ruby>楽<rt>たの</rt></ruby>しんできましたよ。 가을 단풍을 즐기고 왔어요.

(B) <ruby>年末<rt>ねんまつ</rt></ruby>から<ruby>新年<rt>しんねん</rt></ruby>にかけて<ruby>入院<rt>にゅういん</rt></ruby>していました。 연말부터 신년에 걸쳐 입원했었어요.

(C) <ruby>今年<rt>ことし</rt></ruby>は<ruby>忙<rt>いそが</rt></ruby>しくて<ruby>夏休<rt>なつやす</rt></ruby>みがとれませんでした。 올해는 바빠서 여름 휴가를 낼 수가 없었어요.

(D) お<ruby>盆休<rt>ぼんやす</rt></ruby>みは<ruby>実家<rt>じっか</rt></ruby>に<ruby>帰<rt>かえ</rt></ruby>りました。 백중 휴가에는 본가에 내려갔어요.

> 大晦日는 '섣달그믐'을 뜻한다.
> ···▶ 2 시제, 때, 계절을 나타내는 표현 중 〈절기, 명절을 나타내는 표현〉을 학습하세요.

14 <ruby>河田<rt>かわだ</rt></ruby>さん、<ruby>来週<rt>らいしゅう</rt></ruby><ruby>名古屋<rt>なごや</rt></ruby>に<ruby>出張<rt>しゅっちょう</rt></ruby>してくれますか。 가와다 씨, 다음 주에 나고야 출장 좀 가 줄래요?

(A) はい、<ruby>名古屋<rt>なごや</rt></ruby>から<ruby>来<rt>き</rt></ruby>ますか。 예, 나고야에서 옵니까?

(B) あのう、<ruby>来週<rt>らいしゅう</rt></ruby>は<ruby>休<rt>やす</rt></ruby>みをとっているんですが。 저, 다음 주는 휴가를 냈는데요.

(C) <ruby>明日<rt>あした</rt></ruby>から<ruby>行<rt>い</rt></ruby>けば<ruby>今週中<rt>こんしゅうちゅう</rt></ruby>には<ruby>終<rt>お</rt></ruby>わりますね。 내일 가면 이번 주 중에는 끝나겠네요.

(D) はい、<ruby>明日<rt>あした</rt></ruby>の<ruby>午前中<rt>ごぜんちゅう</rt></ruby>なら<ruby>大丈夫<rt>だいじょうぶ</rt></ruby>です。 네, 내일 오전 중이라면 괜찮아요.

> 来週를 놓치지 말아야 한다.
> ···▶ 2 시제, 때, 계절을 나타내는 표현 중 〈시간, 때를 나타내는 표현〉을 학습하세요.

15 <ruby>本日<rt>ほんじつ</rt></ruby><ruby>入社<rt>にゅうしゃ</rt></ruby>いたしました<ruby>木村<rt>きむら</rt></ruby>と<ruby>申<rt>もう</rt></ruby>します。 오늘 입사한 기무라라고 합니다.

(A) <ruby>長<rt>なが</rt></ruby>い<ruby>間<rt>あいだ</rt></ruby>ご<ruby>苦労様<rt>くろうさま</rt></ruby>でした。 오랫동안 수고하셨습니다.

(B) <ruby>活躍<rt>かつやく</rt></ruby>を<ruby>期待<rt>きたい</rt></ruby>していますよ。 활약을 기대하고 있어요.

(C) ようこそ、ゆっくり<ruby>休<rt>やす</rt></ruby>んでください。 잘 오셨어요. 푹 쉬세요.

(D) ここを<ruby>離<rt>はな</rt></ruby>れても<ruby>頑張<rt>がんば</rt></ruby>ってください。 여기를 떠나도 열심히 하세요.

> 자기소개에 대한 적절한 대답을 고른다.
> ···▶ 3 인사말과 응답어를 학습하세요.

Part 3 회화문

| 정답 ▶ 73p |

01 (A) 02 (C) 03 (C) 04 (B) 05 (B) 06 (D) 07 (B) 08 (D) 09 (C) 10 (B)

11 (A) 12 (C) 13 (C) 14 (A) 15 (B)

---

01 男 あれ？お仕事に行かないんですか。어? 일하러 안 가요?

　　女 今日は休みです。오늘은 휴무예요.

　　男 あ、デパートは月曜日がお休みですね。아, 백화점은 월요일이 휴무군요.

　　女 ええ、土曜日も日曜日も休みじゃありませんから。
　　　　예, 토요일도 일요일도 휴일이 아니니까요.

어자의 휴일은 언제인가요?
(A) 월요일
(B) 토요일
(C) 일요일
(D) 휴일이 없다

단어 休(やす)み 휴일, 휴가 | デパート 백화점

⋯→ 1 날짜, 가족 등의 기본 표현을 참고하세요.

---

02 男 購読を始めた雑誌の支払い、まだでしたよね。구독하기 시작한 잡지 대금 아직 안 냈죠?

　　女 あ、そうですね、あの支払い期限はいつでしたっけ？아, 그러네요, 그 지불 기한이 언제였죠?

　　男 たしか商品が届いた月の月末だったと思います。분명 상품이 도착한 달의 월말이었던 것 같아요.

　　女 じゃあ、ぎりぎり間に合いますね。그럼 간당간당 시간에 맞겠네요.

잡지 대금은 언제까지 내야 하나요?
(A) 구독을 시작한 날부터 15일째
(B) 구독을 시작한 날부터 1개월째
(C) 잡지를 받은 월말
(D) 잡지를 받은 날부터 1개월째

단어 購読(こうどく) 구독 | 支払(しはら)い 지불 | 期限(きげん) 기한 | 届(とど)く 도착하다 | ぎりぎり間(ま)に合(あ)う 간당간당 시간에 대다

⋯→ 1 날짜, 가족 등의 기본 표현을 참고하세요.

03　男　明日映画を見に行きませんか。내일 영화 보러 가지 않을래요?

　　女　いいですね。待ち合わせはどこにしましょうか。좋아요. 어디서 만날까요?

　　男　11時に駅の前で待っています。11시에 역 앞에서 기다리고 있을게요.

　　女　駅の前は混みますから、噴水の前で会いましょう。역 앞은 붐비니까, 분수 앞에서 만나요.

만나기로 한 장소는 어디인가요?
(A) 역 앞
(B) 영화관 앞
(C) 분수 앞
(D) 11시

단어　待(ま)ち合(あ)わせ (시간과 장소를 정한) 만날 약속 | 噴水(ふんすい) 분수

　➝　2 일상생활 관련 어휘 〈약속〉을 참고하세요.

04　女　どうしたんですか。気分が悪そうですね。어떻게 된 거예요? 몸이 안 좋아 보여요.

　　男　ええ、今日はこれで帰ってもいいですか。예, 오늘은 이만 돌아가도 될까요?

　　女　わかりました。では続きは私がやっておきましょうか。알겠어요. 그럼 이 다음은 제가 해 놓을까요?

　　男　ありがとうございます。でもこの仕事はもう終わりましたから。고마워요. 하지만 이 일은 벌써 끝냈어요.

남자는 이제부터 어떻게 하나요?
(A) 여자를 돕는다.
(B) 자기 일을 끝내고 집에 돌아간다.
(C) 몸이 안 좋아서 병원에 간다.
(D) 여자에게 도움을 받아 일을 한다.

단어　気分(きぶん)が悪(わる)い 기분이 안 좋다, 몸이 안 좋다 | 続(つづ)き 계속, 그 다음

　➝　2 일상생활 관련 어휘 〈몸 상태〉를 참고하세요.

05　女　さっき内田さんから電話がありましたよ。아까 우치다 씨에게 전화가 왔었어요.

　　男　何と言っていましたか。뭐라고 하던가요?

　　女　また電話すると言っていました。또 전화한다고 하셨어요.

　　男　そうですか。でもまた出かけますから、こちらから電話します。
　　　　그래요? 하지만 또 외출하니까 제가 전화할게요.

남자는 어떻게 하나요?
(A) 우치다 씨의 전화를 기다린다.
(B) 자기가 전화를 한다.
(C) 여자에게 말을 전한다.
(D) 여자에게 말을 전하게 한다.

··→ 3 사회생활, 비즈니스 관련 어휘 〈전화〉를 참고하세요.

06

女　東京電気の山田部長が受付にお見えになりました。 도쿄전기의 야마다 부장님이 입구에 오셨어요.

男　では、お迎えに行って会議室にご案内して。 그럼 마중가서 회의실로 안내해 줘.

女　はい、わかりました。 예, 알겠습니다.

男　あ、それから社長にも連絡しておいて。 아, 그리고 사장님께도 연락해 줘.

여자는 이제부터 어떻게 하나요?
(A) 사장님을 마중 간다.
(B) 손님을 사장님에게 안내한다.
(C) 야마다 부장을 사장실로 안내한다.
(D) 입구로 손님을 마중 간다.

단어　受付(うけつけ) 접수(처) ┆ お見(み)えになる 오시다 ┆ お迎(むか)えに行(い)く 마중하러 가다

··→ 3 사회생활, 비즈니스 관련 어휘와 꼭 알아야 할 기본 문법 10 경어를 참고하세요.

07

男　山本さん、会議の時間、3時からに変わりましたよ。 야마모토 씨, 회의 시간이 3시로 바뀌었어요.

女　ええ、3時から第2会議室ですね。 예, 3시부터 제2회의실이죠.

男　いいえ、場所は第1会議室ですよ。 아니요, 장소는 제1회의실이에요.

女　え？そうでしたか。すみません。 어? 그랬어요? 죄송해요.

여자는 어떻게 된 건가요?
(A) 회의 시간을 다르게 기억했다.
(B) 회의 장소를 다르게 기억했다.
(C) 제1회의실 위치를 몰랐다.
(D) 시간이 변경된 것을 알렸다.

단어　変(か)わる 바뀌다 ┆ 場所(ばしょ) 장소 ┆ 第1(だいいち)会議室(かいぎしつ) 제1회의실

··→ 3 사회생활, 비즈니스 관련 어휘 〈회의〉를 참고하세요.

08

女　英語、上手になりましたね。 영어 능숙해졌네요.

男　英会話を2年習っていますが、まだまだです。 영어 회화를 2년간 배우고 있는데 아직 멀었어요.

女　毎日ですか。私は2ヶ月しか続きませんでしたよ。 매일 말이에요? 저는 2개월밖에 못 갔어요.

男　いいえ、私は1週間に2回だけです。 아니요, 저는 일주일에 2번만 가요.

남자는 영어 공부를 어느 정도 했나요?
(A) 2개월밖에 배우지 않았다.
(B) 2년간 매일 공부해 왔다.

(C) 2개월간 1주일에 1회 공부해 왔다.
(D) 2년간 1주일에 2회 공부해 왔다.

단어   英会話(えいかいわ) 영어 회화 ┆ 続(つづ)く 지속되다 ┆ ～だけ ~만

> … 2 일상생활 관련 어휘 〈외국어〉를 참고하세요.

09   女   もしもし、今駅に着きましたが、そちらまでどう行ったらいいですか。여보세요. 지금 역에
          도착했는데요, 그쪽까지 어떻게 가면 될까요?
     男   駅前の交差点を右に曲がるとすぐ会社が見えますので。역 앞 교차로에서 오른쪽으로 돌면 바로 회
          사가 보여요.
     女   分かりました、では今から伺います。알겠습니다. 그럼 지금 찾아뵙겠습니다.
     男   はい、お待ちしています。예, 기다리고 있겠습니다.

     여자는 무엇을 하고 있나요?
     (A) 교차로 앞에 서 있다.
     (B) 사무실에서 방문 약속을 하고 있다.
     (C) 역에서 회사로 가는 방법을 묻고 있다.
     (D) 사무실에서 역으로 가는 방법을 묻고 있다.

단어   駅(えき)に着(つ)く 역에 도착하다 ┆ 交差点(こうさてん) 교차로 ┆ 曲(ま)がる 돌다 ┆ 伺(うかが)う 찾아뵙다(듣다, 묻다, 방문하
다'의 겸양어)

> … 2 일상생활 관련 어휘 〈길 안내〉를 참고하세요.

10   男   次回の診察はいつお願いできますか？다음번 진찰은 언제 가능할까요?
     女   水曜以降なら空いていますよ。수요일 이후라면 비어 있어요.
     男   じゃあ、水曜日の同じ時間にまた来ます。그럼 수요일 같은 시간에 다시 올게요.
     女   わかりました。では、お大事に。알겠습니다. 그럼 몸조심하세요.

     남자는 무엇을 하고 있나요?
     (A) 비행기를 예약하고 있다.
     (B) 병원에서 진료 예약을 하고 있다.
     (C) 공연 시간을 묻고 있다.
     (D) 접수처에서 수강 가능한 시간을 묻고 있다.

단어   次回(じかい)の診察(しんさつ) 다음 진찰 ┆ ～以降(いこう) ~ 이후 ┆ 空(あ)いている 비어 있다 ┆ お大事(だいじ)に 부디 몸
조심하세요

> … 2 일상생활 관련 어휘 〈병원〉을 참고하세요.

11   男   きのう面接を受けた人で期待できそうな人いましたか。
          어제 면접을 받은 사람 중에서 기대할 만한 사람 있었어요?

女　ええ、やる気が感じられる人が何人かいました。예, 의욕이 느껴지는 사람이 몇 명 정도 있었어요.

男　でも、実際仕事を始めると長く続きませんよね。그래도 실제로 일을 시작하면 오래 못 가죠.

女　思ったよりきつい仕事ですからね。생각보다 일이 힘드니까요.

일은 어떤 상황인가요?
(A) 일이 힘들어서 금방 그만둔다.
(B) 최근 젊은이들에게 인기를 끌고 있다.
(C) 급여가 높아서 하는 보람이 있는 일이다.
(D) 재미있고 공부도 된다.

단어　面接(めんせつ)を受(う)ける 면접을 받다 ┊ 期待(きたい)できる 기대할 수 있다 ┊ やる気(き) 의욕 ┊ 長(なが)く続(つづ)かない 오래 계속하지 않다 ┊ 思(おも)ったより 생각보다 ┊ きつい 힘들다

⋯→　3　사회생활, 비즈니스 관련 어휘 〈사원 채용〉를 참고하세요.

12　女　すみません、カメラを買いたいんですが。저기요, 카메라를 사고 싶은데요.

男　こちらは最新型で、きれいに撮れます。使い方も簡単ですよ。
이쪽은 최신형이고 예쁘게 찍혀요. 사용법도 간단하고요.

女　持ち歩くのに便利なものがいいんですけど。휴대하기 편한 것이 좋은데요.

男　では、こちらはいかがですか。小さくて軽いですよ。그렇다면 이쪽은 어때요? 작고 가벼워요.

어떤 카메라가 갖고 싶은가요?
(A) 사용법이 간단한 카메라
(B) 예쁘게 찍히는 카메라
(C) 휴대하기 편한 카메라
(D) 최신형으로 작은 카메라

단어　最新型(さいしんがた) 최신형 ┊ きれいに撮(と)れる 예쁘게 찍히다 ┊ 使(つか)い方(かた) 사용법 ┊ 持(も)ち歩(ある)く 가지고 다니다, 휴대하다

⋯→　2　일상생활 관련 어휘 〈물건 구입〉을 참고하세요.

13　男　めいが週末に東京に遊びにくるんだけど。조카가 주말에 도교에 놀러 오는데 말이야.

女　あ、前にお会いした方ですね。아, 전에 만나 뵌 분이죠?

男　うん、どこへ連れていっていいかわからなくて。응, 어딜 데리고 가야 좋을지 몰라서.

女　じゃあ、私が案内しましょうか。그럼 제가 안내할까요?

남자의 조카에 대해 알맞는 것은 어느것 인가요?
(A) 노교에 살고 있다.
(B) 처음 놀러 왔다.
(C) 여자와 만난 적이 있다.
(D) 가이드 없이 관광할 수 있다.

단어　めい (여자) 조카 ┊ お会(あ)いする 만나 뵙다 ┊ 連(つ)れていく 데리고 가다

⋯▸ **1** 날짜, 가족 등의 기본 표현을 참고하세요.

14　女　もしもし、あのう、先日お願いした資料のことですが。
　　　여보세요, 저기, 지난번에 부탁드린 자료에 관한 건데요.

　　　男　申し訳ありません、まだまとまっていないんです。죄송합니다. 아직 정리가 되지 않았어요.

　　　女　お手数ですが、急に必要になりまして。수고스러우시겠지만, 급하게 필요해져서요.

　　　男　わかりました。なんとか今日中にお送りいたします。
　　　알겠습니다. 어떻게든 오늘 중에 보내드리겠습니다.

여자는 전화로 무엇에 대해 말하고 있나요?
(A) 서류 재촉
(B) 추가 주문의 의뢰
(C) 주문 취소
(D) 출장 보고서

단어　お願(ねが)いする 부탁하다 ┊ 申(もう)し訳(わけ)ない 죄송하다 ┊ まとまる 정리되다 ┊ お手数(てすう)ですが 수고스럽겠지만

⋯▸ **3** 사회생활, 비즈니스 관련 어휘 〈업무〉를 참고하세요.

15　女　午後から雨だそうです。傘持って行ってくださいね。
　　　오후부터 비가 온대요. 우산 가져가세요.

　　　男　傘は荷物になるし、忘れそうだし。우산은 짐도 되고, 잃어버릴 것 같기도 하고.

　　　女　それはそうですけど。그야 그렇지만.

　　　男　今の季節少しぐらいの雨なら降られても大丈夫だよ。
　　　지금 같은 계절엔 비 조금 맞아도 괜찮아.

남자는 이제부터 어떻게 하나요?
(A) 우산을 가지고 나간다.
(B) 우산을 두고 나간다.
(C) 부인이 하는 말을 듣는다.
(D) 짐 속에 우산을 넣는다.

단어　持(も)って行(い)く 가지고 가다 ┊ 荷物(にもつ)になる 짐이 되다 ┊ ます형 + そうだ ～일 것 같다 ┊ 雨(あめ)に降(ふ)られる 비를 맞다

⋯▸ **2** 일상생활 관련 어휘 〈물건 구입〉을 참고하세요.

Part 4 설명문

| 정답 ▶ 86p |

01 (C)　02 (A)　03 (C)　04 (B)　05 (D)　06 (D)　07 (C)　08 (C)　09 (D)　10 (C)

[1~3]

私は市内にある大型ショッピングモールで働いています。土曜日と日曜日は人がたくさん買い物に来ますから、とても忙しいです。私の仕事は月曜日と木曜日[1)]が休みです。友だちはみんな普通の会社に勤めていて、休みは土曜日と日曜日[2)]です。ですから友だちとなかなか会うことができません。月曜日は家でゆっくり休みますが、木曜日は映画を見に行ったり、散歩したりします[3)]。平日は街にあまり人がいません。映画館も公園も静かです。友達に会えないのは残念ですが、平日に休むのも悪くないと思います。

단어　大型(おおがた)ショッピングモール 대형 쇼핑몰 | 普通(ふつう) 보통 | 〜に 勤(つと)めている 〜에서 근무하다 | 休(やす)み 휴일 | 働(はたら)く 일하다 | なかなか 좀처럼 | 平日(へいじつ) 평일

해석　나는 시내에 있는 대형 쇼핑몰에서 일하고 있습니다. 토요일과 일요일에는 사람들이 많이 쇼핑하러 와서 매우 바쁩니다. 나의 일은 월요일과 목요일이 휴일입니다. 친구들은 모두 평범한 회사에 근무하고 있어서 휴일은 토요일과 일요일입니다. 그래서 친구와 좀처럼 만날 수 없습니다. 월요일에는 집에서 푹 쉬지만 목요일에는 영화를 보러 가거나, 산책을 합니다. 평일에는 거리에 사람이 별로 없습니다. 영화관도 공원도 조용합니다. 친구들을 만날 수 없는 것은 아쉽지만 평일에 쉬는 것도 나쁘지 않다고 생각합니다.

문제 1　이 사람의 휴일은 언제입니까?
(A) 토요일과 일요일
(B) 월요일과 화요일
(C) 월요일과 목요일
(D) 목요일과 금요일

문제 2　어째서 친구들을 못 만납니까?
(A) 이 사람의 휴일에는 친구가 일을 하기 때문에
(B) 친구의 휴일은 평일이기 때문에
(C) 토요일과 일요일은 친구가 바쁘기 때문에
(D) 이 사람은 일을 시작한 지 얼마 되지 않았기 때문에

문제 3　목요일에는 어떤 일을 합니까?
(A) 청소나 세탁을 한다.
(B) 일을 한다.
(C) 공원을 산책한다.
(D) 쇼핑을 간다.

영화를 보거나 산책한다. 산책하는 장소는 '영화관도 공원도 조용하다'라는 말로 알 수 있다.

ひろしさんとリエさんは、高校の時、私と同じクラス4)でした。この二人が来年の春結婚すると聞いてとても驚いています。二人は卒業してからずっと会っていなかったのですが、2年前に会社帰りの電車の中で5)偶然会って付き合うようになったそうです。趣味が合うこともあってよく車でいろいろなところに出かけていたそうです。結婚式は私たちがお世話になった先生方や高校の時の友だちもたくさん出席するので6)楽しい日になりそうです。二人は結婚式の日はホテルに泊って、次の日の夕方7)、車で一週間の旅行に出ると言っています。

단어 驚(おどろ)く 놀라다 | ～てから ～하고 나서 | ずっと 쭉, 계속 | 会社帰(かいしゃがえ)り 회사에서 돌아가는 길 | 偶然(ぐうぜん) 우연히 | 付(つ)き合(あ)う 사귀다 | 合(あ)う 맞다 | お世話(せわ)になる 신세 지다 | 出席(しゅっせき) 출석 | 夕方(ゆうがた) 저녁 | 出発(しゅっぱつ)する 출발하다

해석 히로시 씨와 리에 씨는 고등학교 때 나와 같은 반이었습니다. 이 두 사람이 내년 봄에 결혼한다는 말을 듣고 매우 놀랐습니다. 두 사람은 졸업하고 쭉 만나지 않았는데, 2년 전에 회사에서 돌아가는 전철 안에서 우연히 만나 사귀게 되었다고 합니다. 취미가 같기도 해서 차를 타고 여러 곳을 여행했다고 합니다. 결혼식에는 우리들이 신세를 졌던 은사님들과 고등학교 때 친구들도 많이 오니까 즐거운 하루가 될 듯합니다. 두 사람은 결혼식 날은 호텔에 묵고, 다음 날 저녁에 차로 일주일간 여행을 떠난다고 합니다.

문제 4 히로시 씨와 리에 씨는 이 사람과 어떤 관계입니까?
(A) 같은 회사의 동료
(B) 고등학교 시절의 동급생
(C) 고등학교 시절의 선배
(D) 같은 반의 제자

고등학교 때 같은 반이었으므로 '동급생'이 나온 선택지를 고른다. (D)의 教(おしえ)子(ご)는 '제자'

문제 5 두 사람은 어디에서 재회했습니까?
(A) 고등학교 동창회에서
(B) 동급생의 결혼식에서
(C) 드라이브 가서
(D) 집에 돌아가는 전철 안에서

会社帰(かいしゃがえ)り는 '회사 끝나고 귀가하는 길'을 말한다. 같은 뜻의 다른 표현을 알아야 한다.

문제 6 이 사람은 무엇을 기대하고 있습니까?
(A) 히로시 씨와의 결혼식
(B) 드라이브 가는 것
(C) 자동차로 신혼여행을 가는 것
(D) 오랜만에 선생님과 옛 친구를 만나는 것

'결혼식에서 선생님들과 고등학교 친구들을 만날 수 있어서 즐거운 하루가 될 듯하다'라고 말했다.
선택지의 旧友(きゅうゆう)는 '옛 친구'를 뜻한다.

문제 7 언제 신혼여행을 갈 예정입니까?
(A) 식이 끝나고 바로
(B) 그날 밤
(C) 결혼식 다음 날 저녁
(D) 결혼식 다음 날 아침

(8~10)

職員の皆さんにお知らせがあります。来月から改装工事のため、店を2週間閉店することになり
ました。皆さんには休みの間も外の仕事をお願いしたい8)ので、今週中に一度事務室の方へ来て
ください。工事では入り口にあるお土産売り場を広くします。それからテーブルや椅子も新しく
して壁の色も今より明るい色に変えますので、今までとぜんぜん違う感じの店になると思いま
す。それから料理のメニューも増やして今までやっていなかったランチを始める予定9)です。新
しくオープンしたら、たくさんのお客様に知ってもらうために飲み物の割引クーポンを駅の前で
配る予定10)です。

단어 職員(しょくいん) 직원 | 改装工事(かいそうこうじ) 개장 공사 | ～のため ～ 때문에 | 閉店(へいてん)する 폐점하다 | ～ことになる ～하게 되다 | 入(い)り口(ぐち) 입구 | お土産(みやげ)売(う)り場(ば) 토산품 매장 | 壁(かべ) 벽 | 明(あか)るい 밝다 | 変(か)える 바꾸다 | 増(ふ)やす 늘리다 | 知(し)ってもらう 알게 하다 | 割引(わりびき) 할인 | 配(くば)る 나누어 주다

해석 직원 여러분께 알려드립니다. 다음 달부터 개장 공사 때문에 가게를 2주간 폐점하게 되었습니다. 여러분에게는 가게가 쉬는 동안에도 다른 일을 부탁
하고자 하니 금주 중에 한 번 사무실로 와 주세요. 공사에서는 입구에 있는 토산품 매장을 확장합니다. 그리고 테이블과 의자도 새롭게 하고, 벽 색깔
도 지금보다 밝은색으로 바뀌니까, 지금까지와 전혀 다른 느낌의 가게가 되리라 생각합니다. 그리고 요리의 메뉴도 늘려서 지금까지 하지 않았던 런
치를 시작할 예정입니다. 새로 오픈하면 많은 손님에게 알리기 위해서, 음료 할인 쿠폰을 역 앞에서 나누어 줄 예정입니다.

문제 8   직원들은 공사 기간에 어떻게 합니까?
    (A) 가게에 오지 않아도 좋다.
    (B) 2주일 정도 일을 쉰다.
    (C) 다른 일을 하지 않으면 안 된다.
    (D) 공사를 도와야 한다.

2주간 휴일이지만 다른 일을 부탁하고 싶다고 말했다.

문제 9   공사로 바뀌는 것 중 옳지 않은 것은 어느 것입니까?
    (A) 입구에 있는 매장이 커진다.
    (B) 벽의 색이 밝아진다.
    (C) 테이블과 의자도 새로운 것을 사용한다.
    (D) 지금까지 있던 메뉴를 줄인다.

메뉴를 늘려 런치를 시작한다고 했다. 増ふやす와 減へらす를 구별한다. (A)의 売り場는 토산품 매장을 말한다.

문제 10   리뉴얼 오픈 후 어떤 일을 합니까?
    (A) 역 앞에서 시식 판매를 한다.
    (B) 역 앞에서 런치 세트를 선전한다.
    (C) 선전을 하기 위해 할인 쿠폰을 나눠준다.
    (D) 역 앞에서 손님에게 음료를 제공한다.

'많은 손님에게 알리기 위해, 음료 할인 쿠폰을 나누어 줄 예정입니다'와 가장 근접한 내용을 고른다.

Part 5 정답 찾기

정답 ▶ 159p

01 (C) 02 (A) 03 (D) 04 (A) 05 (B) 06 (B) 07 (C) 08 (C) 09 (C) 10 (A)

---

01 駅から徒歩で10分ぐらいのところです。 역에서 도보로 10분 정도 걸리는 곳입니다.

> 徒歩는 두 한자 모두 장음으로 읽어서는 안 되는 정칙 한자이다. 한자 읽기를 꼼꼼하게 공부해야 정답을 맞출 수 있다.

---

02 彼、朝から様子がへんでしたよ。 그 사람 아침부터 낌새가 이상했어요.

단어　様子(ようす) 모습, 기색, 낌새 ┆ 変(へん)だ 이상하다

> 様는 음으로는 よう, 훈으로는 さま로 읽는다. 子는 훈으로는 こ라고 읽지만, 음으로는 주로 し라고 읽는데, ようす처럼 す라고 읽는 특별한 경우도 있으므로 주의한다.

---

03 子を養う親心。 자식을 키우는 부모의 마음

> 한자의 훈을 묻는 문제로, 2문제 정도 출제된다.
> (D) 養やしなう는 '기르다', '양육하다'의 뜻이다. '기르다', '키우다'의 뜻으로 育そだてる / 育はぐくむ도 있지만 뉘앙스의 차이가 있다.
> (C) 失うしなう는 '잃다'라는 뜻이다. 정확한 발음을 기억해야 한다.

---

04 自分がやったと正直に話しました。 자기가 했다고 정직하게 말했습니다.

> 正直는 しょうじき라 읽고 '정직하다', '솔직하다'의 뜻을 나타낸다.
> 正는 음으로는 しょう 또는 せい(正義せいぎ 정의), 훈으로는 ただしい(옳다)로 읽는다.
> 直는 음으로는 ちょく 또는 じき로 읽는다.
> (B) 率直そっちょく 솔직, (C) 素直すなお 순수함, (D) 強直きょうちょく 강직함도 중요한 어휘이므로 암기한다.

---

05 この洗剤は肌に優しいらしい。 이 세제는 피부에 순한 것 같다.

> (A) 易やさしい는 '쉽다'의 뜻이다. 여기서는 '부드럽다', '순하다'의 뜻으로 쓰였으므로 (B) 優やさしい라고 해야 한다.
> (C) 安しい, (D) 和しい는 존재하지 않는 말이며, 安やすい(싸다), 和なごむ(온화해지다)로 쓰인다.
> ⋯ 01~05번 **1** 기초 다지기 한자 267을 학습하세요.

06 お酒はもうたくさんです。 술은 이제 됐습니다.

> 유사 의미 찾기 문제이다. たくさん은 ① 많음 ② 충분함, 더 이상 필요 없음이란 뜻이 있다. 여기서는 ②의 뜻으로 쓰
> 였다. 따라서 같은 의미는 (B) お酒はもう飲のみたくないです。(술은 이제 마시고 싶지 않아요.)이다.
> (A) お酒なら大好だいすきですよ。 술이라면 아주 좋아해요.
> (C) お酒はまだ飲めます。 술은 아직 마실 수 있어요.
> (D) お酒をたくさん飲むことができます。 술을 많이 마실 수 있어요.

07 借りたものは返すべきだ。 빌린 것은 돌려줘야 한다.

> 〜べきだ는 '(응당 그렇게) 해야 한다'는 당연, 의무를 나타내는 딱딱한 표현이다. 〜なければならない와 바꾸어 말할
> 수 있다. 따라서 정답은 (C) 借りたものは返さなければならない。(빌린 것은 돌려주지 않으면 안 된다.)가 된다.
> (A) 借り物は作らないほうがいい。 빌린 물건은 만들지 않는 것이 좋다.
> (B) 借りたものは返すといい。 빌린 것은 돌려주면 된다.
> (D) 借りたものは返さなくてもいい。 빌린 것은 돌려주지 않아도 된다.

08 親戚の<u>彼が知らないわけがない</u>。 친척인 그가 모를 리 없다.

> 〜わけがない는 '~일[할] 리가 없다'는 뜻으로, 유사 표현으로는 〜はずがない가 있다. 따라서 정답은 (C) 彼が知ら
> ないはずがない(그가 모를 리가 있다)가 된다. (A) 〜ことになる는 '~하는 셈 된다, ~하게 된다', (D) 〜に違ちがい
> ない는 '~임에 틀림없다'라는 뜻이다.
> (A) 彼が知らないことになる。 그가 모르는 게 된다.
> (B) 彼は知らないかもしれない。 그는 모를지도 모른다.
> (D) 彼は知らないに違ちがいない。 그는 모르는 게 틀림없다.
> ⋯▸ 06~08번 2 유사한 의미의 문형을 학습하세요.

09 これはステンレス<u>で</u>できています。 이것은 스테인리스로 만들어졌습니다.

> 같은 용법으로 쓰인 조사를 찾는 문제이다. 여기서 で는 '재료'의 뜻으로 쓰였으므로 같은 용법의 선택지는 (C) 紙かみ
> で人形にんぎょうを作つくるんですか。(종이로 인형을 만드는 거예요?)이다. (A)에서는 '~(합)해서'의 뜻, (B)에서는
> '범위', '한도'의 의미, (D)에서는 '이유', '원인'의 의미로 쓰였다.
> (A) みんなでお茶ちゃにいきませんか。 모두 차 마시러 안 갈래요?
> (B) 駅えきまで5分ふんで行いけます。 역까지 5분이면 갈 수 있습니다
> (D) 病気びょうきで学校がっこうを休やすみました。 아파서 학교를 쉬었습니다.
> ⋯▸ 3 필수 조사 12를 학습하세요.

10 どうするか<u>ずっと</u>悩なやんでいます。 어떻게 할지 계속 고민하고 있습니다.

> 유사 용법을 찾는 문제이다. ずっと는 '훨씬'(크게 차이가 나는 모양)의 뜻과, '줄곧'(오래 계속되는 모양)의 뜻이 있는
> 데, 여기서는 '줄곧'의 의미로 쓰였다. 따라서 정답은 (A) あなたが戻もどってくるまでずっとここで待まっていま
> した。(당신이 돌아올 때까지 줄곧 기다리고 있었습니다.)가 된다. 나머지는 '훨씬'의 의미로 쓰였다.
> (B) 彼女かのじょのほうがずっと若わかいです。 그녀 쪽이 훨씬 어려요.
> (C) それはずっと離はなれたところで見つけました。 그것은 훨씬 떨어진 곳에서 발견했습니다.
> (D) それはずっと昔むかしのことです。 그것은 훨씬 옛날 일입니다.
> ⋯▸ 4 여러 가지 뜻을 가진 명사 / 형용사 / 동사 / 부사를 학습하세요.

Part 6 오문 정정

| **정답** ▶ 178p |

01 (A) **02** (C) **03** (D) **04** (A) **05** (A) **06** (A) **07** (B) **08** (D) **09** (A) **10** (D)

01 一生面倒を見る覚悟のない人はペットを飼う資格がありません。

평생을 돌본다는 각오가 없는 사람은 애완동물을 기를 자격이 없습니다.

> 平生 ⇨ 一生 일생, 평생
> 어휘의 오류를 고르는 문제. 일본어에서는 平生(평생)이라는 한자어는 쓰지 않는다.
> ⋯▶ **1** 어휘의 오류 찾아내기를 학습하세요.

02 故郷は景色がとてもきれいなところですから、ぜひ一度遊びに来てください。

고향은 경치가 매우 아름다운 곳이니까, 꼭 한번 놀러 오세요.

> 一番 ⇨ 一度
> 一番いちばん은 순서를 나타내며 횟수를 나타낼 때는 쓸 수 없다. 한국어에서는 한자 그대로 읽어서 '한 번'이라고 해석
> 할 수 있는 점에 유의하자.
> ⋯▶ **1** 어휘의 오류 찾아내기를 학습하세요.

03 子供が小さい時は貧しい生活をしていたので、何もしてやることができなかった。

아이가 어릴 때는 가난한 생활을 했기 때문에 아무것도 해 줄 수가 없었다.

> やれる ⇨ やる
> ~ことができる는 '~할 수 있다'라는 뜻의 가능 표현으로, 앞에는 반드시 동사 원형이 온다. やれる도 '할 수 있다'는
> 가능 표현이므로 표현이 중복된다.
> ⋯▶ **2** 문법 활용의 오류 찾아내기를 학습하세요.

04 字が小さすぎると目が疲れるからあまり読みたくない。

글씨가 너무 작으면 눈이 피곤하니까 별로 읽고 싶지 않다.

> 小さい ⇨ 小さ
> ~すぎる는 '지나치게 ~하다'라는 복합동사로, 동사는 ます형, い형용사는 어간에 접속한다. 小さい(작다)는 い형용
> 사이므로 어간인 小さ에 すぎる가 붙는다.
> ⋯▶ **2** 문법 활용의 오류 찾아내기를 학습하세요.

05 駅に着いたらすぐに電話をください。迎えに行きますから。

역에 도착하면 바로 전화를 주세요. 마중 나갈테니까요.

> **着けば ⇒ 着いたら**
> 가정형 ば는 ば를 포함하는 말이 동작성 술어일 때는 뒤에 요구, 명령, 추측, 의지의 표현이 올 수 없다. 반면 たら는 뒤에 오는 문장에 제약이 없고, 앞의 일을 완료하고 나서 뒤의 일이 이루어진다는 '~하거든'의 뜻으로 쓸 수 있으므로 여기서는 たら로 바꾸어야 한다.
> ⋯→ **2** 문법 활용의 오류 찾아내기를 학습하세요.

06 朝コーヒーを飲みながらゆっくり新聞を読まないと一日が始まらない。

아침에 커피를 마시면서 여유롭게 신문을 읽지 않으면 하루가 시작되지 않는다.

> **朝に ⇒ 朝**
> 일본어에서는 아침, 점심, 저녁, 어제, 내일 등 구체적인 숫자가 들어가지 않는 '때'를 나타내는 말에는 '~에'에 해당하는 조사 に를 붙이지 않는다.
> ⋯→ **3** 조사의 오류 찾아내기를 학습하세요.

07 道で外国人に話しかけられたが、私は簡単な言葉も話せなかった。

길에서 외국인이 말을 걸었지만, 나는 간단한 말조차 할 수 없었다.

> **が ⇒ に**
> 조사의 문제. 話しかける는 '말을 걸다', 話しかけられる는 '(상대가) 말을 걸다'라는 수동 표현이다. 수동 표현은 앞에 '~에게서' 또는 '~로부터'에 해당하는 조사 に가 와야 한다.
> ⋯→ **3** 조사의 오류 찾아내기를 학습하세요.

08 そのうち連絡がきますから、気長に待っていたほうがいいですよ。

곧 연락이 올 테니까 느긋하게 기다리고 있는 편이 좋습니다.

난어 気長(きなが) 성질이 느긋한 모양

> **いる ⇒ いた**
> ~方(ほう)がいい는 '~하는 편이 좋다'라는 권유・충고의 표현으로, 완료형(た형)에 접속된다.
> ⋯→ **4** 시제, 접속 형태의 오류 찾아내기를 학습하세요.

09 書類を出してしまった後で今さらそんなこと言っても、もうどうにもならないよ。

서류를 제출해 버린 후에 이제 와서 그런 말을 해도 이제 어쩔 도리가 없어.

> **しまう ⇒ しまった**
> 시제의 문제. ~あと で는 '~한 후에'의 뜻이므로 반드시 앞에 완료형이 와야 한다. ~てしまう는 '~해 버리다'라는 의미이다.
> ⋯→ **4** 시제, 접속 형태의 오류 찾아내기를 학습하세요.

10 　授業がおもしろかったので一日も休まずに出席しました。
수업이 재미있어서 하루도 빠짐없이 출석했습니다.

休まずで ⇒ 休まずに ｜ 休まないで
〜ずに는 〜ないで의 문장체 표현으로서 '~하지 않고'의 뜻이다. ない가 ず와 같다고 해서 ないで를 ずで라고 쓰면
틀리다. 참고로 する의 활용은 しないで / せずに임에 유의하자.
(예)　行かないで ｜ 行かずに 가지 않고　　食べないで ｜ 食べずに 먹지 않고
　　　勉強しないで ｜ ★勉強せずに 공부 안 하고
… ⑷ 시제, 접속 형태의 오류 찾아내기를 학습하세요.

Part 7 공란 메우기

| **정답** ▸ 217p |

01 (B)　02 (B)　03 (D)　04 (D)　05 (C)　06 (D)　07 (C)　08 (B)　09 (A)　10 (A)

11 (C)　12 (C)　13 (B)　14 (D)　15 (D)

01　からすというとりを知っていますか。까마귀라고 하는 새를 압니까?

> 명사를 고르는 문제.
> からす는 '까마귀'를 뜻하므로 정답은 '새'가 된다.
> (A) はな 꽃　(C) いえ 집　(D) くに 나라

02　遠慮しないでどんどん召し上がってください。사양하지 말고 많이 드세요.

> 한자 명사를 고르는 문제.
> 遠慮는 '삼감', '사양', '꺼림'을 뜻한다.
> (A) 配慮はいりょ 배려　(C) 偏食へんしょく 편식　(D) 食欲しょくよく 식욕

03　きびしい猛暑が続いていますので、体に気をつけてください。
혹독한 더위가 계속되고 있으니까 건강에 신경 써 주세요.

> 형용사를 고르는 문제,
> きびしい는 '엄격하나' 이외에도 '심하다', '(기상 조건 능이) 혹독하다'는 의미도 있다.
> (A) さびしい 쓸쓸하다　(B) くわしい 상세하다　(C) まぶしい 눈부시다
> ⋯▸ 1 자주 출제되는 어휘 〈い형용사〉를 학습하세요.

04　結婚指輪ははめていません。결혼반지는 끼고 있지 않아요.

> 指輪(반지)를 '끼다'는 はめる를 써야 한다.
> 차용이 어휘에서 (A) かける는 '(안경을) 끼다' (B) かぶる는 '(모자를) 쓰다'
> (C) しめる는 '(넥타이를) 매다'의 뜻이다.
> ⋯▸ 1 자주 출제되는 어휘 〈의복, 착용의 어휘〉를 학습하세요.

05　準備に3ヶ月もかかってしまいました。

조사를 고르는 문제.
も는 '~도'의 뜻 외에도 의외를 나타내는 '~이나'의 뜻도 있다.
⋯→ Part5 정답 찾기 ③ 필수 조사 12를 학습하세요.

06　多くの人が集まりました。많은 사람이 모였습니다.

부사의 적절한 형태를 고르는 문제.
'많은'은 뒤에 명사를 수식할 때 꼭 多くの의 형태로 수식한다. 이와 같은 활용 형태로 近ちかくの(가까운)와 遠とおくの(먼)가 있으므로 기억해 두자.
(B)おおぜい도 '(사람이) 많은'을 뜻하지만, 뒤에 명사가 올 때는 の를 붙여야 한다.
⋯→ ① 자주 출제되는 어휘 〈부사〉를 학습하세요.

07　結局、母に頼むしかなかった。결국 엄마에게 부탁하는 수밖에 없었다.

~しかない는 '~하는 수밖에 없다'는 뜻으로 앞에는 기본형이 온다.
⋯→ ② 접속 형태에 따른 주요 문형 〈기본형 접속〉을 학습하세요.

08　誰か会議室の電気を消しに行ってくれませんか。누가 회의실 전기를 끄러 가 주지 않겠어요?

~に行いく[来くる]는 '~하러 가다[오다]'의 표현으로 반드시 ます형에 접속한다.
(D) 落おとす는 '떨어뜨리다', '낮추다'의 뜻이다.
⋯→ ② 접속 형태에 따른 주요 문형 〈ます형 접속〉을 학습하세요.

09　試合に負けたのが悔しくてしかたがない。시합에 진 것이 분해서 견딜 수가 없다.

~てしかたがない는 '~해서 견딜 수가 없다'는 뜻이다.
유사 표현으로는 ~てならない, ~てたまらない가 있다.
⋯→ ② 접속 형태에 따른 주요 문형 〈て형 접속〉을 학습하세요.

10　先日いただいた北海道のお土産は本当においしかったです。
얼마 전에 받은 홋카이도의 선물은 정말 맛있었습니다.

경어의 문제.
'받다'의 겸양어는 いただく이다. (B) お食たべになった (C) さしあげた (D) おもらいになった는 존경의 표현이다.
⋯→ 꼭 알아야 할 기본 문법 10의 ⑩ 경어를 학습하세요.

11　新人の山田さんは廊下で会うたびに笑顔で挨拶をする。
신입인 야마다 씨는 복도에서 만날 때마다 웃는 얼굴로 인사를 한다.

> 문맥에 맞는 문형을 고르는 문제.
> たびに는 '~할 때마다'의 뜻으로 동사는 기본형에, 명사일 경우에는 ～のたびに의 형태로 접속한다.
> (A) ときには '~ 때에' (B) ごとには '~마다'의 뜻으로 명사에 붙는 접미어이다. (D) ながらは '~하면서'의 뜻으로 ます형에 접속된다.
> ⋯▶ 2 접속 형태에 따른 주요 문형 〈기본형 접속〉를 학습하세요.

12　あの選手は球が速く、しかもコントロールが正確なんです。
그 선수는 볼이 빠르고, 게다가 컨트롤이 정확합니다.

> 문맥에 맞는 접속사를 넣는 문제.
> 문맥상 '게다가'에 해당하는 접속사를 넣어야 한다.
> (A) それとも 그렇지 않으면(선택의 표현)　(B) だから 그러니까(이유의 표현)　(D) しかし 그러나(역접의 표현)
> ⋯▶ 1 자주 출제되는 어휘 〈접속사〉를 학습하세요.

13　実際にやってみなければわからないだろう。실제로 해 보지 않으면 모를 것이다.

> 문맥에 따른 문형을 고르는 문제.
> 여기서는 추측의 표현이 들어가야 한다.
> (A) わかるかもしれない 알지도 모른다　(C) わかるにちがいない 알고 있음에 틀림없다　(D) わからないはずがない 모를 리 없다

14　行きの電車は混んでいたが、帰りはがらがらで座れた。
전철이 갈 때는 혼잡했지만, 올 때는 텅텅 비어서 앉을 수 있었다.

> 의태어의 문제.
> 문맥상 갈 때는 혼잡했으니까 올 때는 반대의 모습으로 표현해야 한다. (D) がらがら는 딩딩 비어 있는 모습을 나타내는 표현이다.
> (A) ぎゅうぎゅう 꾹꾹(빽빽하고 여유 없는 모양)　(B) だぶだぶ 헐렁헐렁　(C) がぶがぶ 벌컥벌컥
> ⋯▶ 1 자주 출제되는 어휘 〈의성어 · 의태어〉를 학습하세요.

15　私にとって仕事は人生のすべてです。나에게 있어서 일은 인생의 전부입니다.

> 조사 관련 표현이 문제.
> ～にとっては '~에게 있어서'의 의미이다.
> (A) ～によって ~에 의해서　(B) ～にかけて ~에 걸쳐서　(C) ～について ~에 관해서
> ⋯▶ 3 조사 관련 표현을 학습하세요.

Part 8 독해

| 정답 ▶ 228p |

01 (B)	02 (C)	03 (D)	04 (C)	05 (C)	06 (A)
07 (B)	08 (C)	09 (D)	10 (C)	11 (B)	12 (D)
13 (A)	14 (B)	15 (A)	16 (C)

(1~4)

어제 축구 연습을 하고 있을 때, 나는 다리에 부상을 입었습니다. 매우 아파서 걸을 수가 없었습니다. 그래서 코치의 자동차를 타고 병원에 갔습니다. 의사 선생님은 "다리는 안 부러져서 괜찮습니다. 일주일 정도면 좋아질 거예요. 하지만 그동안은 걷거나 달려서는 안 돼요."라고 말했습니다. 나는 부상이 나을 때까지 (연습을 쉬지 않으면 안 됩니다). 이번 주 토요일에 시합이 있는데 나갈 수 없게 되었습니다. 첫 시합이라 기대하고 있었는데 매우 아쉽습니다. 엄마는 "또 기회는 있어. 그때 열심히 하면 되잖니?"라고 말해 주었습니다. 나는 앞으로 프로 축구 선수가 되고 싶습니다. 이번 일로 포기하지 않고 꿈을 향해 분발하고 싶다고 생각합니다.

단어 練習(れんしゅう) 연습 | 怪我(けが)をする 부상을 입다 | 自動車(じどうしゃ)に乗(の)る 자동차를 타다 | お医者(いしゃ)さん 의사 선생님 | 骨(ほね)が折(お)れる 뼈가 부러지다 | 治(なお)る 낫다 | はじめて 처음으로, 처음 | 試合(しあい) 시합 | 楽(たの)しみにしている 즐거움으로 하다 | 残念(ざんねん) 유감 | 機会(きかい) 기회 | がんばる 열심히 하다 | 将来(しょうらい) 장래 | サッカー選手(せんしゅ) 축구 선수 | あきらめる 포기하다 | 夢(ゆめ)に向(む)かう 꿈을 향하다

01 어제 무슨 일이 있었습니까?
(A) 시합 중에 부상을 입었다.
(B) 연습 중에 부상을 입었다.
(C) 뼈가 부러져서 입원했다.
(D) 전철을 타고 병원에 갔다.

02 (   )에 들어갈 적당한 말은 어느 것입니까?
(A) 매일 병원까지 걸어가지 않으면 안 됩니다.
(B) 매일 달리는 연습을 하지 않으면 안 됩니다.
(C) 연습을 쉬지 않으면 안 됩니다.
(D) 연습하러 가지 않으면 안 됩니다.

03 이 사람의 꿈은 무엇입니까?
(A) 의사 선생님이 되는 것
(B) 시합에 나가는 것
(C) 꿈을 향해 분발하는 것
(D) 축구 선수가 되는 것

04 본문의 내용과 맞는 것은 어느 것입니까?
(A) 어머니는 축구를 그만두었으면 좋겠다고 생각한다.
(B) 이 사람은 축구를 그만두고 싶다고 생각한다.
(C) 이 사람은 아직 시합에 나간 적이 없다.
(D) 부상을 입어서 꿈을 포기했다.

(5-8)

저는 이 동네에 산 지 30년 가까이 됩니다. 책을 좋아해서 읽고 싶은 책도 많이 있는데, 도서관에는 어쩐지 들어가기 어려운 느낌이 들어서 오랫동안 가지 않았습니다. 읽고 싶은 책이 있으면 사서 읽었습니다.
그런데 3년 전에 그림책 읽어주기 자원봉사에 들어가게 되어서, 그때부터 도서관을 이용하기 시작해 지금은 자꾸자꾸 책을 빌려서 읽을 수 있는 행복을 맛보고 있습니다.
제가 이용하는 도서관은 책을 아주 깨끗이 관리하고 있어서 언제나 감탄합니다. 보통 아이가 이용하는 그림책은 망가지기 쉽다고 생각합니다. 그렇지만 어느 책이나 정성스럽게 수리가 되어 있습니다. 셀로판테이프나 접착제를 사용해서 (깨끗하게 고쳐져 있습니다). 담당하는 분들의 상냥한 마음과 그 그늘의 고생이 느껴집니다. 저도 책을 소중히 하는 마음을 계속 지켜 나가고 싶다고 생각합니다.

단어 〜に住(す)む 〜에 살다 | なんとなく 어쩐지 | 入(はい)りにくい 들어가기 어렵다 | 感(かん)じがする 느낌이 들다 | 長年(ながねん) 오랫동안 | 絵本(えほん) 그림책 | 読(よ)み聞(き)かせ 읽어서 들려주기 | あれから 그때부터 | どんどん 자꾸자꾸 | 借(か)りる 빌리다 | 幸(しあわ)せ 행복 | 味(あじ)わう 맛보다 | 管理(かんり)する 관리하다 | 感心(かんしん)する 감탄하다 | 普通(ふつう) 보통 | 傷(いた)みやすい 망가지기 쉽다 | 丁寧(ていねい)に 공손하게, 정성스럽게 | 修理(しゅうり) 수리 | セロハンテープ 셀로판테이프 | 接着剤(せっちゃくざい) 접착제 | 直(なお)す 고치다 | 係(かか)りの方(かた) 담당하시는 분 | 陰(かげ) 그늘 | 苦労(くろう) 고생

05 필자는 어째서 도서관을 이용하지 않았습니까?
　　(A) 책을 싫어했기 때문에
　　(B) 읽고 싶은 책이 없었기 때문에
　　(C) 어쩐지 들어가기 어려웠기 때문에
　　(D) 사서 읽는 것을 좋아하기 때문에

06 도서관을 이용하게 된 계기는 무엇입니까?
　　(A) 그림책을 읽어야 하는 자원봉사를 시작했다.
　　(B) 그림책을 깨끗이 수리하는 일을 시작했다.
　　(C) 도서관에 근무하게 되었다.
　　(D) 아이가 많은 그림책을 읽고 싶어했다.

07 (　　　　)에 들어갈 말로 적당한 것은 어느 것입니까?
　　(A) 따로따로 나누고 있습니다.
　　(B) 깨끗이 고쳐져 있습니다.
　　(C) 낙서한 곳을 지우고 있습니다.
　　(D) 지저분하게 붙이고 있습니다.

08 본문의 내용과 맞는 내용은 어느 것입니까?
　　(A) 전에는 독서를 좋아하지 않았다.
　　(B) 도서관을 이용하게 되었지만, 책은 그다지 빌리지 않는다.
　　(C) 이 사람은 도서관의 책 관리 방법에 만족하고 있다.
　　(D) 아이들 그림책을 더 늘려줬으면 좋겠다고 생각한다.

09 이것은 무슨 편지입니까?
　　(A) 축하 편지
　　(B) 문안 편지
　　(C) 사과 편지
　　(D) 감사 편지

10 어떤 선물을 받았습니까?
　　(A) 사랑스러운 임부복
　　(B) 실용적인 베이비용품
　　(C) 귀여운 아기 옷
　　(D) 귀엽고 실용적인 베이비 카

11 선물해 준 사람에 대해서 맞는 것은 어느 것입니까?
　　(A) 이 사람의 어머니가 선물해 주었다.
　　(B) 아이를 낳은 경험이 있는 사람이다.
　　(C) 남편의 어머니가 선물해 주었다.
　　(D) 이 사람의 남자 선배가 선물해 주었다.

12 본문의 내용과 맞는 것은 어느 것입니까?
　　(A) 이 사람은 두 번째 아이를 낳았다.
　　(B) 이 사람은 아직 병원에 있다.
　　(C) 남편은 바빠서 이 사람이 혼자서 아기를 돌보고 있다.
　　(D) 언젠가 선물해 준 사람의 집을 방문하고 싶다고 생각한다.

[9-12]

안녕하세요. 신록이 아름다운 계절이 되었네요.
별고 없으세요?
지난번엔 멋진 선물 감사했습니다.
선물 받은 아이 옷, 귀여울 뿐만 아니라 매우 실용적이더군요.
남편도 저도 역시 선배 엄마가 골라준 것은 다르구나 하고
진심으로 감사하고 있습니다.
덕분에 아기도 건강합니다.
둘 다 처음 하는 경험뿐이라 힘든 하루하루지만 즐겁습니다.
봄에 태어나서 '하루미'라고 이름을 지었습니다.
다음번에 하루미를 데리고 얼굴을 보이러 찾아뵙겠습니다.
우선 감사의 말 먼저 드립니다. 감사합니다!

단어　新緑(しんりょく) 신록 │ 季節(きせつ) 계절 │ 先日(せんじつ) 얼
마 전 │ 素敵(すてき)な 멋진 │ お祝(いわ)い 축하 선물 │ ベビー 服
(ふく) 아기 옷 │ かわいらしい 사랑스럽다 │ ～だけでなく ~뿐
만 아니라 │ 実用的(じつようてき) 실용적 │ さすが 역시 │ 先輩(せ
んぱい)ママ 선배 엄마 │ 選(えら)ぶ 고르다 │ 心(こころ)から 마음
으로부터 │ 感謝(かんしゃ) 감사 │ 始(はじ)めて 처음으로 │ 経験(け
いけん) 경험 │ 春生(はるう)まれ 봄에 태어남 │ ～をつれて ~을
데리고 │ 顔(かお)を見(み)せる 얼굴을 보이다 │ うかがう 찾아뵙다
│ まずは 우선은 │ お礼(れい) 답례

[13-16]

초등학교 4학년부터 중학교 3학년까지 '집단 괴롭힘을 당한 적이
있다'는 아이와 '집단 괴롭힘에 가담한 적이 있다'는 아이가 각각
90%에 달한다는 사실이 어느 연구소의 조사로 밝혀졌다.
이 연구소는 2004년 시점에서 초등학교 4학년이었던 아이 596명
을 대상으로 중3이 되는 2009년까지 6년간에 걸쳐 연 2회, 합계 12
회의 조사를 실시했다.
그 결과 '한 번 이상 집단 괴롭힘을 당한 적이 있다'고 대답한 아이
는 90%에 이르렀고, '한 번도 없다'고 대답한 아이는 10%였다. 한
편 '집단 괴롭힘에 가담한 경험이 있다'고 대답한 아이는 약 89%
이고, '집단 괴롭힘에 가담한 적이 없다'는 약 11%, '모른다'고 대
답한 아이도 두 명 있었다.
이것은 많은 아이들이 6년 사이에 집단 괴롭힘을 당한 쪽과 집단
괴롭힘에 가담하는 쪽 둘 다를 경험한다는 이야기가 된다. 집단 괴
롭힘에 가담하는 이유는 '친구 관계의 스트레스'가 많았다.
전문가는 '집단 괴롭힘을 당한 아이가 괴롭힘을 당하지 않기 위해,
집단 괴롭힘에 가담하는 쪽으로 가는 "①집단 괴롭힘의 재생산"
현상이 일어나고 있는 것은 아닐까'라고 분석한다.

단어　小学校(しょうがくこう)4年(ねん)＝小(しょう)4 초등학교 4학
년 │ 中学(ちゅうがく)3年(ねん)＝中(ちゅう)3 중학교 3학년 │ い
じめられる 집단 괴롭힘을 당하다 │ いじめる 집단 괴롭힘에 가담하
다 │ それぞれ 각각 │ ～割(わり) ~% │ ～に上(のぼ)る ~에 이르

다 | ある研究所(けんきゅうじょ) 어느 연구소 | 調査(ちょうさ) 조사 | 結果(けっか) 결과 | 経験(けいけん) 경험 | 答(こた)える 대답하다 | いじめを受(う)ける側(がわ) 집단 괴롭힘을 받는 쪽 | 両方(りょうほう) 양쪽 | 友人関係(ゆうじんかんけい) 친구 관계 | 回(まわ)る 돌아가다 | 再生産(さいせいさん) 재생산 | 現象(げんしょう)が起(お)きる 현상이 일어나다 | 分析(ぶんせき) 분석

13 이 조사로 어떤 사실을 알 수 있었습니까?

(A) 약 90%의 아이가 집단 괴롭힘에 가담하는 일과 집단 괴롭힘을 당하는 일을 둘 다 경험하고 있다.

(B) 집단 괴롭힘을 당한 적이 있는 아이가 압도적으로 많다.

(C) 집단 괴롭힘을 당한 적이 있는 아이는 다른 아이를 괴롭히지 않는다.

(D) 집단 괴롭힘에 가담한 적이 있는 아이는 집단 괴롭힘을 당하는 일이 적다.

14 어떤 조사 방법이었습니까?

(A) 초등학교 4학년과 중학교 3학년을 대상으로 조사를 실시했다.

(B) 2004년에 초등학교 4학년이었던 아이를 6년간, 연 2회 조사를 실시했다.

(C) 2009년에 중학생이 된 아이를 대상으로 했다.

(D) 2004년 시점에서 초등학교 4학년과 중학교 3학년이었던 아이를 대상으로 했다.

15 집단 괴롭힘에 가담하는 이유는 무엇입니까?

(A) 친구 관계에서 오는 스트레스

(B) 괴롭히는 것을 좋아하니까

(C) 집단 괴롭힘에 가담하지 않으면 친구가 생기지 않는다

(D) 친구 관계를 좋게 하기 위해서는 어쩔 수 없다

16 ①집단 괴롭힘의 재생산의 의미로 맞는 것은 어떤 것입니까?

(A) 한번 괴롭힌 적이 있는 아이는 언젠가 또 같은 일을 한다.

(B) 한번 집단 괴롭힘을 당한 아이는 언젠가 또 같은 경우를 당하게 된다.

(C) 집단 괴롭힘을 당한 적이 있는 아이가 괴롭힘을 당하지 않기 위해서 집단 괴롭힘에 가담한다.

(D) 집단 괴롭힘을 당한 아이는 어른이 되어서 생산적인 일을 할 수 없게 된다.

Actual Test 1회

PART 1 사진 묘사

01 (B) 02 (D) 03 (C) 04 (B) 05 (B) 06 (A)
07 (A) 08 (B) 09 (C) 10 (D) 11 (D) 12 (B)
13 (C) 14 (B) 15 (A) 16 (D) 17 (C) 18 (A)
19 (D) 20 (C)

01 사물의 용도
(A) 여기에 쓰레기를 버립니다.
(B) 여기에 편지를 넣습니다.
(C) 여기에서 돈을 인출합니다.
(D) 여기에서 우표를 삽니다.

02 장소
(A) 과일을 파는 가게입니다.
(B) 신문을 팔고 있습니다.
(C) 통조림 매장입니다.
(D) 여기에서 과자를 살 수 있습니다.

03 사물의 상태
(A) 양복이 걸려 있습니다.
(B) 바지가 걸려 있습니다.
(C) 셔츠가 개어져 있습니다.
(D) 모자를 쓰고 있습니다.

04 인물의 동작
(A) 공을 세고 있습니다.
(B) 공을 던지려는 참입니다.
(C) 공을 치려는 참입니다.
(D) 공을 발로 차려는 참입니다.

05 사물의 상태
(A) 옷장에 양복이 걸려 있습니다.
(B) 서랍은 열린 채로 있습니다.
(C) 서랍은 하나를 제외하고 전부 열려 있습니다.
(D) 벽장이 열려 있습니다.

06 인물의 동작
(A) 허리를 구부리고 있습니다.
(B) 길바닥에 쭈그리고 앉아 있습니다.
(C) 이쪽을 향하고 있습니다.
(D) 무릎을 구부리고 있습니다.

07 사물의 상태, 모습
(A) 벽에 사진이 붙어 있습니다.
(B) 많은 그림엽서가 붙어 있습니다.
(C) 액자에 사진이 들어 있습니다.
(D) 전면에 일러스트가 그려져 있습니다.

08 인물의 동작
(A) 손을 뻗고 있습니다.
(B) 손을 잡고 있습니다.
(C) 팔짱을 끼고 있습니다.
(D) 이마에 손을 대고 있습니다.

09 사물의 상태
(A) 차가 달리고 있습니다.
(B) 차고에는 차가 몇 대나 있습니다.
(C) 지붕이 달려 있습니다.
(D) 차고가 닫혀 있습니다.

10 사물의 상태, 모습
(A) 수건을 돌돌 말고 있습니다.
(B) 세탁물이 놓여 있습니다.
(C) 셔츠와 머플러가 진열되어 있습니다.
(D) 세탁한 옷을 널어 놓았습니다.

11 도로의 모습
(A) 주차장은 만차라서 세울 수가 없습니다.
(B) 주차장 주변은 정체되고 있습니다.
(C) 곳곳마다 차가 서 있습니다.
(D) 차가 한 대 간격을 두고 세워져 있습니다.

12 사물의 상태
(A) 꽃은 전부 시들어 있습니다.
(B) 화병에 꽃이 꽂혀 있습니다.
(C) 바닥에 꽃잎이 많이 떨어져 있습니다.
(D) 화분에 꽃이 심어져 있습니다.

13   장소 및 인물의 동작
     (A) 벌거벗고 물에 뛰어든 참입니다.
     (B) 백사장에서 노는 아이들입니다.
     (C) 수심이 깊지 않은 강입니다.
     (D) 모두 바다에 들어가서 서 있습니다.

14   인물의 동작
     (A) PC의 화면을 만지고 있습니다.
     (B) 두 사람은 화면을 주시하고 있습니다.
     (C) 두 사람은 다른 방향을 보고 있습니다.
     (D) 두 사람은 안경을 끼고 있지 않습니다.

15   사물의 상태
     (A) 이제부터 먹을 참입니다.
     (B) 먹다 만 도시락입니다.
     (C) 사발에 밥이 담겨 있습니다.
     (D) 전부 다 먹은 참입니다.

16   사물의 용도 및 모습
     (A) 이 기계로 음료나 담배를 살 수 있습니다.
     (B) 이 기계로 책이나 잡지를 살 수 있습니다.
     (C) 오른쪽이 폭이 넓습니나.
     (D) 두 대 모두 거의 같은 형태입니다.

17   사물의 명칭 및 모습
     (A) 오토바이가 옆으로 쓰러져 있습니다.
     (B) 스쿠터 앞에 바구니가 붙어 있습니다.
     (C) 자전거가 쓰러져 있습니다.
     (D) 차와 자전거가 부딪쳤습니다.

18   동물의 자세, 모습
     (A) 곰이 양다리로 서 있습니다.
     (B) 곰이 양손을 짚고 있습니다.
     (C) 곰이 느릿느릿 걷고 있습니다.
     (D) 곰이 바위 위에서 자고 있습니다.

19   글씨의 상태
     (A) 서예 연습을 하고 있습니다.
     (B) 하얀 종이에 그림이 그려져 있습니다.
     (C) 로마자와 히라가나로 쓰여 있습니다.
     (D) 붓으로 쓴 글씨가 전시되어 있습니다.

20   거리의 풍경
     (A) 선물을 파는 가게가 늘어서 있습니다.
     (B) 포장마차는 회사원으로 북적대고 있습니다.
     (C) 노상의 가게에 사람이 모여 있습니다.
     (D) 가게에 들어가기 위해서 일렬로 줄 서 있습니다.

21 (B)	22 (C)	23 (A)	24 (C)	25 (C)	26 (C)
27 (B)	28 (D)	29 (B)	30 (B)	31 (D)	32 (A)
33 (B)	34 (B)	35 (B)	36 (D)	37 (A)	38 (C)
39 (A)	40 (B)	41 (C)	42 (A)	43 (B)	44 (B)
45 (C)	46 (B)	47 (A)	48 (A)	49 (A)	50 (A)

21   가능에 관한 질문
     스키는 탈 수 있습니까?
     (A) 예, 어제도 수영했습니다.
     (B) 예, 그다지 잘하지는 않습니다만.
     (C) 아니요, 타지 않았습니다.
     (D) 아니요, 별로 달리지 않습니다.

22   부정 표현의 방법
     그 잡지를 읽었습니까?
     (A) 예, 그 책입니다.
     (B) 예, 읽지 않았습니다.
     (C) 아니요, 아직 읽지 않았어요.
     (D) 아니요, 안 사요.

23   수사의 이해
     이 그림엽서는 얼마예요?
     (A) 4장에 200엔입니다.
     (B) 3자루에 250엔입니다.
     (C) 한 번에 500엔입니다.
     (D) 2킬로 정도입니다.

24   권유에 대한 대답
     내일 발표회에 출석해 줄 거예요?
     (A) 유감이지만 토직하지 많았어요.
     (B) 그날은 역시 쉬는 날이었어요.
     (C) 좋아요, 몇 시부터예요?
     (D) 좋아요, 게시판으로 괜찮겠어요?

25   상황의 이해
     우리 집 강아지가 도망갔어요.
     (A) 그럼 생활이 힘들어지겠네요.
     (B) 상당히 낡았으니까요.
     (C) 그래서 찾았어요?
     (D) 맛있는 선물 감사합니다.

26 날씨에 대한 질문
내일은 맑을까요?
(A) 물론 합격은 틀림없어요.
(B) 그럼 난방을 켜죠.
(C) 일기예보에서는 비가 온다고 말했어요.
(D) 용무가 있어서 내일은 좀…….

27 도움에 대한 대응
짐이 많네요. 조금 들어 드릴까요?
(A) 예, 매우 무거워요.
(B) 그럼 이것만 부탁드릴게요.
(C) 비싸지 않으니까 괜찮아요.
(D) 아니요, 가볍고 튼튼해요.

28 부탁의 표현
잠깐 편지 부치고 올게요.
(A) 예, 우체통은 어디예요?
(B) 지금 갔다 온 참이에요.
(C) 빠르네, 벌써 돌아왔어?
(D) 아, 하는 김에 이것도 부탁해도 될까요?

29 시제의 정확한 이해
이사했다면서요? 집을 지었어요?
(A) 아니요, 장소는 그대로예요.
(B) 아니요, 본가로 들어갔어요.
(C) 그 집은 10년 전에 지어졌어요.
(D) 예, 다음 주에 이사할 예정이에요.

30 주문 상황
저, 주문한 것과 다른 것이 왔는데요.
(A) 죄송합니다, 지금 보내드리겠습니다.
(B) 죄송합니다, 곧 다시 보내겠습니다.
(C) 주문은 그것으로 괜찮으시겠습니까?
(D) 예, 개수가 틀렸군요.

31 어휘의 이해
저기, 채널 바꿔 줄래?
(A) 그럼 어디 갈 생각이야?
(B) 좋아, 뭐 먹고 싶어?
(C) 이 셔츠 맘에 들었는데.
(D) 어? 지금 딱 재미있는 때인데.

32 어휘와 시제의 이해
주말에 모두 같이 드라이브 갈 생각이야.
(A) 아, 그래서 운전은 누가 하는 거야?
(B) 그래서 어디까지 갔다 왔어?
(C) 출퇴근에 상당히 시간이 걸리는군.
(D) 힘들었지? 신칸센으로 하면 좋았을 텐데.

33 어휘와 요일의 이해
가연성 쓰레기를 버리는 날은 언제입니까?
(A) 모으고 나서 3시간은 걸려요.
(B) 매주 수요일에 내놓으면 될 거예요.
(C) 연락하면 배달 와 줘요.
(D) 불연성 쓰레기를 내놓는 날은 어제였어요.

34 시제의 이해
언제 이쪽으로 오셨어요?
(A) 다음 주 월요일이라면 올 수 있어요.
(B) 올봄에 왔어요.
(C) 30분 정도 기다려 주세요.
(D) 내일 그쪽으로 찾아뵐게요.

35 가족 관계 표현의 이해
주말에는 언니와 교토에 가.
(A) 그럼 함께 졸업할 수 있겠네.
(B) 어머, 언니와 사이가 좋은가 봐.
(C) 오빠는 건강하세요?
(D) 유치원보다 재미있을지도 몰라.

36 어휘의 이해
슬슬 냉방을 할까요?
(A) 그렇군, 상당히 식어 버렸네.
(B) 그렇게 차가워?
(C) 그러네, 아침저녁으로 추우니까.
(D) 낮에는 30도까지 올라가니까.

37 어휘의 이해
슬슬 우리 회사도 전면 금연하지 않겠어요?
(A) 맞아요. 요즘은 피우는 사람도 적으니까요.
(B) 식사 때는 냄새가 신경 쓰이죠?
(C) 몸을 움직이는 것은 좋은 일이니까요.
(D) 사전을 보면서 써도 될까?

38 상황의 이해
여보세요. 차로 가고 싶은데, 세울 곳은 있어요?
(A) 그렇게 위험한 운전은 그만두세요.
(B) 며칠 동안 묵을 예정입니까?
(C) 죄송합니다. 주차장은 준비되어 있지 않은데요.
(D) 예, 가게 근처에 버스 정류장이 있어요.

39 상황의 이해
화장실 전등이 켜진 채로 있어요.
(A) 어? 껐다고 생각했는데.
(B) 이 색깔은 굉장히 때가 잘 타.
(C) 이상하네, 아까 막 켰는데.
(D) 간단하게는 지워지지 않을지도 몰라.

40 시제의 이해
졸업하면 어떻게 할 생각이에요?
(A) 퇴원 후에는 얼마 동안 집에 있을 거예요.
(B) 대학원에 진학할 생각이에요.
(C) 방에서 푹 잤어요.
(D) 아니요, 아직 들어간 지 얼마 안 됐어요.

41 경어의 이해
저분을 아셨어요?
(A) 예, 소개해 주세요.
(B) 예, 몰랐어요.
(C) 예, 대학 시절의 동창이에요.
(D) 예, 많이 오셨어요.

42 인사말의 이해
요시모토입니다. 오늘부터 이쪽에서 일하게 되었어요.
(A) 잘 부탁해. 자, 우선 일을 설명할게.
(B) 잘 오셨어요. 푹 쉬세요.
(C) 가능하면 오늘부터 일하게 해 주세요.
(D) 저야말로 정말 신세 졌어요.

43 어휘의 이해
어떻게 하지? 교과서를 안 가져왔어.
(A) 주웠으면 빨리 신고해야지.
(B) 할 수 없지, 내 것을 함께 보자.
(C) 잃어버리지 않도록 해.
(D) 어디에서? 잘 생각해 봐.

44 상황에 대한 대책
이 기획은 모두와 잘 의논해야겠네요.
(A) 그러네요. 문제가 줄어들었네요.
(B) 그럼 여러 가지 의견을 받아 봅시다.
(C) 예, 이제 이 정도면 괜찮겠네요.
(D) 사장님의 의견으로 간단하게 결정될 듯하네요.

45 어휘의 이해
여기는 자연이 풍부하고 평화로운 곳이네요.
(A) 정말 번화하네요.
(B) 예, 개발이 진행되고 있네요.
(C) 도심에서 떨어져 있어서, 느긋이 지낼 수 있을 것 같아요.
(D) 젊은이가 많은 거리네요.

46 시제의 이해
다카하시 씨, 이번 달 지불이 아직 안 됐네요.
(A) 빨리 부탁해요.
(B) 아, 깜박하고 있었어요.
(C) 분명 다음 달이라고 생각하는데요.
(D) 예, 지난주에 납부했어요.

47 상황의 이해
여행지가 미국이니까 엔을 달러로 바꿔야겠네요.
(A) 환전이라면 공항에서도 할 수 있어요.
(B) 그렇게 달러를 많이 가지고 있어요?
(C) 우체국에서 보내면 간단해요.
(D) 항공편 쪽이 배편보다 빨라요.

48 상황의 이해
어라? 그 손가락 어떻게 된 거예요?
(A) 청소하다가 유리에 베였어요.
(B) 크리스마스에 여자 친구가 준 거예요.
(C) 어제부터 열이 있는 것 같아요.
(D) 등산하다가 다리를 삐었어요.

49 상황의 이해
매일 계속된 잔업으로 지쳤어요.
(A) 무리하지 말고 휴가를 얻는 게 어때요?
(B) 가끔은 제대로 일을 해 보면 어때요?
(C) 요즘 취직 활동은 힘드네요.
(D) 마음 편한 일이라 부러워요.

50 어휘의 이해
혼다 씨의 약혼자는 변호사라면서요?
(A) 예, 작년에 자격을 땄다나 봐요.
(B) 그렇지만 그녀는 당당히 대학을 졸업했어요.
(C) 결혼하고 나서 쭉 쉬지 않았다고 해요.
(D) 어? 언제 결혼하셨어요?

51 (B) 52 (B) 53 (C) 54 (D) 55 (A) 56 (C)
57 (C) 58 (C) 59 (D) 60 (C) 61 (B) 62 (B)
63 (A) 64 (C) 65 (B) 66 (C) 67 (D) 68 (B)
69 (D) 70 (A) 71 (C) 72 (C) 73 (D) 74 (A)
75 (D) 76 (B) 77 (D) 78 (D) 79 (A) 80 (D)

51 권유

남 귤 좀 더 드세요.
여 아니에요, 많이 먹었어요.
남 많이 보내 왔으니까 좀 가져가세요.
여 감사합니다.

여자는 어떻게 합니까?
(A) 남자에게 귤을 보낸다.
(B) 귤을 받아서 돌아간다.
(C) 귤을 좀 더 먹는다.
(D) 남자에게 차를 낸다.

52 시작한 시점

남 피아노를 잘 치시네요.
여 감사합니다.
남 어렸을 때부터 배우셨어요?
여 아니요, 사회인이 되고 나서요.

여자는 언제 피아노를 배웠습니까?
(A) 어릴 때
(B) 어른이 되고 나서
(C) 고등학교 때
(D) 학생 시절

53 부탁 내용

남 기무라 씨, 지금부터 어디 외출하세요?
여 예, 은행에 가는데요.
남 마침 잘됐네요. 이 편지, 우체통에 넣어 주시겠어요?
여 예, 좋아요.

여자는 무엇을 부탁받았습니까?
(A) 쇼핑
(B) 돈의 불입
(C) 편지 부치는 일
(D) 티켓을 사는 일

54 전화 통화 중

남 다카하시 씨에게 할 얘기가 있는데 통화 중이네요.
여 예, 벌써 30분이나 얘기하고 있어요.
남 그럼 이제 슬슬 끝나려나. 여기서 기다려도 될까요?
여 그러세요. 차 드시겠어요?

남자는 어떻게 합니까?
(A) 여자에게 커피를 사 준다.
(B) 여자에게 용건을 전하게 한다.
(C) 나중에 다카하시 씨에게 전화한다.
(D) 다카하시 씨가 전화 끊기를 기다린다.

55 안내

여 이쪽이 강연회 회장이에요. 들어오세요.
남 뒤쪽 자리에 앉아도 괜찮을까요?
여 예, 마음에 드시는 곳에 앉으세요.
남 알겠습니다.

남자는 어디에 앉습니까?
(A) 뒤쪽 자리
(B) 여자가 안내한 자리
(C) 이름이 써 있는 자리
(D) 여자가 좋아하는 자리

56 사고

여 어제 자전거를 타다가 하마터면 차에 부딪힐 뻔했어요.
남 위험했네요.
여 예, 뒤에 아이도 태우고 있어서 조마조마했어요.
남 자전거를 탈 때는 주위를 잘 살펴야 해요.

여자는 어째서 무서웠습니까?
(A) 자전거와 부딪힐 뻔했기 때문에
(B) 차 운전이 서툴렀기 때문에
(C) 아이와 함께였기 때문에
(D) 갑자기 아이가 튀어나왔기 때문에

57 상사가 싫은 이유

여 회사에서 과장님에게 이러쿵저러쿵 말을 들어서 싫었어요.
남 직장 사람과 원만하지 않아서 회사에 가고 싶어 하지 않는 사람이 많다고 해요.
여 과장님은 이유도 듣지 않고 금방 화를 내요.
남 다른 상사와 의논해 보면 어때요?

여자는 어떻게 된 것입니까?
(A) 과장님과 싸웠다.
(B) 과장님이 싫어서 회사를 그만두고 싶다.
(C) 상사와 맞지 않아서 고민하고 있다.
(D) 부하가 말을 안 듣는다.

58　연락 못한 사정

남　미안, 미안, 기다렸지?
여　전화해 주면 좋았잖아.
남　과장님한테 전화가 와서 계속 통화하고 있었어.
여　그래서 전화가 안 됐던 거구나.

남자는 어째서 연락을 못했습니까?
(A) 회의가 길어졌기 때문에
(B) 일이 끝난 후, 과장님과 이야기하고 있었기 때문에
(C) 전화로 이야기를 하고 있었기 때문에
(D) 여자에게 전화해도 통화 중이었기 때문에

59　내용 전반의 이해

여　어제는 감사했어요. 정말 즐거웠어요.
남　언제든 놀러 오세요. 아내도 기뻐할 겁니다.
여　사모님은 요리를 잘하시더군요. 정말 맛있었어요.
남　그거 거의 제가 만들었어요. 아내가 만든 것은 샐러드
　　뿐이에요.

두 사람의 회화에서 맞는 내용은 어느 것입니까?
(A) 남자의 부인은 요리를 잘한다.
(B) 여자는 남자를 초대했다.
(C) 여자는 남자의 부인을 도왔다.
(D) 샐러드는 부인이 만들었다.

60　애완동물

여　와, 이 사진 귀엽다. 다나카 씨가 키우는 개예요?
남　예, 그렇지만 개를 키우는 것은 처음이라 힘들어요.
여　힘들지만 귀엽죠?
남　예, 그래서 한 마리 더 기를까 생각 중이에요.

남자에 대해 맞는 것은 어느 것입니까?
(A) 애완동물을 기르는 것은 처음이 아니다.
(B) 개가 아니라 고양이를 기르고 싶다.
(C) 돌보는 것은 힘들지만 귀엽다고 생각한다.
(D) 애완동물 돌보는 것은 귀찮다고 생각한다.

61　예약, 환불

남　우리들이 탈 예정인 비행기, 태풍으로 못 뜬대요.
여　돈은 환불해 주겠죠?
남　예, 아마. 다른 회사의 비행기는 어떤지 묻고 올까요?
여　그래요. 그쪽도 안 되면 신칸센으로 돌아가요.

두 사람은 어떻게 합니까?
(A) 돈을 환불받고 돌아간다.
(B) 다른 비행기도 안 되면 신칸센으로 돌아간다.
(C) 날씨가 좋아지기를 기다린다.
(D) 신칸센의 표가 있는지를 물어본다.

62　고장

여　어라, 이상하네, 안 움직여.
남　또 프린터 고장이에요?
여　지난주에 수리받은 건데.
남　이제 바꿔야 할지도 모르겠네요.

프린터는 어떤 상태입니까?
(A) 산 지 얼마 안 됐는데 상태가 안 좋다.
(B) 새것을 살 수밖에 없는 것 같다.
(C) 망가져서 수리를 맡겠다.
(D) 지난주에 새것을 샀다.

63　부재

여　스즈키 씨 없는 것 같네요.
남　감기 때문에 자고 있을 텐데.
여　쇼핑이라도 간 걸까요?
남　둘이서 5시쯤 간다고 말해 뒀는데.

스즈키 씨는 어떻게 된 겁니까?
(A) 지금 집에 없나.
(B) 입원해 있다.
(C) 두 사람을 기다리고 있다.
(D) 쇼핑하러 나갔다.

64　약속

여　전철이 늦는 모양이에요. 약속 시간에 댈 수 있을까요?
남　기시다 씨 일행이 10분 이상 역에서 기다리게 생겼
　　네요.
여　그럼 먼저 가라고 할까요?
남　그래요. 그럼 긴회에 들게요.

두 사람은 지금부터 어떻게 합니까?
(A) 역에서 기다리게 한다.
(B) 가는 것을 그만둔다.
(C) 기시다 씨 일행을 먼저 가게 한다.
(D) 플랫폼에서 기시다 씨 일행을 기다린다.

65 전화 내용

> 남　여보세요. 요시다 과장님 계세요?
> 여　죄송합니다. 요시다는 지금 잠깐 자리를 비웠는데요.
> 남　그래요? 그럼 돌아오시면 전화 좀 부탁할 수 있을까요?
> 여　예, 돌아오시면 이쪽에서 전화 드리겠습니다.

요시다 과장님은 돌아와서 무엇을 합니까?
(A) 남자의 전화를 기다린다.
(B) 남자에게 전화를 한다.
(C) 여자가 연락하기를 기다린다.
(D) 남자가 여자에게 전화하게 한다.

66 보고서의 검토

> 여　부장님, 아까 서류 읽어 보셨어요?
> 남　아, 그 설명으로는 조금 알기가 어려울 것 같지 않아요?
> 여　그럼 다시 만들어 올게요.
> 남　아니, 나중에 어떻게 고치면 좋을지 함께 생각해 보죠.

서류는 어떻게 합니까?
(A) 부장이 알기 쉽게 설명한다.
(B) 부장이 다른 사람에게 만들게 한다.
(C) 함께 다시 쓴다.
(D) 한 번 더 천천히 읽어 본다.

67 책을 주울 방법

> 여　아, 책장 뒤에 책이 떨어졌다.
> 남　책장을 움직일까?
> 여　다 읽은 책이고, 이제 곧 이사하니까 됐어요.
> 남　그러네. 다음 달이지.

두 사람은 책을 어떻게 합니까?
(A) 지금 선반을 움직여서 꺼낸다.
(B) 도서관에 돌려주러 간다.
(C) 이사 오는 사람에게 준다.
(D) 이사 때까지 그대로 둔다.

68 첫인사

> 여　사이토라고 합니다. 오늘 요코하마 회사에서 왔습니다.
> 남　아, 잘 부탁해. 요코하마에서는 어떤 일을 했어?
> 여　고객에게 온 전화를 받았습니다.
> 남　그렇다면 여기서도 다르지 않으니까 안심해.

여자는 지금 있는 회사에서 어떤 일을 합니까?
(A) 접대 일을 한다.
(B) 전에 있던 회사와 같은 일을 한다.
(C) 새로운 일을 맡는다.
(D) 요코하마의 회사보다 간단한 일을 한다.

69 상사의 지시 내용

> 여　다나카 군은 어디 갔어?
> 남　오전에는 외근이라서 정오가 지나서는 복귀할 것 같은데요.
> 여　3시까지 돌아오면 나한테 오라고 전해줘. 나는 3시 반에 나가니까.
> 남　아, 부장님은 오후에 신칸센으로 오사카에 가시죠?

회화의 내용과 맞는 것은 어느 것입니까?
(A) 다나카 군은 오늘은 회사에 복귀하지 않는다.
(B) 다나카 군은 오사카로 출장 가 있다.
(C) 여자는 이제부터 외근을 나간다.
(D) 여자는 오후부터 출장을 간다.

70 전철 안의 상태

> 여　오늘 아침 전철, 평상시보다 붐비는 것 같지 않아요?
> 남　아, 여행객이 많네요.
> 여　타는 시간을 조금 늦추면 좋을 텐데.
> 남　그러게요. 지금 딱 통근 시간이니까요.

여자는 어떻게 생각하고 있습니까?
(A) 놀러 가는 사람들은 통근 시간에 타지 않았으면 좋겠다.
(B) 여행 가는 사람이 부럽다.
(C) 여행객은 전철을 이용하지 않았으면 좋겠다.
(D) 만원 전철을 타고 싶지 않다.

71 장사가 안 되는 이유

> 남　가게를 연 것은 좋은데, 기대만큼 잘 안 돼서요.
> 여　생각보다 손님이 없어요?
> 남　손님이 들어오긴 하는데, 고가의 물건이 안 팔려서 걱정이에요.
> 여　불경기니까요. 모두 사치를 부릴 수는 없겠죠.

남자는 무엇을 걱정하고 있습니까?
(A) 가게가 망할지도 모른다.
(B) 가게를 열고 싶지만 자금이 부족하다.
(C) 비싼 물건의 매상이 그다지 좋지 않다.
(D) 손님이 전혀 들어오지 않는다.

72 다음 달 계획

남　이번 달은 경축일이 많아서 가게도 바빠질 것 같네요.
여　손님이 많은 것은 기쁘지만, 쉴 수 없으니 힘들겠어요.
남　그럼, 다음 달에 한가해지면 모두 함께 가까운 온천에
　　라도 갈까요?
여　좋네요. 그렇게 해요.

다음 달에 어떻게 합니까?
(A) 손님이 많아서 쉴 수 없다.
(B) 경축일이 많아서 온천에 갈 수 있다.
(C) 모두 같이 여행 가기로 했다.
(D) 새로운 가게를 오픈한다.

73 물건의 행방

남　노다 씨, 이 책상 위에 있던 서류 못 봤어요?
여　아까 기획부 사람이 가져갔는데요.
남　그 후에 돌려받았어요.
여　이상하네요. 아, 여기 떨어져 있어요.

서류는 어떻게 되었습니까?
(A) 발견되지 않았다.
(B) 기획부에 돌려줬나.
(C) 남자가 가지고 갔다.
(D) 여자가 발견했다.

74 부탁, 의뢰

남　여보세요. 내 책상 위에 열쇠 있어요?
여　아, 요시다 씨, 예, 있는데요. 가지러 돌아오시려고요?
남　다행이다. 곧 갈 테니까, 미안하지만 접수처에 맡겨 주
　　시겠어요?
여　예, 알겠습니다.

여자는 이제부터 어떻게 합니까?
(A) 접수처에 열쇠를 가져간다.
(B) 남자 집에 열쇠를 가져다 준다.
(C) 서랍 안을 찾는다.
(D) 남자가 돌아오기를 기다린다

75 업무의 전환

남　이제 곧 법률이 바뀌니까 바빠지겠네.
여　당신이 하는 일과 무슨 관계 있어?
남　거기에 맞춰서 서류를 새롭게 만들어야 하니까.
여　그렇구나. 또 귀가가 늦어지겠네.

남자는 어떻게 해야 합니까?
(A) 일을 그만두고 공부를 시작한다.
(B) 부서가 바뀌었으니까 새로운 일을 배운다.
(C) 일을 위해서 법률을 공부한다.
(D) 새로운 법률에 맞춰서 서류를 다시 만든다.

76 정리를 안 하는 이유

남　책상 위의 서류, 좀 치우는 게 어때요?
여　전부 중요해서 여기에 놓아 두지 않으면 잊어버려요.
남　그렇지만 그렇게 있으면 오히려 필요한 것을 못 찾을
　　때도 있지 않아요?
여　그건 그렇지만.

여자는 치우지 않는 이유를 뭐라고 말합니까?
(A) 필요한 물건을 버리는 일도 있다.
(B) 서류가 눈앞에 없으면 잊어버린다.
(C) 익숙하니까 치우고 싶지 않다.
(D) 필요한 것을 금방 찾을 수 없다.

77 식욕부진의 이유

남　요즘 별로 식욕이 없어요.
여　몸 상태가 안 좋은 거예요?
남　아뇨, 별로 그렇지도 않은데. 운동 부족 탓이려나?
여　분명 그럴 거예요. 뭔가 해 보는 게 어때요?

회화의 내용과 맞는 것은 어느 것입니까?
(A) 남자는 과로로 병이 났다.
(B) 남자는 여름을 타서 식욕이 없다.
(C) 여자는 요즘 몸이 안 좋다.
(D) 여자는 운동을 권했다.

78 미아 방송의 의뢰

남　저기요. 우리 아이가 미아가 됐어요.
여　자제분의 연령과 복장을 가르쳐 주시겠어요?
남　3살짜리 남자아이이고, 하얀 셔츠와 파란색 청바지를
　　입고 있어요.
여　그럼 지금 방송할 테니까 조금만 기다려 주세요.

남자는 어떻게 된 것입니까?
(A) 딸에게 새 옷을 선물하고 싶다.
(B) 점원에게 아이의 옷 사이즈를 가르쳐 주고 있다.
(C) 아들에게 입학 선물을 사 주고 싶다.
(D) 아이의 행방을 모른다.

79 숙제의 마감일

남　저, 이거 숙제 레포트인데요.
여　벌써 마감은 지났어요.
남　죄송합니다. 감기가 심하게 걸려서 3일이나 결석해서.
여　이유야 어찌 됐건 기한은 지키도록 해 주세요.

남자는 무엇을 사과하고 있습니까?
(A) 기한 내에 숙제를 제출하지 못했던 것
(B) 선생님에게 연락하지 않았던 것
(C) 아파서 약속을 지키지 않았던 것
(D) 이유를 듣지 않고 화내 버렸던 것

80 소개받은 사람

남 요전에 소개받은 사람 어땠어?

여 좋은 사람이었어요. 핸섬하고 신사적이고.

남 괜찮네. 회사를 경영하는 사람이었지?

여 네, 하지만 제가 위에서 내려다보는 느낌이에요. 굽이 낮은 구두였는데.

상대는 어떤 사람이었습니까?
(A) 핸섬하지는 않지만 신사적인 사람
(B) 좋은 회사에 근무하는 사람
(C) 소탈하고 키가 큰 사람
(D) 핸섬하지만 키가 작은 사람

PART 4 설명문

81 (A)	82 (C)	83 (D)	84 (B)	85 (B)	86 (D)
87 (C)	88 (B)	89 (D)	90 (C)	91 (B)	92 (B)
93 (A)	94 (D)	95 (B)	96 (A)	97 (C)	98 (D)
99 (D)	100 (A)				

[81-84]

요시다 씨는 동물을 아주 좋아합니다. 지금 요시다 씨의 집에는 개가 두 마리 있습니다. 한 마리는 검은색 개이고, 또 한 마리는 하얀색입니다. 검은 개는 포치라고 부릅니다. 매우 크고 아직 3살이라서 건강합니다. 바깥을 아주 좋아해서 매일 아침과 저녁, 비가 내릴 때도 포치는 요시다 씨와 함께 한 시간 정도 산책하러 갑니다. 하얀 개의 이름은 모모입니다. 다음 달에 12살이 되니까 이제 고령입니다. 몸도 작고 별로 튼튼하지 않습니다. 항상 방 안에서 놀거나 자면서 보냅니다. 요시다 씨는 쉬는 날에는 때때로 모모의 산책을 나갑니다.

81 포치는 어떤 개입니까?
(A) 검고 큰 개
(B) 12살인 작은 개
(C) 하얗고 건강한 개
(D) 3살인 하얀 개

82 포치는 어떤 것을 좋아합니까?
(A) 다른 개와 노는 것
(B) 집에서 자는 것
(C) 산책 나가는 것
(D) 물건 사러 나가는 것

83 모모는 항상 어떻게 하고 있습니까?
(A) 매일 산책하러 나간다.
(B) 집 안에는 별로 없다.
(C) 아침저녁 요시다 씨와 놀고 있다.
(D) 몸이 약해서 거의 집에 있다.

84 요시다 씨는 모모를 위해서 어떻게 하고 있습니까?
(A) 매일 아침과 저녁에 산책하러 간다.
(B) 휴일에 때때로 산책을 나간다.
(C) 건강에 좋은 먹이를 주고 있다.
(D) 부인을 대신해서 돌봐 준다.

(85-88)

시민 회관 수영장에서 여름방학 아르바이트를 2명 모집합니다. 건강하고 활발한 대학생으로 수영할 수 있는 사람이라면 여성이라도 상관없습니다. 단, 고등학생은 안 됩니다. 일은 수영장 청소와 안내입니다. 바쁠 때는 매점 일도 거들어야 합니다. 아르바이트는 토, 일 이틀간으로 오전 3시간과 오후 4시간입니다. 아르바이트비는 하루에 7천 엔입니다. 수영장에는 아이들이 많으므로 안전에 주의하는 것이 중요합니다. 처음 하는 사람도 문제 없도록 아르바이트생은 일을 시작하는 날, 안전에 대해 공부해야 합니다.

85 이 일은 어떤 사람이 할 수 있습니까?
(A) 수영할 수 있는 사람은 누구나
(B) 수영할 수 있는 여대생
(C) 건강하고 활발한 고등학생
(D) 대학생이라면 누구나

86 이 아르바이트에서 하지 않아도 될 일은 무엇입니까?
(A) 수영장 청소
(B) 안내
(C) 매점에서 물건을 파는 일
(D) 아이들에게 수영을 가르치는 일

87 근무시간은 어떻습니까?
(A) 평일 오전과 오후 중에서 선택할 수 있다
(B) 매일 오전 3시간과 오후 4시간
(C) 주말 오전과 오후
(D) 토, 일 오전과 오후 각각 4시간씩

88 일은 시작하는 날에는 어떤 일을 합니까?
(A) 방재 훈련을 받는다
(B) 안전 교육을 받는다.
(C) 수영장을 이용하는 아이들에게 주의를 준다.
(D) 수영장을 깨끗이 청소한다.

(89-91)

어제 가토 씨의 4살짜리 장남이 39도까지 열이 났습니다. 울기만 하고 아무것도 먹으려 하지 않고, 한숨도 자지 않아서 매우 걱정했습니다. 어제는 일요일이어서 병원이 쉬기 때문에 집에서 재우는 수밖에 없었습니다. 오늘 아침에도 열이 내리지 않아서 가토 씨는 회사를 쉬고 아이를 병원에 데려갔습니다. 부인은 이제 곧 아이가 태어날 예정이어서 집에서 기다리고 있었습니다. 병원에서 주사를 맞고, 받아온 약을 먹이자 장남은 곧 잠들었습니다. 일어나서는 이제 열도 없고, 배가 고프다며 바나나를 맛있게 먹어서 가토 씨는 안심했습니다.

89 어제 가토 씨의 집에 무슨 일이 있었습니까?
(A) 아이가 운동을 하다가 다쳤다.
(B) 가토 씨가 감기 걸려서 몸져누웠다.
(C) 둘째 아이가 태어났다.
(D) 아이가 고열이 나서 큰일이었다.

90 왜 사모님은 병원에 가지 않았습니까?
(A) 회사를 쉴 수가 없었기 때문에
(B) 그런 일은 언제나 남편에게 맡기고 있기 때문에
(C) 출산 예정일이 가까워졌기 때문에
(D) 아이를 돌보고 있었기 때문에

91 병원에서 돌아온 장남은 어땠습니까?
(A) 친구와 놀러 나갔다.
(B) 약 먹고 잤더니 다 나았다.
(C) 아주 좋아하는 바나나를 먹고 잠들었다.
(D) 가토 씨의 병이 나아서 기뻐했다.

(92-94)

니시무라 씨의 회사는 도심에 있어서 버스와 급행열차를 타면 자택에서 한 시간 반 정도 걸립니다. 러시아워에는 전철이 붐벼서 대개는 앉을 수가 없기 때문에 집에 돌아가면 매우 피곤합니다. 그래서 잔업으로 피곤할 때와 술을 마신 후에는 특급 열차를 타고 앉아서 돌아갑니다. 500엔 비싸지만 커피를 한 잔 마셨다고 생각하면, 차 안에서 푹 자면서 돌아갈 수 있기 때문에 가끔씩 이용합니다. 역에서 자택까지 가는 버스는 밤 10시 반 이후에 끊기기 때문에, 막차를 놓쳤을 때는 택시를 탈 수밖에 없습니다.

92 니시무라 씨는 평상시에 무엇을 타고 집에 돌아갑니까?
(A) 사가용으로
(B) 급행열차와 버스로
(C) 특급열차로
(D) 특급열차와 택시로

93 니시무라 씨는 어째서 특급열차를 타기도 합니까?
(A) 피곤할 때 앉아서 돌아갈 수 있으니까
(B) 차내에서 커피를 마실 수 있으니까
(C) 500엔 절약할 수 있으니까
(D) 급행열차보다 막차 시간이 늦으니까

94 어떤 때에 택시를 탑니까?
(A) 술을 마셨을 때
(B) 만원 전철을 타고 싶지 않을 때
(C) 마지막 전철을 못 탔을 때
(D) 마지막 버스를 못 탔을 때

인기 댄스 교실이 한 달 후에 시작됩니다. 무료 체험 신청은 다음 주 일주일간이며, 각 클래스 정원이 차면 마감합니다. 전화 신청은 받지 않습니다. 저희 스포츠센터의 홈페이지를 통해 신청해 주세요.
체험 시에 필요한 준비물은 운동할 수 있는 옷, 타월, 신발, 음료입니다. 음료 판매와 신발 대여는 하고 있습니다. 처음이신 분이라도 걱정할 필요 없습니다. 자기에게 맞는 클래스부터 시작할 수 있습니다. 무료 체험에 참가하고 나서 1년 회원이 되신 분에게는 요가 한 달 무료 체험 쿠폰을 드립니다.

95 댄스 교실의 무료 체험 신청은 언제까지입니까?
(A) 다음 주 월요일까지
(B) 일정한 정원이 될 때까지
(C) 한 달 후 교습이 시작될 때까지
(D) 언제 신청을 해도 괜찮다

96 체험할 때 교실에서 빌릴 수 있는 것은 무엇입니까?
(A) 신발
(B) 타월
(C) 음료
(D) 운동복

97 내용과 맞는 것은 어느 것입니까?
(A) 신청은 전화로도 접수할 수 있다.
(B) 연령, 레벨은 상관없다.
(C) 체험 종료 후에 연회원이 된 사람은 쿠폰을 받을 수 있다.
(D) 요가 교실은 항상 무료로 체험할 수 있다.

항상 이용해 주셔서 감사합니다. 내점하신 손님 여러분께 매장 이동에 관해 알려드립니다. 금번에 1층 부인복 매장을 넓히기 위해 매장 몇 군데가 이동하게 되었습니다. 우선 종래에 1층에 있었던 가방 매장과 모자 매장이 2층 동쪽 코너로 이동했습니다. 또 구두 매장은 2층 엘리베이터 근처에서 같은 2층의 중앙 코너로 이동했습니다. 손님 여러분께 불편을 끼쳐드린 점, 이해해 주시기를 간곡히 부탁드립니다.

98 어째서 매장을 이동했습니까?
(A) 매장을 축소하기 때문에
(B) 새로운 브랜드가 들어오기 때문에
(C) 공사로 일시 폐점하기 때문에
(D) 부인복 매장을 확장하기 때문에

99 원래 1층에 있던 매장이 아닌 것은 무엇입니까?
(A) 부인복 매장
(B) 가방 매장
(C) 모자 매장
(D) 화장품 매장

100 구두 매장은 어디로 이동했습니까?
(A) 같은 층의 중앙 매장
(B) 2층 에스컬레이터 앞
(C) 1층 동쪽 매장
(D) 2층 서쪽 매장

PART 5 정답 찾기

101 (B) 102 (C) 103 (D) 104 (A) 105 (D) 106 (B)

107 (B) 108 (C) 109 (B) 110 (A) 111 (B) 112 (C)

113 (B) 114 (D) 115 (C) 116 (D) 117 (A) 118 (B)

119 (D) 120 (B)

---

101 学生時代の努力が将来を左右します。
학생 시절의 노력이 장래를 좌우합니다.

102 上半期の実績があまりよくなかった。
상반기 실적이 그다지 좋지 않았다.

103 窓から小川が見える。
창문에서 개울이 보인다.

104 サプリメントで足りない栄養素を補う。
영양제로 부족한 영양소를 보충한다.

105 試験に合格して喜んでいる。
시험에 합격해서 기뻐하고 있다.

106 環境の改善に努めています。
환경 개선에 힘쓰고 있습니다.

107 借りた資料は明日返してもいいですか。
빌린 자료는 내일 돌려줘도 됩니까?

108 お似合いの夫婦ですね。
잘 어울리는 부부네요.

109 学生時代に勉強しなかったことを後悔しても
もう遅い。
학생 시절에 공부하지 않았던 것을 후회해도 이미 늦었다.

110 何回も失敗を重ねたが、なんとか成功した。
몇 빈이나 실패를 거듭했지만, 어떻게든 성공했다.

111 来た人はたった5人でした。
온 사람은 겨우 5명이었습니다.

(A) 처음에 5명 왔습니다.
(B) 5명밖에 오지 않았습니다.
(C) 예상 외로 5명 왔습니다.
(D) 나중에 5명 왔습니다.

112 今日は早めに帰らせていただきたいのですが。
오늘은 빨리 돌아갔으면 하는데요.

(A) 돌려보냈으면 하는데요.
(B) 돌려보냈으면 하는데요.
(C) 돌아가고 싶은데요.
(D) (상대가) 돌아갔으면 하는데요.

113 映画が始まらないうちにトイレに行ってきます。
영화가 시작되기 전에 화장실에 갔다 올게요.

(A) 곧 시작되니까
(B) 시작되기 전에
(C) 시작되고 나서
(D) 시작되면 안 되니까

114 大人っぽい服装をしていて、とても中学生には
見えなかった。
어른 같은 복장을 하고 있어서 도저히 중학생으로는 보이지 않
았다.

(A) 얌전하다
(B) 어른답다
(C) 어른으로 보이는 (틀린 표현)
(D) 어른 같은

115 検査の結果が気になってならない。
검사 결과가 신경 쓰여서 견딜 수 없다.

(A) 전혀 신경 쓰이지 않는다
(B) 조금 신경 쓰인다
(C) 신경 쓰여서 견딜 수 없다
(D) 신경 써도 어쩔 수 없다

116 彼は過労から病気になった。
그는 과로 때문에 병이 났다.

(A) 이 영화는 아이에서 어른까지 즐길 수 있다.
(B) 앞으로 더 주의해 주세요.
(C) 내 눈으로 보면 그는 아직 어린애이다.
(D) 호기심 때문에 상자 안을 들여다보았다.

117 この資料はよくまとまっています。
이 자료는 잘 정리되어 있습니다.

(A) 어려웠는데도 잘했습니다.
(B) 충분히 생각하고 나서 결정해 주세요.
(C) 자주 야구를 보러 갑니다.
(D) 그녀와는 자주 만납니다.

118 みんなが面白いというから読んでみようと思い
ました。
모두들 재미있다고 하니까 읽어 보려고 생각했습니다.

(A) 나쁜 농담은 그만두죠.
(B) 자려고 했을 때 전화가 걸려 왔다.
(C) 상대에게 지지 않도록 열심히 하겠습니다.
(D) 과음하지 않도록 해 주세요.

119 まずいときにやってきた。
곤란할 때에 찾아왔다.

(A) 못하는 노래를 듣는 것은 질색이다.
(B) 맛없어 보이는 요리였다.
(C) 그녀는 일은 잘하는데, 글씨를 못 쓴다.
(D) 곤란한 일을 해 버린 것이다.

120 持ち物がきれいに盗まれていました。
소지품을 몽땅 도난 당했습니다.

(A) 그녀는 예쁜 기모노를 입고 있었습니다.
(B) 남기지 않고 깨끗이 먹어 버렸습니다.
(C) 목소리가 예쁜 여자였습니다.
(D) 깔끔한 걸 좋아하는 사람은 함께 있으면 피곤합니다.

PART 6 오문 정정

121 (C) 122 (A) 123 (B) 124 (B) 125 (A) 126 (C)
127 (A) 128 (C) 129 (D) 130 (A) 131 (A) 132 (B)
133 (C) 134 (A) 135 (A) 136 (B) 137 (A) 138 (B)
139 (C) 140 (A)

121 ５年前にアメリカに転勤したと聞きましたが、こ
の間会社の帰り道に偶然山田さんに会いました。
5년 전에 미국으로 전근했다고 들었습니다만, 얼마 전 회사에서
돌아가는 길에 우연히 야마다씨를 만났습니다.

122 この仕事はやりがいがあるため、つい力が入り
すぎてしまいます。
이 일은 보람이 있어서 나도 모르게 너무 열심히 해 버립니다.

123 この布は水に強い反面、熱に弱いので注意が
必要だ。
이 천은 물에 강한 반면, 열에 약하므로 주의가 필요하다.

124 彼女はまだ初心者だから、誰かすぐそばについ
ていないと、どんな失敗をするかわかりません。
그녀는 아직 초심자라서 누가 바로 옆에 붙어 있지 않으면, 어떤
실수를 할지 모릅니다.

125 中村さんは風邪を引いて、今日は勉強会に参加
しないで先に帰ったそうです。
나카무라 씨는 감기에 걸려서, 오늘은 스터디에 참가하지 않고 먼
저 돌아갔다고 합니다.

126 仕事の後は、ゆっくりお風呂に入って一日の疲
れを取るのが私の健康法です。
일을 한 후에는 느긋하게 목욕을 하며 하루의 피로를 푸는 것이
나의 건강법입니다.

127 たとえ親でも言っていいことと悪いことがあるの
は当然です。
설령 부모라도, 해서 될 말과 안 될 말이 있는 것은 당연합니다.

128　食べたいのは山々ですが、ダイエットしている
　　ので当分は我慢しなければなりません。
먹고 싶은 마음은 굴뚝같지만 다이어트 하고 있어서 당분간은 참아야 합니다.

129　一番成績がいい人がアメリカ本社に行くらしいの
　　ですが、はっきりしたことは私もわかりません。
가장 성적이 좋은 사람이 미국 본사로 간다는데, 확실한 것은 나도 모릅니다.

130　子供はノートパソコンをほしがるのですが、ゲ
　　ームばかりするかもしれないから、まだ買ってあ
　　げていません。
아이는 노트북을 갖고 싶어 하는데, 게임만 할지도 모르니까 아직 사 주지 않았어요.

131　そんなに好きなら黙っていないで告白すればい
　　いじゃないですか。
그렇게 좋아한다면 가만히 있지 말고 고백하면 되잖아요?

132　こちらに来ることがあったらぜひ家にも遊びに
　　来てください。いつでも大歓迎ですから。
이쪽에 올 일이 있다면 꼭 우리 집에도 놀러 오세요. 언제든 환영입니다.

133　せめて声だけでも聞かせてくれれば安心できる
　　のに電話もしてくれないんです。
적어도 목소리만이라도 들려주면 안심할 수 있는데 전화도 해 주지 않아요.

134　この建物は古くなって大変危険ですので近づく
　　なと書いてあります。
이 건물은 오래되어 대단히 위험하니까 가까이 가지 말라고 씌여 있습니다.

135　山田君は有能だし、意欲も十分だ。ぜひ今度の
　　企画の責任者になってもらおう。
야마다 씨는 유능하고 의욕도 충분하다. 꼭 이 기획의 책임자가 되게 하자.

136　私は背が低くて、足も短いから、そんなタイトな
　　ジーンズは似合いません。
나는 키가 작고 다리도 짧으니까 그런 타이트한 청바지는 어울리

지 않아요.

137　朝寝坊して、約束の時間に30分も遅れて行った
　　ら、待ち合わせの場所にはもう誰もいなかった。
늦잠 자서 약속 시간에 30분이나 늦게 갔더니 약속 장소에는 이미 아무도 없었다.

138　あの子たちはまだ若いんですから、将来のことを
　　考えて、あまり厳しくしない方がいいでしょう。
그 아이들은 아직 젊으니까, 장래의 일을 생각해서 그리 엄격하게 하지 않는 편이 좋겠어요.

139　今年入った新入社員の中で誰がいちばん入社
　　成績がよかったですか。
올해 들어온 신입 사원 중에서 누가 가장 입사 성적이 좋았습니까?

140　先生、久しぶりにお会いできて嬉しかったで
　　す。学校の皆さんによろしくお伝えください。
선생님, 오랜만에 만나 뵐 수 있어서 기뻤어요. 학교에 계신 여러분들에게도 안부 전해 주세요.

141 (B)	142 (A)	143 (B)	144 (A)	145 (A)	146 (B)
147 (B)	148 (D)	149 (B)	150 (A)	151 (C)	152 (B)
153 (B)	154 (A)	155 (A)	156 (B)	157 (D)	158 (C)
159 (C)	160 (C)	161 (A)	162 (B)	163 (C)	164 (B)
165 (B)	166 (A)	167 (B)	168 (C)	169 (B)	170 (C)

141 あの人はけちだから、貸してくれないと思います。
그 사람은 구두쇠니까 빌려 주지 않을 거라고 생각해요.

(A) ハンサム 핸섬함

(B) けち 구두쇠

(C) いんちき 사기꾼

(D) にせもの 가짜

142 スマートフォンのいいところはネットが自由に使えるということです。
스마트폰의 장점은 인터넷을 자유롭게 쓸 수 있다는 것입니다.

(A) ところ 점

(B) 場合 경우

(C) 長所 장점

(D) あたり 부근

143 クリスマスイブに市内に出たら、すごい人混みで疲れました。
크리스마스이브에 시내에 갔더니 굉장히 붐벼서 피곤했습니다.

(A) 人並み 남들 수준임

(B) 人混み 인파

(C) 人前 사람 앞

(D) 人寄り

144 子供も生まれたし、そろそろ大きい車に買い換えましょう。
아이도 태어났고 슬슬 큰 차로 바꾸죠.

(A) 買い換え 사서 바꿈

(B) 切り替え 전환함

(C) やり直し 다시 함

(D) 買いしめ 사들임

145 趣味で料理を習って以来、料理が好きになり、楽しくなった。
취미로 요리를 배운 이후, 요리가 좋아지고 즐거워졌다.

(A) 習って 배우고

(B) 習った 배웠던

(C) 習う 배우다

(D) 習い 배우기

146 彼は土日も休まずに働き続けた。
그는 토요일과 일요일도 쉬지 않고 계속 일했다.

(A) 休まなくて 쉬지 않아서

(B) 休まずに 쉬지 않고

(C) 休もうと 쉬려고

(D) 休めないで 쉴 수 없고

147 ちょっとその記事を見せてもらえますか。
잠깐 그 기사를 보여 주시겠어요?

(A) もらいます 받습니다

(B) もらえます 받을 수 있습니다

(C) もらいたいです 받고 싶습니다

(D) もらいません 받지 않습니다

148 彼女が窓から手を振っていますね。
그녀가 창문에서 손을 흔들고 있네요.

(A) 振れて 흔들리고

(B) 振えて 떨고 (틀린 표현)

(C) 振るって 떨치고

(D) 振って 흔들고

149 今朝までは少なかったのに、あっという間に多くなったんです。
오늘 아침까지는 적었는데, 눈 깜짝할 사이에 많아진 거예요.

(A) 振り向きもせずに 뒤도 안 돌아보고

(B) あっという間に 눈 깜짝할 사이에

(C) こともなげに 태연스럽게

(D) つかの間に 잠깐 사이에

150 すみませんが、急いでいるのでちょっと通してください。

죄송하지만, 급하니까 좀 지나가게 해 주세요.

(A) 通して 지나가게 해

(B) 通って 통과해

(C) 通じて 통해

(D) かよって 다녀

151 こんなにたくさんだと今日中には読みきれません。
이렇게 많으면 오늘 중에는 다 읽을 수가 없어요.

(A) すごしません 지내지 않아요

(B) できません 할 수 없어요

(C) きれません 다 ~할 수 없어요

(D) つくしません 완전히 ~하지 않아요

152 あなたにはまだ明るい未来が待っています。
당신에게는 아직 밝은 미래가 기다리고 있어요.

(A) 騒がしい 소란스러운

(B) 明るい 밝은

(C) 暗い 어두운

(D) 目覚ましい 눈부신

153 この地図はくわしくてわかりやすい。
이 지도는 상세해서 알기 쉽다.

(A) くやしくて 분해서

(B) くわしくて 상세해서

(C) こいしくて 그리워서

(D) けわしくて 힘해시

154 子供の初舞台をはらはらしながら見守った。
아이의 첫 무대를 조마조마하면서 지켜봤다.

(A) はらはら 조마조마

(B) くすくす 킥킥

(C) ぞくぞく 오싹오싹

(D) すくすく 쑥쑥

155 なるべく早めに来てください。
되도록 빨리 와 주세요.

(A) なるべく 되도록

(B) それほど 그렇게

(C) あまり 그다지

(D) よほど 상당히

156 お昼に焼き肉を食べたので、夜はさっぱりした
ものが食べたいです。
점심에 불고기를 먹어서 밤에는 담백한 음식을 먹고 싶어요.

(A) こってり 기름진

(B) さっぱり 산뜻한

(C) すっかり 완전히

(D) たっぷり 듬뿍

157 A：入社式はいつですか。B：いつか知りません。
A : 입사식은 언제입니까?　　　B : 언제인지 몰라요.

(A) どうか 어떨지

(B) いつかどうか 언제인지 어떤지

(C) いつも 항상

(D) いつか 언제인지

158 この学校に初心者向けのコースはないですか。
이 학교에 초심자를 대상으로 하는 크스는 없습니까?

(A) 好き 좋아하는

(B) 好み 취향의

(C) 向け 대상으로 한

(D) 向かい 맞은편

159 国の成長に伴って、国民の生活も豊かになって
くる。
나라가 성장하면서 국민의 생활도 풍족해진다.

(A) にそって ~에 따라서

(B) において ~에 있어서

(C) に伴って ~에 동반해서

(D) にかけて ~에 긴해서

160 突然の雨にあって、タクシーに乗りました。
갑자기 비를 만나서 택시를 탔습니다.

(A) 降らせて 내리게 해서

(B) 降って 내려서

(C) あって 만나서

(D) あわせて 맞춰서

161 こちらに有名な仏像があると伺っていますが。
이쪽에 유명한 불상이 있다고 들었는데요.

(A) 伺って 듣고

(B) 拝見して 보고

(C) お目にかかって 만나 뵙고

(D) お聞きになって 들으시고

162 彼の言うことは合っている。しかし私は賛成で
きない。
그가 하는 말은 맞다. 그렇지만 나는 찬성할 수 없다.

(A) だから 그러니까

(B) しかし 그러나

(C) しかも 게다가

(D) そこで 그래서

163 彼なりには努力をしているみたいです。
그 사람 나름으로는 노력을 하고 있는 것 같아요.

(A) だけ 만

(B) より 보다

(C) なり 나름

(D) ほど 만큼

164 部長へのお土産にこのハンカチはどうかしら。
부장님 선물로 이 손수건은 어떨까?

(A) で 에서, ~로(수단)

(B) に ~로

(C) と ~와

(D) を ~을

165 このおかずの作り方って難しいですか。
이 반찬 만드는 법은 어렵습니까?
(A) 作る

(B) 作り

(C) 入る

(D) 入り

166 そのために仕事を失うことになるかもしれない。
그 일로 직업을 잃게 될지도 모른다.

(A) ことになる ~하게 되다

(B) ことにする ~하기로 하다

(C) だけにする ~만으로 하다

(D) ばかりになる ~뿐이 되다

167 夜は大学に通いながら仕事もしなければなりま
せんでした。
밤에는 대학에 다니면서 일도 해야 했습니다.
(A) 通った一方で 다니는 한편으로

(B) 通いながら 다니면서

(C) 勉強する一方で 공부하는 한편으로

(D) 勉強しながら 공부하면서

168 何があっても高校までは卒業すべきだ。
무슨 일이 있어도 고등학교까지는 졸업해야 한다.

(A) わけ ~인 셈이다

(B) なければならない ~하지 않으면 안 된다

(C) べき ~해야 한다

(D) 見込み ~할 전망이다

169 テーブルの上をこれで拭いてくれませんか。
테이블 위를 이것으로 닦아 주지 않겠어요?

(A) はいて 쓸어

(B) 拭いて 닦아

(C) 洗って 씻어

(D) そって 깎아

170 クラシックを聞いているうちに眠ってしまったよ
うです。
클래식을 듣고 있는 사이에 잠들어 버린 모양입니다.

(A) あとで 나중에

(B) ながら ~하면서

(C) うちに ~하는 동안

(D) まえに 전에

171 (B)　172 (B)　173 (C)　174 (B)　175 (A)　176 (C)
177 (B)　178 (D)　179 (B)　180 (A)　181 (C)　182 (C)
183 (C)　184 (B)　185 (C)　186 (A)　187 (C)　188 (B)
189 (A)　190 (C)　191 (C)　192 (B)　193 (D)　194 (A)
195 (C)　196 (D)　197 (C)　198 (A)　199 (C)　200 (B)

[171-174]

나는 신문의 구인 광고를 자주 들여다보는 습관이 있다. 회사를 정년퇴직하고 나서 집에서 빈둥대고 있었는데, 아직 일을 하고 싶어서, 뭔가 자신에게 맞는 일은 없을까 찾고 있던 것이다.

3주 전에 병원에서 청소하는 일을 발견했다. 근무 시간은 아침 5시부터 3시간이고, 장소는 집에서 도보로 15분 거리의 병원이다. 바로 면접을 보고 다음 날부터 일하고 있다. 나는 대개 밤 8시에 자고 아침 4시에 일어나니까 새벽 일은 나의 생활 리듬에 딱 맞다.

아침에 아직 어두울 때 집을 나와서 모두가 출근하는 시간에는 일을 마치고 돌아온다. 이 근무 시간이 매우 마음에 든다. 시간을 유효하게 쓰고 있는 느낌이 들어서 득을 본 기분이 된다.

171　어떻게 지금 하는 일을 찾았습니까?
 (A) 친구의 소개로
 (B) 신문 광고를 통해
 (C) 병원에서 구인 광고를 보고
 (D) 병원에 갔을 때 면접을 보고

172　이 사람은 어떤 생활 리듬을 가지고 있습니까?
 (A) 밤에 늦게 잔다.
 (B) 일찍 자고 일찍 일어난다.
 (C) 밤에 일하고 낮에는 잔다.
 (D) 낮과 밤이 바뀌어 있다.

173　어째서 이 일이 마음에 듭니까?
 (A) 청소하는 것을 좋아해서
 (B) 모두와 함께 출근할 수 있으므로
 (C) 시간을 효율적으로 사용할 수 있어서
 (D) 새벽 시간에는 잘 수 있으므로

174　본문 내용과 맞는 것은 어느 것입니까?
 (A) 이 사람은 회사에서 근무한 적이 없다.
 (B) 면접을 받은 다음 날부터 일하고 있다.
 (C) 병원까지 전철을 타고 간다.
 (D) 매일 5시간 일하고 있다.

[175-178]

수학여행 설명회를 열었습니다. 참가해 주신 많은 보호자 분들께 감사드립니다.

수학여행 준비에서 가장 부탁드리고 싶은 것은 용돈에 관해서입니다. 이번에는 4000엔 이내로 설정했습니다. 작년과 같은 금액입니다. 뭐니 뭐니 해도 수학여행은 학습하러 가는 것입니다. 그중에서 돈을 가지고 쇼핑을 하는 일도 하나의 경험입니다. 그 경험으로 생각하면 4000엔은 충분한 액수라고 생각합니다. 아이들에게 물어보면, 돈을 많이 가져올 수 없다고 서운해하는 아이들이 있는 듯합니다. 그렇지만 ①이것만은 반드시 지켜 주세요. 덧붙여서 지난번 수학여행에서는 아이들이 이 약속을 지킨 것 같습니다. 왜냐하면 들킬지도 모른다는 조마조마한 분위기가 느껴지지 않았습니다. 그런 것은 금방 탄로 나는 법입니다. ②불필요한 두근거림을 느끼기보다는 수학여행에서만 맛볼 수 있는 두근거림을 좀 더 만끽합시다.

175　이것은 누가 누구에게 보내는 안내문입니까?
 (A) 담임 선생님이 보호자에게
 (B) 보호자가 아이들에게
 (C) 아이들이 담임 선생님에게
 (D) 보호자가 담임 선생님에게

176　①이것이 가리키는 것은 무엇입니까?
 (A) 수학여행에 참가하는 것
 (B) 수학여행을 준비하는 것
 (C) 용돈을 4000엔 이내로 하는 것
 (D) 용돈을 많이 원하는 아이가 있는 것

177　지난번 수학여행은 어땠습니까?
 (A) 용돈을 넉넉하게 가져온 아이가 많았다.
 (B) 모두 4000엔 이내의 용돈을 가지고 왔다.
 (C) 설레는 마음으로 여행을 즐겼다.
 (D) 선생님에게 들킨 아이가 몇 명 있었다.

178　②불필요한 두근거림은 여기서는 어떤 느낌입니까?
 (A) 비밀을 지켜야 한다는 불안감
 (B) 여행지에서 무슨 일이 있을지도 모른다는 불안감
 (C) 돈이 부족하면 어떡하나 하는 불안감
 (D) 탄로 날지도 모른다는 불안감

(179-182)

어머니 날의 유래를 알고 있습니까?
1907년 미국인 안나 저비스라는 여성은 어머니의 기일에 추도하는 모임을 열었습니다. ①그때 참례한 사람에게 하얀 카네이션을 선물했는데, 그것이 어머니 날의 시초라고 합니다.
그 후 그녀는 '②어머니를 아끼는 마음, 감사하는 마음'을 미국 의회에 호소하여, 1914년에 윌슨 대통령이 5월 둘째 주 일요일을 '어머니 날'로 제정했습니다.
이후에 하얀 카네이션은 어머니의 묘지 앞에 바치는 것이 되었고, 건강하게 살아 계신 어머니에게는 빨간 카네이션을 선물하는 습관이 정착되었습니다.
일본에서도 매년 5월 둘째 주 일요일은 어머니 날입니다. 이날 어머니에게 감사의 말과 함께 선물을 하는 습관이 있습니다.

179 ①그때는 언제를 말하는 것입니까?
(A) 어머니 날
(B) 추도식
(C) 교회에 가는 날
(D) 어머니의 생신

180 ② 에 들어갈 적당한 말은 무엇입니까?
(A) 어머니를 소중히 하는 마음
(B) 카네이션을 보내는 마음
(C) 기일을 기념하는 마음
(D) 불효를 후회하는 마음

181 어머니 날을 제정한 것은 누구입니까?
(A) 안나 저비스
(B) 미국의 의회
(C) 미국의 대통령
(D) 일본인

182 본문의 내용과 맞는 것은 어느 것입니까?
(A) 돌아가신 어머니에게는 빨간 카네이션을 바친다.
(B) 건강한 어머니에게는 선물만 드린다.
(C) 어머니 날은 미국과 일본이 같은 날이다.
(D) 안나 저비스라는 여성은 의회에서 일하고 있다.

(183- 185)

안녕하세요.
작년부터 친구와 훌라 댄스 교실에 다니고 있는데, 이번에 교습소에서 주최하는 발표회에 저도 출연하게 되었습니다. 일시는 6월 14일(일) 오후 3시부터 5시까지. 장소는 미도리홀이에요.
이번에는 저 같은 초심자뿐만 아니라, 전국에서 공연을 하시는 베테랑 분들도 다수 출연하세요.
하와이를 좋아하시는 아오야마 씨는 분명 좋아하실 거라 생각해요. 시간 있으시면 꼭 오세요. 그럼 안내만 드렸습니다.

183 이 사람은 언제부터 댄스 교실에 다니기 시작한 것입니까?
(A) 이제부터 다닐 예정이다
(B) 올봄부터
(C) 작년부터
(D) 재작년부터

184 발표회에 대해 맞는 것은 어느 것입니까?
(A) 공연은 일요일 오전에 열린다.
(B) 베테랑인 사람도 출연한다.
(C) 매년 열리고 있다.
(D) 수상하면 전국 공연에 참가할 수 있다.

185 편지를 쓴 사람에 대해 맞는 것은 어느 것입니까?
(A) 혼자서 훌라 댄스를 배우고 있다.
(B) 벌써 베테랑이 되었다.
(C) 훌라 댄스 발표회에 출연하게 되었다.
(D) 아오야마 씨와 함께 댄스 교실에 다니고 있다.

(186-189)

전부터 홈페이지 만들기에 흥미가 있었는데, 어려울 것 같아서 손을 댈 수 없다거나 좀 바쁘다는 이유로 포기해 버리지는 않았습니까? 하지만 ①이 강좌라면 괜찮습니다! 전문가의 지도로 홈페이지 작성의 기초부터 배울 수 있어서, 홈페이지를 간단히 만들 수 있게 됩니다. 취미로서 자신의 홈페이지를 만들 수 있게 되는 것은 물론, 프로로서 활약할 수 있는 실력도 익힐 수 있습니다.
교재는 그림이나 사진을 많이 사용해서 알기 쉽게 만들었습니다. 홈페이지 만들기의 기초부터 쉽게 익힐 수 있는 커리큘럼이기 때문에 초심자이신 분도 안심하고 배울 수 있습니다. 모든 과제에 합격하면 홈페이지 디자이너의 자격을 취득할 수 있습니다. 프로 홈페이지 디자이너로서 활약할 수 있는 실력을 습득했다는 증명이므로 취직, 전직에도 많은 도움이 됩니다.

186 무엇을 소개하고 있습니까?
(A) 누구라도 도전할 수 있는 홈페이지 디자이너 양성 강좌
(B) 간단한 홈페이지 만드는 법
(C) 취직에 도움이 되는 홈페이지 만들기
(D) 초심자 코스부터 전문가 코스까지 갖춘 강좌

187 ①이 강좌를 이용할 수 없는 사람은 다음 중 누구입니까?
(A) 홈페이지 디자이너가 되고 싶은 사람
(B) 자신의 홈페이지를 만들어 보고 싶은 사람
(C) 홈페이지 디자이너를 지도하고 싶은 사람
(D) 홈페이지 작성을 기초부터 공부하고 싶은 사람

188 어떤 교재를 사용하고 있습니까?
(A) 여러 가지 그림이나 표를 사용하기 위한 교재
(B) 알기 쉽게 사진 등으로 설명한 교재
(C) 사진이나 그림을 이용하는 방법을 가르치는 교재
(D) 커리큘럼을 읽기 쉽게 설명한 교재

189 어떻게 하면 자격을 취득할 수 있습니까?
(A) 모든 과제를 통과해야 한다.
(B) 강좌를 수료하는 것만으로 자격을 취득할 수 있다.
(C) 면허시험에 합격해야 한다.
(D) 증명서를 받으면 일을 할 수 있게 된다.

【190-193】
①최근 결혼식의 경향은 돈을 들이지 않는 것입니다. 이전에는 300만 엔 정도가 보통이라는 시기도 있었지만, 요즘은 식 자체에는 별로 돈을 쓰지 않고 생활 준비 쪽에 돈을 들이는 추세인 것 같습니다.
이러한 분위기 속에서 ②회비제 결혼식이라는 것이 착실히 성장하고 있습니다. 회비제의 가장 큰 장점은 금액이 명기되어 있어서 축의금을 얼마로 할지 걱정할 필요가 없다는 것이지요. 초대장도 많이 발송하기 때문에 초대받았다고 해서 의리로 출석할 필요도 없습니다. 결혼식답지 않다는 이유로 부모님들에게는 평가가 좋지 않은 경우도 많지만, 젊은 사람들에게는 높은 평가를 받고 있습니다.
단, 지역에 따라 차이가 커서 도쿄 등에서는 회비제가 캐주얼한 이미지지만, 홋카이도에서는 정식 결혼식이라도 회비제일 경우가 많습니다.

190 ①최근 결혼식의 경향은 어떻습니까?
(A) 비용을 평균 300만 엔 정도 들이고 있다.
(B) 식을 올리지 않는 사람들이 늘고 있다.
(C) 식보다 생활 준비 쪽에 돈을 들이고 있다.
(D) 피로연만으로 끝내고 있다.

191 ②회비제 결혼식의 특징은 무엇입니까?
(A) 결혼식장에서 식을 올리지 않아도 된다.
(B) 하객이 축의금의 금액을 결정한다.
(C) 많은 사람에게 초대장을 보낸다.
(D) 축의금을 많이 받을 수 있다.

192 부모님의 반응은 어떻습니까?
(A) 다소 불만은 있지만 돈이 들지 않는 것은 좋다.
(B) 지금까지의 결혼식과 달라서 평가가 별로 좋지 않다.
(C) 결혼식에 출석하는 사람이 많아져서 기뻐하고 있다.
(D) 정착할 때까지 시간이 걸린다고 생각한다.

193 지역에 따른 차이에 대해 맞는 것은 어느 것입니까?
(A) 도쿄에서는 회비제 결혼식을 선호하지 않는다.
(B) 홋카이도에서 회비제 결혼식을 이용하는 사람은 거의 없다.
(C) 도쿄에서는 결혼식 복장은 캐주얼이 많다.
(D) 홋카이도의 결혼식은 회비제가 보통이다.

【194-196】
필요 없게 된 책을 조금 특이한 형태로 재이용하는 방법을 소개해 드리죠. 고서를 가공하지 않고, 안쪽에 구멍을 뚫고 흙을 채워서, 식물을 기르는 ①용기로 고안된 상품이 발매가 되었습니다. 이 용기는 작년에 도쿄의 미술관에서 개최된 꽃과 책을 테마로 한 전람회에 어느 디자인 회사가 작품으로 출품한 것인데, 평판이 좋아서 상품화된 것입니다. 집에서도 사전 등의 두꺼운 책을 이용해 작은 식물을 넣어서 즐길 수 있습니다. 물을 주니까 손상이 되기도 하지만, 조심해서 다루면 반년 이상 즐길 수 있다고 합니다.

194 무엇을 소개하고 있습니까?
(A) 오래된 책을 리사이클하는 방법
(B) 일회용 컵을 재활용하는 방법
(C) 디자인이 귀여운 화분을 만드는 방법
(D) 사전을 이용한 유니크한 형태의 용기

195 ①용기는 어떻게 해서 상품화되었습니까?
(A) 디자인의 평판이 좋았기 때문에
(B) 꽃과 책을 테마로 했기 때문에
(C) 전람회에 출품해서 호평을 받았기 때문에
(D) 디자인 회사에서 만들었기 때문에

196 ①용기의 특징이 아닌 것은 어느 것입니까?
(A) 두꺼운 책을 이용할 수 있는 것이다.
(B) 물을 주면 약해지기도 한다.
(C) 작은 식물을 넣어서 사용한다.
(D) 아주 튼튼해서 몇 년이나 쓸 수 있다.

지난번에 아이의 운동회가 있어서 학교에 갔다 왔는데, 옛날과는 상당히 달라져 있었다. 승패를 정하지 않는 경기가 많은 것이다. 모두가 와자지껄하게 즐기는 느낌이고, 달리기도 예전처럼 순위를 매기지 않는다. 홍팀이 이겼네 백팀이 이겼네 하는 경쟁의식을 가지지 않도록 하기 위한 것이다.

그렇지만 현실 사회는 경쟁으로 가득 차 있다. 아이들의 세계에 필요 이상의 경쟁심을 심어 주지 않기 위해서는 좋을지도 모르겠지만, 운동회 때만 ①그것을 없앤들 별로 의미가 없는 것 같다.

옛날에 나는 공부를 못하는 아이였기 때문에 운동회는 내 활약 무대였다. 지금 같은 운동회를 보고 쓸쓸한 마음이 드는 것은 나뿐일까?

197　예전 운동회는 어땠습니까?
(A) 모두 같이 즐겼다.
(B) 승패는 의미가 없었다.
(C) 경쟁해서 승패를 정했다.
(D) 부모와 함께 참가하는 게임이 없었다.

198　이 사람은 운동회가 예전과 다른 이유는 무엇이라고 생각합니까?
(A) 아이에게 필요 이상의 경쟁의식을 심어 주지 않기 위해
(B) 경쟁이 심한 경기가 없어졌기 때문에
(C) 가족이 참여하는 경기를 늘리기 위해
(D) 쉽게 할 수 있는 경기를 많이 만들기 위해

199　①그것이 가리키는 것은 무엇입니까?
(A) 운동회
(B) 현실 사회
(C) 경쟁심
(D) 호기심

200　이 사람은 어떤 아이였습니까?
(A) 공부를 잘하고 운동을 못하는 아이
(B) 운동을 잘하고 공부를 못하는 아이
(C) 운동도 공부도 못하는 아이
(D) 운동도 공부도 잘하는 아이

Actual Test 2회

PART 1 사진 묘사

01 (C)	02 (D)	03 (B)	04 (C)	05 (D)	06 (C)
07 (C)	08 (B)	09 (C)	10 (C)	11 (D)	12 (A)
13 (D)	14 (B)	15 (A)	16 (D)	17 (B)	18 (B)
19 (C)	20 (C)				

1 사물의 용도
(A) 이것으로 머리카락을 자릅니다.
(B) 이것으로 수염을 깎습니다.
(C) 이것은 부엌에서 사용하는 도구입니다.
(D) 이것은 청소할 때 사용하는 도구입니다.

2 사물의 위치
(A) 접시 옆에 포크가 있습니다.
(B) 접시 뒤에 유리컵이 있습니다.
(C) 밥그릇 앞에 젓가락이 있습니다.
(D) 테이블 위에 디저트가 있습니다.

3 사물의 상태 및 용도
(A) 경찰관이 차에 타고 있습니다.
(B) 건물 옆에 순찰차가 서 있습니다.
(C) 구급차가 도로 한가운데를 달리고 있습니다.
(D) 소방차를 운전하고 있습니다.

4 사물의 상태
(A) 접시에 요리를 담고 있습니다.
(B) 병을 기울여 따르고 있습니다.
(C) 안주와 글라스가 준비되어 있습니다.
(D) 글라스가 쓰러져 있습니다.

5 인물의 동작
(A) 야구 방망이로 부수고 있는 참입니다.
(B) 공을 잡은 참입니다.
(C) 글러브로 공을 잡은 참입니다.
(D) 야구 방망이를 휘두르고 있는 참입니다.

6 새의 모습, 동작
(A) 새에게 먹이를 주고 있습니다.
(B) 새가 하늘을 날고 있습니다.
(C) 헤엄치고 있는 것도 있습니다.
(D) 새가 수면에서 날아오른 참입니다.

7 사물의 상태
(A) 삼각의 안이 깊은 상자가 있습니다.
(B) 상자는 얕고 사각입니다.
(C) 골판지 상자에 아무것도 들어 있지 않습니다.
(D) 상자에는 옷이 채워져 있습니다.

8 인물의 동작, 자세
(A) 수영복을 입고 앉아 있습니다.
(B) 오른쪽 아이는 가방을 어깨에 매고 있습니다.
(C) 둘 다 하늘을 올려다보고 있습니다.
(D) 높은 곳에서 내려다보고 있습니다.

9 인물의 동작
(A) 손을 뻗어 새를 만지고 있습니다.
(B) 새를 양손으로 안고 있습니다.
(C) 한쪽 팔에 새를 올려 놓고 있습니다.
(D) 새가 어깨 위에 올라가 있습니다.

10 인물의 동작
(A) 만세를 하고 있습니다.
(B) 악수를 하고 있습니다.
(C) 한 번에 마시고 있습니다.
(D) 손을 흔들고 있습니다.

11 복수 인물의 모습
(A) 모두 일본 옷을 입고 정좌를 하고 있습니다.
(B) 기모노를 입은 사람은 절을 하고 있습니다.
(C) 노인이 차 마시는 방법을 가르치고 있습니다.
(D) 모두 진지한 얼굴로 정좌를 하고 있습니다.

12 장소, 사람들의 모습
(A) 입구는 혼잡합니다.
(B) 행렬을 만들어 승차하고 있습니다.
(C) 앉아서 기다리는 사람도 있습니다.
(D) 입구는 아직 사람이 드문드문합니다.

13 사물의 용도
(A) 여기에서 모자라는 운임을 지불할 수 있습니다.
(B) 이 기계로 우표를 살 수 있습니다.
(C) 역 개찰구에는 아무도 없습니다.
(D) 이것은 목적지까지 가는 표를 사는 기계입니다.

14 풍경
(A) 호수 건너편에 산이 보입니다.
(B) 파도가 밀려오고 있습니다.
(C) 바다의 경치가 그려져 있습니다.
(D) 산 그림자가 수면에 비치고 있습니다.

15 인물의 모습
(A) 긴 머리를 늘어뜨리고 있습니다.
(B) 모자를 쓰고 있습니다.
(C) 브로치를 가슴에 달고 있습니다.
(D) 반지를 끼고 있습니다.

16 안내 지도의 이해
(A) 벽에 세계지도가 붙어 있습니다.
(B) 동물 그림이 그려져 있습니다.
(C) 게시판에 그림이 붙어 있습니다.
(D) 지도는 안내판의 절반을 차지하고 있습니다.

17 사물의 상태
(A) 자전거가 버스 정류장 옆에 늘어서 있습니다.
(B) 세워둔 자전거가 몇 대쯤 쓰러져 있습니다.
(C) 자전거 수리를 하는 곳입니다.
(D) 자전거가 정연하게 늘어서 있습니다.

18 건물 안의 모습
(A) 횡단보도를 건너고 있습니다.
(B) 계단 양 옆에 에스컬레이터가 있습니다.
(C) 역의 개찰구를 통과하고 있습니다.
(D) 상행 에스컬레이터는 고장 나 있습니다.

19 글씨의 이해
(A) 기둥에 안내가 붙어 있습니다.
(B) 글씨는 가로쓰기로 되어 있어 읽기 쉽습니다.
(C) 소원이 손 글씨로 쓰여 있습니다.
(D) 히라가나와 가타카나가 쓰여진 표입니다.

20 복수 인물의 모습
(A) 두 사람은 스테이지에서 연주하고 있습니다.
(B) 두 사람은 어깨동무하고 노래를 부르고 있습니다.
(C) 두 사람은 각각 다른 손에 마이크를 잡고 있습니다.
(D) 두 사람은 같은 무늬의 바지를 입고 있습니다.

PART 2 질의 응답

21 (C)	22 (D)	23 (A)	24 (B)	25 (C)	26 (B)
27 (C)	28 (A)	29 (B)	30 (B)	31 (B)	32 (A)
33 (A)	34 (C)	35 (C)	36 (C)	37 (A)	38 (D)
39 (B)	40 (D)	41 (B)	42 (A)	43 (A)	44 (C)
45 (A)	46 (D)	47 (A)	48 (C)	49 (B)	50 (C)

21 권유에 대한 대응
함께 점심 먹지 않을래요?
(A) 네, 매우 맛있었어요.
(B) 아, 아직 식사 안 하셨군요. 뭐 좀 만들까요?
(C) 미안해요, 오늘은 도시락을 가져왔어요.
(D) 아니요, 아직 먹지 않았어요.

22 위치, 장소
표는 어디에서 팔고 있어요?
(A) 예, 제가 삽니다.
(B) 우체국은 저 신호를 건너서 있어요.
(C) 근처에 역은 없어요.
(D) 저 가게 뒤예요.

23 위치, 장소
이 근처에 주차장은 없을까요?
(A) 저기 있는 순경 아저씨에게 물어보죠.
(B) 분명 식품 매장에 있을 거예요.
(C) 오늘은 국경일이니까 분명 쉬는 날일 거예요.
(D) 이 빌딩 3층에 분명 레스토랑이 있을 텐네요.

24 상황의 이해
어떻게 된 거예요? 그 큰 봉투.
(A) 추우니까 옷을 많이 입었어요.
(B) 쇼핑을 너무 많이 해 버렸어요.
(C) 엄마는 이미 시골에 돌아갔어요.
(D) 너무 먹어서 살쪘어요.

25 기호, 취향
술은 드세요?
(A) 때때로 찾아뵙고 있어요.
(B) 꼭 만나 뵙고 싶네요.
(C) 전혀 못해요.
(D) 지난번에 받은 선물이에요.

26 권유에 대한 대응
다음에 오랜만에 가라오케 안 갈래?
(A) 요즘 바다에서 수영 안 하니까.
(B) 스트레스 해소에 노래도 좋지.
(C) 그래서 그 콘서트는 언제야?
(D) 운동하는 것은 자신 없어.

27 상황의 이해
옆집 사람, 어제 이사 갔대.
(A) 어떤 사람이 왔는지 가 볼까?
(B) 정말이네. 짐이 그대로 놓여 있어.
(C) 어? 작별 인사도 못했는데.
(D) 조용한 사람이면 좋겠는데.

28 권유에 대한 대응
오늘은 차로 왔으니까 괜찮다면 타고 가지 않을래요?
(A) 정말요? 마침 짐이 많아서 곤란해 하고 있었어요.
(B) 그럼 근처 역까지 바래다드릴게요.
(C) 미안하네요. 일부러 먼 곳까지 와 줘서.
(D) 그럼 짐을 들어드리죠.

29 어휘의 이해
어젯밤 지진에 깜짝 놀랐죠?
(A) 올해 장마는 언제 끝날까요?
(B) 그것 때문에 밤중에 잠이 깼어요.
(C) 일기예보가 맞았네요.
(D) 태풍의 영향이라는 것 같아요.

30 예약
다음 달 콘서트 티켓을 예약하고 싶은데요.
(A) 일 년 내내 받고 있으니까 언제든 괜찮아요.
(B) 예, 좌석은 며칠 것으로 하시겠어요?
(C) 죄송합니다. 시간을 낼 수가 없네요.
(D) 이번 주 거라면 이미 매진되었습니다.

31 상황의 이해
얼마 전부터 출장이 계속되고 있군요.
(A) 예, 어릴 때부터 동경하고 있었어요.
(B) 정말이지. 집에서 느긋이 지낼 수 있는 시간을 갖고 싶어요.
(C) 예, 해외여행은 오랜만입니다.
(D) 예, 이사는 이미 익숙해졌어요.

32 영업시간
여보세요. 그쪽 가게는 몇 시에 폐점하죠?
(A) 매일 24시간 영업하고 있습니다.
(B) 정기 휴일은 월요일입니다.
(C) 개점 시간은 아침 10시입니다.
(D) 오후 3시부터 휴식 시간입니다.

33 가족 관계 어휘의 이해
따님이 유학하고 있다면서요.
(A) 예, 내년에 귀국할 예정이에요.
(B) 예, 아들 혼자서 미국에 있어요.
(C) 덕분에 건강하게 지내고 있어요.
(D) 예, 딸은 유치원에 다니고 있어요.

34 물건에 대한 이해
가위가 안 보이는데.
(A) 백화점에서 언뜻 봤어요.
(B) 세면대에 있었어.
(C) 서랍 안쪽은 찾아봤어?
(D) 사전으로 찾으면 금방 알 수 있을 거라고 생각해.

35 진료 여부
아직 진찰받을 수 있나요?
(A) 아니요, 메일로 부탁합니다.
(B) 배송료는 들지 않아요.
(C) 오늘은 종료했습니다만.
(D) 예, 아까부터 내보내고 있어요.

36 호의에 대한 대응
바빠 보이네요. 뭔가 거들까요?
(A) 그럼 거들게 해 주세요.
(B) 덕분에 빨리 정리했어요.
(C) 아니요, 이제 곧 끝나요.
(D) 서류를 만들게 해 주었으면 하는데요.

37 주문
저기요. 주문한 요리가 아직 안 나왔는데요.
(A) 죄송합니다. 곧 가져오겠습니다.
(B) 그럼 먼저 먹을까요?
(C) 그렇다면 새것으로 바꿔 드리지요.
(D) 조금 더 기다리게 해 줄 수 없을까요?

38 건강 상태
왜 그래요? 안색이 안 좋네요.
(A) 잘 자서 개운해졌어요.
(B) 그래서 기분이 안 좋은 거군요.
(C) 제 얼굴에 자신이 없어요.
(D) 몸 상태가 좀 안 좋아서.

39 회의의 일정
다음 회의가 언제로 정해졌는지 가르쳐 주겠어요?
(A) 정해지면 연락 주세요.
(B) 다음 주일 텐데 자세한 것은 아직 안 나왔어요.
(C) 어려워서 저도 잘 모르겠어요.
(D) 누가 그런 말을 했어요?

어제는 만취해서 아무것도 기억이 안 나요.
(A) 과로는 좋지 않아요.
(B) 과식해서 살쪄도 난 몰라요.
(C) 그런 옛날 일은 아무도 기억 못해요.
(D) 과음에는 주의해야 해요.

41　상황의 이해
어라, 냉장고가 텅텅 비었어.
(A) 아까 정전된 탓일까?
(B) 그래? 그럼 오늘은 외식할까?
(C) 확실히 문을 닫지 않아서 그래.
(D) 뚜껑을 닫고 2분 정도 기다리고 있어.

42　전직
이거, 제 새로운 명함입니다.
(A) 어라? 전직하셨어요?
(B) 상당히 눈에 띄는 간판이네요.
(C) 그 헤어스타일 상당히 잘 어울려요.
(D) 그런 비싼 물건은 받을 수 없어요.

43　사고
산 지 얼마 안 된 차를 박아 버렸어요.
(A) 그래서 다치지는 않았어요?
(B) 오토바이를 둘이 타는 것은 위험해요.
(C) 차를 바꾸는 게 좋겠네요.
(D) 조금만 더 하면 골인데 아까웠어요.

44　어휘의 이해
하늘 여행은 어땠어요?
(A) 무사하다고 들어서 안심했어요.
(B) 정체 때문에 도착이 늦어졌어요.
(C) 조금 흔들리긴 했는데 쾌적했어요.
(D) 전철 안은 꽉꽉 들어차 있었어요.

45　사고 상황의 이해
플랫폼에서 밀려서 넘어졌어요.
(A) 그거 참 엉뚱한 재난이었네요.
(B) 왠지 요즘 좋은 일이 계속되네요.
(C) 그 일을 가족에게는 전했어요?
(D) 그 버스는 교통사고가 많네요.

46　날씨
오늘 밤부터 대설이 내린다고 하는데.
(A) 이 더위는 조금 이상하지 않아?
(B) 매일 열대야가 계속되고 있네.
(C) 겨울도 이제 끝이네.
(D) 내일 출근에 영향이 없으면 좋겠는데.

47　상황의 이해
슬슬 실례할까 해요.
(A) 벌써 돌아가시게요?
(B) 어서 들어오세요.
(C) 그럼 거기까지 마중하러 갈게요.
(D) 손에 들고 봐 주세요.

48　상황에 대한 대처
과장님, 오늘 회의에 필요한 자료가 아직 갖춰지지 않았는데요.
(A) 그럼 전원이 모이면 연락해 줘.
(B) 그럼 생각보다 빨리 도착할 것 같네.
(C) 할 수 없지. 자료 없이 하는 수밖에.
(D) 덕분에 겨우 시간에 맞췄어.

49　인물의 평가
그 사람, 멋있는 데다 우수해서 인기 있어요.
(A) 끈질긴 사람이군.
(B) 정말 부러울 따름이야.
(C) 정말, 기막힐 뿐이야.
(D) 뻔뻔스러운 성격이네.

50　선화의 대응
사장님이 돌아오시면 전화 부탁드리고 싶은데요.
(A) 예, 그렇게 전하는 편이 좋겠군요.
(B) 알겠습니다. 지금 불러드리겠습니다.
(C) 예, 아, 지금 돌아오셨으니까 바꾸겠습니다.
(D) 그렇다면 언제 돌아오시나요?

51 (D)	52 (C)	53 (B)	54 (B)	55 (A)	56 (C)
57 (A)	58 (B)	59 (D)	60 (C)	61 (A)	62 (D)
63 (C)	64 (C)	65 (D)	66 (A)	67 (B)	68 (C)
69 (B)	70 (A)	71 (B)	72 (C)	73 (B)	74 (A)
75 (C)	76 (A)	77 (B)	78 (D)	79 (C)	80 (A)

51 상황의 이해

남 어제는 바빴네요.
여 내일로 이 가게도 마지막이니까요.
남 오늘도 많은 사람이 오겠죠?
여 바쁜 것은 좋은데 조금 쓸쓸하네요.

이 가게는 어떤 일이 있습니까?
(A) 새로 가게를 오픈했다.
(B) 정기 세일을 하고 있다.
(C) 그다지 손님이 오지 않는다.
(D) 내일로 폐점한다.

52 거리의 이해

여 기시다 씨의 맨션은 역에서 가까워요?
남 아니요, 걸어서 10분 정도 걸려요.
여 그것은 가까운 편이에요. 우리 집은 역에서 버스로 10분이에요.
남 그래요? 머네요.

여자의 집은 어떻습니까?
(A) 근처에 역이 있다.
(B) 역에서 도보 10분 거리에 있다.
(C) 역에서 버스를 갈아타지 않으면 안 된다.
(D) 남자 집에서 상당히 멀다.

53 근황의 이해

여 오랜만이네요. 일은 순조로우세요?
남 예, 덕분에 그럭저럭. 사이토 씨는요?
여 지난달에 회사가 바뀌고 나서는 느긋이 있을 여유가 없어서.
남 그것 참 힘들겠네요.

여자의 일은 어떻습니까?
(A) 순조롭게 진행되고 있다.
(B) 직장이 바뀌어서 매우 바쁘다.
(C) 동료가 그만둬서 매일 바쁘다.
(D) 한가로운 하루하루를 보내고 있다.

54 회사를 그만둔 이유

여 회사 그만둔다면서요? 무슨 일 있어요?
남 앞으로를 위해서 더 공부하고 싶어서.
여 유학이라도 할 생각이에요?
남 아뇨, 아르바이트하면서 전문학교에 다니기로 했어요.

회사를 그만두는 이유는 무엇입니까?
(A) 해외에서 공부하고 싶어서
(B) 전문적인 공부를 해 두고 싶어서
(C) 좀 더 좋은 일을 찾아서
(D) 대학에 진학해서

55 컴퓨터의 상태

여 여보세요? 컴퓨터의 상태가 안 좋은데요.
남 어떻게 이상한데요?
여 사용하고 있으면 큰 소리도 나고 속도도 느려요.
남 그건 수리가 필요한 것 같으니까 곧 찾아뵐게요.

여자는 이제부터 어떻게 합니까?
(A) 남자가 오는 것을 기다린다.
(B) 병원에 가서 진찰을 받는다.
(C) 약을 먹고 푹 쉰다.
(D) 남자의 지시에 따라 고쳐 본다.

56 다른 점의 구분

남 아, 이거 내 코트 아닌데.
여 어? 색깔도 모양도 같아 보이는데요.
남 아니야, 봐, 주머니에 담배가 들어 있어.
여 정말이네. 누군가 잘못 알고 입고 가 버렸군요.

코트는 어디가 다릅니까?
(A) 주머니의 모양
(B) 코트의 색
(C) 포켓 안의 물건
(D) 색과 디자인

57 회의 시간

여 슬슬 회의 시간이에요.
남 지금 거래처의 전화를 기다리고 있는데, 어떡하죠?
여 그럼 먼저 시작하고 있을게요.
남 알겠습니다. 조금 늦게 갈게요.

남자는 어떻게 합니까?
(A) 회의에 조금 늦게 출석한다.
(B) 여자를 대신 참가시킨다.
(C) 거래처 사람과 외출한다.
(D) 여자에게 전화를 하게 한다.

58 장소의 변경

여　아직 아무도 안 온 것 같네.
남　그러네, 어라? 칠판에 뭔가 써 있는데?
여　오늘 세미나는 3층 교실이라는데?
남　어쩐지 이상하더라.

오늘 세미나는 어떻게 된 것입니까?
(A) 두 사람이 날짜를 잘못 알았다.
(B) 교실이 바뀌었다.
(C) 시간이 바뀌었다.
(D) 강사가 쉬는 날이라 연기가 되었다.

59 축하 선물

여　스즈키 씨가 결혼한다고 해요.
남　저도 들었어요. 모두 같이 뭔가 선물하지 않을래요?
여　5천 엔씩 내서 뭔가 사는 것은 어떨까요?
남　그거 좋네요. 그렇게 하죠.

두 사람은 어떻게 합니까?
(A) 스즈키 씨의 결혼식에 참석한다.
(B) 스즈키 씨에게 5천 엔을 지불한다.
(C) 모두에게 안내문을 돌린다.
(D) 돈을 모아서 결혼 축하 선물을 산다.

60 교환

여　어제 이거 샀는데, 좀 작아서요.
남　정말 죄송합니다. 이 색은 이 사이즈밖에 없어요.
여　그래요? 그럼 갈색은 있어요?
남　갈색이라면 있습니다.

여자는 어떤 것으로 교환합니까?
(A) 사이즈가 같고 갈색인 것
(B) 더 작은 사이즈
(C) 갈색의 큰 사이즈
(D) 색깔이 같고 작은 것

61 일의 순서

남　주전자의 물이 끓는 것 같아.
여　지금 재미있는 프로 하고 있어. 불 좀 꺼 주지 않을래?
남　좋아. 차 탈까?
여　고마워. 자상하네 뭐 좋은 일 있었어?

남자는 우선 무엇을 합니까?
(A) 가스 불을 끈다.
(B) 물을 끓인다.
(C) 차를 탄다.
(D) 주전자를 씻는다.

62 건강

여　왜 그래? 머리 아파?
남　응, 어제 좀 과음해서.
여　이제 나이도 있고, 몸을 생각하는 편이 좋지 않겠어?
남　그러게. 역시 건강을 위해서는 마시지 않는 게 좋을까?

남자는 무엇을 그만둡니까?
(A) 아침까지 일을 하는 것
(B) 술자리에 참석하는 일
(C) 근무하고 있던 회사
(D) 술을 마시는 일

63 회의에서 해야 할 일

여　다음 주 회의에서 제안할 내용 정리되었어요?
남　아니요. 아직 30% 정도밖에 생각하지 못했어요.
여　그럼 내가 정리할 테니까 발표 쪽을 부탁해도 될까요?
남　그러는 편이 좋을지도 모르겠네요. 알겠어요.

남자는 무엇을 합니까?
(A) 제안할 내용을 정리한다.
(B) 여자에게 보고서를 낸다.
(C) 정리한 내용을 발표한다.
(D) 제안할 내용을 새롭게 생각한다.

64 발표

남　오늘 설명회에는 사장님도 오시지요?
여　평상시대로 발표하면 분명 잘될 거예요.
남　긴장돼서 머리가 하얘질 것 같아요.
여　괜찮아요. 긴장 풀고 잘하세요.

남자는 어떤 상태입니까?
(A) 매우 침착하다.
(B) 실패해서 침울해하고 있다.
(C) 아주 긴장하고 있다.
(D) 사장에게 칭찬받아서 기뻐하고 있다.

65 시험에 대한 대처

여　오늘은 테스트네요. 어제 충분히 공부했어요?
남　아니요, 갑자기 친구가 오는 바람에 전혀 못했어요.
여　어? 중요한 테스트 전인데.
남　전부터 조금씩 해 두어서 별로 걱정 안 해요.

남자는 어째서 걱정을 하지 않는 것입니까?
(A) 친구와 함께 공부했기 때문에
(B) 친구가 돌아간 뒤에 공부했기 때문에
(C) 다음 시험을 칠 생각이니까
(D) 전부터 할 수 있는 것은 해 두었기 때문에

66 사고 상황

남 늦어서 죄송해요. 차 사고가 나서.
여 어? 괜찮아요? 다친 데는 없어요?
남 전 보기만 했는데, 경찰이 여러 가지 물어봐서.
여 아침부터 힘들었겠네요.

남자는 무엇을 하고 있었습니까?
(A) 경찰과 이야기하고 있었다.
(B) 사고 처리를 하고 있었다.
(C) 병원에서 처치를 받고 있었다.
(D) 화재를 보고 있었다.

67 여행, 날씨

남 중국 여행은 어땠어요?
여 도착한 날은 따뜻했는데, 그 뒤로 3일간은 추워서 힘
    들었어요.
남 도쿄도 추웠어요. 벌써 봄인데.
여 하지만 돌아와 보니까 더워서 깜짝 놀랐어요. 이상한
    날씨예요.

도쿄의 날씨는 어땠습니까?
(A) 계속 선선했다.
(B) 추웠지만 갑자기 따뜻해졌다.
(C) 따뜻한 날이 계속되었다.
(D) 가을인데도 더웠다.

68 구입

남 PC 바꿨어. 친구 가게에서 좋은 걸 싸게 해 주어서.
여 그럼, 전에 쓰던 거 나에게 싸게 팔지 않을래?
남 이제 쓰지 않으니까 줄게.
여 와, 고마워.

여자는 PC를 어떻게 합니까?
(A) 중고 물건을 산다.
(B) 친구 가게에서 싸게 산다.
(C) 남자에게 받는다.
(D) 남자에게 산다.

69 운반의 요청

여 아, 마침 잘 왔어요.
남 무슨 일이에요?
여 이 의자를 창고에 옮기는 거 도와주지 않을래요?
남 알겠어요. 그럼 4개 있으니까 내가 3개 들게요.

의자는 어떻게 옮깁니까?
(A) 여자가 전부 든다.
(B) 여자는 하나만 든다.
(C) 남자가 전부 운반한다.
(D) 둘이 두 개씩 나누어 든다.

70 탈것

여 택시를 불러드릴까요?
남 아니요, 밖에 차를 대기시켜 놔서요.
여 드문 일이네요. 오늘은 회사 차로 오셨어요?
남 예, 이제부터 거래처를 돌려고요.

남자는 어떻게 합니까?
(A) 일 때문에 회사 차를 사용한다.
(B) 여자 회사의 차를 탄다.
(C) 자신의 차를 탄다.
(D) 여자에게 택시를 부르게 한다.

71 손님의 방문

여 말씀 도중 실례합니다. 부장님, 접수처에 손님이 오셨
    는데요.
남 얘기가 끝나면 갈 테니까 어디에 좀 안내해 드려.
여 그럼 회의실로 안내하겠습니다.
남 알겠어. 곧 갈 테니까, 차를 내 드려.

남자는 어떻게 합니까?
(A) 이야기하는 사람을 기다리게 한다.
(B) 나중에 회의실에 손님을 만나러 간다.
(C) 손님을 회의실에 안내한다.
(D) 접수처에 간다.

72 물건의 행방

여 테이블 위에 있던 과자 몰라?
남 아까 하루키가 먹던데, 안 돼는 거야?
여 오래돼서 이제 버려야 하나 하고 생각했는데.
남 그래? 그래도 맛있다고 하던걸.

여자는 과자에 대해서 어떻게 생각했습니까?
(A) 맛있으니까 함께 먹으려고 생각했다.
(B) 남자가 버렸다고 생각했다.
(C) 버리려고 생각했다.
(D) 다른 사람에게 주려고 생각했다.

73 사원 여행

남 올해 사원 여행은 한국으로 간대요.
여 지금까지 외국으로 간 적은 없었는데.
남 엔이 비싸니까 싸게 갈 수 있기 때문이겠죠.
여 요즘은 국내 여행 쪽이 돈이 들죠.

왜 한국에 가는 것입니까?
(A) 한국은 젊은 사람에게 인기가 있으니까
(B) 국내 여행보다 싸게 먹히니까
(C) 한 번도 외국으로 간 적이 없으니까
(D) 사원 모두가 희망했으니까

74   새로운 직장

여   새로운 직장 환경은 어때요?

남   마음에 들어요. 넓고 회사 주변도 조용하고.

여   차분하게 일을 할 수 있을 것 같네요.

남   전에는 집중할 수 있는 환경이 아니었으니까요.

지금 직장의 환경은 어떻습니까?
(A) 조용하고 일에 집중할 수 있다.
(B) 좁고 주위가 시끄럽다.
(C) 소란스럽고 안정이 안 된다.
(D) 전에 있던 직장만큼 좋지 않다.

75   직장 상사의 상황

남   어제는 과장님이 맛있는 가게에 데려가 주셨어요.

여   예? 과장님은 매일 바로 들어가시는데, 무슨 일 있나?

남   사모님이 여행 가셔서 돌아가도 저녁밥이 없으니까 라
고 하셨어요.

여   직접 요리는 안 하시는군요.

과장님은 어떤 사람입니까?
(A) 집에서도 자주 요리를 하는 사람
(B) 여행 정보에 밝은 사람
(C) 저녁은 언제나 집에서 먹는 사람
(D) 집에서는 밥을 먹지 않는 사람

76   절약

남   복사 용지가 빨리 없어진다는 생각 안 들어요?

여   모두 복사를 너무 많이 하는 걸까요?

남   쓸데없는 복사는 하지 않도록 주의를 주는 편이 좋겠
어요.

여   알겠습니다. 회의 때 모두에게 말해 두겠습니다.

남자는 어떻게 지시를 했습니까?
(A) 종이 절약에 신경 쓰도록
(B) 복사기를 소중히 쓰도록
(C) 책임감을 가지도록
(D) 깔끔한 헤어스타일을 하도록

77   전철 안의 매너

남   요즘 전철 안의 매너, 심하다고 생각하지 않아?

여   남자가 캔맥주를 마신다든지 여자가 화장을 한다든지

남   얼마 전에는 도시락을 먹는 사람도 봤어요.

여   자기 집이 아니니까 주위 사람을 배려해 줬으면 해요.

회화의 내용과 맞는 것은 어느 것입니까?
(A) 차내에서 화장할 수 있는 공간을 만들어 주었으면 한다.
(B) 전철 안의 매너를 지키지 않는 사람이 많다.
(C) 차내에서 먹는 도시락은 맛있다.
(D) 폐를 끼치는 사람에게 주의를 주었다.

78   사원 여행

여   올해 사원 여행은 전문 회사에 맡기지 않을래요?

남   작년에는 익숙하지 않은 사원이 기획해서 평판이 안
좋았으니까요.

여   비싼 가격에 비해서 요리는 보통이었죠.

남   기획한 본인들은 즐거웠던 것 같은데요.

작년 사원 여행은 어땠습니까?
(A) 모두에게 호평을 받았다.
(B) 비쌌지만 요리는 맛있었다.
(C) 전문업자에게 맡겼다.
(D) 기획한 사람은 즐긴 것 같다.

79   상품의 이미지

여   이 포스터, 상품의 이미지와 맞지 않는 느낌이 들어요.

남   어떤 점이 안 좋다고 생각하세요?

여   좀 더 귀여운 느낌으로 바꾸는 편이 좋지 않을까요?

남   확실히 그러네요. 여성을 타깃으로 한 상품이니까요.

어떤 상품입니까?
(A) 포스터 이미지 그대로인 것
(B) 아이 취향의 귀여운 것
(C) 여성을 타깃으로 한 것
(D) 약간 특이한 것

80   의논

여   부장님, 일 관계로 좀 의논 드리고 싶은데요.

남   지금 하는 일에 뭔가 문제라도 있어요?

여   그런 게 아니라, 해외 영업부로 옮기고 싶어서요.

남   아, 입사 때의 희망 부서가 그랬었죠?

여자는 어떤 일이 있습니까?
(A) 다른 부서로 이동하고 싶다.
(B) 전직을 희망하고 있다.
(C) 휴가를 얻고 싶다.
(D) 지금 하는 일에 문제가 있다.

PART 4 설명문

81 (B)	82 (C)	83 (B)	84 (D)	85 (B)	86 (A)
87 (C)	88 (D)	89 (A)	90 (C)	91 (D)	92 (A)
93 (B)	94 (D)	95 (C)	96 (B)	97 (C)	98 (D)
99 (A)	100 (C)				

호텔 이용에 대해 간단히 설명드리겠습니다. 우선 오늘 저녁 식사는 1층 카페나 10층 레스토랑을 이용하십시오. 가벼운 술도 준비했습니다. 또 방에서 식사하시는 것도 가능합니다. 주문은 방 전화로 2번에 걸어 주세요. 아침에는 10층 레스토랑은 오픈하지 않으니까 1층 카페로 오세요. 조식 시간은 7시부터 10시까지입니다. 식사 때에는 반드시 티켓을 지참해 주세요. 호텔 안은 모두 금연이므로 담배를 피우실 분은 죄송하지만 밖에서 부탁드립니다.

(81-84)

하야시 씨의 개 다로가 없어졌습니다. 그저께 저녁, 사모님과 산책 나갔을 때 끈이 끊어져 버렸기 때문입니다. 사모님은 열심히 주변을 찾아다녔지만 찾지 못했습니다. 어제 하야시 씨는 회사를 쉬고 아이와 함께 자전거를 타고 근처를 찾아보았습니다. 산책하는 사람이나 딸의 친구들에게 물어보았지만, 다로를 본 사람은 없었습니다. 다로는 몸집이 큰 갈색 개인데, 다리가 하얗고, 귀 끝이 조금 검습니다. 하야시 씨는 집 밖의 벽에 다로의 사진과 전화번호를 넣은 종이를 붙이고, 자신의 블로그에도 사진을 올려 놓았습니다.

81 개가 없어진 것은 언제입니까?
(A) 어제 저녁
(B) 그저께 저녁
(C) 어제 아침
(D) 그저께 밤

82 다로가 없어져서 하야시 씨는 어떻게 했습니까?
(A) 사모님과 근처를 찾았다.
(B) 산책하면서 사람들에게 물어봤다.
(C) 회사를 쉬고 자전거로 근처를 찾아다녔다.
(D) 집에서 다로가 돌아오기를 기다렸다.

83 개의 외견은 어떻습니까?
(A) 작고 귀가 까맣다.
(B) 갈색이고 다리가 하얗다.
(C) 하얗고 크다
(D) 크고 까맣다

84 하야시 씨는 어떤 방법으로 다로를 찾습니까?
(A) 전신주에 사진을 붙여 둔다.
(B) 사진을 근처 사람들에게 돌린다.
(C) 매일 없어진 장소에 가 본다.
(D) 사진과 연락처를 넣은 종이를 이용한다.

85 방에서 할 수 있는 식사는 언제입니까?
(A) 아침 식사
(B) 저녁 식사
(C) 점심 식사
(D) 언제든지

86 방에서 식사를 하려면 어떻게 부탁합니까?
(A) 방 전화로 부탁한다.
(B) 종업원에게 말한다.
(C) 프런트로 전화한다.
(D) 체크인할 때 말해 둔다.

87 아침 식사 시간은 언제입니까?
(A) 5시부터 10시 반까지
(B) 6시부터 10시까지
(C) 7시부터 10시까지
(D) 8시부터 10시 반까지

88 담배를 피우고 싶을 때는 어떻게 합니까?
(A) 2층 테라스를 이용한다.
(B) 담배를 피울 수 있는 시간대를 이용한다.
(C) 흡연 룸을 이용한다.
(D) 호텔 밖으로 나간다.

(89-91)

오늘 고객의 회사를 좀처럼 찾을 수 없어서 상담 시간에 늦어 버렸습니다. 교차로에 있는 빌딩 5층이라고 들어서 찾아보았는데, 알 수가 없었습니다. 전화로 확인도 했지만, 15분 정도 주변을 돌다가 겨우 발견했습니다. 고객의 회사 빌딩은 교차로의 모퉁이에서 세 번째 건물이었습니다. 저는 교차로라고 하면 모퉁이라고 생각했기 때문에, 모퉁이에 있는 빌딩만 보고 있었던 것입니다. 길을 올바르게 설명하는 것도, 그것을 알아듣는 것도 어렵다는 생각이 들었습니다. 이제부터는 나가기 전에 전화로 확실히 확인하고 지도를 보고 나서 가리라고 생각했습니다.

89 어째서 약속 시간에 늦었습니까?
(A) 회사를 찾는 데 시간이 걸려 버렸기 때문에
(B) 한 번밖에 가지 않아서, 장소를 잊어버렸기 때문에
(C) 다른 용무에 시간이 걸렸기 때문에
(D) 역을 잘못 내렸기 때문에

90 이 사람은 어떻게 생각한 것이었습니까?
(A) 역을 나오면 바로 교차로가 보인다.
(B) 교차로가 있는 곳에 빌딩이 많을 터이다.
(C) 교차로는 모퉁이라고 생각했다.
(D) 교차로까지 가면 전화하자.

91 앞으로 어떻게 하기로 했습니까?
(A) 잊지 않도록 메모해 둔다.
(B) 되도록 지도를 가지고 다니도록 한다.
(C) 늦을 것 같으면 미리 전화한다.
(D) 제대로 장소를 확인하고 나서 간다.

(92-94)

저는 비행기를 잘 못 탑니다. 처음 비행기를 탄 것은 대학에 들어가서 가족끼리 홋카이도에 여행 갔을 때입니다. 하지만 그날은 날씨가 안 좋아서 비행기가 매우 흔들려 멀미 때문에 고생했습니다. 다음 달에 회사 출장으로 프랑스에 가야 합니다. 일본에서 프랑스까지 13시간 정도 걸리기 때문에 매우 걱정입니다. 해외 출장이 잦은 친구에게 상담했더니 비행기 타기 전에 약을 먹고, 비행기를 타면 음악을 들으며 자면 된다고 말해 주었습니다. 일단 병원에 가서 약을 받아 왔지만, 앞으로 출장이 많아지니까 비행기에 빨리 익숙해져야 합니다.

92 처음 비행기를 탔을 때 어땠습니까?
(A) 기체가 흔들려서 멀미가 났다.
(B) 기내에서 과식해서 배탈이 났다.
(C) 약을 먹고 계속 잤다.
(D) 무서워서 자리를 뜰 수가 없었다.

93 이 사람은 왜 걱정합니까?
(A) 출장 가는 것은 처음이니까
(B) 장거리 비행은 처음이니까
(C) 또 배탈 나면 곤란하니까
(D) 이번에는 가족과 함께 가는 것이 아니니까

94 친구는 어떤 조언을 해 주었습니까?
(A) 나쁜 상상을 하지 않는 게 좋다
(B) 기내에서는 과식하지 않도록 할 것
(C) 병원에 가서 진찰을 받는 게 좋다
(D) 음악을 들으면서 자면 된다

(95-97)

일본 순찰차의 색이 왜 검정과 흰색인지 아십니까? 지금으로부터 60년 전의 이야기인데, 최초의 순찰차는 미국에서 만들어진 평범한 하얀 차였습니다. 그러나 그 당시 일본의 자동차는 거의 흰색이었기 때문에 언뜻 봐서는 어느 것이 순찰차인지 구별을 할 수 없었습니다. 그래서 경찰차라고 바로 알 수 있도록 몸체의 아래 절반을 반대색인 검정으로 칠해서, 지금과 같은 흰색과 검정으로 한 것입니다. 당시에는 도로가 좋지 않아서 더러움을 감추기 위해 아래를 검게 했다고 합니다. 전국적으로 순찰차가 흑백으로 통일된 것은 1955년이 된 후라고 합니다.

95 60년 전 순찰차는 어떤 형태였습니까?
(A) 일본에서 만들어진 흰색과 검은색의 자동차
(B) 일본에서 만들어진 하얀 자동차
(C) 미국에서 생산된 평범한 하얀 차
(D) 미국에서 생산된 평범한 검은 차

96 어째서 색을 바꿨습니까?
(A) 미제의 자동차와 구별하기 위해
(B) 한눈에 순찰차라는 것을 알 수 있게 하기 위해
(C) 밝은색은 더러워지기 쉽기 때문에
(D) 평범한 차처럼 보이기 위해

97 어떻게 바꿨습니까?
(A) 경찰차는 검정으로 통일했다.
(B) 눈에 띄지 않는 색을 칠했다.
(C) 몸체 아래 절반을 검정으로 했다.
(D) 몸체 아래 절반을 흰색으로 칠했다.

(98-100)

PC를 사용할 때나 책을 읽을 때, 자세가 나빠지지 않습니까? 이번에는 자세를 좋게 하고 편하게 앉을 수 있는 의자를 소개하겠습니다. 이 의자는 허리 부분에 쿠션이 있어서, 오랜 시간 앉아 있어도 허리가 피곤해지지 않도록 설계되어 있습니다. 또 앉은 채로 간단히 의자의 등받이를 앞뒤로 움직일 수 있습니다. 깊이 젖혀서 누워서 TV를 봐도 쾌적합니다. 배송 요금은 별도로, 1대에 8000엔, 2대 세트로 사면 15000엔으로 이익입니다. 색상은 회색과 남색의 두 종류를 준비했습니다. 지금 바로 전화로 신청해 주세요. 인터넷으로도 접수하고 있습니다.

98 무엇을 소개하고 있습니까?
(A) 자세를 좋게 하는 운동 기구
(B) 앉아서 간단히 할 수 있는 운동 기구
(C) 등받이가 높은 의자
(D) 편하고 허리가 피곤해지지 않는 의자

99 이 상품은 어떤 특징이 있습니까?
(A) 앉은 채로 전후 조정을 할 수 있다.
(B) 누워서 PC를 사용할 수 있다.
(C) 깊이 젖혀서 침대로 사용할 수 있다.
(D) 장시간 사용하면 건강에 좋다.

100 본문의 내용과 맞는 것은 어느 것입니까?
(A) 1대에 6000엔으로 배송 요금은 들지 않는다.
(B) 2대 세트는 16000엔이 된다.
(C) 전화와 인터넷으로 주문할 수 있다.
(D) 색상은 검정과 갈색의 두 종류가 있다.

PART 5 정답 찾기

101 (C)　102 (D)　103 (D)　104 (C)　105 (C)　106 (C)
107 (A)　108 (A)　109 (D)　110 (C)　111 (A)　112 (B)
113 (C)　114 (C)　115 (B)　116 (A)　117 (B)　118 (C)
119 (A)　120 (A)

101 久しぶりのメールだったので、早速返事を出した。
오랜만에 온 메일이어서 당장 답장을 했다.

102 紙に支出の内訳が書いてあった。
종이에 지출 내역이 쓰여 있었다.

103 今朝から頭が痛くて寒気がします。
오늘 아침부터 머리가 아프고 오한이 납니다.

104 この辺に両替できるところはありますか。
이 근처에 환전할 수 있는 곳은 있습니까?

105 生物の食べ方には気をつけましょう。
날것을 먹는 방법에 주의합시다.

106 それを実行する勇気がないのが我ながら悔しい。
그것을 실행할 용기가 없는 것이 스스로도 분하다.

107 そんな高度なスキルを新人に求めてはいけない。
그런 고도의 스킬을 신인에게 요구해서는 안 된다.

108 重傷を負って病院に運ばれた。
중상을 입어서 병원에 실려 갔다.

109 子供は絵画教室に通っています。
아이는 미술 학원에 다니고 있습니다.

110 ネットで調べてやっと意味がわかりました。
인터넷으로 조사해서 겨우 의미를 알았습니다.

111 足にやさしくて疲れにくいシューズを探してい

ます。
발에 부담 없고 피로해지지 않는 신발을 찾고 있어요.
(A) 신기 편한
(B) 신기 힘든
(C) 피로가 풀리는
(D) 피로에 좋은

112 引っ越してしまって、返しようがないです。
이사해 버려서 돌려줄 방법이 없어요.
(A) 돌려줄 리가 없어요
(B) 돌려줄 방법이 없어요
(C) 돌려줄 것까지는 없어요
(D) 돌려줄 수밖에 없어요

113 約束したからにはどんなことがあっても守るべ

きだ。
약속을 한 바에는 어떤 일이 있어도 지켜야 한다.
(A) 약속한들
(B) 약속했는데도 불구하고
(C) 약속한 이상
(D) 약속했기 때문에

114 一人だけ行くのは心細くていやです。
혼자서만 가는 것은 불안하고 싫어요.
(A) 상쾌하고
(B) 한심하고
(C) 불안하고
(D) 지루하고

115 この絵を見ていると心がなごむ。
이 그림을 보고 있으면 마음이 편해진다.
(A) 마음이 쓸쓸해진다
(B) 마음이 온화해진다
(C) 갑갑하게 된다
(D) 감동하게 된다

116 その違いは、つまり価値観の違いだ。
그 차이는 결국 가치관의 차이다.
(A) 요컨대
(B) 그렇게
(C) 곧
(D) 일단

117 話のうまい人を探しています。
이야기를 잘하는 사람을 찾고 있어요.
(A) 이야기의 내용을 모르겠어요.
(B) 내가 산 차는 저거예요.
(C) 나는 빠른 것이 좋아요.
(D) 그의 얘기도 들어 보죠.

118 疲れて歩けません。
피곤해서 걸을 수가 없어요.
(A) 목욕하고 잡니다.
(B) 새 차는 빨갛고 귀여워요.
(C) 방이 더워서 목이 말라요.
(D) 곤란한 때에 도움을 받았어요.

119 前田さんは友達と会社を作るそうです。
마에다 씨는 친구와 회사를 만든다고 해요.
(A) 역 앞에 새로 생긴 레스토랑, 맛있다고 해요.
(B) 올해는 친척이 안 모여서 어머니가 쓸쓸한 것 같아요.
(C) 사장님께 칭찬받아서 기분이 좋아 보여요.
(D) 당분간은 불안한 상황이 계속될 것 같아요.

120 お口に合うかどうかわかりませんが。
입맛에 맞을지 어떨지 모르겠네요.
(A) 입이 고급이라 싼 것은 안 먹는다.
(B) 놀라서 벌린 입이 다물어지지 않는다.
(C) 그는 남자인 주제에 입이 가볍다.
(D) 두 사람은 싸워서 말을 안 한다는 것 같다.

121 (D)　122 (A)　123 (A)　124 (D)　125 (A)　126 (C)
127 (B)　128 (B)　129 (C)　130 (D)　131 (D)　132 (D)
133 (A)　134 (A)　135 (B)　136 (D)　137 (A)　138 (C)
139 (C)　140 (D)

121　悪いけど、そこに置いてある私のカバンを取ってくれる？
미안하지만 거기에 있는 내 가방을 집어 줄래?

122　体調がよくないので、医者に行ったら、働きすぎのせいだと言われた。
몸 상태가 안 좋아서 의사에게 갔더니 과로 탓이라는 말을 들었다.

123　健康を守るためには、栄養のバランスがとれた食事をするのが一番だと思う。
건강을 지키기 위해서는 영양이 균형 잡힌 식사를 하는 것이 최고라고 생각한다.

124　寝過ごしてあわてたものだから、ドアのカギをかけずに出てきてしまった。
늦잠 자서 허둥대는 바람에 문 열쇠를 잠그지 않고 나와 버렸다.

125　せっかくの休みなのに、どこにも出かけないで一日中テレビばかり見て過ごしてしまった。
모처럼 휴일인데 아무 데도 가지 않고 하루 종일 TV만 보며 보내 버렸다.

126　まだ時間があるので、いったん家に帰って着がえてから出直します。
아직 시간이 있으니까 일단 집에 돌아가서 옷을 갈아입고 나서 다시 나오겠습니다.

127　寝る間も惜しんで勉強したおかげで、難しいと言われる司法試験に合格した。
자는 시간도 아까워하면서 공부한 덕에 그 어렵다는 사법시험에 합격했습니다.

128　どうやら風邪を引いたみたいだ。朝から鼻水がとまらない。
아무래도 감기에 걸린 것 같다. 아침부터 콧물이 멈추지 않는다.

129　真夜中に何かがぶつかったような大きな音がして、目が覚めた。
한밤중에 뭔가 부딪힌 듯한 큰 소리가 나서 잠이 깼다.

130　今回のイベントは多くの人が参加していたし、内容も充実していて、大好評でした。
이번 이벤트에는 많은 사람이 참가했고 내용도 충실해서 큰 호평을 받았습니다.

131　誰でもいいから手があいたらこっちの仕事を手伝ってほしいんだけど。
누구든지 괜찮으니까 일손이 비면 이쪽 일을 거들어 줬으면 하는데.

132　ケイタイを使いながら、自転車に乗ると危ないから、やめた方がいい。
휴대전화를 사용하면서 자전거를 타면 위험하니까 하지 않는 편이 좋다.

133　お待たせして申し訳ございませんでした。それでは会場へご案内いたします。
기다리게 해서 죄송합니다. 그럼 회장으로 안내해 드리겠습니다.

134　忙しいと言っていたから待っていても今日は来ないかも知れません。
바쁘다고 말했으니까 기다려도 오늘은 오지 않을지도 몰라요.

135　パーティーには友達が貸してくれたドレスを着ていくつもりです。
파티에는 친구가 빌려준 드레스를 입고 갈 생각입니다.

136　心のやさしい妹に比べ、姉の方は欲張りだったので、みんなに嫌われていました。
마음이 상냥한 여동생에 비해 언니는 욕심쟁이여서 모두가 싫어했습니다.

137　約束の時間に間に合いそうになかったのでタクシーに乗りましたが、もっと時間がかかってしまいました。
약속 시간에 늦을 것 같아서 택시를 탔는데, 더 시간이 걸려 버렸습니다.

138 　京都には有名なお寺がたくさんあるので、一日では回りきれません。
교토에는 유명한 절이 많아서 하루에는 다 돌 수가 없어요.

139 　今回のことに関しては彼に責任をとってもらうことにしましょう。
이번 일에 대해서는 그에게 책임을 지우도록 합시다.

140 　電車の事故があったらしくて、駅のホームで30分も待たされた。
전철 사고가 있었던 듯, 역 플랫폼에서 30분이나 기다렸다.

141 (B)　142 (D)　143 (B)　144 (C)　145 (B)　146 (B)
147 (D)　148 (A)　149 (C)　150 (C)　151 (C)　152 (A)
153 (C)　154 (B)　155 (A)　156 (B)　157 (B)　158 (A)
159 (B)　160 (C)　161 (B)　162 (B)　163 (B)　164 (B)
165 (A)　166 (B)　167 (B)　168 (C)　169 (B)　170 (B)

141 　目の健康のために使い捨てコンタクトレンズを使っている人が多い。
눈 건강을 위해서 일회용 콘택트렌즈를 쓰고 있는 사람이 많다.
(A) 一回用 일회용 (쓰지 않는 표현)
(B) 使い捨て 일회용
(C) 使い切り 다 씀
(D) ポイ捨て 휙 버림

142 　学校の中だとまずいから、外に出て話しましょう。
학교 안이면 곤란하니까 밖에 나가서 이야기합시다.
(A) わかい 젊다
(B) にがい 쓰다
(C) うまい 맛있다
(D) まずい 곤란하다

143 　事件のことを聞いて、自分のことも反省させられました。
사건을 듣고 자신에 대해서도 반성하게 되었습니다.
(A) 反省させました 반성하게 했습니다
(B) 反省させられました 반성했습니다
(C) 反省してくれました 반성해 주었습니다
(D) 反省してもらいました 반성 받았습니다

144 　その事件のことは新聞で読みました。
그 사건에 대한 것은 신문에서 읽었습니다.
(A) から ～부터
(B) を ～을
(C) で ～에서, ～으로
(D) に ～에

145　仕事が忙しくて帰りが遅くなりがちだ。
일이 바빠서 자주 집에 늦게 들어간다.

(A) なら

(B) なり

(C) なる

(D) なれ

146　ファックスならもう届いたはずです。
팩스라면 벌써 도착했을 것입니다.

(A) ところ 〜한참

(B) はず 〜할 터

(C) ばかり 〜한 지 얼마 안 됨

(D) だけ 〜만

147　会社を辞めて以来、彼とはずっと会っていません。
회사를 그만두고 나서 그와는 쭉 안 만났어요.

(A) 一度 한 번

(B) 二度と 두 번 다시

(C) ざっと 대충

(D) ずっと 쭉, 계속

148　毎朝携帯のアラームで起きるようにしています。
매일 아침 휴대전화의 알람으로 일어나도록 하고 있어요.

(A) ようにして 〜하도록 하고

(B) ことになって 〜하게 되어

(C) だけにして 〜만으로 하고

(D) ばかりにして 〜만으로 하고

149　デジカメの電池が切れてしまって使えません。
디지털카메라의 전지가 다 돼서 쓸 수 없어요.

(A) 落ちて 떨어져

(B) 切って 잘라

(C) 切れて 다 되어

(D) なれて 될 수 있어

150　急にお客さんに来られて、資料の準備ができな

かった。
갑자기 손님이 와서 자료 준비를 할 수 없었다.

(A) さえ 〜조차

(B) から 〜로부터

(C) に 〜로부터

(D) で 〜으로

151　旅行どころか映画にも連れて行ってくれません。
여행은커녕 영화 보러도 데려가 주지 않아요.

(A) だけなく 〜만 없고 (쓰지 않는 표현)

(B) ならば 〜라면

(C) どころか 〜은커녕

(D) よりも 〜보다도

152　今晩例のお店に予約を入れておいてください。
오늘 밤 그 가게에 예약을 넣어 주세요.

(A) 入れて 넣어

(B) 入って 들어가

(C) かかって 걸려

(D) かけて 걸어

153　全体の動向を見て決めようと思います。
전체의 동향을 보고 결정하려고 생각합니다.

(A) 決める 결정한다

(B) 決めとく 결정해 둔다

(C) 決めよう 결정하려고

(D) 決めるところ 결정할 참

154　一時間待ったのに来ませんでした。それでこち

らから行くことにしたんです。
한 시간 기다렸는데도 오지 않았습니다. 그래서 이쪽에서 가기로
한 겁니다.

(A) そして 그리고

(B) それで 그래서

(C) それから 그러고 나서

(D) それに 게다가

155　お店は今年3月にオープンしたばかりです。
가게는 올해 3월에 오픈한 참입니다.

(A) ばかり ～한 지 얼마 안 된

(B) ところ ～한 참

(C) うえ ～ 위에

(D) きり ～한 채

156　必ずしも行く必要はないと思います。
꼭 갈 필요는 없다고 생각해요.

(A) ぜひ 꼭

(B) 必ずしも 꼭 (뒤에 부정을 동반함)

(C) まもなく 머지않아, 곧

(D) きっと 분명

157　吉田さんはけっこう博識で、意外と話していて
おもしろいです。
요시다 씨는 꽤 박식해서 의외로 얘기하는 게 재미있습니다.

(A) 思わず 나도 모르게

(B) 意外と 의외로

(C) なるほど 과연

(D) ずいぶん 상당히

158　お仕事の疲れやストレスがたまっていませんか。
업무의 피로나 스트레스가 쌓여 있지 않습니까?

(A) たまって 쌓여

(B) つもって 쌓여

(C) つんで 쌓아

(D) うけて 받아

159　教室には寝ている人もいれば勉強している人も
いた。
교실에는 자는 사람도 있고 공부하는 사람도 있었다.

(A) いると 있으면

(D) いれば 있으려니와

(C) いたら 있다면

(D) いるなら 있는 거라면

160　お忙しいところわざわざありがとうございます。
바쁘신 중에 일부러 와 주셔서 감사합니다.

(A) ばかり ～뿐

(B) ゆえ 까닭

(C) ところ ～중

(D) わけ 이치

161　新人のころは失敗だらけで、いつも怒られてい
ました。
신입 때는 실수 투성이여서 항상 혼났습니다.

(A) まま ～대로, ～인 채

(B) だらけ ～투성이

(C) まみれ ～투성이(액체, 분말)

(D) だけ ～뿐(단일 사항)

162　テレビをつけっぱなしにして寝ていました。
TV를 켜 놓은 채로 잠들어 있었습니다.

(A) きり ～만

(B) っぱなし ～인 채

(C) ところ ～참

(D) まま ～인 채

163　今年の夏は去年の夏ほど暑くないです。
올해 여름은 작년 여름만큼 덥지 않습니다.

(A) ぐらい 정도

(B) ほど 만큼

(C) ばかり ～만

(D) しか ～밖에

164　いろいろな分野にわたっていい実績を出して
いる。
여러 가지 분야에 걸쳐서 좋은 실적을 내고 있다.

(A) によって ～에 의해

(B) にわたって ～에 걸쳐

(C) につれて ～에 따라

(D) にとって ～에게 있어서

165　兄弟そろってサマーキャンプに行った。
형제가 나란히 여름 캠프에 갔다.

(A) そろって 나란히

(B) あわせて 맞춰

(C) まとまって 정리되어

(D) かたまって 뭉쳐서

(A) 遊びつつある 놀고 있는 중이다

(B) 遊んでばかりいる 놀고만 있다

(C) 遊んでいる最中だ (지금) 한창 놀고 있는 중이다

(D) 遊んだままだ 논 채로 있다

166 はやくこの仕事を仕上げてすっきりした気分に
なりたい。

빨리 이 일을 끝내서 후련한 기분을 맛보고 싶다.

(A) はっきり 분명히

(B) すっきり 후련히

(C) しっかり 확실한

(D) ぴったり 딱 맞는

167 真ん中の引き出しはカギがかけてあります。

한가운데 서랍은 열쇠가 잠겨 있습니다.

(A) かかって 걸려

(B) かけて 걸어

(C) 入れて 넣어

(D) 入って 들어

168 女性に暴力をふるってはいけません。

여성에게 폭력을 쓰면 안 돼요.

(A) やって 해서

(B) はなって 놓아서

(C) ふるって 휘둘러서

(D) 見せて 보여서

169 彼女は人の話はよく聞いてくれる反面、自分の
ことは話したがらない。

그녀는 남의 이야기를 잘 들어주는 반면, 자신의 이야기는 하고
싶어 하지 않는다.

(A) 一方から 한편으로

(B) 反面 반면

(C) 途中で 도중에

(D) かたわら 한편으로

170 受験が終わったあと、妹は毎日遊んでばかり
いる。

수험이 끝난 후 여동생은 매일 놀고만 있다.

PART 8 독해

171 (C)	172 (B)	173 (D)	174 (A)	175 (C)	176 (D)
177 (B)	178 (B)	179 (A)	180 (D)	181 (D)	182 (C)
183 (A)	184 (C)	185 (C)	186 (A)	187 (B)	188 (C)
189 (B)	190 (A)	191 (D)	192 (B)	193 (A)	194 (D)
195 (C)	196 (C)	197 (C)	198 (B)	199 (A)	200 (C)

[171-173]

그 후에 다리 상태는 어떻습니까?

숙모님에게 슬슬 ①깁스를 풀 것 같다는 말을 들었습니다.

역시 항상 건강하신 숙부님, 회복이 매우 빠르시네요. 놀랐습니다.

문병도 가지 못해 죄송합니다.

업무도 바쁜 시기를 그럭저럭 넘겨서 이번 주말에는 꼭 찾아뵐 수
있으리라 생각합니다.

일시가 정해지면 다시 연락드리겠습니다.

숙부님이 좋아하시는 추리 소설을 몇 권 입수했습니다.

선물로 가져갈 테니까 기대해 주세요.

171 ① 에 들어갈 적당한 말은 무엇입니까?

(A) 입원할 것 같다

(B) 수술 날이 정해질 것 같다

(C) 깁스를 풀 것 같다

(D) 퇴직이 정해질 것 같다

172 편지를 쓰고 있는 사람에 대해 맞는 것은 어느 것입니까?

(A) 다리를 다쳐서 입원했다.

(B) 일이 바빠서 문병하러 갈 수 없었다.

(C) 숙부님이 입원해 있는 병원의 간호사이다.

(D) 추리 소설을 좋아해서 많이 읽고 있다.

173 이 사람은 이번 주말에 어떻게 할 생각입니까?

(A) 남은 일을 마무리한다.

(B) 숙부님과 함께 등산하러 간다.

(C) 매우 바빠서 숙부님에게 갈 수 있을 것 같지 않다.
(D) 숙부님이 좋아하는 책을 들고 문병하러 간다.

(174-177)

버스와 전철을 타고 있으면 ①타인에게 배려가 없는 사람이 눈에 띈다. 통근 시간대에는 버스도 전철도 만원에 가깝다. 도중에 타는 것은 힘든 일이다. 그러나 입구 근처는 꽉꽉 차 있어도, 조금만 안쪽을 보면 여유가 있다. ②안쪽에 있는 사람이 들어가 주면 타는 사람은 더 수월하게 탈 수 있는데, 모두 무관심한 건지 안으로 들어가려고 하지 않는다.

버스에 못 타는 사람이 있어서, 운전사가 '안으로 들어가 주세요'라고 방송을 해도 ③사태는 변하지 않고, 결국 정류장에 승객 몇 명을 남기고 출발한다. 아무리 '모두 자기 일로 빠듯하다'라고는 하지만, 타인을 배려하지 않는 사회가 앞으로 발전할 수는 없을 것 같다. 불경기를 정치의 책임으로 돌리는 것도 좋지만, 한 사람 한 사람의 행동에 문제는 없는 걸까?

174 ①타인에게 배려가 없는 사람은 어떤 사람을 말하는 것입니까?
(A) 주위 사람에게 배려하는 마음이 없는 사람
(B) 만원 전철을 이용하지 않는 사람
(C) 정류장 앞에서 물건을 파는 사람
(D) 누구에게나 친절하고 마음이 상냥한 사람

175 ② 에 들어갈 적당한 말은 무엇입니까?
(A) 모두에게 인사하면
(B) 모두 앉아 있으면
(C) 안쪽에 있는 사람이 들어가면
(D) 줄 서 있지 않으면

176 ③사태는 변하지 않고는 어떤 상황을 말하는 것입니까?
(A) 아무도 줄을 서려고 하지 않는다.
(B) 억지로 타려고 하는 사람이 있다.
(C) 짐을 치워 주지 않는다.
(D) 모두 관심이 없는 듯하다.

177 이 사람이 말하고자 하는 것은 다음의 어느 것입니까?
(A) 불경기가 된 것은 정치가의 책임이다.
(B) 모두가 타인에게 배려가 없는 자신을 반성해야 한다.
(C) 버스의 편수를 늘려 주었으면 한다.
(D) 운전사는 모두의 안전을 제일로 생각해야 한다.

(178-181)

새로운 통신 교육을 시작했다. 지금까지도 다양한 통신 교육을 받아 왔지만, ①내 것이 된 것은 하나도 없다. 자격, 특기, 실용이라는 말에 넘어가서 공부를 시작하지만, 일하면서 공부해서 그런지 끝까지 계속할 수 없다. 통신 교육의 함정은 교재가 주변에 있는 것만으로도 어쩐지 다 배운 듯한 기분이 드는 것이라고 생각한다. 그래서 ②이번에는 조금 생각을 짜내어 며칠 정도 강좌에 출석해야 하는 코스로 했다. 그 강좌에 나가기 위해 자기가 목표 설정을 하고 교재를 공부해 나간다. 그리고 또 하나, ③친구에게 같이하자고 했다. 서로 격려할 수 있는 상대가 있으면 의지가 약한 나라도 마지막까지 해낼 수 있지 않을까 생각한다.

178 ①내 것이 된 것은 하나도 없다는 여기서는 어떤 의미입니까?
(A) 계획을 세워 두고 실행한 적이 없다.
(B) 끝까지 해낸 적은 없다.
(C) 물건을 제대로 만든 적이 없다.
(D) 매일 수업에 나간 적이 없다.

179 통신 교육의 단점은 어떤 점이라고 말하고 있습니까?
(A) 책이 있는 것만으로도 전부 배운 듯한 기분이 되는 것
(B) 끝까지 해도 자격을 딸 수 없는 것
(C) 수업에 나가는지 어떤지 확인하지 않는 것
(D) 일하면서 하는 사람에게는 좋지 않다는 것

180 ②이번 강좌는 어째서 좋다고 말하고 있습니까?
(A) 적당히 해도 자격증을 딸 수 있으니까
(B) 교재를 사지 않아도 되니까
(C) 매일 수업에 나가야 하니까
(D) 강좌에 나가기 위해서 공부하게 되니까

181 ③친구에게 같이하자고 했다는 이유는 무엇입니까?
(A) 친구도 흥미를 보여 주었으니까
(B) 친구가 함께하자고 권유해 줬으니까
(C) 의지가 약한 친구를 마지막까지 하게 하기 위해
(D) 서로 격려하면서 공부를 할 수 있으니까

우리 집은 역사가 있는 오래된 온천 여관인데요. 요 몇 년째 손님이 줄어서 곤란한 상태입니다. 최근에는 인터넷을 이용한 선전이나 광고가 활발해서 인터넷을 경유한 예약이 증가 경향에 있다고 하더군요. 우리는 그러한 시스템을 도입하고 있지 않아서 손님이 감소하는 것도 당연할지 모르겠네요.

지난번에 혹독한 불황 속 여관 경영에 대한 특집 프로그램을 봤습니다. 프로그램에서는 여관 경영 전문가가 ①다양한 제안을 했습니다. 우리 여관도 경영이 악화되기 전에 전문가 의견을 구할 필요성을 느꼈습니다. '불황이야말로 발전의 찬스'라고 생각하고, 시대의 흐름에 좀 더 적극적으로 대응하지 않으면 살아남을 수 없는 거겠죠?

182 이 사람은 무엇을 하는 사람입니까?
(A) 도시에서 비즈니스 호텔을 경영하고 있다.
(B) 다양한 여관, 호텔을 소개하는 사이트를 만들고 있다.
(C) 전통 있는 여관을 경영하고 있다.
(D) 폭넓게 비즈니스를 전개해서 성공하고 있다.

183 ①다양한 제안은 무엇을 위한 제안입니까?
(A) 불황 속에서 살아남기 위한 제안
(B) 옛날 여관을 개축하기 위한 제안
(C) 경영 악화로 가게를 닫고 전업하려는 사람을 위한 제안
(D) 숙박료를 싸게 해서 손님을 다시 불러들이기 위한 제안

184 이 사람은 어떻게 하고 싶은 것입니까?
(A) 하루라도 빨리 가게를 닫고 싶다.
(B) 인터넷을 이용한 선전을 하고 싶다.
(C) 전문가의 어드바이스를 듣고 싶다.
(D) 인건비를 줄여서 불황에 대응하고 싶다.

저는 ①혼자 걷기를 좋아해서 근처 슈퍼뿐만 아니라, 버스나 전철을 이용해서 멀리 있는 슈퍼나 백화점에 가기도 하고, 사계절의 풍물을 보러 다니기도 합니다. 다리 운동에도 좋고 치매 방지도 되기 때문입니다.

얼마 전, 백화점에서 상품을 보면서 천천히 걷고 있을 때의 일입니다. 뒤에서 오던 사람이 툭 하고 저와 부딪쳤습니다. 조금 비틀거리면서 뒤를 돌아보았더니 ②30세 정도의 아이 엄마가 "어머, 죄송해요."라며 가볍게 머리를 숙이고 사과했습니다. 그러자 그 3, 4세 정도의 남자아이가 양손을 무릎에 대고 깊숙히 몸을 굽혀 "할머니, 죄송합니다."라고 인사를 했습니다. ③그 모습이 아주 귀여워서 저도 미소 지으면서 "아뇨, 천만에요."라고 대답했습니다. 누구에게 배운 것일까요? 뒤돌아보며 사라져 가는 남자아이의 모습을 보면서 애들 교육의 중요성을 느꼈습니다.

185 ___①___ 에 들어갈 적당한 말은 어느 것입니까?
(A) 여행
(B) 그림 그리는 것
(C) 혼자 걷기
(D) 견학

186 ②30세 정도의 아이 엄마는 어째서 사과했습니까?
(A) 사람이 있는 것을 모르고 부딪쳐 버렸으니까
(B) 아이와 자전거를 타고 있었으니까
(C) 장바구니 안의 물건을 떨어뜨렸으니까
(D) 빨리 앞으로 나가고 싶었으니까

187 ③그 모습은 어떤 모습입니까?
(A) 시원시원하게 감사의 말을 하는 모습
(B) 깊이 머리를 숙여서 사과하는 모습
(C) 연장자에게 자리를 양보하는 모습
(D) 물건을 소중히 하는 모습

188 이 사람에 대해서 맞는 것은 어느 것입니까?
(A) 이 사람은 아이에게는 엄하게 해야 한다고 생각한다.
(B) 이 사람은 아이 어머니의 무례한 태도에 화가 나 있다.
(C) 이 사람은 70, 80대의 고령자이다.
(D) 이 사람은 손자 교육에 대해 불만을 가지고 있다.

최근에 공공장소에서 ①AED라고 쓰여진 기계를 본 적 없습니까? 이 AED는 심장마비를 일으켜 쓰러진 사람을 거기에 있는 사람들이 그 장소에서 사용하여 쓰러진 생명을 구할 수 있는 기계입니다. 심장마비를 일으키면 병원에 옮겨진 후에 치료하려 해도 이미 늦는 경우가 많아서, 지금까지 ②많은 사람의 생명을 살리지 못해 왔습니다. 그러나 이 AED라는 의료 기기를 쓰면 일반인도 간단히 사용해서 생명을 구할 수 있는 것입니다.

시청에서는 구급차가 도착하기 전에 처치를 할 수 있도록 시내의 모든 초·중학교와 스포츠센터, 시민 센터에 AED를 갖추었습니다. 또 AED의 사용 방법을 알리기 위해 각 소방서에서는 매월 일반 시민을 대상으로 AED 사용법 연습 모임을 열고 있습니다. 덧붙여 지역에서 행사를 개최할 때는 만일의 경우를 위해 AED 대여도 하고 있습니다.

189 ①AED란 무엇입니까?
(A) 심장마비로 쓰러진 사람을 운반하는 기구
(B) 심장이 정지한 사람을 구하기 위한 기구
(C) 공공장소에 있는 안전을 위한 장치
(D) 몸이 불편한 사람을 위한 의료 기기

190 지금까지는 왜 ②많은 사람의 생명을 살리지 못해 온 것입니까?
(A) 병원에 후송된 후에는 이미 늦으니까
(B) AED의 사용법을 아는 사람이 없었으니까
(C) 병의 치료가 어려웠기 때문에
(D) AED를 나라에서 관리해서 일반 사람은 쓸 수 없었으니까

191 AED의 특징은 무엇입니까?
(A) 의사의 지시에 따라 사용해야 한다.
(B) 구급차 안에서도 사용할 수 있다.
(C) 자격을 가진 사람만이 사용할 수 있다.
(D) 일반 사람이라도 간단히 처치를 할 수 있다.

192 각 소방서에서는 어떤 일을 하고 있습니까?
(A) 일반 사람에게 자격을 취득하게 하기 위해 교육하고 있다.
(B) 일반 시민에게 AED의 사용 방법을 가르치고 있다.
(C) AED의 사용법을 쓴 책을 배부하고 있다.
(D) AED의 홍보를 위해 지역에서 행사를 열고 있다.

나고야시 과학관이 9월, 과학책 4400권의 리사이클회를 처음으로 연다. 내년 봄에 신축되는 신관에 책을 옮길 수 없어서, 소장하는 과학책의 일부를 ①시민에게 양도하기로 결정한 것이다.

과학관은 우주, 생물, 천문, 전기 등 각 과학 분야의 전문서부터 어린이용 그림책, 참고서까지 많은 책을 보유하고 있다. 그러나 새로 건설될 예정의 신관은 도서관 지하에 서고를 만들지 않기 때문에, 책 일부의 보관 장소가 없어졌다.

당초에는 ②폐기 처분이 검토되었지만, 그것을 알게 된 시민으로부터 '과학에 대한 흥미가 사라지고 있는 지금이야말로 책을 남겼으면 한다'는 요청이 있어서 시민에게 양도하기로 했다.

기간은 9월 2일부터 3일까지 이틀간, 가져갈 수 있는 책은 한 사람당 20권까지다.

193 나고야시 과학관에서는 어떤 일을 합니까?
(A) 시민을 대상으로 소장한 과학책의 리사이클 모임을 연다.
(B) 과학책을 시민에게 싸게 팔기로 했다.
(C) 다음 달부터 새 과학관을 만들기 위해 공사를 한다.
(D) 과학관에 오는 아이들을 위해 스터디 모임을 연다.

194 어째서 ①시민에게 양도하기로 했습니까?
(A) 신관에는 도서관을 만들지 않기 때문에
(B) 과학 관련 도서에 관심이 사라지고 있기 때문에
(C) 옛날 책을 처분하고 새 책을 구입하기 위해
(D) 봄에 개축할 신관에 책을 보관할 곳이 없기 때문에

195 ②폐기 처분 결정에 대해 시민의 반응은 어땠습니까?
(A) 공짜로 받을 수 있어서 기뻐했다.
(B) 책이 전부 새 것으로 바뀌기 때문에 기대하고 있었다.
(C) 과학에 대한 관심이 적어지는 것을 걱정하는 의견이 많았다.
(D) 요즘 시대에 이제 과학책은 필요 없다는 의견이 있었다.

196 본문 내용과 맞는 것은 어느 것입니까?
(A) 소장하는 과학책은 전부 시민에게 양도한다.
(B) 기간은 3일간 열린다.
(C) 무료로 한 사람당 20권씩 가지고 돌아갈 수 있다.
(D) 아이에게 과학의 중요성을 가르치기 위해 책을 팔기로 했다.

①인터넷에서 육아 정보를 교환하는 움직임이 엄마들 사이에서 확산되고 있다. 핵가족화가 진행되어 이웃과의 교제는 적어졌지만, 인터넷상의 교류는 활발해졌기 때문이다. '모유를 안 먹어요. 어떻게 하면 좋을까요?' '가능한 한 모유로 키우고 싶은 마음 이해해요.'
여성을 대상으로 한 회원제 사이트 '우먼즈파크'에서는 게시판에 올린 육아 상담에 선배 엄마들이 조언을 단다. 엄격한 조언보다도 경험담을 바탕으로 한 자상한 조언이 많다. 인터넷은 서로 얼굴이 보이지 않기 때문에 양육의 고민이나 기쁨을 쉽게 말할 수 있다는 이점이 있다.
한편, 아이 옷 '②물려주기'도 인터넷에 진출했다. 리사이클 사이트 '아이 키우는 엄마 마켓'에서는 회원끼리 아이 옷을 교환할 수 있다.

197 ①인터넷에서 육아 정보를 교환하는 엄마가 많아진 이유는 무엇입니까?
(A) 젊은 사람은 인터넷과 친숙하니까
(B) 인터넷 쪽이 정보가 풍부하니까
(C) 핵가족화로 이웃과의 교류가 적어졌으니까
(D) 타인과의 교제가 좋지 않은 사람이 많아졌으니까

198 게시판의 조언은 어떻습니까?
(A) 양육법을 엄하게 꾸짖기도 한다.
(B) 경험을 바탕으로 한 자상한 조언이 많다.
(C) 정보가 너무 많아서 고르기 어렵다.
(D) 무분별한 댓글이 사람을 상처 입히기도 한다.

199 인터넷에서의 정보 교환은 어떤 이점이 있습니까?
(A) 얼굴이 보이지 않아서 고민을 이야기하기 쉽다.
(B) 마음에 안 드는 의견은 무시하면 된다.
(C) 정보가 풍부해서 여러 가지 선택할 수 있다.
(D) 회원만 이용할 수 있으니까 안심이다.

200 여기에서 말하는 ②물려주기는 무엇을 하는 것입니까?
(A) 친척에게서 아이 옷을 물려받는다.
(B) 회원에게 유료로 옷을 대여한다.
(C) 쓰지 않게 된 아이 옷을 교환한다.
(D) 회원끼리 인터넷에서 팔아서 장사를 한다.